中国法学学术丛书

中国法学学术丛书

教育部哲学社会科学研究后期资助项目

地票制度研究

黄忠 著

法律出版社
LAW PRESS·CHINA

序

本人近15年来对农地法律制度之实证有所探索，深感作为中国法律人，其法学研究当目光向下，注重学风的务实，力求法学能面对中国问题的解决，进而具有些许中国特色、中国风格和中国气派。本人在读到这本著作时，深以为本书正是一部颇具“中国色彩”的法学作品。

正如作者书中所言，相较于国有建设用地使用权和农村土地承包经营权制度，我国现行的农村集体建设用地使用权制度尤为滞后，而发端于成渝两地的地票交易试点则为创新农村集体建设用地使用权制度提供了有益的可贵经验。从地票制度试点运作来看，其对于推动农民土地权益的有效实现、促进城乡土地资源的优化配置和耕地保护与新型城镇化战略的实施都具有重要的参考价值，且获得了《深化农村改革综合性实施方案》等中央文件的肯定，值得推广。然而，遗憾的是当前理论界对地票制度的研究并不系统，在理论上未能就地票交易提供有说服力的解释，也无力指导地票制度在试点运行后的立法完善。而本书作者依据党的十八届三中全会和党的十九大报告的要求,立足我国土地制度改革的一线实践,将学术目光投向构建城乡统一建设用地市场的目标,就地票制度展开了全面的理论与实证研究,该选题新颖、重大,内容系统、全面,不仅为地票制度这一中国实践创举提炼出了法理依据,还为深化地票制度,乃至构建城乡统一建设用地市场提出了政策建议,是一部研究中国现实土地问题的崭新力作。

认真通读全书,发现作者遵循文本分析与实证研究相结合、综合运用多学科方法的研究进路,重点以实证调查法深入、全面了解成渝等地的地票试点运行情况、农民在地票交易中的获益状况和面临的主要问题,并尝试以法学、经济学、社会学等分析方法对地票的价值、特征、法律属性进行辨析,构建起从地票生产、交易、落地到收益分配等在内的一整套制度框架和理论模型。更为可贵之处在于作者将地票制度纳入城乡统一建设用地市场的构建中进行探讨,最终为进一步深化地票制度改革、优化土地资源配置、促进土地集约和高效利用、切实维护和实现农民土地权益、实现土地增值收益的公平分享提供了理论指导、应用指导与决策建议。整体而言,全书思路清晰、结构严谨、体系完整、论证有据、表达流畅,既有基于实证调查的总结分析,又有制度和法律层面的学理阐释,对全面理解地票制度的价值、运作和风险,科学认识地票制度与地役权制度、征地制度、集体建设用地流转、土地增值收益分配、城乡统一建设用地市场等的关联及其联动改革具有重要的启示意义,是一部以小见大、视野开阔、研究焦点突出的土地法学优质作品。

本书作者黄忠博士是西南政法大学民商法学院的一名青年教师。本人曾作为评审专家评阅过他的博士论文《无效法律行为制度研究》,留下了深刻印象,并一直关注着他的成长,包括他对地票制度的实证与理论研究进程。黄忠博士历时四载,就地票制度完成了30余万字的书稿,其间专注、勤勉、艰辛并接受挑战,安静地在学术上成长着,并努力为经济社会发展作出贡献,实为不易且可贵。作为长辈和忘年之交,本人备感欣慰。本书作为国内第一本系统研究地票制度的个人专著,是黄忠博士耕耘土地法学的发轫之作,其研究结论不仅丰富了我国物权法和土地法的基础理论体系,而且对进一步推进我国土地制度改革也具有重要的启发乃至一定的指导意义。特别是书中在实证调研基础上对地票交易地役权的解释、对地票交易与构建城乡统一建设用地市场关系的论述等颇具学术创新,其价值不言而喻。

当然,农地权利体系问题涉及面广,牵涉利益复杂,要对各层面的利益给予全面、公平和妥适的考量,不仅需要深厚的理论水平,而且需要对中国国情的敏锐透视与剖析,甚至需要有政治家的思维和睿智,这对研究者提出了极高的要求。本人希望黄忠博士能以本书为基础,继续扩展研究视野,不间断地躬身实践,用可靠的大数据说话,就中国土地问题展开更深入的研究,凝练更具解释力的理论,提出更具可行性的对策。“地者,政之本也。”作为一名长期从事土地法学研究的学者,本人殷切盼望能有更多的年轻学者加入土地法学的实证研究事业中,为我国土地法律制度的现代化、体系化与科学化贡献活力与智慧。

是为序。

陈小君

目录

引　论

长期以来,我国在土地二元所有制的基础上一直实行着城乡有别的建设用地制度:农村集体建设用地只能适用于乡镇企业用地、农民住宅用地、集体经济组织的公共设施和公益事业用地,[①]且以无偿为原则;而城市工商业和居住用地则必须使用国有土地,即使需要占用集体土地的也必须先由国家通过土地征收将集体土地转为国有土地后再出让或划拨给土地使用者。

在上述城乡建设用地双轨制的制度约束下,随着城镇国有土地使用制度改革和市场经济的发展,城镇国有土地的市场化配置程度不断提高,土地的价值也得到了充分实现,但农村集体建设用地的市场化流转却长期受到限制,土地价值的实现受到了极大的

---

① 《物权法》分别使用了建设用地使用权与宅基地使用权的概念。但按照《物权法》第十二章的规定,建设用地使用权其实是可以包含住宅建设用地使用权含义的,因此为叙述简便,除特别标明的以外,本书使用的农村集体建设用地(使用权)包含了宅基地(使用权)的概念。

禁锢。[①] 然而，由于城镇化进程的不断加快，土地的资产属性日益显现，这就直接诱发了一些地方的农村集体建设用地大量隐形交易、[②]小产权房和"以租代售"现象蔚然成风、[③]土地投机猖獗、[④]土地市场秩序混乱、[⑤]集体土地资产性收益分配不公[⑥]等一系列问题。[⑦] 上述结果不仅严重背离法治，[⑧]而且极大地损害了农民的土地权益，[⑨]危及交易安全，[⑩]并制

---

① 参见黄珂、张安录:《城乡建设用地的市场化整合机制》，载《改革》2016年第2期。

② 参见王崇敏、孙静:《农村宅基地使用权流转析论》，载《海南大学学报》(人文社会科学版)2006年第2期；姚丽、魏西云、章波:《北京市郊区宅基地流转问题研究》，载《中国土地》2007年第2期；廉大为、赵雪锋:《集体建设用地指标交易市场化机制研究——以上海市为例》，载《华东经济管理》2012年第11期；罗湖平:《中国土地隐性市场研究综述》，载《经济地理》2014年第4期；宋志红:《中国农村土地制度改革研究:思路、难点与制度建设》，中国人民大学出版社2017年版，第192~193页；宋志红:《中国农村土地制度改革八讲》，国家行政学院出版社2017年版，第124页。

③ 参见韩康、肖钢:《积极探索建立有中国特色的农村宅基地市场——启动农村宅基地市场化改革研究》，载《理论前沿》2008年第13期；杨磊:《国土部宣战小产权》，载《南风窗》2010年第5期；宋才发:《农村集体建设节约集约用地的法律探讨》，载《河北法学》2010年第6期。

④ 参见郭立芳:《透视农村违规圈地现象》，载《中国国土资源报》2008年5月30日，第6版。

⑤ 参见杨秀琴:《农村集体建设用地公开流转势在必行——基于隐性流转与公开流转的效率差异分析》，载《农村经济》2011年第12期；韩松:《论农村集体经营性建设用地使用权》，载《苏州大学学报》(哲学社会科学版)2014年第3期；李建建、戴双兴:《加快构建城乡统一的建设用地市场》，载《经济研究参考》2014年第23期。

⑥ 参见诸培新、唐鹏:《农地征收与供应中的土地增值收益分配机制创新——基于江苏省的实证分析》，载《南京农业大学学报》(社会科学版)2013年第1期；冯剑玉:《对集体建设用地流转及收益分配的相关思考》，载《中国集体经济》2014年第11期。

⑦ 参见王小映:《推进集体建设用地市场化改革》，载《中国土地》2005年第12期；董建国:《农村土地制度改革的实践与思考——以重庆为例》，载《中国党政干部论坛》2012年第12期；朱木斌:《集体非农建设用地流转制度变迁的动力机制》，国家行政学院出版社2012年版，第77~78页。

⑧ 参见高永生、孙奇:《农村集体建设用地直接入市宜慎行》，载《中国国土资源经济》2009年第5期。

⑨ 参见张梦琳:《集体建设用地流转:绩效分析及政策选择——基于苏州、芜湖、南海三地的流转实践》，载《国土资源》2008年第11期；刘守英:《破解城乡二元土地制度格局》，载《中国地产市场》2009年第5期；姜大明:《建立城乡统一的建设用地市场》，载《中国国土资源报》2013年11月22日第1版；郭炜、高杰:《集体建设用地使用权流转研究——以四川省为例》，载《农村经济》2015年第12期。

⑩ 参见张志强:《农村集体建设用地"入市"研究》，中共中央党校2010年博士学位论文，第65页。

约了城乡一体化发展目标的实现。[①] 因此如何改革农村集体建设用地使用制度，如何依法规范农村集体建设用地流转，如何实现城乡建设用地市场的接轨等问题就当然地成为我国新时期土地制度改革的一项重要内容，甚至被论者称作我国的“第三次土地革命”。[②] 党的十八届三中全会首次提出了“建立城乡统一的建设用地市场”的要求，党的十九大报告还进一步提出要“建立健全城乡融合发展体制机制和政策体系”。

从实践来看，农村集体建设用地的流转也已成为社会经济发展的客观要求，地方政府纷纷进行相关的试点探索。但是，由于《土地管理法》和《物权法》等现行法律一直严格限制集体建设用地的入市，[③]

---

① 参见任平、周介铭：《基于统筹城乡发展视角的农村土地管理问题研究》，载《华东经济管理》2009年第1期；张占斌、倪羌莉：《统筹城乡发展背景下农村土地制度改革探讨》，载《学习论坛》2012年第2期；薛凤蕊：《农村宅基地占用与流转制度创新》，载《开放导报》2014年第1期。

② 参见赵晓：《启动第三次土地革命正当其时》，载《中国新闻周刊》2008年1月7日；张凤玲：《土地管理法再修征地范围》，载《中国房地产报》2013年3月10日，第A03版。

③ 《土地管理法》第43条规定：“任何单位和个人进行建设，需要使用土地的，必须依法申请使用国有土地；但是，兴办乡镇企业和村民建设住宅经依法批准使用本集体经济组织农民集体所有土地的，或者乡（镇）村公共设施和公益事业建设经依法批准使用农民集体所有的土地的除外。前款所称依法申请使用的国有土地包括国家所有的土地和国家征收的原属于农民集体所有的土地。”第63条进一步规定：“农民集体所有的土地的使用权不得出让、转让或者出租用于非农业建设；但是，符合土地利用总体规划并依法取得建设用地的企业，因破产、兼并等情形致使土地使用权依法发生转移的除外。”针对擅自将农民集体所有的土地使用权出让、转让或者出租用于非农业建设的行为，《土地管理法》第81条、《土地管理法实施条例》第39条规定可由县级以上人民政府土地行政主管部门责令限期改正，没收违法所得，并处非法所得5%以上20%以下罚款。2007年的《物权法》“建设用地使用权”一章在详细规定国有建设用地使用权流转（第135条～第150条）后，其第151条又特别指出：“集体所有的土地作为建设用地的，应当依照土地管理法等法律规定办理。”而对于宅基地使用权转让，《物权法》第153条也规定应适用土地管理法等法律和国家有关规定。由此可见，在集体建设用地流转方面，相对于《土地管理法》，《物权法》其实并未作出实质性的改变。不过值得关注的是，2015年2月27日，全国人民代表大会常务委员会通过决定，授权国务院在北京市大兴区等三十三个试点县（市、区）行政区域暂时调整实施《中华人民共和国土地管理法》《中华人民共和国城市房地产管理法》关于农村土地征收、集体经营性建设用地入市、宅基地管理制度的有关规定。按照决定，在2017年12月31日之前上述试点地区可以暂时调整实施集体建设用地使用权不得出让等的规定。在符合规划、用途管制和依法取得的前提下，允许存量农村集体经营性建设用地使用权出让、租赁、入股，实行与国有建设用地使用权同等入市、同权同价。这一决定在一定范围内开启了农村集体建设用地入市的大门。

因此在社会主义市场经济不断发展的形势下，如何突破"最严格的土地管理制度等于行政管制或者等于指令性计划"的窠臼，实现最严格的土地管理制度与市场机制的有效衔接和协调就成为当代中国土地管理科学研究和实践所面临的一项重大课题。① 事实上，考察1998年以来我国地方政府有关土地利用方面的政策创新，我们不难发现，各地政府在寻求突破中央政府对耕地非农化限制的方式中，都无一例外地带有市场化的色彩。② 发端于成渝两地的地票交易制度无疑也是农村集体建设用地市场化改革进程中的一项重要尝试。自2008年重庆农村土地交易所举行国内首场地票交易以来，地票交易这一制度创新引起了学界和政府的高度关注，并被认为是创新农村集体建设用地使用权制度、③提高集体建设用地市场化程度、④推进征地制度改革、维护和实现农民的土地权益的一项有益探索。⑤

近年来，兴起于成渝的地票交易模式还在湖南、湖北、浙江、江苏、安徽、广东、山东、河南等地获得推广，并获中央肯定。2015年11月，

---

① 靳相木：《新增建设用地指令性配额管理的市场取向改进》，载《中国土地科学》2009年第3期。

② 参见汪晖、陶然：《论土地发展权转移与交易的"浙江模式"——制度起源、操作模式及其重要含义》，载《管理世界》2009年第8期；王慧玲：《耕地利用的计划管理制度：地方政府创新实践分析》，南京农业大学2010年硕士学位论文，第38页；陈铁雄：《优化市场配置推进节约集约》，载《中国国土资源报》2015年1月18日，第3版；汪莉、彭婷婷：《从静态模式到动态分析：建设用地指标法律属性探析》，载《江淮论坛》2017年第2期。

③ 参见刘健、张桂林：《重庆"地票"：破解保地用地矛盾的制度创新》，载《半月谈》（内部版）2010年第8期。

④ 参见叶红玲：《土地管理：在不断改革创新中前行——国土资源系统深化改革述评》，载《中国国土资源报》2013年11月12日，第1版。

⑤ 参见黄忠：《地票交易的正当性辩》，载刘云生主编：《中国不动产法研究》（第7卷），法律出版社2012年版，第138～145页；谭峻：《重庆市地票交易制度评论》，载《公共管理与政策评论》2013年第2期；周远征：《重庆多项改革探索获重视》，载《中国经营报》2013年12月2日，第A14版；刘溟、冉瑞成：《地票：统一城乡用地市场的创新试验》，载《经济日报》2014年1月13日，第13版；冯桂：《重庆地票制度的价值及其对城乡一体化改革的启示》，载《国家行政学院学报》2014年第1期。

中共中央办公厅、国务院办公厅印发了《深化农村改革综合性实施方案》，专门提出要“按照有关法律法规，完善和拓展城乡建设用地增减挂钩、‘地票’等试点，推动利用城乡建设用地增减挂钩政策支持易地扶贫搬迁”。2016年的中央一号文件指出：“完善和拓展城乡建设用地增减挂钩试点，将指标交易收益用于改善农民生产生活条件。探索将通过土地整治增加的耕地作为占补平衡补充耕地的指标，按照谁投入、谁受益的原则返还指标交易收益。”2018年的中央一号文件再次强调：“改进耕地占补平衡管理办法，建立高标准农田建设等新增耕地指标和城乡建设用地增减挂钩节余指标跨省域调剂机制，将所得收益通过支出预算全部用于巩固脱贫攻坚成果和支持实施乡村振兴战略。”2018年的《政府工作报告》还进一步指出，改进耕地占补平衡管理办法，建立新增耕地指标、城乡建设用地增减挂钩节余指标跨省域调剂机制，所得收益全部用于脱贫攻坚和支持乡村振兴。①

然而，遗憾的是，目前学术界就地票交易的研究并不深入，相关文献大致可分为三类。

第一类主要是对地票交易的一般性介绍研究。这主要包括对成渝两地开展地票交易的意义、地票交易的流程、地票交易的基本特征等问题的阐释。② 例如，童代志介绍了重庆地票制度的设计理念、操作步骤、推进原则、主要做法和取得的成效，并认为，地票制度改革创新了人口及土地城镇化的方式，促进了政府职能的转变，落实了农村集体和农民的财产权，促进了城乡土地统筹管理，优化了城镇建设时序和空间布局，推动了相关配套改革的联动。③ 郭振杰从地票的权利

---

① 2018年3月10日，国务院办公厅印发了《跨省域补充耕地国家统筹管理办法》和《城乡建设用地增减挂钩节余指标跨省域调剂管理办法》。

② 参见刘俊、杨惠、白庆兰等：《地票的制度基础与法律性质》，法律出版社2012年版；陈治、李瑞雪：《城乡一体化发展背景下的地票法律制度完善研究》，法律出版社2015年版。

③ 参见童代志：《重庆地票制度改革实践》，载《经济研究参考》2013年第64期。

主体、权利内容、登记和抵押、价值构成和制度的正当性五个方面介绍了地票交易制度。[①]

第二类主要是从经济学角度对地票交易的探讨。其研究内容主要包括对地票交易的经济动因、地票交易的价格形成及经济效果、地票交易的收益分配等问题的分析。例如,王守军、杨明洪认为,农村宅基地使用权实质上是一种“选择权”,农民可以根据需要选择不同的宅基地利用方式和形态。[②] 谢新认为,重庆地票市场拍卖的并非地票本身或与之捆绑的建设用地额度,而是持票企业能够以企业级差租金的形式转移一部分政府应得的土地和建设用地额度拍卖收入的特权,因此,现行的地票制度设计还没有能够充分反映市场机制的原则,发挥市场机制的作用。[③] 程世勇分析了制度框架下集体建设用地实物资产向证券化资产的转换、地票交易相关利益主体的选择和资产价格机制的形成、城乡地票交易的福利效果等问题,指出地票交易制度是从体制内探索城乡建设用地结构性调整的一种路径,并认为地票交易作为一种制度创新,仍然不能完全取代农村建设用地流转,要实现区域的后发优势和增加农民收入,还必须关注基本的制度层面的问题。[④] 邱继勤等人通过研究揭示了地票产生的机理,探讨了地票落地的用途管制、空间管制的特殊性,并提出了五点建议,即完善交易产品安全管理制度、交易主体准入制度、交易价格监管制度、交易收益分配

---

① 参见郭振杰:《地票的法律性质和制度演绎》,载《政法论丛》2009 年第 2 期。

② 参见王守军、杨明洪:《农村宅基地使用权地票交易分析》,载《财经科学》2009 年第 4 期。

③ 参见谢新:《指标控制下城乡土地流转微观机制分析——以成渝地票实践为例》,载《中国农村经济》2012 年第 12 期。

④ 参见程世勇:《地票交易:体制内土地和产业的优化组合模式》,载《当代财经》2010 年第 5 期。

制度、交易风险预防控制制度。[①] 魏峰、郑义、刘孚文认为，重庆地票制度有利于提高城乡土地利用效率和显化农村土地价值。[②] 张鹏、刘春鑫认为，重庆地票交易利用的是西方国家土地发展权的相关理论和土地发展权还原机制构建的长效建设用地之间的供需平台，并指出地票交易可能引发双轨制供地体制下，地方政府与农村集体经济组织之间的利益冲突问题。[③] 韩立达、肖云基于对成都和重庆农村集体建设用地市场的调研，分析了当前农村集体建设用地市场上存在的突出问题，并在此基础上提出了发展我国农村建设用地市场的构想。[④] 李南洁认为，地票的实质是对征收转用耕地的国家粮食安全保障价值和生态价值的补偿，地票价格是农用地转为建设用地并产生土地增值收益的权益价格，该权益价格不是土地增值收益，而是耕地的国家粮食安全保障价格与生态价格之和。[⑤] 张泽梅分析了地票起拍价格和成交价格的特征，并分别就成都和重庆地票交易价格的成因进行了分析。[⑥] 以重庆为例，其研究指出，重庆地票交易价格的成因主要包括地票用途、竞价累积效应、地票票面面积、拍卖方式和市场需求。[⑦] 鲁春阳等人讨论了地票交易收益分配的问题，认为当前制度中存在参与收益分配主体不一致、收益分配缺乏理论依据和收益分配缺乏统一管

---

① 参见邱继勤、邱道持、石永明：《城乡建设用地挂钩指标的市场配置》，载《城市问题》2010 年第 7 期。

② 参见魏峰、郑义、刘孚文：《我国农村集体建设用地市场配置机制研究——以重庆地票制度为例》，载《现代农业科技》2010 年第 8 期。

③ 参见张鹏、刘春鑫：《基于土地发展权与制度变迁视角的城乡土地地票交易探索——重庆模式分析》，载《经济体制改革》2010 年第 5 期。

④ 参见肖云、韩立达：《发展我国农村建设用地市场的构想——基于成都、重庆的实证分析》，载《天府新论》2010 年第 5 期。

⑤ 参见李南洁：《地票价格探析：基于耕地价格的思考》，载《西部论坛》2013 年第 3 期。

⑥ 参见张泽梅：《成都地票交易价格分析》，载《经济与管理研究》2012 年第 7 期；张泽梅：《重庆地票交易价格问题研究》，载《社会科学研究》2012 年第 6 期。

⑦ 参见张泽梅：《重庆地票交易价格问题研究》，载《社会科学研究》2012 年第 6 期。

理这三个问题；并提出了按照产权关系厘清参与收益分配主体，合理安排收益分配比例和加强对收益分配、利用的监督等建议。[①] 杨庆媛等人提出，应加强对地票交易制度的理论研究，充分认识地票的实质。从地票价值构成角度构建地票基准价格和地票收益测算体系；从农民财产权转移角度建立地票收益分配机制；从区域发展权转移角度和区域发展能力减损角度制定国家下达建设用地计划指标的补偿与奖励政策；构建地票制度运行的监测预警体系，促进地票制度健康有序运行。[②] 马晓妍、叶剑平、郧文聚指出，构建建设用地指标跨区域市场化配置机制，既能保证建设用地指标初次配置的公平性和稳定性，又能实现再次分配的效率性和灵活性；既有利于满足发达地区的土地利用，又能增加欠发达地区的收入，更有利于创新土地金融制度、挖掘建设用地指标融资功能、缓解地方财政压力。[③]

第三类主要是从法学角度对地票交易的探讨。其主要讨论的是关于地票的法律属性、地票交易的风险以及地票交易制度与现行土地制度的关系等问题。比如黄忠提出了地票交易制度所面临的四大问题：首先，现有地票交易制度安排对“三农”的支持力度仍然有限；其次，现有的地票交易方式对地票交易的秩序和地票真实价格的发现都有不利影响；再次，现有制度下地票权利的内容不明晰，对房地产市场的影响尚不确定；最后，现有制度下的地票交易可能形成建设用地指标的“双轨制”，存在制度风险。[④] 沈萍认为，制度运行可能存在耕地质量难以保证、地票供给困难、地票持有者权利模糊和地票登记规定

① 参见鲁春阳、文枫、杨庆媛：《地票收益如何分配》，载《中国土地》2010 年第 7 期。

② 参见杨庆媛、鲁春阳：《重庆地票制度的功能及问题探析》，载《中国行政管理》2011 年第 12 期。

③ 参见马晓妍、叶剑平、郧文聚：《建设用地指标跨区域市场化配置可行性分析》，载《中国土地》2017 年第 10 期。

④ 参见黄忠：《浅议“地票”风险》，载《中国土地》2009 年第 9 期。

缺失等问题。[①] 岳彩申、张晓东主张，应在现有经验的基础上，按照证券化的基本思路，探索提升地票交易的法制化、市场化、权利化的途径，科学界定政府在地票交易中的角色，有效保障土地权利人在地票交易中的主体地位，从制度上更好地发挥市场机制的基础性作用。[②] 孙鹏、徐银波认为，成渝两地的地票交易，构成了我国土地发展权交易的雏形。但现行地票交易似乎仅是增减挂钩、占补平衡的附属制度，并未真正体现出土地发展权的价值。并且，现行地票交易不是在地方政府之间进行，就是在土地所有者、使用者与国家之间进行（重庆地票交易的受让人名义上为一切主体，但最终受让人其实是国家），并未形成真正的发展权交易市场，地票交易有沦落为国家征收道具的风险。因此，有必要理性反思发展权交易的目的，准确厘定发展权交易主体，构建成熟的发展权交易市场。[③] 刘俊指出，目前有近二十项因素影响地票价格，但权利内容并非越多越好，赋予地票太多的权利，地票价值过高，就可能产生反作用，因此建议应根据制度目标赋予地票权利内容。[④] 此外，近来也有论者开始关注地票的法律属性及其合法性问题，比如，有论者就将地票界定为土地发展权，[⑤]或者是土地开发

---

① 参见沈萍：《地票交易制度的创新、困境及出路》，载李昌麒、岳彩申主编：《经济法论坛》（第7卷），群众出版社2010年版，第236～244页。

② 参见岳彩申、张晓东：《证券化视角的地票交易制度创新及立法路径》，载《重庆社会科学》2011年第9期。

③ 参见孙鹏、徐银波：《我国集体建设用地流转态势与走向判断》，载《重庆社会科学》2011年第10期。

④ 参见柴伟、李华友：《地票交易破土地管理改革4难题》，载《重庆商报》2011年12月9日，第7版。

⑤ 参见闫海、孟娜：《我国地票交易法律制度探析》，载《武陵学刊》2012年第4期；刘国臻、周翔：《论增加农民土地财产性收入的制度障碍与克服》，载《法学评论》2014年第5期；刘澄宇、龙开胜：《集体建设用地指标交易创新：特征、问题与对策——基于渝川苏浙等地典型实践》，载《农村经济》2016年第3期。

权。[①] 李新仓认为，应当将包括地票在内的建设用地指标界定为一种公私兼顾的“用益物权说”。[②] 汪莉、彭婷婷则以“动态化+类型化”方式对不同阶段的建设用地指标进行研究，发现建设用地指标从产生到交易，法律属性依次表现为“资格性公权”、“财产化的公权”以及“财产性私权”。[③]

综合而言，现阶段关于地票交易制度的研究较为零散，缺乏系统性和全面性，且存在如下不足：

一是在研究内容上，现有研究仍然主要停留在对地票交易一般规则和地票交易可行性的阐释上，并且相关的研究偏于宏观，而对地票交易运行中涉及的具体问题和配套制度关注较少，同时也缺乏对地票交易的性质及其原理等基础性问题的系统阐释，比如对于地票的法律属性、地票交易的合法性、地票交易与征地制度，乃至城乡统一建设用地市场构建的关联等问题都未有充分论证，从而无法为地票交易的深入发展提供一套有效的理论指引。

二是在研究的视野和方法上，现有研究多采经济学、管理学的视野和分析方法，而法学、社会学、统计学等其他学科方法的综合运用较少。在不多的法学研究成果中，也未能就地票交易的法律属性做出科学界定，亦未能系统全面地预测地票交易发展的风险，从而使现有的研究对深化地票交易制度改革缺乏强有力的指导价值，不仅导致出现

① 参见孙建伟：《城乡建设用地置换中土地指标法律问题研究》，载《法学评论》2018年第1期；张先贵：《中国法语境下土地开发权理论之展开》，载《东方法学》2015年第6期；李凤章：《土地开发权：保护模式和权利归属》，载《社会科学》2015年第4期。

② 参见李新仓：《建设用地指标市场配置法律制度研究》，辽宁大学2017年博士学位论文，第37页；李新仓、阎其华：《建设用地指标市场配置法律制度正当性研究》，载《西南民族大学学报》（人文社会科学版）2018年第2期。

③ 参见汪莉、彭婷婷：《从静态模式到动态分析：建设用地指标法律属性探析》，载《江淮论坛》2017年第2期。

对开展地票交易之合法性的质疑声音,[①]而且影响了地票交易制度的推广,乃至全国性市场的构建。[②]

三是在研究资料上,由于目前涉及地票交易的很多资料并不公开,因此现有研究多以二手资料为基础,缺乏详实的实证调研和典型的案例分析,也未能就成渝两地的地票交易以及地票交易与农村集体建设用地的其他流转方式展开比较分析。同时,相关的研究也多未对现存的地票交易制度进行规范的分析,从而导致相关研究结论在整体制度框架下的嵌入性不足,无法真正有效推进地票交易制度改革的深化与农村集体建设用地制度的创新。

正是基于地票交易制度对于农村集体建设用地制度的创新,尤其是对征地制度改革和城乡统一建设用地市场构建的积极示范意义,并考虑到现有相关研究的不足,本书不仅将充分利用相关数据,全面展示地票交易的来龙去脉,而且更关注对现有制度的评析,拟从法学,尤其是私法的视角对地票交易的实践展开理论阐析和论证,进而总结出可复制、可推广和利修法的基本经验,以期最终能为地票交易制度的深入发展,乃至征地制度的改革以及城乡统一建设用地制度的构建提供理论上的支持。实际上,早在2012年的全国国土资源工作会议上,国土资源部就明确指出,要认真总结重庆地票交易制度和成都统筹城乡土地管理制度改革经验,提出示范推广的意见;认真总结各地耕地占补平衡指标市场化交易实践探索经验,及时出台相关管理办法。[③]国土资源部在关于《重庆地票需进一步研究的问题》的通知中还进一

① 参见郭丽琴、丁灵平:《陈锡文:重庆“地票”需法律明确》,载《第一财经日报》2013年3月14日,第A02版。

② 参见况伟大:《若推广,两问题不容回避》,载《经济日报》2014年1月13日,第13版。

③ 参见徐绍史:《乘势而上 攻坚克难 把国土资源工作推向新高度——在全国国土资源工作会议上的讲话》,载《国土资源通讯》2012年第1期。

步提出要开展地票与风险防范问题研究。事实上,地票交易制度也已经在广东、江苏、浙江、安徽、河南、湖南、湖北、山东等地获得推广应用。因此,进一步认清地票交易的法律性质及其内在逻辑,廓清地票交易中的各项风险,并在此基础上就地票交易制度的完善提出政策建议,不仅有助于推进地票交易的发展与深化,而且有助于进一步推动我国农村集体建设用地制度的改革。尤其是在全面深化市场主导资源配置利用体制改革、健全城乡融合发展体制机制的背景下,本书对地票交易制度的讨论就不仅具有理论意义,而且对重启农村集体建设用地使用权市场化的改革、促进城乡融合发展和乡村振兴的实践也有参考价值。

第一章　地票制度的产生背景及其运作流程

所谓的地票并不是“土地”的“票据化”，也不是“农村土地承包经营权”或“农村建设用地使用权”的直接“票据化”，而是指农村集体建设用地经复垦和验收后所产生的“建设用地挂钩指标”的票据化。按照《重庆农村土地交易所管理暂行办法》（渝府发〔2008〕127号）第18条的规定，建设用地挂钩指标，特指农村宅基地及其附属设施用地、乡镇企业用地、农村公共设施和公益事业建设用地等农村集体建设用地复垦为耕地后，可用于建设的用地指标。2016年1月1日施行的《重庆市地票管理办法》第2条进一步明确规定：“本办法所称地票，是指土地权利人自愿将其建设用地按规定复垦为合格的耕地等农用地后，减少建设用地形成的在重庆农村土地交易所交易的建设用地指标。”可见，所谓的地票其实是建设用地指标。

用地指标的出现及其票据化、市场化实际上是与我国的土地管理制度相关联的。在我国，土地使用者占有、使用土地，尤其是建设用地，不仅需要取得该地块本身，在这之前还需要拥有相应的用地指标。具体来说，农用地要实现非农化的转变需要接受土地利用规划和用地指标两项约束。土地利用规划是一个基于用途管制的先决条件，限制了土地利用的范围；用地指标是一个分年度发放的具体工具，限制了土地利用的速度。可见，要从不可交易的集体土地转变为可以交易的国有土地，用地指标分配这一环节异常关键。[①] 而占用土地之前要求拥有用地指标的做法实际上是土地计划管理的产物，指标的票据化则无疑是在此引入了市场的因素，[②]具有市场化的导向。

一、我国土地管理模式的演进与用地指标控制

在新中国成立初期，我国曾经实行过土地统一管理的体制：国家在中央内务部设置地政司，作为全国土地管理机关；[③]地方一般在民

---

① 韩纪江、任柏强：《借鉴开发权交易 TDR 推行用地指标交易的理论评述与展望》，载《湖北社会科学》2011 年第 7 期。

② 王成艳、靳相木：《土地用途管制实施机制市场取向改革初探》，载《国土资源情报》2009 年第 2 期。

③ 我国的土地管理模式大体上经历了统管—分管—统管三个阶段。1949 年 7 月，全国人民政治协商会议在通过《共同纲领》的同时，制定了《中央人民政府组织法》，并在中央人民政府政务院下设内务部。内务部下设地政司，作为全国土地管理机关，履行土地管理职责，主要负责地籍测量、地籍管理、城市房地产管理、土地征用和房地产交易管理、土地租税、城市管理规划及考核等。此后，随着国民经济建设的大发展，政府管理部门分工的细化，土地管理工作逐步向各部门分散。1982 年国务院确定在农牧渔业部内设土地管理局，对全国土地实行统一管理模式。1986 年国务院决定成立直属国务院的土地管理机构——国家土地管理局，负责全国土地、城乡地政的统一管理工作。1998 年 3 月 10 日，第九届全国人民代表大会第一次会议第三次全体会议表决通过关于国务院机构改革方案的决定，由地质矿产部、国家土地管理局、国家海洋局和国家测绘局共同组建国土资源部，负责我国的土地资源 、矿产资源、海洋资源等自然资源的规划、管理、保护与合理利用工作。参见王先进：《全国土地统一管理决策回顾——兼忆国家土地管理局成立》，载《中国土地》1995 年第 6 期；陈银蓉：《我国政府土地管理行为的研究》，华中农业大学 2000 年博士学位论文，第 57 页；王万茂：《中国土地管理制度：现状、问题及改革》，载《南京农业大学学报》（社会科学版）2013 年第 4 期；杨璐璐：《土地管理体制改革的制度安排与学术研究态势》，载《重庆社会科学》2014 年第 11 期。

政部门中设置地政机关，甚至专设了地政局。[①] 但随着城市土地的国有化以及无偿行政划拨土地使用制度的建立，[②]不仅国家机关、部队、学校可以无偿使用城市国有土地，而且企业使用国有土地时，也一律由当地政府无偿拨给，不须再交纳租金。[③] 无偿行政划拨的土地使用制度将当时的土地管理工作限缩到了“按用地单位的需要划拨、平调土地供给”的狭小范围，这种变化也直接导致随后大部分地政机构被逐渐撤销。1954 年国家撤销了独立的地政机关，把土地管理的职能分散到农业部、水利部和城市建设部等部门。1956 年国家又将土地利用总局与有关部门的人员集中组合成立农垦部，主管全国所有荒地的开发和国营农场建设工作；而城市房地产管理工作则移交给了新成立的城市服务部，内务部仅保留土地遗留问题处理和部分征地划拨工作。自此，专门从事土地管理的国家职能部门被取消，土地统一管理体制也宣告结束。

随着土地统一管理体制的结束，我国的土地管理工作开始进入了持续三十多年的“谁使用，谁管理”的多头分散用地管理阶段，即“城市土地国家所有，用地由政府划拨，谁用谁管；农村土地集体所有，集体用集体管”。[④] 从历史来看，直到 1982 年，我国实行的都是城乡土地分割、用地部门分散管理的体制。这种体制的特点是：各级政府机

① 杨惠：《土地用途管制法律制度研究》，西南政法大学 2010 年博士学位论文，第 152 页。

② 无偿行政划拨土地使用制度建立的标志是《政务院关于对国营企业、机关、部队、学校等占用市郊土地征收土地使用费或私金问题的批复》（1954 年 2 月 24 日政财习字 15 号）和《内务部答复关于国营企业、公私合营企业及私营企业等征用私有土地及使用国有土地交纳契税或租金的几个问题》（1954 年 3 月 8 日内地密字 13 号）两个文件的出台。

③ 新中国成立初期，只有国家机关、部队、学校能无偿使用城市国有土地。而国营性质的土地使用者，要使用私有土地，仍需要通过购买或租赁，并按当时的市价支付地价或租金才能取得土地使用权。

④ 蒋亚平、张亚莉：《土地管理三大制度改革回顾及期待——访原国家土地管理局第一任局长王先进》，载《中国国土资源报》2008 年 12 月 5 日，第 1 版。

构中没有专门的土地管理机构；城乡土地分开管理，农村土地（包括农田和林地）由农业部门管理，城市土地由用地部门分散管理；水电、交通、铁路等部门对自己使用的土地负责；军队负责管理军事用地。从理论上讲，这一阶段的土地管理所采取的是需求侧的管理模式——土地的供应基本上是由用地的需求来决定的，土地的管理也由用地方来进行。

1. 1986～1997年：分级限额审批制下的用地指标

很明显，对于耕地保护以及土地节约集约利用而言，这样各自为政、政出多门的分散管理体制是存在重大风险的。只是在改革开放之前，这一风险并未显现。有研究发现，除了1958～1961年，因为“大跃进”和自然灾害的原因导致耕地出现流失以外，改革开放之前的其他时期，耕地实际上都呈现适度增加的局面。① 之所以如此，一方面是因为在“以粮为纲”战略的指引下，开荒、复垦、复耕运动在全国范围内展开，带来了耕地数量的增加。有数据显示，1958～1970年，我国耕地面积增加了0.12亿hm^2。② 另一方面则是因为我国当时的经济基础较差，积累能力较低，并且实行的是以单一公有制为基础、以高度集中为特征的计划体制，因而在此背景下，投资主体单一，投资数额有限，这就使得因经济发展而导致的耕地占用较少。

然而，随着社会的发展，开荒所需的后备资源越来越少，试图通过大规模开荒来增加耕地面积的做法受到了限制。更为重要的是，随着农村生产力的解放和城市土地市场化的改革，城乡建设用地的需求开始激增。一方面，在农村，“村村点火、户户冒烟”式的乡村工业化和

---

① 参见毕于运、郑振源：《建国以来中国实有耕地面积增减变化分析》，载《资源科学》2000年第2期；封志明、刘宝勤、杨艳昭：《中国耕地资源数量变化的趋势分析与数据重建：1949～2003》，载《自然资源学报》2005年第1期。

② 任旭峰、侯风云：《中国耕地保护制度演进及存在问题研究》，载《理论学刊》2011年第9期。

富裕起来的农民希望改善居住条件,导致农村建设用地需求剧增。当时农村乱占、滥用土地的热潮究竟有多疯狂,我们可以从 1986 年中共中央、国务院发布的《关于加强土地管理、制止乱占耕地的通知》中看到:"乡镇企业和农村建房乱占耕地、滥用土地的现象极为突出。许多地方耕地大量减少,有的省一年减少一个中等县的耕地面积,有的城镇郊区农民几乎已无地可种。这种情况如果继续发展下去,将会给国家建设和人民生活造成严重后果,贻害子孙后代。"另一方面,在城市,开发区热和房地产热也逐渐兴起,特别是在 1985 年前后,各类开发区面积迅速扩大,由此导致城市住房、交通以及工矿用地急剧增加。① 由于各自为政、政出多门的分散管理体制无法为耕地保护形成有效的保障,因此伴随着城乡建设用地需求的双重扩张,耕地的锐减也就在所难免。据统计,"六五"期间(1980～1985 年),全国耕地净减 3680 多万亩,年均减少 700 多万亩。②

可见,随着农村生产力的解放和城市土地市场化的改革,城乡分割、各自为政的多头分散用地管理模式的弊端日益凸显,造成耕地锐减、管理失控。为了更好地协调建设与耕地保护的关系,一个首要的措施就是要将各自为政、政出多门的分散管理进行统一,形成"城乡统一"和"块块为主"的集中管理模式。为此,在 1982 年的国务院机构改革中,国家重新在农牧渔业部设置土地管理局,主管农村土地,而城镇土地则由城市建设环境保护部管理。但城乡之间的土地管理仍然有很多问题难以协调,1985 年农牧渔业部又建议中央成立一个专

① 参见王先进:《当前我国土地资源的严峻形势及对策建议》,载《中国土地》1994 年第 8 期;孙佑海:《协调建设用地与保护农地关系的若干思考》,载《林业、森林与野生动植物资源保护法制建设研究——2004 年中国环境资源法学研讨会(年会)论文集》(第四册),中国法学会环境资源法学研究会 2004 年。

② 张传玖:《守望大地 20 年——〈土地管理法〉成长备忘录》,载《中国土地》2006 年第 6 期。

管土地的国务院直属机构,同时制定土地管理法律。

1985 年,我国的粮食产量突然下降了 2820 万吨,并且当年耕地面积净减少 1500 多万亩,这引起了一直对粮食安全保持着高度敏感性的中央政府的忧虑。面对粮食减产、耕地骤减的压力,1986 年 3 月中共中央、国务院发布了《关于加强土地管理、制止乱占耕地的通知》(中发〔1986〕7 号),并正式决定成立国家土地管理局,作为国务院的直属机构。1986 年 6 月 25 日,第六届全国人大常委会第十六次会议通过的《土地管理法》第 5 条也明确规定国务院土地管理部门主管全国土地的统一管理工作,县级以上地方人民政府土地管理部门主管本行政区域内的土地统一管理工作,从而以法律的形式确认了全国土地和城乡地政统一管理的体制。根据《土地管理法》的规定,直属国务院的国家土地管理局在 1986 年 8 月正式成立,地方各级政府也相继成立了具有城乡地政统一管理职能的土地管理机构。自此,我国的土地管理开始由"多头分散"的管理模式走上了城乡统一管理的轨道。

城乡土地管理权统一后,土地管理局又应该如何具体管理土地?如何通过控制土地的供应来控制土地的需求,进而保护耕地?这些问题的答案就蕴含在土地的计划审批模式中。回顾历史,我们可以看到,几乎与土地管理权集中同步,以分级限额审批为特征的土地计划管理制度也开始建立。1986 年的中发〔1986〕7 号文件明确提出"今后必须严格按照用地规划、用地计划和用地标准审批土地",首次明确了土地利用规划和计划的地位与作用。1986 年的《土地管理法》则进一步对土地利用总体规划和建设用地计划的制定程序作出了规范。

1987 年 12 月 26 日,国务院办公厅转发了国家土地管理局《关于开展土地利用总体规划工作的报告》(国办发〔1987〕82 号)。国家土地管理局在《关于开展土地利用总体规划工作的报告》中指出土地利用总体规划是国土规划的组成部分,是土地利用宏观的、指导性的长

期规划；土地利用总体规划按行政区划分为全国、省（自治区、直辖市）级、市县级三个层次；要求1990年前后完成全国和省级土地利用总体规划（草案）编制工作，“八五”期间基本完成市县级土地利用总体规划编制任务。1993年2月，我国第一部土地利用总体规划《全国土地利用总体规划纲要（1987~2000年）》经国务院批准实施。但必须要指出的是，受历史惯性的影响，这个规划实质上还是分散、多头管理体制的产物，而且《土地管理法》也未对规划编制的根据、原则以及如何确定其合理性等作出具有可操作性的规定，这就导致土地利用总体规划根本不能发挥宏观调节土地资源和微观管制的作用。[①] 比如，有些地方不顾本地区的土地资源状况和社会发展计划，盲目地将城镇道路周边划定为建设用地，盲目地划定各类开发区；有些地方土地分类混乱，乱占滥用耕地；甚至有些地方还巧立名目，滥用土地利用总体规划，随意圈地开发，致使土地衰退抛荒。[②] 可见，此时的规划在很大程度上仍然是“按需定供”，约束力有限，因而也就必然难逃“纸上画画、墙上挂挂”的命运。[③] 难怪有论者评论认为，我国第一轮的土地利用总体规划其实在当时并未实际发生作用，从1987年开始直到1998年《土地管理法》修订之前，在我国的土地管理实践中所运用的其实主要是建设用地计划，而非土地利用总体规划。[④]

1987年10月，国家计委与土地管理局在《关于印发〈建设用地计划管理暂行办法〉的通知》中明确指出：“编制建设用地计划，建立土

---

① 陈婉玲：《我国土地资源立法的重大发展——1998年〈土地管理法〉评析》，载《华侨大学学报》（哲学社会科学版）1999年第1期。

② 习龙生、王肯堂主编：《中国房地产法实务全书》，今日中国出版社1994年版，第120页。

③ 田春华：《着眼未来的事业——我国土地利用规划工作30年历程回顾》，载《中国国土资源报》2009年1月12日，第1版。

④ 参见何良将：《现行建设用地配置模式真的管用吗？——基于浙江省调研的反思》，浙江大学2010年硕士学位论文，第2~3页。

地计划管理制度,是我国计划管理和土地管理制度改革的一项重要内容。”该《建设用地计划管理暂行办法》中的建设用地计划主要以投资渠道为依据,将用地计划分为四级三项:国家、省、地区(省辖市)、县(县级市)四级,国家建设用地、乡(镇)村集体建设用地、农村个人建房用地三项。而实施这一建设用地计划管理的主要方式就是指标。按照《建设用地计划管理暂行办法》的规定,每年由国家、省、市逐级下达非农建设用地计划指标,确定非农建设占用耕地的指令性指标和占用非耕地指标。其中,用地计划确定的占用耕地数,属于指令性指标,在执行过程中只能节约,不得突破;占用非耕地数,属于指导性指标,也要严格控制。各地根据具体情况,经省级人民政府批准,也可将占用非耕地数定为指令性指标。在计划执行过程中,国家建设用地指标不足时,可以从农村个人建房和乡(镇)村集体建设用地计划指标中调剂;乡(镇)村集体建设和农村个人建房用地指标也可互相调剂。各级政府审批用地不得突破指标,需要追加指标的,须报上级政府审批;未取得用地计划指标的建设项目,规划部门不安排选址,国土部门不审批用地。1996 年,国家计委和土地管理局正式印发《建设用地计划管理办法》,对《建设用地计划管理暂行办法》进行了完善和补充,并在附则里提出,要逐步建立土地利用总体规划、五年用地计划和年度用地计划的规划、计划体系,但《建设用地计划管理办法》所指的用地计划仍主要是围绕用地指标和占用耕地指标编定的。

值得注意的是,与这一阶段土地利用总体规划的失效类似,1987 年开始的建设用地计划管理在很大程度上也并未超脱“按需定供”的被动局面,“要哪块给哪块,要多少给多少”甚至还成了当时流行的供地模式。建设用地管理既不考虑建设用地内部各类别间的结构和布局的合理性,也不审视其在社会经济发展中的地位和作用,完全是一种被动的服务式管理。[①] 也就是说,这一阶段的土地利用计划仍然主要是按土地需求确定的,“供地计划”主要是为了确保建设的需要,而对耕地的保护和建设用地的控制却不够,同时对于无计划用地和超计划用地现象也没有强硬的惩罚措施,[②]正如有学者所言,从某种意义上来说,1986 年的《土地管理法》实际上是建设用地法,在观念上仍然是 20 世纪 50 年代《国家建设征用土地办法》和 1982 年《村镇建房用地管理条例》与《国家建设征用土地条例》的沿袭,[③]它明显带有地方利益主导的特征和浓厚的计划经济色彩。[④]

之所以导致当时的土地利用总体规划和建设用地计划的管理失效,在很大程度上是因为 1986 年《土地管理法》所确立的“分级限额审批”制度。1986 年的《土地管理法》第 25 条规定,国家建设征用耕地 1000 亩以上,其他土地 2000 亩以上的,由国务院批准;征用省、自治区行政区域内的土地,由省、自治区人民政府批准;征用耕地 3 亩以下,其他土地 10 亩以下的,由县级人民政府批准;省辖市、自治州人民政府的批准权限,由省、自治区人民代表大会常务委员会决定。征用直辖市行政区域内的土地,由直辖市人民政府批准;直辖市的区人民政府和县人民政府的批准权限,由直辖市人民代表大会常务委员会决定。可见,1986 年的《土地管理法》关于各级政府征用土地审批权的划分主要是依据用地面积的大小来确定的,各级土地管理部门职责在性质上无较大差别,仅存在审批用地面积大小的差别。[⑤] 而这种“分

① 杨树凌:《建设用地管理的基本问题指导思想》,载《枣庄师专学报》1999 年第 4 期。

② 潘文灿:《加强土地利用计划管理,切实保护耕地资源——回顾土地计划管理 20 年得失》,载《国土资源情报》2008 年第 6 期。

③ 黄河:《土地法理论与中国土地立法》,世界图书出版西安公司 1979 年版,第 322 页。

④ 参见甘藏春:《必须采取世界上最严格的措施管理土地》,载《中国土地科学》1997 年第 6 期。

⑤ 陈银蓉:《我国政府土地管理行为的研究》,华中农业大学 2000 年博士学位论文,第 23 页。

级限额审批”制度使管理权力分散,在土地利用行为的导向上,存在着只考虑局部利益和短期利益,忽视合理利用土地、保护耕地的全局利益和长远利益的重大风险。① 特别是随着1987年国有土地有偿市场的逐步兴起和1988年修正的《土地管理法》对国有土地有偿使用制度的明确承认,地方政府从土地中直接获得的经济利益开始日益增加,这就必然会诱发地方政府不断扩大征地规模的冲动。换言之,在“分级限额审批”制度下,地方人民政府就完全可能为了获得更多的土地收益,而不顾《土地管理法》第26条关于“不得化整为零”的要求,径直采用“化整为零”或者“下放土地审批权”等办法非法批地和用地,致使农用地、特别是耕地大量转化为建设用地。

鉴于1986年《土地管理法》颁布以来,一些地方政府无视《土地管理法》的规定,越权非法批准占用土地的情况,1990年1月19日,国务院在《批转国家土地管理局关于部分地方越权批地情况报告的通知》中明确要求各地区和有关部门对清查出来的越权批地问题要进行严肃处理。② 但国家土地管理局在随后的检查中却发现一些地区行动迟缓,或者是在清理中对一些问题避重就轻。③ 比如,在检查武汉市贯彻国发〔1990〕8号《国务院批转国家土地管理局关于部分地方政府越权批地情况报告的通知》的情况时,国家土地管理局就发现该市自1987年9月以来,未执行《湖北省土地管理实施办法》规定的建设用地审批权限,长期越权批地。在随后的《国家土地管理局关于武汉市建设用地审批权限问题的函》中国家土地管理局特别指出:“自1987年9月7日《湖北省土地管理实施办法》施行至1989年年底,越权

---

① 程久苗:《试论土地用途管制》,载《中国农村经济》2000年第7期。

② 参见《国务院批转国家土地管理局关于部分地方政府越权批地情况的报告的通知》(国发〔1990〕8号)。

③ 参见《国家土地管理局转发山东省人民政府〈关于认真做好越权批地清理工作的通知〉的通知》(〔1990〕国土(监)字50号)。

批地十五宗,面积五千九百多亩。其中一宗采取‘化整为零’的手法,分七期批文,批准一项目用地二千二百多亩,超越了市、省两级政府的权限,侵用了国务院的审批权。武汉市的上述做法,不仅对你省,而且对全国产生了不良的影响。类似武汉市越权批地的问题,在其他一些计划单列市也不同程度地存在。”

为进一步改进和完善土地利用计划管理,1992 年 11 月 4 日国务院在《关于发展房地产业若干问题的通知》(国发〔1992〕61 号)中要求:“各级人民政府要加强土地使用权出让的计划性,所有出让的土地,包括地数、用地面积等都要纳入规划和计划,做到有计划出让。土地使用权出让的计划,按现行土地利用计划编制程序进行。”根据国发〔1992〕61 号《关于发展房地产业若干问题的通知》的精神,从 1994 年起,国家在土地利用计划中正式增加开发区建设用地、开发区建设新征用地、土地使用权出让及土地使用权出让新征用地四项计划。1994 年 8 月 18 日,国务院发布了《基本农田保护条例》。该条例规定县级以上地方各级人民政府应当将基本农田保护工作纳入国民经济和社会发展计划,同时规定基本农田保护区规划应以土地利用总体规划、农业资源调查区划为依据,并与城市规划、村镇建设规划相协调。然而,遗憾的是 1994 年的《基本农田保护条例》对基本农田的保护仍然采取的是“分级限额审批”的管理思想。比如《基本农田保护条例》第 17 条就规定:“……建设项目占用一级基本农田 500 亩以下的,必须报省、自治区、直辖市人民政府批准;占用一级基本农田超过 500 亩的,必须报国务院批准。”“分级限额审批”的做法,显然无法避免地方人民政府通过“化整为零”或者“下放土地审批权”等办法非法批地和用地,因此从全国的情况来看,虽然中央政府不断强化对耕地的保护,但各地却屡屡突破计划用地指标,耕地减少的趋势并没有得到有效控制。[①]

---

① 参见郑振源:《土地利用总体规划的改革》,载《中国土地科学》2004 年第 4 期;孟娜:《地方政府建设用地指标管理创新实践研究》,南京农业大学 2012 年硕士学位论文,第 2 页。

上述分析表明,1986 年的《土地管理法》带有浓厚的计划经济色彩,虽然也有保护耕地的内容,但其主要目的是保障国家建设使用土地的需要,而对规划的重视不够,相关用地“指标”的约束力明显不强。[①] 更为重要的是,在 1988 年《宪法》和同年修订的《土地管理法》承认了国有土地资产的商品属性后,“分级限额审批”的管理模式更是难以抑制地方政府为谋求土地收益而通过“化整为零”或者“下放土地审批权”等办法非法批地和用地。我们看到,自 1984 年前后我国出现首次“圈地运动”后,自 1992 年上半年开始,一些地方又开始出现了“开发区热”“房地产热”。一时间,乱办乱建开发区成风,几千个开发区雨后春笋般地冒出来,土地房产炒卖如火如荼,大量耕地被圈占用于开发区、商品房开发。有资料显示,1986 ~ 1996 年,因各项建设占用、农业结构调整以及灾毁等原因,全国共减少耕地约 1.02 亿亩,而同期开发复垦的耕地只有 7368 万亩,10 年间,耕地净减少 2898 万亩,全国已有 666 个县人均耕地低于 0.5 亩,人地矛盾十分尖锐。[②] 由此可见,当时的事实已经证明 1986 年的《土地管理法》所建立起来的以“分级限额审批”为特征的建设用地的审批管理体系和以“确保建设用地”为主要目的计划管理模式,无法达到有效地控制建设用地扩张与耕地流失的目的,最终导致农用地转用指标及建设用地指标严重超标。[③] 1994 年 9 月美国人莱斯特 · 布朗(Lester R. Brown)在《谁来养活中国?》一文中通过对世界和中国范围的粮食供给和需求水平分析,表现出对中国和世界粮食短缺的担忧,甚至提出了谁来养活中

---

① 参见李新仓:《建设用地指标市场配置法律制度研究》,辽宁大学 2017 年博士学位论文,第 42 页。

② 参见王永红、王博:《法治拓平集约路——我国土地管理法制建设 30 年》,载《中国国土资源报》2009 年 2 月 18 日,第 1 版。

③ 张先贵:《中国土地管理权行使模式的未来走向——立足于〈土地管理法〉修改背景下的思考》,载《北京理工大学学报》(社会科学版)2015 年第 4 期。

国的疑问。[1]

2. 1998～2003 年：土地用途管制下的用地指标

面对开发区热、房地产热所导致的耕地面积锐减，人地矛盾日益尖锐的现实，改革分级限额审批的用地制度，进一步强化土地利用总体规划和土地利用年度计划的效力就变得迫在眉睫了。[2] 1996 年，国家土地管理局专门牵头开展了一项有关耕地保护问题的调研。调研发现，在 1986 年《土地管理法》确立的土地管理体制中，土地供应与土地需求之间的关系是颠倒的，即供给服从需求，实质上是一种“保障需求”的机制——计划部门负责立项，城市规划部门负责选址，土地管理部门负责供地。这种需求决定供给的机制，不仅是导致我国经济增长长期处于粗放经营状况的重要原因之一，而且是导致土地供应总量控制难以实施的根本原因。在这种体制下，作为控制建设用地的重要手段——土地利用总体规划和用地计划指标，形同虚设。因此如果不改变“需求决定供给”的土地供应方式，就不能从“源头”上控制耕地的减少速度和极限。[3]

那么在中央授权地方政府出让土地，并负责地方工业化、城市化发展的大背景下，中央又该如何从源头上控制用地需求？1997 年 4 月 15 日，中共中央、国务院发布的《关于进一步加强土地管理切实保护耕地的通知》（中发〔1997〕11 号）提出了新的要求：在指导思想上，

---

① 1994 年，美国世界观察研究所所长布朗博士在《世界观察》杂志（1994 年第 9～10 期）上发表了题为《谁来养活中国?》的文章，1995 年又出版了名为《谁来养活中国?》的著作。See Lester R. Brown, *Who Will Feed China? Wake-Up Call for a Small Planet*, W. W. Norton & Company, 1995.

② 参见周永康：《关于〈中华人民共和国土地管理法（修订草案）〉的说明——1998 年 4 月 26 日在第九届全国人民代表大会常务委员会第二次会议上》，载《中华人民共和国全国人民代表大会常务委员会公报》1998 年第 4 期。

③ 甘藏春、崔岩、张婉丽：《土地管理体制改革势在必行——论我国现行土地管理体制的缺陷》，载《中国土地科学》1998 年第 2 期。

要从保障建设用地供应为主转变到以保护耕地为主;在土地管理方式上,要建立土地用途管制制度,对农用地和非农用地实行严格的用途管制,严格控制城市建设用地规模。

根据中发〔1997〕11 号文件的要求,国务院于 1998 年 4 月 11 日向全国人大常委会提交了关于提请审议《土地管理法(修订草案)》的议案。1998 年 8 月 29 日修订的《土地管理法》不仅首次以立法形式确认了“十分珍惜、合理利用土地和切实保护耕地是我国的基本国策”,而且形成了“事前用途管制、事中行政审批、事后调控整治”的管理模式:事前用途管制采用土地利用规划、基本农田保护制度,事中行政审批采用年度计划指标和审批管理,事后调控整治体现在中央政策调控和监督监察上。[①] 尤其值得关注的是,1998 年修订的《土地管理法》第 4 条规定,“国家实行土地用途管制制度”,确立了以土地用途管制为核心的新型土地管理制度,并将土地利用总体规划审批权、农用地转用和土地征用审批权、耕地开垦监督权、土地供应量控制权集中在中央和省政府,同时还在法律上规定了土地利用总体规划的地位、作用及审批程序,以土地利用总体规划作为土地用途管制的依据,规定了农用地转为建设用地的审批权限,上收征地审批权和完善乡村建设用地管理,以法律形式确定了用途管制作为我国土地管理的根本制度,实现了我国土地管理方式由以往的分级限额审批用地制度向土地用途管制制度的转变。

如前所述,由于分级限额审批用地制度无法有效控制地方政府通过“化整为零”或者“下放土地审批权”等方法非法批地和用地,无法按照土地利用总体规划确定的用途进行管制,导致农用地,特别是耕地大量转变为建设用地。而土地用途管制制度则通过对农用地非农

---

① 杨璐璐:《土地管理体制改革的制度安排与学术研究态势》,载《重庆社会科学》2014 年第 11 期。

化转用等审批权的设置来实现对耕地的保护。按照实施土地用途管制的要求,《土地管理法》确立了政府审批土地的基本制度,包括建设项目用地预审、农用地转用审批、征地审批和供地环节的审批等。其中,农用地转用审批是此次增设的审批环节,目的就是在农用地转为建设用地时,由政府依据土地利用总体规划和土地利用年度计划进行审查。① 相比此前的《土地管理法》,1998 年的《土地管理法》特别强调用地的指标控制,而且专门强化了土地利用总体规划对城乡土地利用的整体调控作用。1998 年的《土地管理法》采取指标加分区的土地利用管制模式,对用地进行自上而下的层层控制,加强了对农用地、特别是对耕地的保护。② 该法第 24 条规定:"各级人民政府应当加强土地利用计划管理,实行建设用地总量控制。土地利用年度计划,根据国民经济和社会发展计划、国家产业政策、土地利用总体规划以及建设用地和土地利用的实际状况编制。"而且,在土地利用年度计划中,国家对计划年度农用地转用计划指标、耕地保有量计划指标以及土地开发整理计划指标等做出具体安排,并以此作为农用地转用审批、建设立项审查、用地审批和土地开发、整理审批的依据。指标不再完全按需设定,而是由上往下层层分解,并且一经审批下达,必须严格执行。③

为落实修订后的《土地管理法》的要求,1999 年国土资源部发布了《土地利用年度计划管理办法》,首次提出加强土地管理,实施土地

---

① 甘藏春:《以制度创新推动社会经济发展——重温〈土地管理法〉的全面修订》,载《中国国土资源报》2011 年 9 月 28 日,第 3 版。

② 参见周永康:《关于〈中华人民共和国土地管理法(修订草案)〉的说明——1998 年 4 月 26 日在第九届全国人民代表大会常务委员会第二次会议上》,载《中华人民共和国全国人民代表大会常务委员会公报》1998 年第 4 期;孙建伟:《"增减挂钩制度"生成的"问题导向"和"路径依赖"》,载《南华大学学报》(社会科学版)2013 年第 3 期。

③ 参见杨惠:《土地用途管制法律制度研究》,西南政法大学 2010 年博士学位论文,第 163 ~ 164 页。

利用总体规划，控制建设用地总量，引导集约用地，切实保护耕地，保证社会经济的可持续发展的管理目标。为了保证土地用途管制制度的实施，国务院和各省（直辖市、自治区）也全面加快了土地利用总体规划的制订和修编工作。1999 年 4 月 2 日，国务院批准发布了《全国土地利用总体规划纲要》，该总体规划确立了以耕地保护为主的目标。可见，1998 年开始的土地用途管制制度主要是围绕耕地保护这一目标展开的，并采取了指标控制的方式，从而形成了以农用地转用计划指标、耕地保有量计划指标以及土地开发整理计划指标为代表的指标控制体系。

3. 2004 年至今：作为宏观调控重要手段的用地指标

1998 年《土地管理法》确立的土地用途管制制度有效遏制了 20 世纪 90 年代建设用地占用耕地的势头，对缓解人地矛盾、保护耕地和粮食安全起到了积极作用。[①] 但是2000 年以后，我国经济持续高速增长伴随的固定资产投资膨胀和部分行业的低水平、重复建设，导致耕地大量减少的问题再次出现："以租代征"、违反土地利用总体规划扩大工业用地规模、未批先用等土地违法违规行为开始抬头。例如，2003 年以来，常州非法办理用地审批手续，批给铁本公司土地 6541 亩（其中耕地 4585 亩，含基本农田 1200 亩）用于建设一个年产 800 万吨的钢铁项目，造成大量耕地被毁。这样的现象并非个案。据国土资源部公布的清查结果显示，仅 2003 年上半年，全国就发现越权批地、违法批地等各类土地违法行为 10.1 万起，涉及土地面积 39133.33 公顷，其中耕地 19400 公顷。而全国人大常委会开展的以"三农"问题为中心的《土地管理法》执法检查则发现，我国耕地面积 1996 年为 19.51 亿亩，到 2003 年减少到 18.51 亿亩，七年间净减少 1 亿亩，已经降到了

---

① 参见张全景、欧名豪：《中国土地用途管制制度的耕地保护绩效研究》，商务印书馆 2008 年版，第 177 ~ 214 页。

2010年耕地保有量底线以下；粮食播种面积1998年为17.1亿亩，到2003年减少到15亿亩以下，降到了1949年以来的最低水平。[①]

面对如此严峻的形势，全国人大常委会的执法检查报告明确要求：要坚决贯彻实施《土地管理法》，实行最严格的耕地保护制度，完善和落实省（区、市）长负责制。[②] 可见，针对新一轮的“圈地运动”，中央所采取的是严管重罚的策略，仍然希望通过进一步强化以土地用途管制为基础的计划管理来增强土地计划的整体调控作用。此后，在这样的指导思想下，中央一方面不断细化管制的内容，另一方面又不断强化管制的强度。

（1）管制指标的不断细化

2003年12月31日发布的《中共中央、国务院关于促进农民增加收入若干政策的意见》（中发〔2004〕1号）提出要“不断提高耕地质量”和“各级政府要切实落实最严格的耕地保护制度”，并且要求确定一定比例的国有土地出让金用于农业土地开发和建设高标准基本农田。2004年10月21日，国务院发布的《关于深化改革严格土地管理的决定》（国发〔2004〕28号）明确规定“农用地转用的年度计划实行指令性管理”，同时指出，要“从严从紧控制农用地转为建设用地的总量和速度。加强农用地转用审批的规划和计划审查，强化土地利用总体规划和土地利用年度计划对农用地转用的控制和引导，凡不符合规划、没有农用地转用年度计划指标的，不得批准用地”。

为落实国发〔2004〕28号文件的精神，2004年10月29日，国土资源部对《土地利用年度计划管理办法》进行了修订，进一步明确了土

---

① 参见盛华仁：《全国人大常委会关于检查土地管理法实施情况的报告》，载中国人大网，http://www.npc.gov.cn/npc/oldarchives/zht/zgrdw/common/zw.jsp@label=wxzlk&id=331079&pdmc=1510.htm，最后访问日期：2018年2月5日。

② 盛华仁：《坚持依法治国方略 全面实施〈土地管理法〉——在纪念〈土地管理法〉颁布20周年座谈会上的讲话》，载《国土资源通讯》2006年第13期。

地利用计划管理的范围,突出体现了农用地转用年度计划的指令性管理。修订后的《办法》规定,农用地转用计划实行指令性管理,不得突破。没有农用地转用计划指标的,不得批准农用地转用。国土资源部《2005 年工作要点》则将耕地保有量和基本农田保护面积纳入了省长考核指标,实行“行政首长负责制”。2006 年 8 月 3 日,国务院发布的《关于加强土地调控有关问题的通知》(国发〔2006〕31 号)则要求将新增建设用地控制指标(包括占用农用地和未利用地)纳入土地利用年度计划,以实际耕地保有量和新增建设用地面积,作为土地利用年度计划考核、土地管理和耕地保护责任目标考核的依据;实际用地超过计划的,扣减下一年度相应的计划指标。为进一步增强土地利用计划的整体调控功能,2006 年 11 月,国土资源部再次对《土地利用年度计划管理办法》进行修订,明确提出土地利用计划的职能要从单一服务于土地资源特别是耕地的保护,转向同时服务于综合的宏观调控。为此,2006 年新修订的《办法》进一步完善了计划指标体系,在计划指标体系中增设了新增建设用地计划指标,包括新增建设用地总量和新增建设占用农用地及耕地指标。将非农建设用地新增总量纳入计划管理,可以实现对各地年度新增建设用地的总量控制,增强土地计划的调控作用,进而也使得土地利用年度计划作为土地利用总体规划实施的具体手段得到了进一步的确立。①

2005 年 7 月,“第三轮”土地利用总体规划修编开始进行,2008 年《全国土地利用总体规划纲要(2006~2020 年)》获批。该规划阐明了规划期内国家土地利用战略,明确了政府土地利用管理的主要目标、任务和政策,不仅是引导全社会保护和合理利用土地资源,实行最严格土地管理制度的纲领性文件,同时也是落实土地宏观调控和土地用

① 王慧玲:《耕地利用的计划管理制度:地方政府创新实践分析》,南京农业大学 2010 年硕士学位论文,第 21 页。

途管制、规划城乡建设和其他各项建设的重要依据。2014 年9 月1 日起施行的《节约集约利用土地规定》第 7 条规定:“国家通过土地利用总体规划,确定建设用地的规模、布局、结构和时序安排,对建设用地实行总量控制。土地利用总体规划确定的约束性指标和分区管制规定不得突破。下级土地利用总体规划不得突破上级土地利用总体规划确定的约束性指标。”2016 年 5 月,国土资源部公布了新修订的《土地利用年度计划管理办法》。该办法仍然强调新增建设用地计划指标实行指令性管理,不得突破,但将城乡建设用地增减挂钩指标和工矿废弃地复垦利用指标纳入计划管理,改革了土地利用计划指标的测算方式,完善了土地利用计划指标的下达程序,创新了土地计划差别化的管理方式。2017 年 5 月,国土资源部发布了《土地利用总体规划管理办法》。该办法不仅明确了土地利用总体规划的功能分区管控,而且强调土地利用总体规划是国家空间规划体系的重要组成部分,是实施土地用途管制,保护土地资源,统筹各项土地利用活动的重要依据。

(2)监管体制的不断强化

1986 年的《土地管理法》结束了城乡分割的多头分散用地管理模式,建立了“城乡统一”和“块块为主”的土地集中管理模式。1998 年的《土地管理法》虽然确立了土地用途管制制度,并上收了审批权,但在土地管理体制上基本沿袭的是 1986 年《土地管理法》所确立的“块块为主”模式。

根据“块块为主”的管理体制,地方土地管理部门受同级党委领导、对同级政府负责,上下级土地管理部门之间仅存在业务指导关系,难以保证土地执法的独立性和权威性。[①] 在这种体制下,地方土地管

① 叶红玲:《最严格的耕地保护制度是什么——从十八年的土地管理史看我国土地管理体制、政策的发展变化与核心趋势》,载《中国土地》2004 年第 1 期、第 2 期。

理部门就必须要服从当地政府的局部利益和短期目标,因而在很大程度上会沦为同级政府的办事机构和同级政府意志的执行者,而无法对政府的土地违法行为形成有效制约。实践中,土地管理部门对政府领导的违法批地、越权批地行为既管不了,也不敢向上反映。更有甚者,在土地管理和土地利用上"不换脑袋,就换位子"的情况时有发生。相反,有些地方的土地管理局局长由于秉公执法、依法行政却被撤换。[①] 可见,"块块为主"的土地管理体制虽然实现了城乡土地管理权的统一化,但却难以对地方政府的土地违法行为形成有效制约,已经成为我国耕地保护中有法不依、有法难依、执法不严现象发生的重要原因。

为进一步理顺省级以下国土资源管理体制,强化省级人民政府保护土地资源的责任,落实最严格的耕地保护制度,2004 年 4 月国务院下发了《关于做好省级以下国土资源管理体制改革有关问题的通知》,正式明确省级以下土地管理机构实行垂直管理。2005 年 10 月 27 日,国务院办公厅印发了《省级政府耕地保护责任目标考核办法》(国办发〔2005〕52 号),进一步明确了省级人民政府及其负责人对规划确定的本行政区耕地保有量和基本农田保护面积的责任。2006 年,国务院下发了《关于建立国家土地督察制度有关问题的通知》,明确授权国土资源部代表国务院对各省、自治区、直辖市以及计划单列市人民政府土地利用和管理情况进行监督检查,强化了中央对省级及计划单列市政府依法履行土地管理法定职责的监督。2009 年,国家土地总督察办公室印发了《国家土地督察专员派出工作规范(试行)》(国土督办发〔2009〕2 号)和《土地例行督察工作规范(试行)》(国土督办发〔2009〕22 号)。至此,对土地相对集中管理、自上而下监督的土

① 刘国臻:《论我国土地管理体制改革方略》,载《南方经济》2003 年第 8 期。

地统一管理模式基本形成,即国务院国土资源行政主管部门统一负责全国土地的管理和监督工作,实行国家、省、市、县四级管理,在领导班子管理体制上,实行中央与省级双层管理、省级以下垂直管理的体制。

随着管理体制的进一步理顺,土地监察工作也不断强化。2000年以来,国土资源部会同监察部、农业部、国家统计局等先后开展了“全国土地执法百日行动”“省级政府耕地保护责任目标履行情况检查”等专项工作,多部门共同督促,以期形成耕地保护的共同责任机制。2006年10月,按照中共中央、国务院的统一部署,监察部、国土资源部还专门印发了《关于开展查处土地违法违规案件专项行动的通知》。2007年7月,按照国务院的要求,监察部、国土资源部又印发了《关于进一步开展查处土地违法违规案件专项行动的通知》,对继续开展专项行动工作进行部署。

2008年,党的十七届三中全会审议通过的《中共中央关于推进农村改革发展若干重大问题的决定》明确要求坚持最严格的耕地保护制度,层层落实责任,坚决守住十八亿亩耕地红线。实行最严格的节约用地制度,从严控制城乡建设用地总规模。2008年6月,监察部、人力资源和社会保障部、国土资源部联合发布的《违反土地管理规定行为处分办法》则首次提出土地违法行政首长问责制:将违法占地问题直接与地方官员的“乌纱帽”连接在了一起,规定地方土地违法案件达到一定比例时,地方主要领导、分管领导各自应该承担的责任,从而解决了过去“集体决定,无人负责”的问题。随后,三部门又对此作出解释,并联合下发了《关于适用〈违反土地管理规定行为处分办法〉第三条有关问题的通知》,进一步细化了土地违法的“行政首长问责制”的相关内容和措施要求。2008年9月,国土资源部下发了《国土资源部关于建立健全土地执法监管长效机制的通知》,要求各地建立健全与公安、检察、法院等司法机关的土地执法联席会议制度与联合查处机制。2010 年年底,国土资源部还以国家土地督察机构的名义约谈了土地违法情况严重的 12 名地方政府行政“一把手”,就土地违法问题进行通报,同时要求被约谈地方政府积极整改。2014 年,国土资源部发布的《关于强化管控落实最严格耕地保护制度的通知》指出,要将保护耕地作为土地管理的首要任务,坚决落实最严格的耕地保护制度和节约用地制度,坚持耕地保护优先、数量质量并重,全面强化规划统筹、用途管制、用地节约和执法监管,加快建立共同责任、经济激励和社会监督机制,严守耕地红线,确保耕地实有面积基本稳定、质量不下降。2016 年 8 月,国家土地总督察办公室印发《国家土地督察联席会议规定(试行)》,旨在完善派驻地方的国家土地督察局与省、自治区、直辖市、计划单列市及相关城市人民政府的沟通联系机制。2017 年 3 月和 2018 年 1 月国土资源部分别发布了《关于进一步加强和改进执法监察工作的意见》和《国土资源执法监督规定》,进一步加强和改进了土地执法监察工作。2018 年 1 月 3 日,国务院办公厅印发《省级政府耕地保护责任目标考核办法》,提出了年度自查、期中检查和期末考核,定性与定量相结合的综合评价方法,改进了奖惩措施,进一步健全管控、建设、激励耕地保护新机制。2018 年 4 月 10 日,自然资源部正式挂牌,开始统一行使全民所有自然资源资产所有者职责,统一行使所有国土空间用途管制和生态保护修复职责。

4. 小结:土地的计划管理与用地指标的行政计划配置

通过前文的历史分析可以发现,指标的出现是由我国的土地管理方式决定的。自 1949 年以来,我国长期采取的土地管理方式为行政计划管理,一直使用的都是高度集中的“命令—控制”的行政管制模式,主要是以禁止或限制性的规定来推进政府的管制目标。[①] 详言

---

① 赵宁:《土地利用规划激励性管制法律制度的实现》,载《社会科学辑刊》2015 年第 1 期。

之，中央政府规定了一套具有明显的计划配置特征的土地用途管制制度，进而通过土地利用总体规划和年度土地利用计划，将控制性指标层层分解直到基层，乃至确定每块土地用途。[①] 可见，指标其实是实现土地利用计划的一项工具，中央政府正是通过指标的确定、分解下达、执行等来完成对具体土地利用行为的管制。[②]

当然，不同时期国家基于不同的目的和需求，在指标的类型设置和数额分配上存在差异。1997 年以前，由于当时的土地管理政策倾向于为经济建设服务，因此相关的指标约束相对疲软，指标类型设置单一，指标分配也有“按需定供”之嫌。此后，国家基于耕地保护和粮食安全的考虑，采取了农用地转用计划指标、耕地保有量计划指标以及土地开发整理计划指标等多元方式。从 2003 年开始，尤其是 2006 年以后，国土资源管理的职能定位从单一服务于土地资源逐步转向同时服务于综合的宏观调控，甚至还扩大到了自然生态空间的保护层面。[③] 为此，2006 年修订的《土地利用年度计划管理办法》在计划指标体系中又增设了新增建设用地计划指标，从而进一步丰富了指标的类型。但立法目的上的变化和计划指标类型的丰富，却始终都没有从根本上否定土地计划管理模式本身。相反，作为土地政策参与宏观调控的重要手段之一，近年来以各种类型的指标为代表的土地利用计划工作在土地管理中的地位其实是被不断强化的。2008 年，党的十七届三中全会审议通过的《中共中央关于推进农村改革发展若干重大问题的决定》也明确要

---

① 参见汪晖、陶然：《论土地发展权转移与交易的“浙江模式”——制度起源、操作模式及其重要含义》，载《管理世界》2009 年第 8 期；陶晓龙：《地票：城乡建设土地供给机制创新》，载《学习时报》2015 年 6 月 8 日，第 4 版。

② 吴胜利、蒲杰、张焱：《论建设用地指标交易的法律构造》，载《理论与改革》2012 年第 5 期。

③ 参见王少勇：《积极探索将用途管制扩大到自然生态空间》，载《中国国土资源报》2015 年 1 月 16 日，第 2 版。

求按照产权明晰、用途管制、节约集约、严格管理的原则，进一步完善农村土地管理制度。坚持最严格的耕地保护制度，层层落实责任，坚决守住十八亿亩耕地红线。实行最严格的节约用地制度，从严控制城乡建设用地总规模。完善农村宅基地制度，严格宅基地管理，依法保障农户宅基地用益物权。农村宅基地和村庄整理所节约的土地，首先要复垦为耕地，调剂为建设用地的必须符合土地利用规划、纳入年度建设用地计划，并优先满足集体建设用地的需求。2013 年党的十八届三中全会审议通过的《中共中央关于全面深化改革若干重大问题的决定》则进一步强调，建立空间规划体系，划定生产、生活、生态空间开发管制界限，落实用途管制，健全能源、水、土地节约集约使用制度。

不难发现，基于多元化的调控目标，虽然当前土地管制已经从以增量管控为主转向了以总量管控为主，并且指标的类型愈加丰富，指标的审批权限不断上收，指标的约束力也开始日益强化，但从根本上讲，目前对于建设用地资源的配置仍然采取的是行政计划指标的方式。也就是说，当前中国农地非农化开发管理实行的是指令性配额体制，地方政府取得的新增建设用地指标是从上级政府分配获得的，各地新增建设用地配额的生成和运行实行的是指令性管理。① 因此从土地规划角度来说，必须同时拥有“规划指标”和“计划指标”，农用地尤其是耕地，才可以合法转换为建设用地。②

二、用地指标的行政计划配置与地票交易的产生

基于社会稳定、粮食安全和生态保护等公共利益的考虑，中央政

---

① 靳相木：《新增建设用地指令性配额管理的市场取向改进》，载《中国土地科学》2009 年第 3 期。

② 参见汪晖、陶然：《论土地发展权转移与交易的“浙江模式”——制度起源、操作模式及其重要含义》，载《管理世界》2009 年第 8 期；何良将：《现行建设用地配置模式真的管用吗？——基于浙江省调研的反思》，浙江大学 2010 年硕士学位论文，第 17 ~25 页。

府主要通过两种手段来控制地方政府获得建设用地,一是全国、省、市、县、乡镇的五级土地利用总体规划体系,地方各级政府编制的土地总体规划中的建设用地总量不得超过其上一级政府土地总体规划所确定的指标,耕地保有量则不得低于上一级政府土地总体规划的指标;二是土地利用的年度计划,其核心是新增建设用地计划指标。[①] 可见,在目前,我国对于建设用地的计划管理主要是通过实施土地利用总体规划[②]和土地利用年度计划[③]来实现的。[④] 土地规划以"规划指标+分区"的形式规定了较长时段(比如10~15年)内一个地区可以新增的建设用地总量,并在空间上落实到具体地块。因此,原则上讲,一个地区在规划期内实际新增建设占用耕地数量不仅不能超过"规划指标"总量,[⑤]而且必须符合土地规划的空间布局。[⑥] 而在符合土地规划的前提下,年度土地计划又规定了一个地区当年可新增的建设占用耕地的具体数量。按照2006年修订的《土地利用年度计划管理办法》第4条的规定,土地利用年度计划指标包括新增建设用地计划指标(包括新增建设用地总量和新增建设占用农用地及耕地指标)和土地开发整理计划指标(包括土地开发补充耕地指标和土地整理复垦

---

① 周飞舟、王绍琛:《农民上楼与资本下乡:城镇化的社会学研究》,载《中国社会科学》2015年第1期。

② 目前,我国已初步形成以土地利用总体规划为主体,土地利用详细规划和土地利用专项规划为补充的全国—省—市—县—乡五级土地利用规划体系。

③ 土地利用年度计划作为我国计划经济体制的产物,始于1987年,但在国外并没有相应的制度设计。

④ 参见《土地管理法实施条例》第19条;韩松:《集体建设用地市场配置的法律问题研究》,载《政治与法律》2008年第3期。

⑤ 我国对新增建设用地"规划指标"的管理实行"总量控制、统一分配、层层分解、指令性管理"体制,即:中央政府通过编制全国土地利用总体规划一次性确定规划期内全国的新增建设用地总量控制指标,同时决定规划期各地的新增建设用地指标的分配额度,并从中央到地方层层分解,直至下达到乡镇。但特殊情况下(如给重点基础设施项目)国土资源部也会在土地规划批准后追加规划指标。

⑥ 土地利用总体规划通过划定建设用地区和农田保护区限制农用地非农化转用。

补充耕地指标),同时规定各地可根据实际需要,再增设控制指标。新增建设用地指标逐年逐级分解,由下级提出土地利用年度计划建议,再层层上报上一级国土资源部门,全国确定土地利用年度计划之后,从中央到地方逐级分解,从而统筹全国的土地利用行为。可见,我国现行农用地非农化开发管理主要表现为对建设占用耕地量、补充耕地量以及基本农田保护任务等三类指标的控制性管理。① 其中,以建设占用耕地为主要形式的新增建设用地指标,则是我国对农地非农化开发进行管制最主要的政策工具,②因为在多数地区新增建设用地占用的主要地类是耕地。③

在土地计划管理模式下,"指标"就成了进行具体开发建设的前提条件。但是由于信息不对称和决策者的有限理性,自上而下的规划很难对未来的经济社会发展作出准确预测,④以至于指标的确定与分

① Wang Hui, Tao Ran, Tong Juer, "Trading Land Development Rights under a Planned Land Use System: The 'Zhejiang Model' and Its National Implications", *China & World Economy*, Vol. 17, No. 1, 2009, pp. 66 - 82.

② 靳相木、沈子龙:《新增建设用地管理的"配额—交易"模型——与排污权交易制度的对比研究》,载《中国人口·资源与环境》2010 年第 7 期。

③ 比如,浙江 1997 ~ 2004 年新增建设用地中 76.62% 是由耕地转换的。参见《浙江省土地利用总体规划实施评价》。转引自汪晖、陶然:《论土地发展权转移与交易的"浙江模式"——制度起源、操作模式及其重要含义》,载《管理世界》2009 年第 8 期。

④ 吴次芳、邵霞珍:《土地利用规划的非理性、不确定性和弹性理论研究》,载《浙江大学学报(人文社会科学版)》2005 年第 4 期。以浙江省为例,1997 年中央下达给浙江省 1997 ~ 2010 年的建设占用耕地规划指标是 100 万亩,但这实际上是一个被低估的需求量,尤其是城镇用地需求量的估算依据是《浙江省城镇体系规划(1996 ~ 2010)》中预测的 2000 年和 2010 年总人口和城镇人口规模,参见《关于要求适当调整我省 1997 ~ 2010 年土地利用总体规划有关耕地控制指标的请示》(浙土〔1997〕53 号)。但很明显,这个总人口预测值低估了浙江省人口净迁入量和城镇人口的增长速度。比如 2010 年总人口预测值为 4800 万人,城镇化水平为 47%。事实上,根据 1% 人口抽样调查,到 2005 年年底浙江省常住人口已经达到 4898 万人(参见《2006 年中国人口统计年鉴》),城镇化水平已经达到 56%,2005 年城镇人口就已经比 2010 年预测值超出 480 万人。因此即使按照一个非常保守的预测,浙江省 1997 ~ 2010 年全省建设占用耕地的需求量也应达到 140 万亩左右。实际上,2001 年年底浙江省使用的建设占用耕地量已经达到了 99.2 万亩,国家下达给浙江 1997 ~ 2010 年的 100 万亩建设占用耕地指标已经基本用完。

配一直是土地利用总体规划编制过程中的一个难点。[①] 美国学者盖多·卡拉布雷西与菲利普·伯比特在论及政府以“政治方法”决策经济资源分散化配置的普遍性缺陷时就指出，如果政治决策的目标是依个人欲求分配商品，那么就需要拥有大量个人信息；如果分配的目标是依据拥有商品的个人对社会的贡献度作为分配标准，也需要大量的个人信息，但政府显然无法收集到足够的决策信息。[②] 首先，从客观角度来看，土地市场本身具有垄断性，且瞬息万变，管制者不能准确、及时地获取土地需求的信息；同时，由于各种因素的影响，管制者获取的信息可能是扭曲、不真实的。土地虽具有自然上的整体性，但土地利用的供需信息主要受地方供需状况的影响，土地市场通常被地方狭小的市场所分割并以此形式存在，形成了地方市场相对于全国市场的信息不对称。其次，从主观上而言，管制者是有限理性的，难以弥合规划滞后于社会发展的时差。[③] 有学者就发现，规划的信息不完全所凸显的问题在大尺度的规划上尤为明显，规划规模越大，地理资讯掌握越困难，规划错置的概率就越大。[④]

正是由于中央政府无法、也无力准确获得足够的决策信息，因此现有用地指标的分配往往会屈从于社会性与政治性的考虑，而采取平均主义的分配原则。[⑤] 指标平均分配的做法虽然在一定程度上起到了区域平衡发展与保护耕地之功效，但却牺牲了土地利用的效率，不能满足土地产出率最大化这一原则：一些经济活力旺盛，对土地需求

---

① 朱红波：《建设用地指标分配的博弈分析》，载《国土资源》2005 年第 5 期。

② ［美］盖多·卡拉布雷西、菲利普·伯比特：《悲剧性选择：对稀缺资源进行悲剧性分配时社会所遭遇的冲突》，徐品飞、张玉华、肖逸尔译，北京大学出版社 2005 年版，第 21 页。

③ 郭洁：《土地用途管制模式的立法转变》，载《法学研究》2013 年第 2 期。

④ 参见边泰明：《土地使用规划与财产权理论与实务》，詹氏书局 2011 年版，第 342 页。

⑤ 参见欧海若等：《土地利用规划模式选择与模型应用研究》，中国大地出版社 2002 年版。

强烈的区域得不到较多的用地指标,经济增长受到制约;而那些经济活力较弱的地区,却在以低地价为诱饵,人为促进城市化,极大浪费了稀缺的土地资源,造成经济要素在空间聚集上的不经济。[①] 以《2009中国国土资源统计年鉴》的数据为例,2008 年,全国国有土地的平均转让价格为 41.2 万元/亩,该数据在东南沿海地区为平均 51.1 万元/亩,在中西部内陆地区为平均 29.3 万元/亩。2008 年,全国共审批建设用地 598.2 万亩,其中,东南沿海地区 263.7 万亩,中西部内陆地区 334.5万亩。[②] 若中西部内陆地区的农用地审批转移到东南沿海地区,并达到全国的平均土地转让价格,则每亩将升值 10 万多元,静态分析全部合计升值将达到 3980 亿元。[③]

另外,用地指标的计划配置方式也很难适应各产业、各区域的发展给用地需求带来的新情况、新问题,导致土地供求矛盾越发突出,各地的用地指标频频告急:[④]在广东,按照《广东省土地利用总体规划(1997 ~2020 年)》的规定,到 2010 年的建设用地控制规模是 2373.9 万亩,但在 2006 年广东就已经把 2010 年以前的指标提前用完。[⑤] 在陕西,1997 ~2010 年,中央下达给陕西的建设占用耕地规划指标为 84 万亩,而截至 2004 年年底,西安就用完了规划期内的全部建设用地规

---

① 韩纪江、任柏强:《非农建设用地指标的市场交易初探》,载《广东土地科学》2011 年第 6 期。

② 国土资源部:《2009 中国国土资源统计年鉴》,地质出版社 2009 年版,第 168 ~ 171 页。

③ 韩纪江:《征地过程中利益主体的矛盾演变分析》,载《经济体制改革》2008 年第 4 期。

④ 参见曾光建、陶军德、关国锋、刘杰:《新一轮土地利用总体规划中建设用地指标分解研究——以伊春市为例》,载《资源与产业》2010 年第 4 期;刘凯、马智宇:《建设用地指标管理"失灵"分析》,载《科技致富向导》2011 年第 5 期。

⑤ 参见黄熙灯:《珠三角大量土地圈而不用》,载 http://news.163.com/09/0706/04/5DGT92A3000120GR.html,最后访问日期:2018 年 6 月 5 日。

划指标，并超指标6.6万亩。[①] 在成都，2010年国家给成都中心城区土地利用指标是1.3万亩，但当年成都的刚性用地需求却已达6.8万亩，缺口高达5.5万亩。事实上，早在1999年年底，就有14个省、市突破2000年规划指标，其中5个省、市突破了2010年规划指标。[②] 而国土资源部对全国31个省（区、市）的179个市、县的调研也显示：2011年各省用地需求总计达到1616万亩，远远大于年度计划指标670万亩，并且31个省（区、市）都反映计划指标不足，有多数省（区、市）还反映下达指标只能满足需求的1/3。[③] 可见，因规划限制而导致用地指标的不足已经严重影响了地方经济的发展。[④]

很明显，在土地利用规划既定的前提下，对于地方政府而言，用地指标已经成为了一种异常稀缺的资源，并极大地约束着城市化、工业化发展的速度和规模，因此如何获得更多用地指标就成为各地政府的重要任务。[⑤] 在实践中，地方政府在面临指标不足时，主要有两种选择：一是先斩后奏，违规操作，也即在没有指标的情况下占地，先发展了再说；[⑥]或者设计各类用地需求，进行信息诈示，以争取用地指

---

① 参见宋尧、张延龙、陈哲、席斯：《用地之苦》，载《经济观察报》2011年1月17日，第2版。

② 郑振源：《土地利用总体规划的改革》，载《中国土地科学》2004年第4期。

③ 参见宋尧：《国土部紧控"地根"各省用地自行解决》，载 http://www.eeo.com.cn/eobserve/Politics/beijing_news/2011/04/17/199225.shtml，最后访问日期：2018年6月5日。

④ 董黎明、林坚编著：《土地利用总体规划的思考与探索》，中国建筑工业出版社2010年版，第185页。

⑤ 参见周飞舟、王绍琛：《农民上楼与资本下乡：城镇化的社会学研究》，载《中国社会科学》2015年第1期；陶晓龙：《地票：城乡建设土地供给机制创新》，载《重庆国土资源》2015年第3期。

⑥ 实际上，在上一轮土地规划开始执行后不久，我国很多发达省份就全面突破了耕地保护和建设用地指标，甚至出现了大规模违法用地。参见汪晖、陶然：《论土地发展权转移与交易的"浙江模式"——制度起源、操作模式及其重要含义》，载《管理世界》2009年第8期；汪阳洁、张静：《基于经济区域发展视角的耕地保护政策失灵及对策选择》，载《中国人口·资源与环境》2009年第1期；王瑛：《土地利用总体规划中净增建设用地指标分配研究——以柳州市为例》，华中农业大学2008年硕士学位论文。

标。[①] 二是向别的地区购买其富余的指标。[②] 前一做法违反了现行法律,应予取缔;而后一做法则要以其他地区存在富余指标为前提,但在全国31个省(区、市)都反映计划指标不足的背景下,这一选择的可行性就颇成疑问。[③]

成渝的地票交易无疑为地方政府获得建设用地指标提供了第三条道路:将农村闲置的建设用地复垦成耕地,并将腾出来的建设用地指标用于解决城镇发展用地指标短缺的问题。按照《重庆农村土地交易所管理暂行办法》(渝府发〔2008〕127号)第27条以及《重庆市地票管理办法》第36条的规定,购买地票的用途是"增加等量城镇建设用地"和"使用地票办理农用地转用手续的,不缴纳耕地开垦费和新增建设用地土地有偿使用费"。可见,地票实质上指的是城乡建设用地增减挂钩指标,地票的持有者所享有的是可以增加相应面积的城镇建设用地的"资格"。[④]

从理论上讲,这一置换之所以可行其实是由我国城乡建设用地结构上的失衡决定的——中国的农村建设用地总量是城市的4.6倍。以重庆市为例,据统计,目前重庆农村人均生活用地超过250平方米,而城市人均用地仅为80平方米左右,因此一个农村人口转化为城市人口就可以节约170平方米左右的建设用地。根据重庆市人民政府发布的《关于统筹城乡户籍制度改革的意见》(渝府发〔2010〕78号)显示,至2020年,重庆要把有该市户籍的1000万农民转为市民,这就

---

① 参见郭洁:《土地用途管制模式的立法转变》,载《法学研究》2013年第2期。

② 还有一种办法就是向国家要求追加规划建设占用耕地指标,如2010年因大批援疆工程的建设的需要,国土资源部曾追加给新疆50万亩的建设用地指标。但近年来国土资源部严守"地根",因此对于多数地区而言,这一追加方案基本上是不现实的。

③ 全国普遍反映指标稀缺的事实可能与指标的无偿属性有关。如果采取有偿方式取得指标,那么地方政府就会考虑指标的产出效率。

④ 刘朝旭、雷国平:《重庆地票制度施行中存在的问题与对策》,载《西部论坛》2011年第1期。

可节约17亿平方米建设用地，相当于增加250余万亩耕地。[①] 就全国而言，目前农村居民点用地为2.48亿亩，占全国建设用地的51%。农村建设用地利用效力低，人均居民点用地高达229平方米，“散、乱、空”现象比较普遍。[②] 特别是随着农民进城步骤的逐步加快，农村建设用地却不减反增，由此造成了城乡建设用地“双增长”的格局，给耕地保护带来了更大的压力。有数据显示，2000～2011年，全国1.33亿农民进城，城镇建成区面积增长76.4%，但农村建设用地也增加了3045万亩，耕地则年均减少约1000万亩。[③] 可见，这种城乡建设用地结构上的不平衡，客观上要求农村建设用地资源通过流转提高其配置效率和实现其经济利益，而地票交易制度无疑为化解上述矛盾提供了契机。事实上，从2004年国务院颁行的《关于深化改革严格土地管理的决定》（国发〔2004〕28号）第10条关于“鼓励农村建设用地整理，城镇建设用地增加要与农村集体建设用地减少相挂钩”的规定也可以看出，中央政府其实在有意识地引导地方政府将建设用地指标获得的重点由耕地转向农村集体建设用地。[④]

另外，地票交易由于采取了市场化的方式配置资源，因此价格也就当然成为了决定指标流动的重要因素。在这一点上，地票交易明显要优于现有的行政计划指标配置方式。在行政计划配置模式下，指标本身虽然有价值，但却没有获得价格表现，因此指标浪费就成为必然。

---

① 重庆市近十年来城镇化率提高了25%，但农村居民点用地减少率不到1%。以江津区为例，全区近40万农户中约有23%已经完全放弃了农地耕作，闲置或半闲置的建设用地粗估可达3万亩，不少农民进城镇生活后，农村老宅无法处置变现只能任其闲置。

② 国土资源部耕地保护司、国土资源部规划司、国土资源部土地整理中心编写：《〈国务院关于严格规范城乡建设用地增减挂钩试点切实做好农村土地整治工作的通知〉解读文章汇编》，中国经济出版社2011年版，第10页。

③ 黄奇帆：《地票制度实验与效果——重庆土地交易制度创新之思考》，载《学习时报》2015年5月4日，第8版。

④ 周飞舟、王绍琛：《农民上楼与资本下乡：城镇化的社会学研究》，载《中国社会科学》2015年第1期。

比如，每年的11月、12月，各地市、各县市的国土局都会到省国土厅进行集中报批，以致出现地方政府低地价甚至是“零地价”出让土地的现象，而企业也就趁机圈地，导致经济欠发达地区工业用地粗放利用甚至闲置。[①] 其实，现行以土地用途管制为核心的土地管理权行使模式，在管制手段层面确实有走得“过度”之嫌，并不符合比例原则，由此直接导致了不同主体之间利益分配悬殊，无法实现多元主体之间的利益平衡。[②] 特别是随着市场经济的深入发展，权利主体意识的增强，单一的以权力为中心的土地管理权所践行的单纯管制模式，已经很难满足不同主体的利益诉求，也很难得到被管制者的遵守，以至于我们甚至可以说“行政管制的低效率导致的制度失灵人所共知”。[③] 因此，理性的做法应当是，调整现行以土地用途管制为核心的土地管理权规范结构，将被管制者的利益诉求纳入制度的规范结构中，以实现多元主体利益诉求的回应。[④] 换言之，由于依靠土地利用总体规划等直接控制的方法，实际上依然要承受利益驱动下建设用地占地的压力，因此我们应当从努力提高耕地利用的比较效益着手，将土地损失的外部成本“内部化”，提高对占地者的补偿，着重依靠市场机制的经济杠杆来自发调节建设用地占地的问题。[⑤] 很明显，地票交易虽然没有从根本上取消计划指标，但却赋予了指标以价格，从而将建设用地

---

① 孟娜：《地方政府建设用地指标管理创新实践研究》，南京农业大学2012年硕士学位论文，第23页。

② 参见张先贵：《中国土地管理权行使模式的未来走向——立足于〈土地管理法〉修改背景下的思考》，载《北京理工大学学报》（社会科学版）2015年第4期；张先贵：《容积率指标交易的法律性质及规制》，载《法商研究》2016年第1期。

③ 郭洁：《土地用途管制模式的立法转变》，载《法学研究》2013年第2期。

④ 参见张先贵：《中国土地管理权行使模式的未来走向——立足于〈土地管理法〉修改背景下的思考》，载《北京理工大学学报》（社会科学版）2015年第4期；张先贵：《中国法语境下土地开发权理论之展开》，载《东方法学》2015年第6期。

⑤ 董黎明、林坚编著：《土地利用总体规划的思考与探索》，中国建筑工业出版社2010年版，第63页。

的外部成本"内部化",有利于节约集约用地目标的实现。

必须要强调的是,指标的确是实现土地计划管理的基本手段,但这并不意味着指标与市场就绝不兼容。在我们看来,指标其实是基于总量控制目标下的一种技术手段。指标本身不等于计划模式。计划模式需要借助于指标,而市场模式也可能存在指标。比如,起源于美国的排污权交易其实就是在污染物排放指标总量控制前提下的一项制度安排。从本质上讲,指标的出现是与土地开发所必然产生的外部性相关的。不难发现,尽管在土地制度上存在巨大差异,但无论是美国私人土地开发,还是我国的农地向建设用地转化,都容易造成某种程度和类型的外部性,前者威胁到开放空间、历史遗迹、农地、环境敏感区等区域的土地现状,后者则被认为威胁到粮食安全。在这种情况下,政府就需要通过土地分区规划和用途管制等方式来抑制私人土地利用造成的市场失灵。分区管制在美国表现为单位面积允许建造的住宅单元、容积率等指标,在我国则表现为年度建设占用耕地指标。① 由此可见,无论从域外经验还是从现实发展来看,在人多地少的中国,基于耕地保护和环境和谐的考虑,对建设用地总量进行控制也是具有其合理性的。换言之,现行以土地用途管制为核心的土地管理权行使模式,在保护稀缺的耕地资源、维护国家粮食安全这一重大社会公共利益目标层面仍是不可缺少的。②

但由国家控制建设用地指标总量,并不意味着国家需要具体确定指标的分配数量和节奏。由于信息不对称、决策者的有限理性、各地区发展情况不断变化的实际以及对指标价格的否定,事无巨细的指标

① 朱嘉晔、黄朝明、詹丽华:《土地发展权转让制度的再思考》,载《安徽农业科学》2015年第6期。

② 张先贵:《中国土地管理权行使模式的未来走向——立足于〈土地管理法〉修改背景下的思考》,载《北京理工大学学报》(社会科学版)2015年第4期。

无偿分配模式必然导致土地供求矛盾和土地的浪费。事实上,就理论而言,建设用地指标的再配置可以通过两种方式实现:一种是行政力量,借助于中央政府的行政管制权力,将更多的建设用地指标分配给那些建设用地需求更多的地区;另一种是建立市场机制,由指标所跨地区的地方自主选择,互换指标利益。与行政管制相比,市场机制能够带来地区间的竞争,打破政府在土地市场上的垄断,更有利于让代偿地区的农民分享城市化和工业化进程中产生的土地增值收益。[①]就此而言,我国土地计划管理的弊病不在于指标本身,而在于指标的类型设置和具体分配模式上。换言之,现行用地指标"总量控制、统一分配、层层分解和指令性配额管理"的运行模式由于践行的是"重管制、轻权利"[②]的"命令—服从"型方式,难以适应多元化市场主体的差异化利益诉求,因此,在国家控制用地指标总量的前提下,依据宏观政策目标设置相应的指标类型,并允许指标以市场化的方式进行自由配置就成为当然的选择。[③] 其实,有德国学者指出,土地用途管制法律制度的设计完全可以借鉴温室气体排放许可证交易制度,在控制总量的前提下,微观的土地资源配置采用市场机制的土地规划许可证交易方式。[④] 因此未来改革的方向应当是摒弃用地指标单一行政计划配置的模式,引入市场机制,以增强其管制的弹性空间。事实上,允许用地指标的市场化配置,不仅可以促使建设用地资源的科学配置,顺应"产业跟着功能定位走、人口跟着产业走、建设用地跟着人口和产业走"的改革思路,而且可以引导农村建设用地"人走地减",优化城

① 郭洁:《土地用途管制模式的立法转变》,载《法学研究》2013 年第 2 期。

② 张千帆:《农村土地集体所有的困惑与消解》,载《法学研究》2012 年第 4 期。

③ 黄忠:《地票交易的地役权属性论》,载《法学》2013 年第 6 期。

④ Ralph Henger, Kilian Bizer, "Tradable planning permits for land-use control in Germany", *Land Use Policy*, Vol. 27, Issue 3, July 2010, pp. 843 - 852.

乡建设空间的布局。①

三、地票制度的发展历程及其运作流程

2004年10月，国务院下发了《关于深化改革严格土地管理的决定》（国发〔2004〕28号），鼓励广大农村地区进行建设用地整理，提出城镇建设用地的增加要与农村集体建设用地的减少相挂钩，开启了城乡土地流转的政策大门。2005年10月，国土资源部发布了《关于规范城镇建设用地增加与农村建设用地减少相挂钩试点工作的意见》（国土资发〔2005〕207号），批准天津、山东、四川、湖北、广东等省（市）开展挂钩试点，开始在地方试验城乡建设用地的流转工作。2007年10月，胡锦涛同志在中国共产党第十七次代表大会上提出"走中国特色城镇化道路，核心是促进大中小城市和小城镇协调发展"的城镇化发展战略，昭示了中国高层经济社会发展理念的重大转变。同年，成渝两地"国家统筹城乡综合配套改革试验区"获批成立，重庆市借助政策先行先试的优势，不断推动包括土地制度在内的各项改革。2007年10月，北京大学中国经济研究中心周其仁教授向同为统筹试验区的成都和重庆提出了设立土地交易所的建议。②

（一）重庆地票制度的发展及其基本流程

2008年2月，国务院出台了《国务院关于推进重庆市统筹城乡改革和发展的若干意见》（国发〔2009〕3号），支持重庆建立统筹城乡的土地利用制度，稳步开展城乡建设用地增减挂钩试点工作，设立农村

---

① 陆铭、张航、梁文泉：《偏向中西部的土地供应如何推升了东部的工资》，载《中国社会科学》2015年第5期。

② 周其仁：《试办"土地交易所"的构想——对成都重庆城乡综合配套改革试验区的一个建议》，载《南方周末》2007年10月11日第C13版。当然，作为地票交易制度的原型，也即城市建设用地指标的交易实际在浙江、江苏等发达省份早就存在了，只是尚未建立一个统一的交易平台，并且其合法性也没有得到国家主管部门的认可。

土地交易所，逐步建立城乡统一的建设用地市场。2008 年 4 月，重庆市国土资源与房屋管理局局长张定宇、重庆市政府研究室副主任刘文耀、重庆市政府发展研究中心区域经济研究所所长陈悦、城乡统筹研究所所长田代贵等接受了时任重庆市常务副市长黄奇帆的任务，寻求打破城乡二元土地阻隔的创新。经过一个月的工作，地票设计小组终于完成了《重庆农村土地交易所管理暂行办法》，该《办法》随即被作为《城乡统筹实验区 12 条政策建议》的一部分上报中央。2008 年 8 月 5 日，国土资源部与重庆市政府签订战略合作协议，明确提出要支持重庆设立农村土地交易所，探索建立城乡统一的土地交易市场。

2008 年 11 月 17 日重庆市人民政府第二十二次常务会议通过了《重庆农村土地交易所管理暂行办法》（渝府发〔2008〕127 号）。同年 12 月 4 日，重庆农村土地交易所正式挂牌成立，并于当日举行了首场农村土地交易会。此次交易会以拍卖方式进行了全国第一宗地票交易，由此备受媒体关注的地票交易制度正式诞生，重庆也成为全国唯一可以在省域范围内跨区域进行指标置换试点的地区。2009 年 1 月 26 日，《国务院关于推进重庆市统筹城乡改革和发展的若干意见》（国发〔2009〕3 号，以下简称《意见》）正式公布。《意见》明确提出，要“稳步开展城乡建设用地增减挂钩试点。设立重庆农村土地交易所，开展土地实物交易和指标交易试验，逐步建立城乡统一的建设用地市场，通过统一有形的土地市场、以公开规范的方式转让土地使用权，率先探索完善配套政策法规”。

为贯彻上述《意见》，2009 年 2 月 26 日重庆市人民政府发布了《贯彻落实〈国务院关于推进重庆市统筹城乡改革和发展的若干意见〉的通知》（渝府发〔2009〕31 号），将《意见》提出的工作任务分解为 145 项，并且规定在本届政府任期内，要全力推进 18 项攻坚任务，这其中就包括设立农村土地交易所。至此，重庆地票以国家政策的形式被固定了下来。目前,重庆市已先后出台了《重庆农村土地交易所管理暂行办法》《农村土地交易所章程》《重庆农村土地交易所交易流程(暂行)》《重庆市农村建设用地复垦项目管理规定(试行)》《重庆市经营性国有土地使用权公开交易办法》《重庆市人民政府关于统筹城乡户籍制度改革的意见》《重庆市户籍制度改革农村土地退出与利用办法(试行)》《关于规范地票价款使用促进农村集体建设用地复垦的指导意见(试行)》《关于完善地票价款分配的补充意见》《关于进一步规范农村建设用地复垦管理工作的通知》《关于试行农村建设用地复垦项目收益权质押工作的通知》《关于进一步规范农村宅基地及其附属设施用地复垦管理实行地票价款直拨的通知》《关于调整地票价款分配及拨付标准的通知》《优化农村建设用地复垦及地票交易流程方案》等文件,为地票交易制度的顺利运行提供了制度保障。2015 年的《重庆市人民政府工作报告》还明确指出,要完善地票交易制度,发挥地票对农村危旧房改造、高山生态扶贫搬迁和地质灾害搬迁安置的资金补充作用。2015 年 12 月 3 日,重庆市人民政府第 111 次常务会议正式通过了《重庆市地票管理办法》(渝府令第 295 号),该办法自 2016 年 1 月 1 日起开始施行。① 2016 年 7 月 1 日《重庆农村土地交易所地票交易规则》开始施行。可以说,重庆地票交易制度作为农村集体建设用地使用权资本化的一次尝试,不仅拓展了农村集体土地改革发展的制度空间,而且还为城市反哺农村提供了资金支持。据统计,截至 2017 年 1 月,重庆农村土地交易所已累计交易地票 20.24 万亩,交易金额达 401.75 亿元,惠及 24.34 万农户,每亩地票的成交均价从最初的 8 万元升至 20 万元左右。

根据相关文件,目前,地票制度运转的流程主要分为指标的生产、

① 2016 年 6 月 30 日,重庆市国土房管局发布了《关于贯彻落实〈重庆市地票管理办法〉有关事项的通知》(渝国土房管规发〔2016〕4 号)。

交易和使用(落地)三个阶段,并通过六个步骤完成:第一步,土地权利人向乡镇人民政府、街道办事处或者区县(自治县)国土资源主管部门提出复垦申请。第二步,土地权利人自行或者委托他人按照复垦规定组织实施复垦。第三步,复垦项目竣工后,区县(自治县)国土资源主管部门应当根据项目规划设计方案和复垦验收标准,组织本级农业、水利等部门和乡镇人民政府、街道办事处进行验收。第四步,复垦项目建设用地整理合格证核发后,区县(自治县)国土资源主管部门应向市国土资源主管部门申请复核。市国土资源主管部门抽查复核合格的,配发建设用地整理合格证备案号。第五步,取得建设用地整理合格证备案号的权利人向重庆农村土地交易所申请交易,交易完成后,市国土资源主管部门向购得人核发地票证书,记载权利内容。第六步,地票购得人选定符合规划的待开发土地,凭地票办理相关手续取得土地,并在地票证书记载的地票面积全部使用完后,由国土资源主管部门注销该地票。[①] 上述六个步骤中,第一步至第四步是地票的生产阶段,第五步是地票的交易阶段,第六步是地票的落地使用阶段。

(二)成都地票制度的发展及其基本流程

2008年“5·12”大地震发生后,为了支持灾后重建顺利开展,国土资源部给予了成都在土地增减挂钩方面的一些特殊政策,包括建设用地指标可以在市内流转,社会资金在农民宅基地上新盖的住宅可享有完全产权,土地增减挂钩获得指标交易的收入可用于灾民的新居建设等。当时,国土资源部、四川省、成都市三方签订协议,成都市下辖的都江堰市、彭州市、崇州市、邛崃市、大邑县五市县节约的建设用地,可由成都市国土局以每亩15万元的价格收购储备。在此后3年时间

---

① 参见蔡卫华、周玥、周金瑾:《重庆地票制度研究》,载《国土资源法律评价报告:2011》,中国法制出版社2011年版,第117~118页;《重庆市地票管理办法》;《重庆农村土地交易所地票交易规则》。

内，成都增减挂钩项目迅速放量增长。然而，按照规定，这些在地震期间独享的土地优惠政策却要在2010年年底到期。[①]

随着灾后重建的逐步推进，建设用地增减挂钩制度下土地整治的财政负担日益加重，为吸引更多的私人资本参与到宅基地复垦，扩大农民宅基地流转的自主权，实现建设用地指标的流转交易，成都市颁发了《成都市人民政府关于完善土地交易制度促进农村土地综合整治的意见（试行）》（成府发〔2010〕27号），在全市范围内按照国家耕地占补平衡的原则实施建设用地（地票）制度，以弥补宅基地流转方面的制度缺陷，并且希望借此为完善土地交易市场和健全农村产权制度建立制度规范。[②] 成府发〔2010〕27号文件中所谓的地票其实包含了“耕地占补平衡指标”和“建设用地指标”两种类型。[③] 按照成都市人民政府办公厅转发的《关于完善土地交易制度促进农村土地综合整治和农房建设工作实施意见（试行）》（成办发〔2010〕59号）的规定，“建设用地指标”是指通过实施整治项目，整理农村集体建设用地（包括宅基地及其附属设施、乡镇企业用地、农村公共设施和公益事业建设用地等）并复垦为耕地，扣除农民集中居住区占地、预留给农民集体的发展用地，以及有效新增耕地面积后，经验收合格节余的建设用地面积，由市国土资源管理部门登记并发放《建设用地指标证书》的指标。“建设用地指标”的购买主体无限制，任何法人、自然人和其他组织，均可申请购买。当然，现实中“建设用地指标”的主要购

---

① 参见谢文阳、张远索、张占录：《成都地票模式及其政策变迁研究》，载《国土资源科技管理》2013年第3期。

② 马智利、李军、段大玲：《基于地票制度下的成渝宅基地流转模式对比分析》，载《兰州商学院学报》2012年第2期。

③ 需要注意的是，除了成府发〔2010〕27号文件以外，成都并未明确使用地票的表述，而是分别使用了“耕地占补平衡指标”和“建设用地指标”两个子概念。

买主体是国有经营性建设用地使用权出让的竞买者。[1] 截至 2012 年 4 月,成都共成交建设用地指标 100 多宗、6000 余亩,成交总金额近 20 亿元。[2] 而"耕地占补平衡指标"是指通过实施农村土地综合整治项目,整理农用地和未利用地,经验收合格增加的耕地面积,由市国土资源局报省国土资源厅发放《耕地开发整理项目验收证书》的指标。由于区(市)县政府根据年度计划,申请征收其土地利用总体规划确定的规划建设用地区土地,占用耕地的,必须持有同面积的耕地占补平衡指标。因此耕地占补平衡指标的购买方主要是各区(市)县人民政府和市级政府平台公司。待依法批准征收后,其持有的同面积耕地占补平衡指标由市国土资源管理部门收回注销。据统计,2014 年成都市农村产权交易所共计完成建设用地指标"持证准用"交易 163 宗,成交建设用地指标 8899.97 亩,成交单价为 30 万元/亩,成交总金额 26.7 亿元。[3]

与重庆地票制度运转的流程相似,成都的地票制度也主要包括指标的生产、交易和使用(落地)三个阶段。在生产环节,虽然农村土地综合整治项目的申报主体为农民集体和农户,但成都市规定,只有符合整治项目立项要求的村,并经国土资源管理部门依法审批,才能开展项目整治。整治项目立项批准后,项目申报主体既可以持立项批复到成都农村产权交易所挂牌寻找投资者,也可由项目申报主体以其他方式自行寻找投资者。整治项目验收合格后,由市国土资源管理部门办理登记,发放建设用地票,建设用地票票面注明权利人、面积等情况。农民集体和农户自行筹资实施整治项目所产生的建设用地票归

① 但区(市)县政府申请征收其土地利用总体规划确定的有条件建设用地区土地,占用农用地和未利用地的,也必须持有同面积的建设用地指标。批准征收后,《建设用地指标证书》由市国土资源管理部门收回注销。

② 参见曾敏:《成都:纵深推进城乡统筹》,载《中国地产市场》2012 年第 5 期。

③ 王秀莲:《农村土地产权改革的成都实践》,载《中国土地》2015 年第 3 期。

农民集体和农户所有，其他投资者投资实施整治项目所产生的建设用地票归属依据农民集体、农户和投资者签订的合同确定。指标的交易可以采取挂牌、拍卖等多种方式，在成都市土地（矿权）交易中心、成都农村产权交易所进行。建设用地指标交易后，不得再次转让，但可以分割、合并使用。[①] 建设用地指标的交易价格以最低保护价为基础，按市场规则由交易双方决定。建设用地指标自交易、登记生效之日起两年内有效。在规定期限内未使用的，由成都市人民政府指定的机构按建设用地指标当年最低保护价回购。[②] 在使用上，"耕地占补平衡指标"的购买方主要是各区（市）县人民政府和市级政府平台公司。由于成都市规定，区（市）县政府根据年度计划，在征收其土地利用总体规划确定的规划建设用地区土地而占用耕地时，必须持有同面积的耕地占补平衡指标。因此，在区（市）县政府依法办理征收后，其持有的同等面积耕地占补平衡指标要由市国土资源管理部门收回注销。"建设用地指标"的主要购买主体是国有经营性建设用地使用权出让的竞买者。持建设用地指标证书参与国有建设用地竞买的，自宗地成交之日起，竞得人不再对与成交宗地面积相应的建设用地指标证书享有任何权益，由市国土资源局根据使用凭证办理相应建设用地指标证书的注销登记。

---

① 参见《关于完善建设用地指标交易制度促进农村土地综合整治的实施意见》（成国土资发〔2011〕80号）。但成都市人民政府办公厅转发的《关于完善土地交易制度促进农村土地综合整治和农房建设工作实施意见（试行）》（成办发〔2010〕59号）曾规定：投资者投资土地综合整治项目取得的建设用地指标和耕地占补平衡指标，可以自用，也可以出售。需要交易的，应当在农交所公开交易。取得的建设用地指标和耕地占补平衡指标可以在农交所再次公开转让。

② 建设用地指标的最低保护价是在考虑实施农村土地综合整治项目的成本，包括农村基础设施建设、公共服务配套、农房建设的"四性"要求等基础上，由成都市人民政府在每年1月1日确定并公布的价格。数据显示，2010年成都市建设用地指标的最低保护价为15万元/亩。2011年则为18万元/亩。

在实际操作中，根据《成都市人民政府办公厅转发市国土局等部门关于完善土地交易制度促进农村土地综合整治和农房建设工作实施意见（试行）的通知》（成办发〔2010〕59 号）的相关规定，在 2011 年 4 月 15 日之前，成都市国有建设用地使用权出让实行的是“持证准入”制度。2010 年 8 月 5 日，成都市国土资源局发布公告称：凡参加成都市自 2010 年 8 月 1 日后发布公告的国有经营性建设用地使用权竞买的申请人，必须持相应面积的《建设用地指标证书》或建设用地指标保证金收款凭证方可报名参与竞买。但竞买人既可以通过农村土地综合整治直接获取建设用地指标，也可以在成都农村产权交易所购买相应面积的建设用地指标，或向成都农村产权交易所缴纳建设用地指标保证金，取得建设用地指标保证金收款凭证。相比农村土地综合整治和在交易所购买相应面积的建设用地指标，直接向农村产权交易所缴纳建设用地指标保证金不仅省时，[①]还可以节约成本，[②]因此很多参与国有经营性建设用地使用权出让的竞买者对建设用地指标竞买的热情并不大。有报道显示，2010 年 8 月 12 日，成都首例建设用地指标竞拍在成都市农交所举行，交易现场十分平静。只有国资背景的成都兴城投资和四川新华发行集团两家参与，最终兴城投资以 15.2 万元/亩的单价拍下了 819 亩的蒲江县两项农村土地综合整治项目建设用地指标。从现场情况来看，开发商及土地储备机构对于建设用地指标的反应冷淡，竞买起拍价为 15 万元/亩，加价幅度为 1000 元/亩或其整数倍，应价时间 90 秒，三轮过后，兴城投资就以 15.2 万元/亩的价格竞价成功，整个过程不到 5 分钟就草草结束，与此前各方预计

---

① 土地综合整理项目要立项不仅需要获得审批，而且需要获得农民和集体的同意，因此在程序上比较烦琐。

② 在温江、都江堰等靠近主城区的区市县，土地整理成本接近 40 万元/亩，而缴纳建设用地指标保证金大约为 15 万元/亩。

的激烈竞争状况相去甚远。[①]

为此,2010 年 11 月 16 日,成都市国土资源局发布公告称:凡参加成都市 2011 年 1 月 1 日后公告的国有经营性建设用地使用权竞买的申请人,必须持相应面积的《建设用地指标证书》方可报名,并取消了通过缴纳建设用地指标保证金报名参与竞买的方式。也就是说,2011 年 1 月 1 日以后,竞买人只能通过实施农村土地综合整治项目或者成都农村产权交易所才能获得建设用地指标。相比实施农村土地综合整治项目,参加建设用地指标竞买的优势更加明显,因此 2010 年 12 月 17 日成都农村产权交易中心的第二次地票拍卖,便出现了戏剧性的一幕。此次交易共推出 2000 亩建设用地指标,分为 10 亩、20 亩、30 亩、50 亩、100 亩、150 亩、200 亩共 30 个标的,起拍价为每亩 15 万元。2000 亩建设用地指标,得到了包括万科、保利等在内的上百家开发商的追捧,竞拍过程极为激烈,从起始价 15 万元/亩一路飚高到 92 万元/亩,最终成交均价也高达 76.47 万元/亩,远远高出起拍价。[②] 由于恰逢房地产调控期间,如此高的指标拍卖价格也引发了多方质疑。有观点认为,由于成都"地票"仅充当竞买土地的"门票"作用,这势必会推高开发商拿地成本,且最终将会体现在房价上。[③] 基于对地票交易泡沫化的担心,2010 年 12 月 28 日,成都农村产权交易所发出公告称:"原定于 2010 年 12 月 29 日的建设用地指标竞价会因故暂缓举行,具体交易时间另行公告。"

在一度暂停建设用地指标交易之后,2011 年 4 月 13 日公布的《成都市国土资源局关于完善建设用地指标交易制度促进农村土地

① 参见王小乔:《"地票"不再是"门票"——成都新规,农地再"飞"》,载《南方周末》2011 年 5 月 12 日,第 D17 版。

② 王小乔:《"地票"不再是"门票"——成都新规,农地再"飞"》,载《南方周末》2011 年 5 月 12 日,第 D17 版。

③ 参见朱以师:《成都地票交易被叫停》,载《中国房地产报》2011 年 1 月 10 日,第 1 版。

综合整治的实施意见》(成国土资发〔2011〕80号)将建设用地指标的用途修改为“国有经营性建设用地首次出让的准用条件”,并重启建设用地指标交易。2011年4月14日,成都市国土资源局发布公告称:“从2011年4月15日起,成都市锦江区、青羊区、金牛区、武侯区、成华区、高新区、青白江区、龙泉驿区、温江区、新都区、郫县、双流县的国有经营性建设用地(不含工业用地)使用权首次出让,竞得人须持有相应面积的建设用地指标签订《国有建设用地使用权出让合同》;彭州市、都江堰市、崇州市、邛崃市、大邑县、金堂县、新津县、蒲江县的国有经营性建设用地(不含工业用地)使用权首次出让,竞得人在签订《国有建设用地使用权出让合同》时,须按照市政府确定的建设用地指标当年最低保护价标准,缴纳竞买宗地相应面积的建设用地指标价款。”可见,在将“持证准入”制度改为“持证准用”制度后,成都市的指标交易开始形成了一个新的分类挂钩机制,主城区和二圈层区的土地指标交易仍然使用拍卖机制,价高者得,而三圈层区的市县则只需按照指标的最低保护价缴纳竞买宗地相应面积的建设用地指标价款即可签订合同。上述双轨制的安排一方面保证了土地指标可以在主城区、二圈层区和三圈层区内的跨县域交易,同时又能稳定三圈层区内的土地价格。[①]

(三)成渝地票制度的比较

成渝两地的地票试点虽然都具有市场化的因素,但在具体的制度安排上却有一些差异。

首先,在地票的内涵上,成都地票的范围要比重庆更广。成府发〔2010〕27号文件中所谓的地票实际上包含了“耕地占补平衡指标”和“建设用地指标”两种类型。而重庆的地票交易仅包括后者。允许开

① 周飞舟、王绍琛:《农民上楼与资本下乡:城镇化的社会学研究》,载《中国社会科学》2015年第1期。

展"耕地占补平衡指标"的交易可以解决大中城市占补平衡困难的矛盾，同时促进城乡统筹发展，[①]因此从深化地票交易制度改革的角度来讲，地票交易应当包括"耕地占补平衡指标"的交易类型。[②] 当然，在产生背景和法律属性上，"耕地占补平衡指标"交易与"建设用地指标"交易仍然具有一定的近似性，所以除特别标明外，本书所指的地票主要是指"建设用地指标"。

其次，在地票的生产过程中，成都市更加强调农民集体和农户的主体地位。按照规定，重庆市申请宅基地复垦的农户需要拥有其他稳定住所、稳定生活来源的证明、所在农村集体经济组织同意复垦的书面材料以及相关的权属证明，才能实现宅基地的复垦，各个区县也制定了相关的复垦条件，明确土地复垦的准入条件。而成都市宅基地复垦并没有强制性的条件要求，只要在自愿的基础上提交复垦申请，经过国土资源部门批准即可实施宅基地复垦。[③] 成都市的相关文件规定，拥有土地权益的农民集体和农户有权自主决定是否参与、如何筹资、怎样建房、收益分配、权属调整等重大事项，实施农村土地综合整治和农房建设项目涉及农民集体产权的由农民集体讨论决定，涉及农户产权的由农户自主决定。

另一方面，成都市还有规定，整治项目立项批准后，以农民集体和农户为主体申报的项目，农民集体和农户可以持立项批复，到成都农村产权交易所挂牌，寻求投资者，也可以其他方式自行寻找投资者。农民通过复垦得到的建设用地指标，自身筹资复垦的归农民自己所

---

① 杨珍惠：《成都市开展耕地占补平衡指标交易的做法与思考》，载《资源与人居环境》2012 年第 11 期。

② 黄忠：《让市场发挥更大能量——地票制度再创新的思考》，载《中国土地》2013 年第 2 期。

③ 马智利、李军、段大玲：《基于地票制度下的成渝宅基地流转模式对比分析》，载《兰州商学院学报》2012 年第 2 期。

有，委托其他企业复垦的由双方来协商最终的指标分配，政府把价格谈判权完全交给农民来实行，实现了真正意义上的自主流转，为以后逐步扩大宅基地交易范围和地票二级交易市场的建立提供了可能。[①]而重庆市现有的土地整治机构比较单一，基本上都是由重庆市各级政府出资成立的。这就导致重庆市各级政府部门下属的土地整治机构事实上成为了目前重庆农村土地交易所地票交易的供给方。而作为对农村宅基地拥有使用权的农民，以及对宅基地拥有所有权的农村集体组织，却并未主导地票交易。在宅基地流转的整个过程中，农户的作用仅仅局限于宅基地的复垦申请和经济利益的分配环节，而对于宅基地流转过程中的土地整治成本、地票交易价格以及土地流转收益分配结构等环节的参与度都较低。[②]

再次，从地票交易的范围来看，重庆市作为省级行政区，地票制度下的宅基地流转突破了国家建设用地增减挂钩指标的县域限制，是全国唯一一个在省域范围内可以实现建设用地指标流转的地区。[③] 而成都市的建设用地指标交易主体却仅局限于成都市及其区县的农民。

另外，重庆市对地票交易总量实行计划调控。按照规定，指标总量根据土地利用年度计划、城乡建设用地增减挂钩周转指标规模和全市用地需求情况合理确定。[④] 对地票年度交易量的人为限制可能会出现与远郊区县农民流转意愿上的冲突。而成都市却没有对建设用地指标交易的数量进行限制，甚至还规定，为满足建设用地地票的初始需求，政府可以以国家批准的规划建设用地规模为保证，预先发行

---

① 马智利、李军、段大玲：《基于地票制度下的成渝宅基地流转模式对比分析》，载《兰州商学院学报》2012 年第 2 期。

② 王守军、杨明洪：《农村宅基地使用权地票交易分析》，载《财经科学》2009 年第 4 期。

③ 马智利、李军、段大玲：《基于地票制度下的成渝宅基地流转模式对比分析》，载《兰州商学院学报》2012 年第 2 期。

④ 参见《重庆农村土地交易所管理暂行办法》（渝府发〔2008〕127 号）第 26 条。

建设用地地票。当然,成都市的这一做法可能会导致其每年的地票供给量出现一定程度的不确定性。①

最后,在地票交易与国有土地出让市场的关系上,成渝两地的制度安排存在重大差异。在重庆模式里,地票与国有土地的出让市场并不直接挂钩,在国有土地的出让中仍然采用缴纳保证金与地票的双轨制。按照重庆的规定,地票承让方可以在重庆各区县寻找自己理想的建设用地,但该地块的出让还需要经过政府相关部门的认可,并进入土地交易中心进行公开竞价。在该地块的公开出让中,如果地票承让方竞购成功,则地票承让方获得该地块,并可以用地票价款冲抵新增建设用地有偿使用费和耕地开垦费;②但是,如果地票承让方在土地出让中竞购失败,则其只能要求返还地票价款,至于由此而导致的利息损失则仍要由地票承让方自行负担。③ 与此不同,成都的地票交易却与国有土地的出让关系密切。如前所述,成都地票交易经历了从"持票准入"到"持票准用"的变化。在"持票准用"的政策下,虽然不要求国有经营性建设用地使用权的竞买人必须持相应面积的《建设用地指标证书》,但仍然要求国有经营性建设用地使用权首次出让的竞得人必须持有相应面积的建设用地指标,才能签订《国有建设用地使用权出让合同》。可见,成都的地票交易与土地出让市场的衔接更为紧密。

此外,在收益分配上,成渝两地的规定也有一些差异。④ 不过,需

---

① 参见陈进兵:《重庆市城市化进程中农村宅基地确权与流转机制设计研究》,重庆大学2012年硕士学位论文,第11页。

② 参见《重庆农村土地交易所管理暂行办法》(渝府发〔2008〕127号)第27条。

③ 刘朝旭、雷国平:《重庆地票制度施行中存在的问题与对策》,载《西部论坛》2011年第1期。

④ 参见杨惠、张燕萍:《成渝两地建设用地指标交易制度的对比研究》,载《经济法论坛》2013年第2期。

要指出的是，地票交易的实践仍在探索，因此成渝两地的地票制度在未来有相互借鉴，甚至是趋同的可能。成渝地票试点的趋同其实也是建立全国性地票交易市场的前提。

第二章　地票交易的特征及其合法性分析

由于地票是建设用地指标，因此在现行土地制度框架下，地票本身的合法性是没有异议的，我们需要讨论的是地票交易的正当性与合法性问题。[①]从地票交易的运转过程可以发现，地票交易制度与现行城乡建设用地增减挂钩试点的做法类似。[②] 地

---

① 参见刘澄宇、龙开胜：《集体建设用地指标交易创新：特征、问题与对策——基于渝川苏浙等地典型实践》，载《农村经济》2016年第3期；李新仓：《建设用地指标市场配置法律制度研究》，辽宁大学2017年博士学位论文，第122页；汪莉、彭婷婷：《从静态模式到动态分析：建设用地指标法律属性探析》，载《江淮论坛》2017年第2期。

② 2004年10月印发的《国务院关于深化改革严格土地管理的决定》（国发〔2004〕28号）提出"鼓励农村建设用地整理，城镇建设用地增加要与农村建设用地减少相挂钩"，为城乡建设用地布局调整提供了政策依据。根据国发28号文件精神，从2006年开始，国土资源部先后确立山东、天津、江苏、湖北、四川五省为土地增减挂钩试点省市。截至目前，全国已有27个省（市、区）被纳入试点范围。增减挂钩"周转指标"，也从2006年的7.38万亩，增加到2014年的90万亩。参见田孟：《城乡建设用地增减挂钩政策与实践模式的演进——基于成都市的考察》，载《湖南农业大学学报》（社会科学版）2014年第6期。

票交易可以说是现行城乡建设用地增减挂钩项目的拓展和深化。[①] 城乡建设用地增减挂钩是根据土地利用总体规划的要求,将县域范围内若干拟整理、复垦为耕地的集体建设用地地块(拆旧地块)和拟用于城镇建设发展的地块(建新地块)按相同面积组成"建新拆旧项目区",在保证项目区内耕地和建设用地面积平衡的基础上,通过一系列技术手段,最终实现增加耕地有效面积、提高耕地质量和减少集体建设用地的目标,使城乡用地更加集约、布局更为合理。[②] 城乡建设用地增减挂钩制度以项目区为单位组织实施工作,通过试点规划下达周转指标进行调控管理,在规定时间内用拆旧地块整理复垦的耕地面积归还周转指标。[③]

城乡建设用地增减挂钩制度在运行原理和操作方法上借鉴了美国的土地发展权移转(Transfer of Land Development Right, TDR)制度,可以说是美国土地发展权移转制度的"中国化",在解决我国快速城镇化进程中的建设用地需求的同时,也提高了农村地区建设用地的节约集约利用程度。而成渝地票交易制度的基本原理与城乡建设用地增减挂钩制度相符,其核心思路是农村集体建设用地的减少与城镇建设用地的增加相平衡,二者在制度目标、设计理念和管理方法上基本一致。[④]

当然,地票交易制度与现行城乡建设用地增减挂钩的做法也存在一些不同,这些差异正是地票交易制度的创新之处。概括来看,地票交易制度与现行城乡建设用地增减挂钩的做法存在如下区别。

---

① 参见周立群、张红星:《农村土地制度变迁的经验研究:从"宅基地换房"到"地票"交易所》,载《南京社会科学》2011 年第 8 期。

② 参见《城乡建设用地增减挂钩试点管理办法》(国土资发〔2008〕138 号)第 2 条。

③ 参见国土资源部:《关于规范城镇建设用地增加与农村建设用地减少相挂钩试点工作的意见》(国土资发〔2005〕207 号)。

④ 褚刚:《重庆市地票交易制度研究》,中国人民大学 2011 年硕士学位论文,第 52 页。

一、指标跨县置换与资源优化配置

为从严从紧控制城镇建设用地数量的增加，有效确保城乡建设用地增减挂钩试点不因地方政府的逐利行为而失控，中央曾明确要求应将建新拆旧项目区的范围限定在县域以内。[①] 即本县通过土地整理、复垦等置换出的建设用地指标，只能在本县范围内使用。换言之，严格意义上的“城乡建设用地增减挂钩”拆旧区与建新区是匹配的，且项目区不得跨县级行政区域设置，指标只能在本行政区域范围内落地。

虽然上述限制性规定有助于防止城镇边界的盲目扩张，但因其未考虑到各地区地理环境、经济发展和社会需求等具体情况，因此会出现区域间挂钩指标供需的不匹配，[②]从而无法真正实现土地资源的合理有效配置。例如，A 县近几年城市发展较快，对土地的需求较往年有极大提高，但由于土地利用年度计划新增建设用地指标和城乡建设用地增减挂钩制度周转指标的局限，无法抓住有利的外部环境，以致错失良好的发展机遇。而位于偏远地区的 B 县，其经济发展速度较 A 县缓慢，建设用地存量既没有得到高效的利用，也因资金短缺等各方面原因而无法有序退出。这样的情况不仅造成了土地资源的严重浪费，同时也使 B 县的土地价值无法得到提升，阻碍了经济社会的发展。[③] 这样的矛盾并非是理论的想象，实际情况也确实如此。以安徽省为例，综合经济实力在安徽省排名前三的马鞍山市当涂县仅 2009

---

① 参见《国务院关于严格规范城乡建设用地增减挂钩试点切实做好农村土地整治工作的通知》(国发〔2010〕47 号)。

② 王婷:《城乡建设用地增减挂钩制度创新研究》,南京农业大学 2012 年博士学位论文,第 69 页。

③ 褚刚:《重庆市地票交易制度研究》,中国人民大学 2011 年硕士学位论文,第 53 ~ 54 页。

年就有17个重点项目因为缺少城市建设用地指标而无法开工建设。但与此同时，作为“友好帮扶”对象的宿州市的泗县却是另一番景象：作为安徽省的一个贫困县，由于经济落后，所以该县虽然能够置换出大量建设用地指标，但却无力进行开发建设。[①] 可见，将“拆旧地块”和“建新地块”共同组成项目区，挂钩指标仅用于项目区内周转，这种行政控制下的“点对点”封闭式运行易造成挂钩区域不匹配的问题，即真正急需建设用地指标的区域由于拆旧潜力小等原因得不到挂钩指标，但拆旧潜力大能够提供挂钩指标的区域却因难于找到需求方而缺乏推进动力。[②]

县域之间经济与社会发展的差异导致了在建设用地需求上的差异，但城乡建设用地增减挂钩试点中不得跨区置换的限制却难以化解上述矛盾。而重庆的地票交易制度则可以有效解决这一矛盾。在目前的制度环境下，重庆的地票指标流转扩大到了全市范围。之所以要求指标进行跨区县配置，是由重庆大城市、大农村的市情决定的。根据《重庆市统计年鉴(2009)》显示，渝中区、江北区、大渡口区、沙坪坝区、南岸区、九龙坡区六区已经没有农村人口，城镇化率均达100%。而2008年“一小时经济圈”、“渝东北”和“渝东南”地区的财政收入则分别为382.28亿元、48.34亿元、23.47亿元，区域差异十分明显。因此可以预见，主城六区将是农村集体建设用地流转指标的流入区，而主城六区以外的34个区县则就成为指标的流出区。[③] 从目前的实践

① 现两市已初步达成交易意向：泗县出让4000亩地的建设用地指标，马鞍山市将为此支付4亿元。参见高伟、庞一涛：《安徽两地拟买卖建设用地指标》，载《中国房地产报》2010年11月15日，第2版。

② 王婷：《城乡建设用地增减挂钩制度创新研究》，南京农业大学2012年博士学位论文，第3页。

③ 鲁春阳、文枫、杨庆媛、倪静、戴佩淇、王成：《农村集体建设用地流转潜力估算》，载《农业工程学报》2011年第5期。

来看，重庆市土地复垦工作进行较为积极的区县往往也是经济发展落后、地理位置偏远的渝东南、渝东北地区，[①]如黔江、万盛、江津、合川、永川、綦江、铜梁、城口、垫江、石柱等区县（自治县）。实证研究还发现，到2015年重庆市集体建设用地流转现实潜力为30392.32 hm^2。其中，江津区流转潜力最大为3538.88 hm^2，其次为永川县、合川区、铜梁县，最小为双桥区6.76 hm^2。而到2020年重庆市集体建设用地流转现实潜力为40591.49 hm^2。其中，江津区流转潜力最大为4681.92 hm^2，其次为永川县、合川区、铜梁县，最小为双桥区6.76 hm^2。[②] 而从目前的地票交易数据来看，重庆72.7%的地票来源于"两翼"地区，已落地地票有98%是用于"一小时经济圈"，相当于建立了"一圈"与"两翼"共建共享大城市带动大农村协调发展的制度通道。[③]

另外，从市场的角度来看，如果限制指标跨县配置，则偏远地区的用地指标就只能在本区县落地。即使当地有用地指标的需求，但因需求数量有限，则指标交易的价格必然有限。而通过跨区县的指标交易，尤其是将偏远地区的指标置换到中心区域，就可以大幅提升指标的价值。由于农村集体建设用地复垦是一项需要大量资金及劳动力

① 黄奇帆：《地票制度实验与效果——重庆土地交易制度创新之思考》，载《学习时报》2015年5月4日，第8版。

② 鲁春阳、文枫、杨庆媛、倪静、戴佩淇、王成：《农村集体建设用地流转潜力估算》，载《农业工程学报》2011年第5期。

③ 童代志：《重庆地票制度改革实践》，载《经济研究参考》2013年第64期。最新的数据显示，地票办理征用转用手续后，其中95%以上集中使用于都市功能核心区、都市功能拓展区和城市发展新区，70%以上的地票产生于渝东北生态涵养发展区、渝东南生态保护发展区。地票成为实现建设用地跟着产业和人口走、优化土地资源配置、助推五大功能区发展战略的政策工具。参见《我市稳步推进农村产权交易》，载 http://www.cqgtfw.gov.cn/gzdt/td/201502/t20150202_262820.html，最后访问日期：2018年1月5日；桑士达：《重庆"地票"交易改革的经验和启示》，载《浙江经济》2015年第16期；黄奇帆：《地票制度实验与效果——重庆土地交易制度创新之思考》，载《学习时报》2015年5月4日，第8版。

投入的工程,是一个典型的经济行为,[①]因此通过跨区县的指标置换不仅有助于土地资源的优化配置,而且有助于提升偏远地区土地的价值,为土地复垦、土地整治以及城市反哺农村提供资金支持。其实,多地的实践也表明,挂钩指标的落地区最好选在城镇规划范围和城市新城区范围内。[②]

从法律层面来看,虽然国家一直限制建设用地指标的跨县配置,2010年发布的《国务院关于严格规范城乡建设用地增减挂钩试点切实做好农村土地整治工作的通知》(国发〔2010〕47号)中还专门指出:“所在省(区、市)要严格按照国家下达的挂钩周转指标,组织审批和实施试点项目,严禁突破挂钩周转指标设立挂钩项目区,严禁项目区跨县级行政区域设置,严禁循环使用周转指标。”但从作为城乡建设用地增减挂钩的基本法律依据的《城乡建设用地增减挂钩试点管理办法》(国土资发〔2008〕138号)的文义来看,跨区县的指标配置并非绝对禁止。因为《城乡建设用地增减挂钩试点管理办法》第22条规定:“对于擅自扩大试点范围,突破下达周转指标规模,停止该省(区、市)的挂钩试点工作,并相应扣减土地利用年度计划指标。”可见,如果是经过中央批准的跨县指标配置就不存在违法之嫌。而重庆作为城乡统筹实验区,理应有先行先试之权。事实上,如前文所述,重庆地票交易制度的诞生也已得到了国务院和国土资源部的批准,是在《国务院关于推进重庆市统筹城乡改革和发展的若干意见》(国发〔2009〕3号)指导下的一项制度创设,[③]所以不能将重庆地票交易制度之跨区县的指标配置做法视为是“擅自行动”。

---

① 石诗源、张小林:《江苏省农村居民点用地现状分析与整理潜力测算》,载《中国土地科学》2009年第9期。

② 王婷:《城乡建设用地增减挂钩制度创新研究》,南京农业大学2012年博士学位论文,第56页。

③ 参见童代志:《重庆地票制度改革实践》,载《经济研究参考》2013年第64期。

实际上，正是由于进入重庆农村土地交易所交易的城乡建设用地指标实现了跨县置换，所以相较现行的城乡建设用地增减挂钩的做法，重庆的地票交易制度可以在更远距离、更大范围内实现土地资源的优化配置，在经济上更具优势。而重庆地票交易制度又是如何实现土地资源的跨区县配置的？在土地不可移动特性的限制下，如何实现偏远地区土地的价值一直是我国土地制度改革的一道难题，成渝地票交易制度无疑为破解这一难题提供了答案。在地票交易制度模式下，将指标票据化，即将土地从空间上不可转移的实物形态资产转化为可交换的票据（指标），使固化的土地资源转化为了可流动的资产。[①] 这一模式无疑代表了新时期土地制度改革与创新的一个方向。[②]

需要特别指出的是，由于地票交易制度并没有限定地票的落地区域，也就是说地票持有人可以在符合规定的地方自由选择地块，而地块的价值与经济发达程度呈正相关，这就会导致地票落地区域往往会集中在经济效益相对较好的地方。从此前已落地的2.13万亩地票来看，落在主城区的有1.77万亩，占83%；落在六大区域性中心城市的有0.3万亩，占14%；落在其他区县的有0.06万亩，仅占3%。[③] 新近的数据也显示，2015年重庆全年使用地票17310亩，其中，都市功能核心区和都市功能拓展区使用地票面积13921亩，占比80.42%；城市发展新区2028亩，占比11.72%；渝东北和渝东南两大生态区1361亩，占比7.86%。[④] 虽然为缓解区县政府的不满情绪，提高区县提供地票指标的积极性，重庆出台了返还区县30%的地票指标以缓解区

① 刘朝旭、雷国平：《重庆地票制度施行中存在的问题与对策》，载《西部论坛》2011年第1期。

② 参见桑士达：《重庆"地票"交易改革的经验和启示》，载《浙江经济》2015年第16期。

③ 钟杨：《重庆地票交易制度风险防控研究》，西南大学2012年硕士学位论文，第41页。

④ 参见《2015年地票市场运行分析报告》，载 http://www.ccle.cn/tzgg/tzkb/html-1896/10739.html，最后访问日期：2018年1月5日。

县用地需求的政策。[①] 但对地票生产地开县的一项调查却发现,区县若想获取这30%的指标,必须同时提供相应的建设项目,若无项目便申请不到指标。这就意味着原先通过计划无偿下达的建设用地指标,如今得通过农村集体建设用地复垦产生指标并提供给土交所,再结合项目申请才能获取用于自身发展的指标。在这次区县政府与市政府的利益博弈中,区县政府并没有占到便宜,反而提高了自身发展的建设用地成本,不利于区县的持续健康发展和城乡差距的缩小。[②] 因此,关于地票交易,有一种观点认为,从短期来看,偏远农村地区发展缓慢,用地指标需求较少,而通过地票交易可以增加收入;但是从长远来看,农业、农村是不断发展的,因此在需要用地时就可能出现无指标可用的状况,从而丧失了本地非农产业的投资机会。[③] 而且,随着建设用地使用成本的不断提高,地票交易还会提高自身长远发展的机会成本,因而更拉大了与经济发达县市的差距。[④]

在我们看来,认为地票交易制度会限制农村地区长远发展的观

---

① 《重庆市地票管理办法》第6条规定:建设用地复垦应当以土地利用、产业发展、乡村规划和环境保护等规划为基础,考虑人口流动指数等因素,合理预留农村发展建设用地。第16条:建设用地整理合格证应当记载土地权利人信息,复垦项目新增农用地面积、新增耕地面积及等别、减少的建设用地面积、农村发展留用面积、剩余可使用面积等信息。剩余可使用面积是复垦减少的建设用地面积扣除农村发展留用面积之后的面积,是土地权利人用于申请地票交易的面积。

② 钟杨:《重庆地票交易制度风险防控研究》,西南大学2012年硕士学位论文,第41页。

③ 蒋萍:《重庆农村土地交易所地票交易风险及防范研究》,西南大学2012年博士学位论文,第38页、第39页。

④ 参见王成艳、靳相木:《土地用途管制实施机制市场取向改革初探》,载《国土资源情报》2009年第2期;陈德强、杨田、杨友焱、何智丽:《重庆"地票"制度的实施及对房地产市场的影响分析》,载潘家华、李景国主编:《房地产蓝皮书:中国房地产发展报告》,社会科学文献出版社2011年版,第99页;郑财贵:《地票制度风险防范策略研究》,载郑财贵主编:《重庆统筹城乡土地管理制度改革研究文集——地票制度篇》,西南师范大学出版社2013年版,第47页;龙开胜:《集体建设用地指标交易能否增加农民——一个整体性框架及初步经验证据》,载《南京农业大学学报》(社会科学版)2015年第5期。

点，其实是建立在一种假设之上，即所有农村地区都会像城市一样发展起来，并且以与城市相同的模式发展起来。然而，现代工商业发展需要集聚效应，也即基本上是在城市或围绕城市周边进行发展的，远离城市的地区尽管经济水平和生活水平会随全社会一起提高，但显然不会出现具规模的工商业聚集。那种将城市和近郊发展模式套用于远郊县的假设，显然是违背经济学常识的空想。[①] 世界银行的研究还表明，经济集聚发展是大势所趋，世界各国的经济都在向少数大城市的周围集聚。平均来看，越是发达的国家，其经济的集聚程度越高，相比之下，中国经济的集聚程度是太低了，而不是太高了。[②]

而且，限制土地的跨地区再配置虽然有利于保持不同地区在规模意义上的平衡，但却可能造成巨大的效率损失。日本和韩国的例子都告诉我们，以牺牲经济集聚的效率来换取地区间均衡发展是行不通的，这样的政策可能导致效率与平等兼失。相反，只有促进资源，特别是劳动力的自由配置，才有可能实现前述的“经济总量集聚”与“人均平衡发展”的路径。[③] 在中国，沿海地区和靠近大港口的地方开放程度更高，也确实促进了产业向东部沿海地区的集聚。[④] 但在平均主义的政策下，中西部城市的建成区面积扩张速度却远远大于非农业人口的增长速度，与之相伴随的则是土地的大量浪费。特别是在西部城市，每年非农业人口增长速度要低于城市建成区面积扩张速度近 6 个

---

① 参见冯桂：《重庆地票制度的价值及其对城乡一体化改革的启示》，载《国家行政学院学报》2014 年第 1 期。

② 参见世界银行：《2009 年世界发展报告 重塑世界经济地理》，清华大学出版社 2009 年版。

③ 陆铭、陈钊：《为什么土地和户籍制度需要联动改革？——基于中国城市和区域发展的理论和实证研究》，载《学术月刊》2009 年第 9 期。

④ 参见金煜、陈钊、陆铭：《中国的地区工业集聚：经济地理、新经济地理与经济政策》，载《经济研究》2006 年第 4 期；陆铭、陈钊：《中国区域经济发展中的市场整合与工业集聚》，上海人民出版社 2006 年版。

百分点，而在东部，土地的集约利用程度更高，两个速度的差别仅约1.8个百分点。[①] 因此，经济集聚并不意味着内地将越来越落后。恰恰是在经济集聚的过程中，内地的劳动力能够更多地转移到东部，使得内地的人均资源（包括土地等自然资源）拥有量上升，从长期来看，这是成为地区间发展差距和“人均”生活质量差距缩小的必要条件。[②]

当然，如果实现了劳动力跨地区的自由流动和用地指标的跨区域再配置，那么，势必造成内地省份的经济总量增长相对较慢。这时，如果地方官员的绩效考核仍然完全基于地区的经济总量增长指标，那么，全国一盘棋的区域发展战略将得不到较落后地区的支持。因此，未来中国需要对官员考核体制作出大的调整，在考核体系中同时兼顾人均GDP（或人均收入）的增长和GDP总量的增长，并且为这两个目标分别赋予一定的权重，越是经济发达地区，GDP总量增长目标的权重应该更高，而越是经济欠发达地区，人均GDP（或人均收入）增长目标的权重应该更高。[③] 也就是说，全国性的地票交易制度的开展需要以改革地方政府官员绩效的考核体制，尤其是对不同地区的官员考核应当分别赋予GDP总量增长和人均增长的不同权重为基础。

事实上，虽然国土资源部早先对待“扩大城乡建设用地增减挂钩试点置换指标范围”的问题十分谨慎，但这种以政府为主导的资源配置方式由于无法实现土地资源的最有效利用，[④]因此，一些地方政府

---

① 陆铭、陈钊：《为什么土地和户籍制度需要联动改革？——基于中国城市和区域发展的理论和实证研究》，载《学术月刊》2009年第9期。

② 同上。

③ 同上。

④ 赵晨晨、罗海波、周慷慨：《城乡建设用地增减挂钩研究现状及发展对策》，载《南方农业学报》2013年第3期。

其实也已经开始对增减挂钩试点置换出的建设用地指标跨县流转进行了诸多尝试。比如,2001 年至 2004 年,杭州就从上虞、绍兴、衢州等地高价买下了近 30 万亩建设用地折抵指标;①安徽省芜湖市南陵县大浦试验区为推进集体土地流转,也曾通过省内跨县调剂指标已流转耕地 6000 亩;江苏省推崇的"万顷良田工程"其实亦是在其省内跨县调剂而来。基于现实的需求,2013 年国土资源部还启动了"城乡建设用地增减挂钩节余指标跨县有偿流转"的研究工作。② 2014 年 9 月,广东则拟确定清远、云浮两市正式开展城乡建设用地增减挂钩周转指标跨县域流转试点。③ 此外,安徽省以及部分东部地区省份也有意开展先行先试工作。④ 由此可见,指标的跨县,甚至在全国范围内的流转已经成为了用地指标市场发展的必然结果。⑤

二、"先复垦,后交易"与耕地保护

《城乡建设用地增减挂钩试点管理办法》(国土资发〔2008〕138 号)明确指出,城乡建设用地增减挂钩的一项最终目的就是"实现增加耕地有效面积,提高耕地质量"。而现行的城乡建设用地增减挂钩试点却因为采取的是"先占后补"的模式,进而无法形成耕地保护的硬约束。由于需要首先完成新的农民集中居住区建设,即占地在先,

---

① 傅蔚冈:《指标约束下的畸形城市化》,载《西部大开发》2010 年第 12 期。

② 参见张凤玲:《国土部松绑增减挂钩跨县调剂》,载《中国房地产报》2013 年 4 月 7 日,第 A02 版。

③ 参见陈琳:《清远或成城乡建设用地增减挂钩周转指标跨县域流转试点》,载 http://www.gdqy.gov.cn/gdqy/400zwyw/201409/eee7eee9ab9342e1b6ea9f0a72aef93c.shtml,最后访问日期:2018 年 6 月 5 日;《中共清远市委　清远市人民政府　关于促进新型城镇化发展的意见》(2014 年 12 月 8 日)。

④ 参见李乐:《国土部研讨城乡建设用地增减挂钩试点突破县域》,载《中国经营报》2014 年 12 月 15 日,第 A03 版。

⑤ 参见黄忠:《土地指标交易在乡村振兴中的意义》,载《中国社会科学报》2018 年 5 月 30 日,第 4 版。

是刚性的；然后才在原来的拆旧区（农民原来的宅基地）进行土地复耕以获得用于置换的新增建设用地指标，造地在后，是柔性的，这就会导致耕地的保护在时间和质量上都存在相当的风险。有调查显示，大部分地区并没有对拆旧区宅基地进行耕地复垦，或者复垦比例较低，而且复垦耕地质量明显偏低，导致实际耕地数量减少、质量下降。[①]换言之，这一制度安排很有可能造成“占有余，而补不足”的问题，导致“拆旧复垦”工作的欠账或很难保障补地的质量，长此以往则必然造成耕地总量减少和耕地生产能力的下降，危及粮食安全。

而重庆的地票交易制度则采取了“先复垦，后交易”的模式。按照《重庆农村土地交易所管理暂行办法》（渝府发〔2008〕127 号）和《重庆市地票管理办法》的规定，只有先把建设用地复垦为耕地，并经区县（自治县）国土资源行政主管部门按规定组织验收合格和市国土资源行政主管部门抽查复核合格后，才会配发建设用地整理合格证备案号（地票）。而且，按照规定，复垦出的耕地只有达到或者超过标准等级，[②]且经过折算后才有资格申请进行交易。[③] 很明显，这样的制度安排对土地复垦工作形成了正面激励，从而可以确保耕地质量和数量维持在一个较为合理的水平。统计显示，2009 年，重庆耕地面积为

① 参见任平、吴涛、周介铭：《城乡建设用地增减挂钩制度实施绩效分析与评价》，载《中国农业资源与区划》2014 年第 6 期。

② 《重庆市地票管理办法》第 14 条规定：建设用地复垦后，形成的农用地应当满足农业生产的条件，土地质量应当达到以下标准：（一）有效土层厚度不低于 40 厘米，砾石及瓦砾含量不超过 15%；（二）耕地平均台面坡度不超过 15 度，园地不超过 25 度；（三）生产道路通达，排灌沟渠畅通，与周边农用地集中连片；（四）田埂、土石坎结构坚实平整。

③ 褚刚：《重庆市地票交易制度研究》，中国人民大学 2011 年硕士学位论文，第 54 页、第 55 页。

223.76万公顷。[①] 在城市的快速扩张过程中，耕地不仅没有减少，反而还比 2008 年增加了 0.17 万公顷。[②] 之所以能在快速城市化、工业化背景下实现耕地不减反增，这与地票交易制度显然不无关系。以江津区李市镇孔目村、江津区龙华镇燕坝村和彭水县靛水街道新田村三个村的地票交易为例，孔目村项目区涉及 5 个村民小组，共 25 户村民、64 人，项目区由 19 个复垦片块构成，复垦面积 59.54 亩，复垦后新增耕地 54.42 亩，新增耕地率为 91.39%；燕坝村项目为地票制度与新农村建设相结合，原 348 户的宅基地及附属设施用地共计 313.2 亩，集中居住建新点占 59 亩，共节约农村集体建设用地 254.2 亩（全部复垦为耕地），新增耕地率为 81.16%；新田村项目共 36 个地块，涉及 90 户村民、370 人，实施总规模 5.7927 公顷，新增耕地 4.8841 公顷，复垦率为 84.3%。[③] 事实上，重庆农村土地交易所 2009 年实施的农村建设用地整理复垦项目就增加了耕地 1983.08 亩，农用地 2094.25 亩，而减少建设用地 2051.17 亩。[④] 不难发现，通过农村建设用地的整理复垦，增加的耕地和农用地数量要大于占用的建设用地。

可见，地票交易制度所要求的“先复垦，后交易”的做法有效克服了现行的城乡建设用地增减挂钩试点中“先占后补”的缺陷，更有利

---

① 对于重庆市耕地面积存在两个统计数据：一是农业部门掌握的农户承包耕地面积 1986 万亩（折合为 132.4 万公顷），另一个是国土部门测绘出来的实际耕地面积 3358 万亩（折合约为 223.87 万公顷）。参见刘健、徐旭忠、张舒宁《迷局：重庆两本“耕地账”相差千万亩》，载《新华每日电讯》2010 年 9 月 11 日，第 4 版。这里采取的是黄奇帆同志在其文章中所提及的数据。参见黄奇帆：《农地交易的重庆实验》，载《瞭望》2010 年第 45 期。

② 黄奇帆：《农地交易的重庆实验》，载《瞭望》2010 年第 45 期。重庆国土房管局资料显示，重庆城镇与农村建设用地的比例 2007 年时为 0.33:1，这一比例在 2012 年时变成了 0.43:1。参见刘溟、冉瑞成：《地票：统一城乡用地市场的创新试验》，载《经济日报》2014 年 1 月 13 日，第 13 版。

③ 魏西云、金晓斌：《地票运行绩效及改革路径》，载《中国土地》2012 年第 6 期。

④ 尹珂、肖轶：《农村土地“地票”交易制度绩效分析——以重庆城乡统筹试验区为例》，载《农村经济》2011 年第 2 期。

于耕地的保护,因此在政治上和法律上均具有正当性和合法性。特别是在中国工业化和城镇化方兴未艾的情况下,通过地票交易模式所实现的城乡建设用地区位置换,在促进城市发展的同时又实现了耕地总量的动态平衡,还可以减少国家对地方政府征地指标的下拨,从而既满足了非农建设用地需要,又保护了耕地,保障了粮食安全。这对于化解工业化、城镇化用地需求和耕地保护之间的矛盾而言,意义十分深远而重大。①

三、指标的市场化置换与城乡统筹发展

"城乡建设用地增减挂钩"试点虽然在一定程度上有助于解决城镇用地的紧张问题,但其基本模式仍然是行政计划性质的,②由政府主导。③ 大部分项目在编制项目区实施规划时,就已经通过行政配置的方式大致确定了挂钩指标在县域内的落地位置、范围和规模,在挂钩指标的使用时序上也由县级地方政府统一调配。④ "城乡建设用地增减挂钩"试点中指标"统购统销"的实质是以政府替代了市场,从根本上否认了指标的可交易性,不利于保障农民的财产权利。⑤ 这样的结果就是城乡建设用地增减挂钩工作主要靠县区、乡镇政府进行投入,资金来源比较单一,进而影响了试点的运行,甚至出现了对拆旧区

① 杨继瑞、汪锐、马永坤:《统筹城乡实践的重庆"地票"交易创新探索》,载《中国农村经济》2011 年第 11 期。

② 所谓计划经济制度主要是由限额的交易组成的,它必然带有限额的交易的基本特征:与市场均衡价格和均衡数量不相一致;需要强制性地执行。参见盛洪:《一个价格改革的故事及其引出的过渡经济学的一般理论》,载《管理世界》2003 年第 5 期。

③ 周立群、张红星:《农村土地制度变迁的经验研究:从"宅基地换房"到"地票"交易所》,载《南京社会科学》2011 年第 8 期。

④ 王婷:《城乡建设用地增减挂钩制度创新研究》,南京农业大学 2012 年博士学位论文,第 56 页。

⑤ 参见杜茎深:《指标市场的引入及其对地价形成的影响》,浙江大学 2013 年博士学位论文,第 153 页、第 154 页。

和农户补偿资金不到位的问题。在这一模式中，因农民和农村集体的自主参与性有限，土地资源的价值也未被充分发现，因而极易出现因资金短缺而难以推行的问题，[①]或出现地方政府为获得“用地指标”而强制农村“撤村并居”，强迫农民上楼等不良社会后果。[②] 可以说，2005年以来的城乡建设用地增减挂钩制度的运行实践已经证明，无论是土地利用年度计划，还是城乡建设用地增减挂钩制度，计划性、指令性的土地管理方式并非最佳的资源配置方案，甚至无法实现发展经济和保障民生两项同样重要的政治任务。因而寻求社会参与、借助市场力量、行使监管责任，已经成为城乡统一土地市场建立的必然要求。[③]

与现行城乡建设用地增减挂钩制度行政化推进的管理方式不同，地票交易制度安排下的指标配置不再是计划性质和行政主导型的，它采取了市场化的方式配置城乡建设用地资源：开放指标的需求方，在理论上任何一个民事主体均可以参加地票的竞买，从而激发了地票的需求，为地票的竞买提供了前提；通过交易所的公开拍卖，由支付价格最高者竞得了地票，从而有利于发现指标的真实价格。[④] 因此，我们可以认为，变城乡建设用地指标的指令性分配为市场配置是地票交易

① 由于农村土地综合整治都是由政府部门主导和出资，这就给地方政府带来了很大的资金压力，并导致整治项目进展不快。因此，将建设用地指标标准化，设立建设用地指标的交易所，以引入社会资本参与其中，也就成为了“地票”政策的启发点。参见朱以师：《成都“地票”详考》，载《中国房地产报》2010年12月6日，第1版。

② 参见郭洁：《土地用途管制模式的立法转变》，载《法学研究》2013年第2期；胡印斌：《严查农民“被上楼”不是走过场》，载《中国青年报》2011年2月18日，第2版。当然，在我们看来，之所以导致某些地方政府强拆强建，其根本原因是由于在土地财政的影响下，国家垄断了城市建设用地的供应。因此地方政府基于土地财政的考虑，必然会在国家控制建设用地指标的背景下，想方设法获得更多的用地指标。而“城乡建设用地增减挂钩”则无疑成为了其获得用地指标的一个合法方法。

③ 褚刚：《重庆市地票交易制度研究》，中国人民大学2011年硕士学位论文，第41页。

④ 彭作军、段力誌：《农村集体建设用地权益资本化探析——基于重庆地票实践》，载《建筑经济》2011年第5期。

制度创新价值的核心所在。①

以重庆农村土地交易所的首场交易会为例,面积300亩的全国首宗地票曾以2560万元成交,均价为8.53万元/亩。而该次拍卖的地票,主要来源于江津区广兴镇和城口县东安乡等乡镇集体建设用地复垦项目以及铜梁县侣俸镇石河村文曲砖厂废弃地复垦项目。② 根据《财政部、国土资源部、中国人民银行关于调整新增建设用地土地有偿使用费政策等问题的通知》(财综〔2006〕48号)和《重庆市耕地开垦费、耕地闲置费、土地复垦费收取与使用管理办法》(重庆市人民政府令第54号),折算出主城区最高地段两费约为110元/㎡,江津地区的两费约为30~40元/㎡,铜梁县的两费约为22~32元/㎡,城口县的两费约为7~17元/㎡。据此可知,在本次交易中主城区地票土地增值约18元/㎡,江津区土地升值了88~98元/㎡,铜梁县土地增值约96~106元/㎡,而距离重庆主城区500余公里的城口县,土地增值了约111~121元/㎡。③

实际上,通过地票交易制度,农民获得的收益还远不止于此。以重庆市为例,按规定,如果农户在重庆农村土地交易所出售地票,则可得到四笔收入:首先就是地票价款收入。按照《关于规范地票价款使用促进农村集体建设用地复垦的指导意见》(渝国土房管384号文)

① 褚刚:《重庆市地票交易制度研究》,中国人民大学2011年硕士学位论文,第41页。不过,有论者批评认为,地票充其量只是计划经济中流行的配额概念的残余,和市场经济格格不入。参见文贯中:《用途管制要过滤的是市场失灵还是非国有土地的入市权——与陈锡文先生商榷如何破除城乡二元结构》,载《学术月刊》2014年第8期。我们认为,不能将地票与计划完全等同,地票交易在功能意义上更类似于排污权的交易。其实质是建立在总量控制上的交易。

② 参见《重庆农村土地交易所正式成立开出首单地票交易》,载http://www.gov.cn/gzdt/2008-12/05/content_1168923.htm.2008-12-5,最后访问日期:2018年1月5日。

③ 即使与地票供应地的土地出让价格相比,地票交易对提升偏远地区的土地价值也有作用。以距重庆主城区600公里的城口县为例,一宗61.86亩复垦土地,本县当地出让起始价仅为1.13万元/亩,而在重庆农村土地交易所以地票成交的最高价格可达30万元/亩。

的规定，地票交易后农户所得每亩不低于9.6万元、集体经济组织每亩所得不低于1.7万元。其次是耕地的经营收入。由于复垦形成的耕地将由原农民耕种，因此也能直接增加农户收入。按照亩产400～500公斤稻谷和大米1.6～1.8元/公斤的价格计算，每年农户每亩地可增收640～900元。再次，如果农户参与农村建设用地的复垦，开垦成农田，还可一次性获得一笔务工收入，大约是2000～3000元/亩。最后，农户宅基地及其附属设施的建材残值在变现后也能获益数百甚至上千元。按这四项计算，假设旧房建材产值变现后为500元，种地增收3000元，①参与开垦务工费为2000元，加上地票交易取得的净收益，农户至少可增收10万元/亩。② 可见，地票交易有助于促进农民的增收和农村生产生活条件的改善。③ 有针对重庆市7区县的实证调研就显示，复垦后农户家庭通过另建新居、政府给予住房补贴等，住房条件得到普遍改善。④

地票交易制度市场化的另一个作用是对现有建设用地供应制度的优化。在现行的土地供应制度框架下，虽然国有建设用地的出让采

---

① 按5年计算。

② 当然，这是理论上的计算。农户的实际获益还至少要受到两个因素的影响：一是地票交易价格的波动；二是地票交易价款是否能全部或大部分反哺农户。

③ 按照《重庆市人民政府关于加快中心镇建设的意见》（渝府发〔2010〕90号）和《重庆市人民政府关于加快推进全市农民新村建设和农村危旧房改造的意见》（渝府发〔2010〕89号）的要求，重庆要在2012年年底前，打造4个市级重点示范镇和108个市级中心镇，建成农民新村1500个，建设巴渝新居15万户，改造农村危旧房30万户，上述任务的落实对于促进重庆的城乡统筹协调发展具有重要意义。但这些任务的实施至少需要投入400亿元左右的资金。重启地票交易制度无疑为此提供了融资渠道。重庆市农委的计算表明，重庆一个农村人口转化为城镇人口并退出宅基地，可节约建设用地170平方米，如果未来10年重庆有1000万农民转户进城，就可复垦增加耕地250多万亩。这意味着，如果复垦耕地上市将形成250万亩地票，这样一来重庆不仅可以守住3256万亩耕地红线，而且可以产生30亿元资金收益。参见胡韵：《地票制度研究——以解构重庆地票制度为视角》，中国政法大学2011年硕士学位论文，第25页。

④ 侯培、杨庆媛、宁涛、邓永旺、王雪：《地票收益分配满意度影响因素——基于重庆市7区县的实证调研》，载《国土资源科技管理》2013年第5期。

取了市场化的途径,但此前先征哪块地、先发展哪个地方却完全是由政府主导的。在这样的背景下,如果政府的判断与企业的需求不一致,征转的土地供应不出去,就会出现"征而未供"的土地闲置现象,[①]比如,2003 年至 2005 年,深圳、南京、武汉等地就曾相继出现了土地"流拍"的现象,武汉"流拍"土地的总额甚至超过 10 亿元。为此,2006 年 8 月 1 日起试行的《招标拍卖挂牌出让国有土地使用权规范(试行)》第 5.4 条还引入了"勾地制"(用地预申请),以期避免土地的流拍问题。[②] 但"勾地制"所内含的"只许地涨,不许地跌"的做法不仅会扭曲土地市场的价格形成,与市场机制并不相符,而且"勾地制"所能避免的仅是土地的流拍,而无法避免"征而未供"的问题。

与"勾地制"只是在土地出让时政府主动介入不同,地票交易制度则可以在政府进行土地征收时就引入市场的需求,因此有助于满足用地单位的具体需求,并解决"征而未供"的土地闲置问题。按照重庆的地票交易规则,地票持有者可在城市总规划范围内有选择性地寻找地块,向政府提出征地建议,政府则按程序对该地块征为国有土地,并作为经营性用地进行"招拍挂",地票的持有人和其他企业成为平等的竞争者,其有利条件在于他是该地块的物色者,已经先期对其做过市场分析、调研,对此有市场信心,较有可能在拍卖中举牌更高,最

① 参见现行征地制度实施问题调研重庆课题组:《重庆市现行征地制度实施问题调研报告》,载刘云生主编:《中国不动产法研究》,法律出版社 2011 年版,第 199 ~ 220 页。

② 《招标拍卖挂牌出让国有土地使用权规范(试行)》5.4 用地预申请:为充分了解市场需求情况,科学合理安排供地规模和进度,有条件的地方,可以建立用地预申请制度。单位和个人对列入招标拍卖挂牌出让计划内的具体地块有使用意向的,可以提出用地预申请,并承诺愿意支付的土地价格。市、县国土资源管理部门认为其承诺的土地价格和条件可以接受的,应当根据土地出让计划和土地市场情况,适时组织实施招标拍卖挂牌出让活动,并通知提出该宗地用地预申请的单位或个人参加。提出用地预申请的单位、个人,应当参加该宗地竞投或竞买,且报价不得低于其承诺的土地价格。

终取得该地块使用权。[①] 正如重庆农村土地交易所相关负责人所说，地票制度的一大亮点就是企业用地模式发生了较大转变。在原有模式下，企业只能在政府给定的范围内选择，就好比在食堂打饭，只有固定的几种选择。而有了地票以后，开发企业就可以根据自己的需求在符合规划的范围内选择地块，这就好像在餐馆点餐一样，可以根据自己的口味和经济实力选择。"企业的判断完全是市场眼光，政府不如企业盈利性的价值判断准确。"[②]因此，当企业选择地票落地区域后，政府根据企业的建议出让的土地总会有人要，由此就会形成更加高效的供地流程和更加科学的城市规划实施时序。所以说地票带来的一大好处就是能以更市场化的眼光安排土地的开发时序。

此外，地票交易还对征地制度改革和农村土地制度改革具有一定的示范意义。由于我国长期实行着城乡有别的建设用地制度，农村集体建设用地只能适用于乡镇企业用地、农民住宅用地、集体经济组织的公共设施和公益事业用地，且以无偿为原则。这样的制度导致农村集体建设用地的价值无法实现，农民及其集体只能通过征收方式获得一定程度的补偿，其在工业化、城市化发展中所分享的利益非常有限。根据《重庆市征地补偿安置办法》的规定，土地补偿费标准为征用耕地上前三年平均产值的 6 ~ 10 倍，安置补助费为耕地每亩年产值的 4 ~ 20 倍。在重庆，一般情况下，粮食作物亩产 300kg，粮食收购价格 1.5 元/kg，复种指数 1.11，据此计算得到的粮食年产值为 499.5 元/亩，按照《土地管理法》中的 30 倍最高限额计算，农民可以得到收益，

---

① 黄晶晶、张坤、魏朝富：《重庆市农村建设用地流转模式比较》，载《中国人口 · 资源与环境》2013 年第 11 期。

② 参见朱楠：《"重庆地票"日渐成熟 有望推向全国》，载《上海证券报》2010 年 11 月 10 日，第 F12 版。

最高为1.5万元/亩。[①] 而地票交易不仅给农民及其集体提供了土地资产化的途径，而且一般来说，地票交易所得要远高于政府征用农地所得，[②]按照《关于规范地票价款使用促进农村集体建设用地复垦的指导意见（试行）》（渝国土房管384号文）的规定，地票交易后农户所得每亩不低于9.6万元、集体经济组织每亩所得不低于1.7万元。因此，地票交易的发展也会对征地制度的改革具有示范效应。在地票交易中，农民取得地票收益不必放弃土地权利，土地产权仍然属于农民及其集体，但征收将会完全消灭农民及其集体的土地权利，因此征地的补偿就不应低于地票交易的收益。另外，地票交易的价格也有助于建立农房抵押贷款评估参照系。[③] 有研究表明，地票交易的开始已经使农房估值由地票制度创设前的户均一两万元提升到十余万元。[④]数据显示，截至2014年年底，重庆市农村居民房屋抵押融资累计达134亿元。[⑤] 以地票预期收益为参考，银行还融资支持建设用地复垦项目，目前已办理复垦项目收益权质押贷款118.79亿元。[⑥] 为此，2016年1月1日起施行的《重庆市地票管理办法》第13条第2款还

---

① 需要说明的是，这里计算的是按政府规定的最高补偿标准，并不是实际发生的收益。有些时候，由于截留或者其他人为原因，农民迟迟拿不到这些补偿费。参见鲁春阳、杨庆媛、王兆林：《不同利益主体对乡镇企业用地的影响分析》，载《创新》2009年第6期。

② 易可君：《把地票制度作为湖南统筹城乡发展的重大战略》，载《国土资源导刊》2012年第2期。

③ 黄奇帆：《地票制度实验与效果——重庆土地交易制度创新之思考》，载《学习时报》2015年5月4日，第8版。

④ 有报道显示：黔江区苗家水寨畜禽养殖专业合作社带头人用自己老家宅基地及房屋作抵押，从重庆农商行黔江支行申请贷款10万元，充实了自己的流动资金，合作社其他成员也通过宅基地及房屋作抵押申请贷款，解决了资金需求。参见《唤醒"沉睡的财产"——重庆地票制度探索实践调查》，载 http://special.gtzyb.com/130204，最后访问日期：2018年1月5日。

⑤ 桑士达：《重庆"地票"交易改革的经验和启示》，载《浙江经济》2015年第16期。

⑥ 黄奇帆：《地票制度实验与效果——重庆土地交易制度创新之思考》，载《学习时报》2015年5月4日，第8版。

正式规定："复垦项目地票收益权可以依法向金融机构申请融资。"

四、《物权法》与地票交易制度的合法性

党的十八届三中全会通过的《中共中央关于全面深化改革若干重大问题的决定》提出，市场决定资源配置是市场经济的一般规律。经济体制改革是全面深化改革的重点，核心问题是处理好政府和市场的关系，使市场在资源配置中起决定性作用和更好发挥政府作用。党的十九大报告也再次强调，经济体制改革必须以完善产权制度和要素市场化配置为重点，实现产权有效激励、要素自由流动、价格反应灵活、竞争公平有序、企业优胜劣汰。

一如前述，变城乡建设用地指标的指令性分配为市场配置正是地票交易制度的创新之所在。也正是在这一点上，我们可以说，成渝地票交易制度不仅有助于利用市场手段提升偏远农村的土地价值，增加农民收入，有利于城市反哺农村目的的实现，而且也为城乡统一建设用地市场的构建提供了启示。[①] 统一土地市场的建立旨在破除城乡二元结构，通过土地要素的流动带动劳动力、资金等其他要素的流动。而成渝地票交易制度无疑是在城乡之间建立了要素双向对接的通道——农村的用地指标流向城市，城市资金则流向农村。[②]

受制于人多地少的国情，粮食安全与农民利益保护一直是我国

① 有论者批评认为，现有的土地利用规划，从外观上来看是现代的用途管制制度，但其内壳则是计划经济时代遗留下来的指标管制模式，从上到下设定的年度建设用地指标就是这种模式得以落实的关键。所以，目前的土地规划制度属于改革不彻底的产物，未来要放弃。参见程雪阳：《要彻底放弃计划指标式的土地规划制度》，载 http://business.sohu.com/20141008/n404915861.shtml，最后访问日期：2018 年 1 月 5 日。

② 刘朝旭、雷国平：《重庆地票制度施行中存在的问题与对策》，载《西部论坛》2011 年第 1 期。

“三农”政策的基石，[①]现行的城乡建设用地增减挂钩试点做法之所以受到质疑，其主要也是因为在耕地保护与农民权益保护上的不利。[②]而成渝地票交易制度则通过“先复垦后交易”的制度安排为耕地保护形成了硬约束；同时借助市场机制在全市范围内实现指标的流转，在实现土地资源优化配置的同时，也提升了土地价值，为偏远地区农民的增收提供了空间。因此我们可以说，成渝地票交易制度是对城乡建设用地增减挂钩做法的新探索，是改进现行挂钩工作的一项新尝试，是对《国务院关于深化改革严格土地管理的决定》（国发〔2004〕28号）和《关于规范城镇建设用地增加与农村建设用地减少相挂钩试点工作的意见》（国土资发〔2005〕207号）的贯彻和创新。就此而言，成渝“地票”交易制度即使有超越现行规则的地方，也属于“良性”违规，[③]在法律和政策上仍然具有充分的正当性。

从解释论的角度来看，虽然我国的《物权法》确定了物权法定的

---

① 郑风田：《成都“地票”交易被叫停引发的思考》，载《农民日报》2011年1月18日，第3版。

② 参见陈锡文：《城乡建设用地增减挂钩试点运行需纠偏》，载 http://theory.people.com.cn/GB/13850347.html，最后访问日期：2018年1月5日。

③ 张千帆教授指出，只要地方试验不仅促进了地方的民主、法治和人权，而且没有损害任何全国性利益，那么即使其合法性乃至合宪性存在着一时不能解决的疑问，但我们还是应该理直气壮地说：这种违法（宪）是“良性”的！参见张千帆：《宪法变通与地方试验》，载《法学研究》2007年第1期；张千帆：《宪法变革与地方试验——再论良性违法（宪）的界定及其超越》，载北京大学宪法与行政法研究中心、耶鲁大学法学院中国法律中心主办：《“中央与地方关系的法治化”国际学术研讨会论文集》，2007年。张千帆教授在论文中还专门指出广东省的集体土地使用权转让办法就是良性违法（宪）的典型实例。而与直接让农民集体建设用地使用权“入市”，甚至“以租代耕”的做法不同，重庆地票交易制度并不是直接使农村集体建设用地使用权进入土地一级市场，而是通过复垦农村集体建设用地，增加建设用地指标的办法，在确保耕地保有量的同时，来盘活农村集体建设用地存量。因此并不存在违反《土地管理法》的问题，而至多存在超越《城乡建设用地增减挂钩试点管理办法》等部门规章的问题，因此地票交易制度至多是涉嫌违规，而不存在违法（宪）的问题。举重以明轻，既然像直接让农民集体建设用地使用权“入市”这类存在违反《土地管理法》的做法都可以说是良性违法，那么重庆地票交易制度当然也属于良性违规。

原则,但对物权法定上的"法"究竟应该如何界定却颇有争议。[①] 即使在原则上承认物权法定原则中的"法"主要应当限定在全国人大及其常委会制定的法律的狭义论见解,我们也不能否定《物权法》第153条在宅基地使用权取得、行使和转让问题上的扩大适用。申言之,基于《物权法》第153条的规定,"国家有关规定"已被明文可以作为调整以宅基地使用权为代表的农村集体建设用地的取得、行使和转让的法律渊源。而2009年1月26日《国务院关于推进重庆市统筹城乡改革和发展的若干意见》(国发〔2009〕3号)则明确提出要"设立重庆农村土地交易所,开展土地实物交易和指标交易试验,逐步建立城乡统一的建设用地市场,通过统一有形的土地市场、以公开规范的方式转让土地使用权,率先探索完善配套政策法规"。据此而言,重庆的地票交易在"国家有关规定"层面具有充分的正当性及合法性,进而在《物权法》上亦有其正当性与合法性。

事实上,重庆地票交易制度不仅事先获得了中央的批准,而且自正式开展地票交易以来,还得到了中央的肯定。2010年时任国土资源部部长徐绍史在视察后就指出:"地票交易工作总体运行规范良好,成效明显,可以进一步在扩大地票交易规模、完善收益分配机制等方面进行探索。"[②]国土资源部党组成员、总规划师胡存智也表示:"地票制度从构想到实践都是一项创举,其运行目标、方向、路径清晰,改革脉络符合党的十七届三中全会有关精神。"[③]由国土资源部牵头,中农办、发改委等7个部门组成的《土地管理法》修订工作领导小组则

---

① 参见王利明:《物权法定原则》,载《北方法学》2007年第1期;高富平:《物权法原论》(中),中国法制出版社2001年版,第695~696页。

② 参见刘振国、谢必如:《引领城乡统筹一体化的制度创新——就地票制度访重庆市市长黄奇帆》,载《重庆国土房产》2010年第5期。

③ 参见《胡存智在重庆调研时强调深入研究持续探索统筹城乡用地改革之路》,载《中国国土资源报》2010年7月30日,第1版。

对重庆的地票交易制度予以了肯定。[①] 2015 年 11 月，中共中央办公厅、国务院办公厅印发的《深化农村改革综合性实施方案》专门提出要"按照有关法律法规，完善和拓展城乡建设用地增减挂钩、'地票'等试点，推动利用城乡建设用地增减挂钩政策支持易地扶贫搬迁"。2016 年，财政部部长楼继伟还指出，在具备条件的地方实行地票制，农民宅基地还耕后，集体建设用地指标变为资本，可携带入城投资创业，既有利于促进投资和消费增长，也有利于消化房地产库存。[②] 2016 年 5 月 16 日，在国家发改委召开的城乡要素高效配置交流座谈会上，重庆等地试行的地票制度再次引发关注，被作为推进新型城镇化建设的重要实践和探索经验进行推广。[③] 2016 年 7 月 25 日国家发展改革委办公厅印发的《各地促进民间投资典型经验和做法》中也专门肯定了重庆地票改革的做法。2018 年的《政府工作报告》还提出，"改进耕地占补平衡管理办法，建立新增耕地指标、城乡建设用地增减挂钩节余指标跨省域调剂机制，所得收益全部用于脱贫攻坚和支持乡村振兴"。可见，以重庆为代表的地票试点其实是符合中央政策和国家有关规定的，特别是地票制度通过打通"人往城转、地随人走、钱从地出"的链条，契合了"人地钱"挂钩的发展思路和新型城镇化的要求，有利于城乡融合发展。

而且，从理论上讲，建设中国特色社会主义法治体系，建设社会主义法治国家，也离不开地方的具体实践。全面推进依法治国也必然要求鼓励并支持地方的法治试点，通过"先行先试"探索和创新中国特

① 参见贾海峰、纪睿坤：《国土部调研征地改革：重庆"地票"或可借鉴》，载《21 世纪经济报道》2011 年 6 月 29 日，第 5 版。

② 楼继伟：《中国经济最大潜力在于改革》，载《求是》2016 年第 1 期。

③ 参见《新型城镇化建设系列报道之一：重庆地票改革试验情况》，载 http://www.gov.cn/xinwen/2016-05/18/content_5074350.htm，最后访问日期：2018 年 1 月 5 日。

色社会主义法治发展模式。[①] 党的十八届三中全会已明确提出要"鼓励地方、基层和群众大胆探索,加强重大改革试点工作"。在此背景下,成渝地票交易制度完全有可能成为引领农村土地制度改革的一块重要"试验田"。事实上,成渝地票交易制度已经被湖南、湖北、河南、安徽、广东等地所效仿。[②] 2013 年 8 月,安徽宣城和四川巴中还正式通过了《宣城市地票交易规则(试行)》和《巴中市耕地占补平衡指标交易管理办法(试行)》。2018 年 3 月 10 日,经国务院同意,国务院办公厅专门印发了《跨省域补充耕地国家统筹管理办法》和《城乡建设用地增减挂钩节余指标跨省域调剂管理办法》两个文件,对推进用地指标"跨省调剂"作了总体部署,为地票交易制度在全国的推广提供了重要指导。就此而言,开展地票交易是具有正当性与合法性的。

---

① 参见付子堂、张善根:《地方法治建设及其评估机制探析》,载《中国社会科学》2014 年第 11 期。

② 参见王群:《株洲市市政府工作报告》(2010 年 1 月 19 日),载 http://www.zzfgw.gov.cn/sxzx_content.asp? id = 2438,最后访问日期:2018 年 1 月 5 日;易可君:《"地票"交易空间广阔》,载《国土资源导刊》2011 年第 9 期;易可君:《把地票制度作为湖南统筹城乡发展的重大战略》,载《国土资源导刊》2012 年第 2 期;龙飞:《欲破地产供需难题 广东尝鲜农村"地票"》,载《中国经营报》2013 年 4 月 22 日,第 C06 版;金旻:《市政府出台地票交易规则》,载《宣城日报》2013 年 8 月 22 日,第 A1 版;桂运安:《求解城市发展"缺地"农村建设"缺钱"困局 宣城首尝"地票交易"盘活闲置土地》,载《安徽日报》2013 年 8 月 29 日,第 A02 版;任生心、陈宗银、梁前荣:《江苏宿迁实施"地票"交易制度》,载《光明日报》2013 年 9 月 22 日,第 2 版;化雅楠、袁艳品:《洛阳首宗人地挂钩指标将公开交易 涉宜阳 520 亩土地》,载《大河报》2014 年 1 月 9 日,第 AL03 版;《鄂州宅基地有偿退出试点:复垦耕地卖掉用地指标》,载 http://house.cnhubei.com/2014/0217/107642.shtml. 最后访问日期:2018 年 1 月 5 日;《南京市局关于贯彻落实全省国土资源工作会议的报告》,载 http://www.jsmlr.gov.cn/xwzx/ztjc/2014ngclsqsgtzygzky/gcls/2014/02/12085850495952.html,最后访问日期:2018 年 1 月 5 日;肖擎:《地票交易核心是坐实农民权益》,载《湖北日报》2014 年 2 月 18 日,第 4 版;孟明毅:《安徽许庄的"地票"试验》,载《中国经济报告》2015 年第 9 期;李欣:《安徽郎溪县地票交易运行现状调研报告》,安徽大学 2015 年硕士学位论文;漆雕良仁:《湖北可以推广"地票"制》,载《农村新报》2016 年 1 月 30 日,第 1 版。

第三章　地票交易的法律属性辨析

从形式上看，地票交易，尤其是重庆地票交易的对象主要是建设用地指标，[①]按照《重庆农村土地交易所管理暂行办法》（渝府发〔2008〕127号）第18条的规定，所谓的建设用地指标是指农村宅基地及其附属设施用地、乡镇企业用地、农村公共设施和公益事业建设用地等农村集体建设用地复垦为耕地后，可用于建设的用地指标。[②] 但在农地非农化开发指令性配额的管理体制下，建设用地指标的产

① 虽然成都和安徽等地的地票交易也包含了"耕地占补平衡指标"和"建设用地指标"两种类型，但由于"耕地占补平衡指标"的交易并不是目前地票交易的主要类型，同时"耕地占补平衡指标"交易与"建设用地指标"交易在法律属性上也相似，所以本章将以"建设用地指标"交易为例来讨论地票交易的法律属性，但本章的论证及其结论对"耕地占补平衡指标"的交易也具有适用性。

② 按照2016年1月1日起施行的《重庆市地票管理办法》第7条的规定，国有建设用地也可以申请复垦。

生依附于行政权,[①]因此对这一基于行政权力而生的指标进行交易是否合法就颇有疑问,[②]比如,陈锡文同志就因为在法律上找不到"地票"这个概念,而担心地票交易这一制度创新涉嫌违法。[③] 另外,如果不将指标定性为行政权,那地票交易的标的又是什么?[④] 可见,在法治的背景下,若要深化地票制度改革,就必须在理论上对地票交易的法律属性这一前提性问题予以解答,否则不仅会影响地票交易的具体操作,甚至会从根本上动摇地票制度的合法性。[⑤]

一、关于地票交易法律属性的诸观点及其评析

如前所述,地票交易在我国开展的时间不长,因此在国内关于地票交易制度的有限文献中,专门讨论地票交易法律属性的论述就很少。但就其历史沿革而言,地票交易其实是对城乡建设用地增减挂钩做法的新发展,[⑥]因此对于地票交易法律属性的讨论可以追溯到关于城乡建设用地增减挂钩制度的相关阐释。总结相关文献,可以发现,

---

① 参见赵行平:《地票交易的法律问题研究》,华中科技大学 2012 年硕士学位论文,第 12~14 页;汪莉、彭婷婷:《从静态模式到动态分析:建设用地指标法律属性探析》,载《江淮论坛》2017 年第 2 期;孙建伟:《城乡建设用地置换中土地指标法律问题研究》,载《法学评论》2018 年第 1 期。也有论者指出,"土地开发权"实际上可以分为"规划上的土地开发权"和"私法上的土地开发权"。参见黄泷一:《美国可转让土地开发权的历史发展及相关法律问题》,载《环球法律评论》2013 年第 1 期。

② 参见刘澄宇、龙开胜:《集体建设用地指标交易创新:特征、问题与对策——基于渝川苏浙等地典型实践》,载《农村经济》2016 年第 3 期。

③ 参见郭丽琴、丁灵平:《陈锡文:重庆"地票"需法律明确》,载《第一财经日报》2013 年 3 月 14 日,第 A02 版。

④ 参见吴红缨:《重庆"新土改"酝酿大动作:让农民可自主买卖地票》,载《21 世纪经济报道》2011 年 7 月 18 日,第 5 版。

⑤ 参见黄忠:《地票交易的地役权属性论》,载《法学》2013 年第 6 期;张先贵:《地票交易的法律性质及其规制》,载《南京农业大学学报》(社会科学版)2015 年第 4 期;李新仓、阎其华:《建设用地指标市场配置法律制度正当性研究》,载《西南民族大学学报》(人文社会科学版)2018 年第 2 期。

⑥ 参见黄忠:《重庆"地票"交易制度的再思考》,载《重庆国土资源》2010 年第 1 期;陶晓龙:《地票:城乡建设土地供给机制创新》,载《重庆国土资源》2015 年第 3 期。

目前对此问题的认识主要有以下四种观点。

1.转移支付说。该观点认为,城乡建设用地增减挂钩制度可以使农民的居住条件得到改善,而农民集中居住区和公共配套设施的建设资金又来源于政府的土地出让收益,因此农民经由城乡建设用地增减挂钩或地票交易所获得的收益,其实是地方政府从土地出让收益中的转移支付。在成都地票交易操作过程中,曾有过要求房地产开发企业以"持票准入"方式参与竞买国有经营性建设用地的方案,[①]针对该方案存在的问题,有人提出解决"持票准入"风险的一个简单办法就是由政府从土地出让收益中规定一个比例或数额,将一部分出让收益直接划入农村统筹发展基金,用以支持新农村建设。[②] 这一方案所体现的解决思路就是转移支付学说。

2.级差地租说。该观点认为地票交易的本质就是通过集体建设用地与城镇建设用地的远距离、大范围置换,借由级差地租收益来提升偏远农村的土地价值,实现城市反哺农村的目的。周其仁教授曾强调成都城乡建设用地增减挂钩制度的基础就是土地级差地租。[③] 申言之,由于工业化和城镇化的需要,城市周边的土地虽有巨大的增值空间,但因城市没有相应的建设用地指标,所以不能直接把这些农用地变成建设用地;而偏远农村有大量的建设用地,却没有太多增值的空间。而所谓城乡建设用地增减挂钩就是在国家既定的建设用地指标之外,将城市周边的农用地改变为建设用地,政府将其土地出让金

---

① 2010年成都市国土资源局曾规定自2011年1月1日起,在成都拿地的开发商必须先持有同等面积的"建设用地指标"(地票),但2011年4月13日成都市国土资源局公布的《关于完善建设用地指标交易制度促进农村土地综合整治的实施意见》已将此前的"持票准入"修改为"持票准用"。

② 参见彭美玉:《地票的秘密》,载《成都国土资源》2013年第6期。

③ 参见北京大学国家发展研究院综合课题组:《还权赋能:奠定长期发展的可靠基础》,北京大学出版社2010年版,第48页。

的一部分用于偏远农村的旧村改造，使分散居住的农民集中到新建的楼群，并将节省出来的相应建设用地复垦为耕地，以实现地区内部的“占补平衡”。[①]

3.“中心—外围”说。“中心—外围”理论首先由阿根廷经济学家劳尔·普雷维什于20世纪40年代提出。20世纪60年代，美国学者弗里德曼将其引入了区域经济学。他认为，任何区域系统均由中心和外围两个子系统组成。所谓中心区是指社会经济活动的聚集区，这类区域工业发达，技术水平高，资本集中，人口密集，经济增长速度快。而围绕前述中心区分布并受其影响的区域则被称为外围区。由于外围(落后地区)相对于中心(发达地区)而言，处于依附地位且缺乏经济自主，从而会出现空间上的二元结构，并随时间推移而不断强化。不过，政府的作用和区际人口的迁移也会影响要素的流向，并且随着市场的扩大、交通条件的改善和城市化的加快，中心与外围的界限将会逐步消失，即最终区域经济的持续增长会推动空间经济逐渐向一体化方向发展。[②] 在我国，也有学者将该理论应用于地票交易的解释，并指出，一方面，中心聚集经济效应使得城镇建设用地的级差地租远高于外围地区的级差地租；另一方面，政府通过行政手段或市场调节方式引导区域经济一体化，即允许建设用地指标的跨区域配置，从而不但可以提高土地的整体利用效率，而且还可以让外围地区获得建设用地指标转让的收益，达到中心向外围的辐射效应，最终实现区域经济的一体化发展。[③]

---

① 参见蔡继明：《农村集体建设用地流转的主体和利益分配》，载《学习论坛》2010年第7期。

② 参见秦岭：《区域经济学理论与主体功能区规划》，载《江汉论坛》2010年第4期。

③ 参见陆铭：《建设用地使用权跨区域再配置：中国经济增长的新动力》，载《世界经济》2011年第1期。

4. 土地发展权交易说。该观点认为地票的本质是土地发展权。[①]不论是地票交易,还是城乡建设用地增减挂钩,其指标的产生都是农村集体或农民将其建设用地复垦为耕地后转化而来的。在此,农村土地的用途发生了变化:对于复垦的集体和农民而言,其土地由相对值钱的建设用地变为不太值钱的耕地,其土地发展权潜在收益发生变化,他们放弃了这部分发展权,并通过地票交易的方式,收回其土地发展权收益;而对于地票的竞购方而言,在地票落地时,便可以将不太值钱的农用地变为值钱的建设用地。[②] 据此而言,地票交易其实是土地发展权的交易。

我们认为,在界定地票交易的法律属性时,必须要将对地票交易性质的解释与对地票交易的产生背景和经济动因等问题的回答区分开来。换言之,界定地票交易性质所需回答的应该是当事人交易的法权模式的问题,而不是去阐释地票交易为什么会产生以及具体交易为什么能达成等问题。因此,地票交易的性质问题应当关注的是地票交

---

① 参见崔之元:《国资增值与藏富于民并进,地票交易促城乡统筹发展——"重庆经验"探索》,载《探索》2010 年第 5 期;张鹏、刘春鑫:《基于土地发展权与制度变迁视角的城乡土地地票交易探索——重庆模式分析》,载《经济体制改革》2010 年第 5 期;邱继勤、邱道持:《重庆农村土地交易所地票定价机制探讨》,载《中国土地科学》2011 年第 10 期;张震霞:《重庆市地票交易法律属性分析》,载《福建论坛 · 人文社会科学版》2012 年专刊;闫海、孟娜:《我国地票交易法律制度探析》,载《武陵学刊》2012 年第 4 期;王婷:《城乡建设用地增减挂钩制度创新研究》,南京农业大学 2012 年博士学位论文,第 65 页;刘国臻、周翔:《论增加农民土地财产性收入的制度障碍与克服》,载《法学评论》2014 年第 5 期;李新仓、阎其华:《建设用地指标市场配置法律制度正当性研究》,载《西南民族大学学报》(人文社会科学版)2018 年第 2 期。也有论者认为地票中内涵的土地发展权应当理解为是土地开发权。参见孙建伟:《城乡建设用地置换中土地指标法律问题研究》,载《法学评论》2018 年第 1 期;张先贵:《中国法语境下土地开发权理论之展开》,载《东方法学》2015 年第 6 期;李凤章:《土地开发权:保护模式和权利归属》,载《社会科学》2015 年第 4 期。

② 参见彭美玉:《地票的秘密》,载《成都国土资源》2013 年第 6 期;张鹏,刘春鑫:《基于土地发展权与制度变迁视角的城乡土地地票交易探索———重庆模式分析》,载《经济体制改革》2010 年第 5 期;孙建伟:《城乡建设用地置换中土地指标法律问题研究》,载《法学评论》2018 年第 1 期。

易当事人权利属性及其法权模式的分析。就此而言,“中心—外围”说只是对地票产生背景的解释,却并未涉及对地票交易本身的界定。换言之,“中心—外围”说至多能回答地票交易为什么能产生的问题,并未触及交易当事人的权利属性。与此类似,级差地租说也未能解释地票交易的法律属性,而仅仅是对地票交易之经济动因的分析,其所能回答的也只是地票交易为何能够达成的问题,亦未能辨明其法权模式。此外,地票交易虽然会出现将城市土地出让收益的一部分转移到偏远农村分享的结果,但由此来解释地票交易本身的性质却并不恰当,因为转移支付说只是对地票交易结果的描述,尚未明确地票交易本身的法律属性,且转移支付说存在政府主导的倾向,与地票交易所内含的市场化目标存在冲突。[①] 因此,以转移支付说来解释地票交易的性质亦不妥当。

相较而言,土地发展权交易说的解释具有相当的合理性,事实上也得到了多数学者的认同。[②] 土地发展权交易理论源于美国,其是指将一块土地进行非农开发的权利通过市场机制转移到另一块土地。[③] 从地票交易的主体来看,其也存在申让方与竞购方,这与土地发展权交易中的“出让方”(转移地区)和“受让方”(接受地区)类似;而地票交易的结果则类似于土地发展权交易中的发展潜能从农业用地转移

---

① 在我们看来,地票交易的核心是其市场化的运作机制。参见褚刚:《重庆市地票交易制度研究》,中国人民大学 2011 年硕士学位论文,第 41 页;黄忠:《地票交易的正当性辩》,载刘云生主编:《中国不动产法研究》,法律出版社 2012 年版,第 138 ~ 145 页。

② 参见张先贵:《地票交易的法律性质及其规制》,载《南京农业大学学报》(社会科学版)2015 年第 4 期;张先贵:《地票交易之地役权属性的理性检视》,载《社会科学研究》2016 年第 1 期;张先贵:《容积率指标交易的法律性质及规制》,载《法商研究》2016 年第 1 期;孙建伟:《城乡建设用地置换中土地指标法律问题研究》,载《法学评论》2018 年第 1 期。

③ 参见汪晖、陶然:《论土地发展权转移与交易的浙江模式制度起源、操作模式及其重要含义》,载《管理世界》2009 年第 8 期;黄泷一:《美国可转让土地开发权的历史发展及相关法律问题》,载《环球法律评论》2013 年第 1 期;李凤章:《土地开发权:保护模式与权利归属》,载《社会科学》2015 年第 4 期。

到了房地产开发用地上；此外，地票交易也需要类似于土地发展权交易中“受让方”对“出让方”的补偿，因此在理论上似乎可以将地票交易解释为土地发展权的交易。

以土地发展权交易来界定地票交易的法律属性需要先明晰土地发展权本身的意涵。土地发展权主要是一个英美法上的术语。从时间上看，土地发展权的概念最早出现在英国 1947 年的《城乡规划法》中。[①] 1968 年，美国也将土地发展权从土地财产权利束中分离出来。[②]可见，将土地发展权作为一项独立的财产权利确实是英美法上的共识。但上述结论却并不具有普世性。我们发现，在大陆法系中，土地发展权就一直被视为是土地所有者权利的延伸，[③]是土地所有权产权的固有组成部分。[④] 正是由于土地发展权在大陆法的理论中是作为所有权的内容而存在的，并未从所有权中分离，[⑤]因此，在大陆法上就不存在独立的土地发展权概念。其实，从土地发展权的功能效果来看，来自英美法系的土地发展权事实上可以对应于大陆法系不动产所有权与用益物权中的使用权能。[⑥] 比较法上的上述重大差异说明，土地发展权制度之所以产生于英美法系，渊源在于英美法自身固有的特征：没有明确的体系，注重实际应用和经验。与此相反，大陆法系对财产权的规制依靠明确的成文法典，法典中权利的体系与类型相对固

---

① 朱嘉晔、黄朝明、詹丽华：《土地发展权转让制度的再思考》，载《安徽农业科学》2015 年第 6 期。

② 参见 Edward H. Ziegler, "Transfer development rights and land use planning in the United States", *Liverpool Law Review*, Vol. 18, 1996, pp. 147 – 166；徐莉萍、张淑霞、李姣：《美国土地发展权转让定价主体、模型、制度的演进及启示》，载《华东经济管理》2016 年第 1 期。

③ 张良悦：《美国的土地发展权与农地保护——城市化进程中农地保护的一种借鉴》，载《经济问题探索》2008 年第 7 期。

④ 程雪阳：《土地发展权与土地增值收益的分配》，载《法学研究》2014 年第 5 期。

⑤ 李凤章：《土地开发权：保护模式与权利归属》，载《社会科学》2015 年第 4 期。

⑥ 姜楠、蔡立东：《土地发展利益的物权法调整模式》，载《河南财经政法大学学报》2015 年第 3 期。

定。立法者在对法律做出修改时必然要顾忌到新设权利的必要性以及与既有的权利体系的协调问题。①

就同属大陆法系的我国而言，由于在我国现行法中并无土地发展权的明确规定，②因此基于解释论的立场，以土地发展权来界定地票交易似无依据。事实上，当前一些学者关于发展权是财产权的解读，其所要表达的通常是发展权具有经济价值内涵，至于能否在中国财产法框架下予以表达并不关心。③ 从现行法框架下分析，我们甚至还可以发现，我国现行法上所谓的土地发展权其实是归属于国家的。④ 正如有论者所言，在我国产权体系下，农民仅是我国土地发展权的一个名义主体，而真正的权利主体则是我国的地方政府。⑤ 因此如果将地票交易解释为土地发展权的交易，那么地票交易的主体就应当是国家与农民或农村集体经济组织，其价款也应由国家支付，但这显然与地票交易的实际情况和发展方向都不相符。从目前的交易情况来看，参加地票竞买的主要是企业法人，甚至是自然人，而国家或地方政府却并未直接涉足地票交易本身。此外，尤需强调的是，如果认为地票交

① 姜楠、蔡立东：《土地发展利益的物权法调整模式》，载《河南财经政法大学学报》2015 年第 3 期。

② 参见王永莉：《国内土地发展权研究综述》，载《中国土地科学》2007 年第 3 期；刘国臻：《论我国土地权利制度发展之动向》，载《甘肃政法学院学报》2008 年第 7 期；姜楠、蔡立东：《土地发展利益的物权法调整模式》，载《河南财经政法大学学报》2015 年第 3 期；张先贵：《土地开发权的用益物权属性论》，载《现代经济探讨》2015 年第 8 期。

③ 杜茎深：《指标市场的引入及其对地价形成的影响》，浙江大学 2013 年博士学位论文，第 8 页。

④ 按照现行法，一方面，政府在征收农村土地的过程中按照《土地管理法》的固定标准对农民进行补偿；另一方面，政府又将（经征收来的）城市土地使用权按照市场价格通过招标、拍卖、挂牌的方式进行出让，在此政府实际上获得了发展权移转的最大利益。所以在我国，土地的发展权实际上是归属于国家的。参见陈柏峰：《土地发展权的理论基础与制度前景》，载《法学研究》2012 年第 4 期；黄忠：《城市化与"入城"集体土地的归属》，载《法学研究》2014 年第 4 期。

⑤ 顾汉龙、冯淑怡、张志林、曲福田：《我国城乡建设用地增减挂钩政策与美国土地发展权转移政策的比较研究》，载《经济地理》2015 年第 6 期。

易是国家与农民或农村集体经济组织之间的交易，那么极易会为地方政府“强行”进行土地发展权的转移，进而“合法”地启动征地程序提供不当的激励——在地票交易出现前，地方政府的土地征收尚且要受到建设用地指标的限制，但因地票交易的出现，地方政府就可以经由地票交易获得更充裕的建设用地指标，因此就可能会启动更大规模的征地，这无疑会进一步强化地方政府垄断土地增值收益的非均衡的利益分配模式。[①] 所以说，在解释论上将地票交易定性为土地发展权交易不仅于法无据，而且还存在重大风险，不值得采纳。

尚需指出的是，在立法论上，近年来虽然有部分论者主张应当将土地发展权予以独立，[②]但上述观点在理论界却并未获得承认，反倒受到了诸多批评。比如，刘俊教授认为，土地发展权是土地所有权的一项权利内容。换言之，我国将土地发展权作为土地所有权的权能即可，而没有单独设置土地发展权的必要。[③] 韩松教授也指出，无论是英国土地发展权模式还是美国土地发展权模式均不适合我国，关于土地发展性利益的分配，可通过税收制度加以调节，没有必要引入土地

---

① 参见程世勇：《地票交易：体制内土地和产业的优化组合模式》，载《当代财经》2010年第5期。

② 参见刘国臻：《论美国的土地发展权制度及其对我国的启示》，载《法学评论》2007年第3期；刘国臻：《论土地发展权在我国土地权利体系中的法律地位》，载《学术研究》2007年第4期；刘明明：《英美土地开发权制度比较研究及借鉴》，载《河北法学》2009年第2期；马韶青：《土地发展权的国际实践及其启示》，载《河北法学》2013年第7期；李凤章：《土地开发权：保护模式与权利归属》，载《社会科学》2015年第4期；张先贵：《土地开发权与土地发展权的区分及其法律意义》，载《内蒙古社会科学》（汉文版）2015年第4期；张先贵：《中国法语境下土地开发权理论之展开》，载《东方法学》2015年第6期；张先贵：《中国法语境下土地开发权归属及类型的法理研判》，载《烟台大学学报》（哲学社会科学版）2016年第1期；张先贵：《土地开发权与我国土地管理权制度改革》，载《西北农林科技大学学报》（社会科学版）2016年第2期；孙建伟：《城乡建设用地置换中土地指标法律问题研究》，载《法学评论》2018年第1期。

③ 参见刘俊：《中国土地法理论研究》，法律出版社2006年版，第174～178页。

发展权。[①] 土地发展权在我国应以集体土地所有权的一项权能而非独立的权利形式存在。[②] 另外，从体系角度看，试图在现行法律体系内设置发展权，以此来实现对用益物权人进行土地原用途之外的补偿的主张也是不可行的。[③] 因为我国现行《物权法》中的建设用地使用权、宅基地使用权与所谓的土地发展权在内涵上存在重叠，例如建设用地使用权和宅基地使用权中就包含着开发的意思，因此如果再创设一个发展权，就势必导致权利体系的混乱。[④] 可见，土地发展权概念并非基于法律概念的推理演绎，[⑤]其与现有的物权类型和物权法理论并不兼容，在未来的立法中也不宜直接引入。既然如此，那么以与我国现行物权立法和理论不兼容的土地发展权来解释地票亦不值得采纳。

二、地票的独立性与可交易性分析

从逻辑上来看，辨析地票交易法律属性的前提是承认地票的独立性及其交易的合法性。申言之，若地票本身并不具有独立性，而是被包含在其他权利当中，那么就没有必要讨论地票交易的法律属性问题；而若地票交易在法律上并不正当，自然也会使地票失去其可交易性。所以要辨析地票交易的法律属性，需要先就地票的独立性及可交易性问题展开分析。

---

① 参见韩松：《集体建设用地市场配置的法律问题研究》，载《中国法学》2008 年第 3 期。

② 韩松：《农民集体土地所有权的权能》，载《法学研究》2014 年第 6 期。

③ 朱嘉晔、黄朝明、詹丽华：《土地发展权转让制度的再思考》，载《安徽农业科学》2015 年第 6 期。

④ 朱嘉晔、黄朝明、詹丽华：《土地发展权转让制度的再思考》，载《安徽农业科学》2015 年第 6 期。

⑤ 姜楠、蔡立东：《土地发展利益的物权法调整模式》，载《河南财经政法大学学报》2015 年第 3 期。

(一)地票的相对独立性

如前所述,就原理而言,地票交易与城乡建设用地增减挂钩的做法具有一定的相似性,其所置换的均是建设用地指标。[①] 而建设用地指标所隐含的实际效用就是可以对农用地的用途进行改变,从地票竞购方角度来看,其通过地票交易所获得的其实就是可以改变土地用途,进行非农建设的权利,而地票申让方通过地票交易所让渡的则是其原本享有的进行非农建设的权利。通常来说,土地究竟作何用途应当是土地权利人(所有权人或用益物权人)的自由,因此土地的具体用途类型原则上应当被包含于土地所有权或用益物权的权利之内,并当然地被作为土地所有权或用益物权的一项内容来看待,而不具有独立的讨论意义。[②] 就地票而言,在开展地票交易之前,地票所隐含的进行非农建设的权利其实也是被农村集体建设用地使用权所吸收的。但是,由于我国实行了严格的土地用途管制,因此就某一具体地块的用途而言,并非能由土地所有权人或用益物权人所任意确定。《农村土地承包法》第 17 条还明确将"维持土地的农业用途,不得用于非农建设"明确规定为承包方的一项法定义务。因此,就某一具体地块而言,其是否具有非农建设的权利并非当然,而要对农用地进行非农开发建设就需事先获得为非农建设的权利。此时,"为非农建设"的权利已与农用地发生了分离。

实际上,现行《土地管理法》基于"切实保护耕地"的立法目的,已经规定了一套具有明显计划配置特征的土地用途管制制度,并且通过土地利用总体规划和年度土地利用计划制度,将控制性指标层层分解

① 参见国土资源部《关于规范城镇建设用地增加与农村建设用地减少相挂钩试点工作的意见》(国土资发〔2005〕207 号)。

② 如根据《农村土地承包法》第 16 条的规定,承包方依法享有承包地使用、收益和土地承包经营权流转的权利,有权自主组织生产经营和处置产品。

到基层，甚至确定了每块土地的用途。[①] 具体而言，我国现行农用地非农化开发管理模式主要表现为对建设占用耕地量、补充耕地量以及基本农田保护任务三类指标的控制性管理。其中，以建设占用耕地为主要形式的新增建设用地指标构成我国对农用地非农化开发进行管制的最主要政策工具。[②] 正是由于在土地用途管制政策下，农用地转为非农建设用地需要预先获得新增建设用地指标，并且这一指标已经不再被当然地包含在土地的所有权和用益物权之内，因此所谓的地票（建设用地指标）就完全可以从宅基地使用权或集体建设用地使用权中独立出来，进而成为一项具有相对独立意义的权利。

当然，如果不进行地票交易，那么该指标就会因为被宅基地使用权或集体建设用地使用权吸收而一直隐而不现。比如，在宅基地使用权或集体建设用地使用权的直接流转中就无须涉及地票交易问题，[③] 因为指标已经为前者所包含了。但由于《土地管理法》第 43 条规定，除乡镇企业、乡（镇）村公共设施、公益事业、农村村民住宅等乡（镇）村建设可以申请使用集体建设用地以外，任何单位和个人进行建设需要使用土地的，都必须依法申请使用城市国有建设用地。因此严格来讲，目前一些地方试行的宅基地使用权或集体建设用地使用权直接"入市"交易的做法其实都与现行法存在冲突，而要盘活闲置的农村集体建设用地，使农民获得相应的土地增值收益，有必要让地票从宅基地使用权或集体建设用地使用权等用益物权中独立出来，单独进行交易。

---

① 参见汪晖、陶然：《论土地发展权转移与交易的浙江模式制度起源、操作模式及其重要含义》，载《管理世界》2009 年第 8 期。

② 参见靳相木、沈子龙：《新增建设用地管理的"配额——交易"模型》，载《中国人口·资源与环境》2010 年第 7 期。

③ 从立法论角度而言，此时仍有进行耕地保护发展权交易的可能。

(二)地票的可交易性

地票交易的产生需要一个制度前提,那就是国家土地宏观调控对城市建设用地总量的控制,从而使建设用地指标成为稀缺的资源。[①]由于当前我国农用地非农化开发管理实行的是指令性配额体制,因此至少在目前,新增建设用地指标其实是源于行政权力的。[②] 既然建设用地指标的产生与行政权有关,因此就势必面临建设用地指标或者说地票是否能够交易的质疑。[③] 按照《行政许可法》的规定,我国原则上是禁止对行政许可证、配额、指标等进行交易的。[④]《刑法》第 225 条也专门对此予以了规制。不过,需要注意的是,在实践中,对包括行政许可证在内的基于行政权力而生的"权利"进行交易却并不少见,典型的如排污权交易、[⑤]出租车经营许可证交易、[⑥]纺织品配额交易[⑦]等。上述现象的出现,迫使人们要认真去反思行政许可一概不得转让的合理性。从经济角度来看,行政许可实际上是对资源的一种配置手段,其采取的是计划性的模式。[⑧] 以新增建设用地指标的配置而言,根据《土地管理法》的规定,城市新增建设用地计划指标被纳入土地利用

① 周立群、张红星:《农村土地制度变迁的经验研究:从"宅基地换房"到"地票"交易所》,载《南京社会科学》2011 年第 8 期。

② 参见靳相木:《新增建设用地指令性配额管理的市场取向改进》,载《中国土地科学》2009 年第 3 期;马瑞霞:《地票交易法律问题初探》,载《山西高等学校社会科学学报》2011 年第 7 期。

③ 参见田柏强:《土地用地指标不宜有偿转让》,载《民建安徽省委社情民意》2010 年第 74 期。

④ 参见《行政许可法》第 9 条、第 18 条。

⑤ 参见卜国琴:《排污权交易市场机制设计的实验研究》,载《中国工业经济》2010 年第 3 期。

⑥ 参见孟勤国:《物权二元结构论》,人民法院出版社 2004 年版,第 43 页。

⑦ 参见王受文:《论纺织品被动配额的产权、交易及交易市场》,载《管理世界》2000 年第 6 期。

⑧ 参见盛洪:《一个价格改革的故事及其引出的过渡经济学的一般理论》,载《管理世界》2003 年第 5 期。

年度计划，每年先由国土资源部上报国务院确定了全国总量后，再从中央到地方进行层层下达、分解。

考虑到我国耕地资源稀缺以及现实中屡禁不止的耕地乱占现象，中央政府采取上述政策的初衷是完全可以理解的，但这种计划管理体制也确实存在诸多弊病。[①] 一是中央及省级政府在对根据下级政府上报的用地需求进行建设用地和耕地占用指标分解时，因为存在信息不对称，所以必然会导致"管制时滞"的问题。[②] 二是行贿和腐化会造成管制者被"俘获"，使得，决策偏离公共利益的目标。三是可能会产生较高的交易成本，这些成本源于土地利用总体规划的编制与修订、监督和检查以及上下级政府之间的博弈等。由于管制成本是显性支出，而耕地保护是隐性效益和未来效益，因而基于对显性效益和时间的偏好就可能会阻滞土地用途管制在耕地保护中作用的发挥。[③] 总之，信息不对称的存在，加上不同级别乃至同级但不同区域间政府机构的政治博弈，必将导致"不患寡而患不均"的结果：只有那些能够保持所谓不同区域的"发展权利公平"，但因不同区域用地效率差异而必然缺乏配置效率的土地利用指标分配方案才能最终获得通过。[④]

但是随着社会经济的发展，上述刚性化的计划分配模式无疑会引发很多矛盾，尤其是工业化和城市化先行地区的建设用地供需缺口不断增大，用地矛盾日益凸显。比如，按照《广东省土地利用总体规划

---

① 理论上讲，数量管制通常会带来以下负面影响。第一，非效率或者"错失的机会"，表现为未能发生的有利于买卖双方的交易；第二，会助长非法活动的出现。参见[美]保罗·克鲁格曼、罗宾·韦尔斯：《微观经济学》，中国人民大学出版社 2009 年版，第 119 ~ 124 页。

② 参见吴次芳、邵霞珍：《土地利用规划的非理性、不确定性和弹性理论研究》，载《浙江大学学报》2005 年第 4 期。

③ 参见郭川：《论经济转型中的土地用途管制》，南京农业大学 2001 年博士学位论文，第 176 ~ 180 页。

④ 参见汪晖、陶然：《开放农地整理指标全国交易市场》，载《国土资源导刊》2011 年第 1 期。

(1997 - 2020 年)》的规定,广东省到 2010 年的建设用地控制规模是 2373.9 万亩,但早在 2006 年该用地指标其实就已全部用完。[①] 实际上,在市场经济条件下,土地需求由市场导向而生,不要说中央政府,即使是直接面对用地者的县、市级地方政府,也很难准确预测未来多年的建设用地需求。因此,严格按计划指标供给建设用地的结果必然是苦乐不均。[②] 实证研究也表明,我国现行的区域新增建设用地配置模式与土地竞争力之间呈低度正相关,即与土地利用效益的相关度并不大。[③] 这说明现行的刚性计划模式与经济发展趋势并不协调,已经导致用地需求量较大的经济发达地区建设用地指标不足,而经济发展较慢、用地需求较小地区建设用地指标出现富余的悖论,从而极大地影响了我国经济社会的发展。[④]

在土地利用规划既定的前提下,对于地方政府而言,用地指标成为一种异常稀缺的资源,并极大地约束着工业化、城市化发展的速度和规模,因此如何获得更多用地指标就成为了地方政府的一项重要任务,甚至还成为地方用地竞争的焦点。[⑤] 实践中,地方政府在面临用地指标不足时一般有两种选择,一是先斩后奏,违规操作,也即在没有指标的情况下先占地建设了再说;二是向别的地区购买富余指

---

① 参见黄熙灯、罗俊波:《珠三角大量土地圈而不用》,载 http://news.sina.com.cn/c/2009-07-06/040515903673s.shtml,最后访问日期:2018 年 6 月 5 日。

② 参见汪晖、陶然:《论土地发展权转移与交易的浙江模式制度起源、操作模式及其重要含义》,载《管理世界》2009 年第 8 期;白佳飞:《地票交易制度基础理论浅析》,载郑财贵主编:《重庆统筹城乡土地管理制度改革研究文集——地票制度篇》,西南师范大学出版社 2013 年版,第 12 页。

③ 参见侯光辉:《基于土地竞争力评价的新增建设用地配置》,载《安徽农业科学》2011 年第 2 期。

④ 参见曾光建、陶军德、关国锋、刘杰:《新一轮土地利用总体规划中建设用地指标分解研究》,载《资源与产业》2010 年第 4 期。

⑤ 郭洁:《土地用途管制模式的立法转变》,载《法学研究》2013 年第 2 期。

标。[①] 前一做法明显违法，应予取缔；而后一做法则要以其他地区存在富余指标为前提，但在全国 31 个省（区、市）都反映用地指标不足的背景下，[②]这一选择的可行性就颇成疑问。而且依靠现有的计划分配模式，实际上依然要承受利益驱动下建设用地占地的压力，因此理论上，一直有见解认为应当从努力提高耕地利用的比较效益着手，将土地损失的外部成本"内部化"，提高对占地者的补偿，着重依靠市场机制的经济杠杆来自发调节建设用地占地的问题。[③] 就此而言，成渝的地票交易无疑为其提供了一条合乎市场机制的新路径，即先将农村闲置建设用地复垦成耕地，然后通过市场将腾出来的建设用地指标置换用于解决城镇用地指标短缺的问题。地票交易这一方案之所以可行，其实也是由目前我国城乡建设用地结构上严重失衡的事实所决定的——我国农村的建设用地总量是城市的 4.6 倍，因此亟须经由地票交易制度来逐步优化城乡建设用地的布局。

其实，作为一个拥有 13 亿人口而人均耕地不到世界平均水平一半的大国，中央政府基于粮食安全考虑而大力强化耕地保护政策是完全正当的，而且对土地进行规划和分区管制的做法在西方国家也都存在。[④] 但像中国这样层层设置多达三种指令性指标（"土地利用规划

---

① 还有一种办法就是向国家要求追加指标，如 2010 年因大批援疆工程建设的需要，国土资源部曾追加给新疆 50 万亩的建设用地指标。但近年来国土资源部严守"地根"，因此对于多数地区而言，这一追加方案基本上是不现实的。

② 国土资源部对全国 31 个省（区、市）的 179 个市、县的调研显示，2011 年各省用地需求总计达到 1616 万亩，远远大于年度计划指标 670 万亩；并且 31 个省（区、市）都反映计划指标不足，有多数省（区、市）还反映下达指标只能满足需求的 1/3。参见宋尧：《国土部紧控"地根"各省用地自行解决》，载 https://finance.qq.com/a/20110416/000927.htm. 最后访问日期：2018 年 6 月 5 日。

③ 参见董黎明、林坚：《土地利用总体规划的思考与探索》，中国建筑工业出版社 2010 年版，第 63 页。

④ 参见 Joseph D. Stinson, "Transferring Development Rights: Purpose, Problems, and Prospects in New York", *Pace Law Review*, Vol. 17, No. 1, 1996, pp. 319 – 367。

和计划指标""基本农田保护"和"占补平衡")来极为细致地具体规定每个地区年度建设用地量和用地空间布局的计划管理模式却甚为少见。[①] 换言之,即使我们赞同需强化耕地保护的观点,也并不意味着就必须否定市场机制的作用。实践也已证明,仅靠既有的计划行政手段,虽然各级国土管理部门消耗了大量人力、物力和财力进行各种监督,但当建设用地指标计划配置与市场需求出现不平衡时,地方利益驱动和中央—地方之间天然存在的信息不对称必然会导致监管失灵和土地违法现象丛生的后果。[②] 因此,问题的关键并不在于要不要保护耕地,而在于如何通过增加计划弹性、引入市场机制等制度创新在城市建设和耕地保护之间保持均衡。事实上,在上一轮土地规划开始执行后不久,我国很多发达省份为解决建设用地指标不足的问题就已经进行了一些改革。而考察1998年以来地方政府有关土地利用方面的政策创新,有一个现象非常值得注意,那就是各地政府在寻求突破中央政府对耕地非农化限制的方式中都无一例外地引入了市场化的机制。[③] 这样的机制使配额从收益低的权利人处流向高收益者,指标交易也随之出现。[④]

从一定意义上讲,我国"双轨制"经济的改革之所以能够成功,其关键也是在于放开了对生产要素的限额配置,最终转型到社会主义市场经济体制,从而实现了我国经济持续稳定的增长。同样,土地是一种生产要素,以土地利用年度计划对其实施严格的限制也并无必要。

---

① 参见侯东明:《土地管理改革现存问题及政策建议》,载《改革》2003年第2期。

② 参见汪晖、陶然:《论土地发展权转移与交易的浙江模式制度起源、操作模式及其重要含义》,载《管理世界》2009年第8期;王成艳、靳相木:《土地用途管制实施机制市场取向改革初探》,载《国土资源情报》2009年第2期。

③ 参见李学文:《土地指标市场化交易的经济学分析》,浙江大学2009年硕士学位论文,第96~97页。

④ 万江:《土地用途管制下的开发权交易——基于指标流转实践的分析》,载《现代法学》2012年第5期。

因此,取消土地利用年度计划,以土地利用总体规划对建设用地配置进行宏观调控,并引入市场机制作为适度调节的配置手段将有利于建设用地配置效率的提升,并且通过用途分区管制和耕地占补平衡政策落实耕地保护任务在经济上还更具效益。[①] 可见,在总量控制的前提下,如果在建设用地指标的配置上引入市场交易,不仅不会影响保护耕地目的的达成,反而有助于实现城乡土地资源的优化配置,达到“物尽其用”和“城乡融合发展”的目标。

三、地票的物权属性分析

土地用途管制虽然存在对土地利用的限制,但同时也强化了建设用地指标的稀缺性。申言之,由于我国目前在农用地非农化开发管理中实行的是指令性配额机制,因此当事人必须同时拥有“规划指标”和“计划指标”,农用地才能合法转换为建设用地。[②] 显然,此时国家的计划管理体制创造出了一种新型的财产——这种财产不是源于自然的孳息,也不是劳动的所得,而是源自行政权的创设,并且这一财产又不以有体物的形式存在,而表现为一种可以合法地将农用地变为建设用地的资格。那么,这一基于行政权力而生的资格能否成为民法意义上的权利呢?[③]

(一)地票的财产权属性

一般认为,法律意义上的财产权应当具有两个属性,即排他性和

① 参见何良将:《现行建设用地配置模式真的管用吗?》,浙江大学 2010 年硕士学位论文,第 49 页。

② 参见汪晖、王兰兰、陶然:《土地发展权转移与交易的中国地方试验——背景、模式、挑战与突破》,载《城市规划》2011 年第 7 期。

③ 有论者就认为,新增建设用地指标是土地规划权行使的一种手段,取得新增建设用地指标并非就必然取得了土地使用权,因此其不可能具有物权的特征。参见吴胜利、蒲杰、张淼:《论建设用地指标交易的法律构造》,载《理论与改革》2012 年第 5 期。

经济性。而农用地转为建设用地则意味着土地价值的激增,并且只有持有建设用地指标,才有资格将农用地转为建设用地。因此,在对新增建设用地总量指标实行指令性计划控制的前提下,各地得到的建设用地指标就成为一种稀缺资源,具有相当的经济价值,[①]理当在财产法上获得应有的地位。

在理论上,对此类基于行政许可而产生的"新财产权"的系统阐释源于哈佛大学的查勒斯·赖克教授。[②] 根据赖克教授的分析,在现代社会,政府也在源源不断地"创造"财富,这主要包括薪水与福利、职业许可、专营许可、补贴、公共资源的使用权等。他认为这些财产是现代社会中重要的财产形态,其对于个人的生存与发展具有极为重要的意义。基于此,各种形式的政府"赠与物"也应被看作是一种"新财产",进而给予恰当的法律保护。从其产生来看,地票是基于政府行政许可的产物,并且随着经济和社会的发展,该指标已然成为了一种异常稀缺的资源,因此完全可以将地票视为是一种新财产权。其实,我们并不能以建设用地指标属于公法上的管理工具而否定其交易属性。在一些学者看来,随着公法、私法区分的相对化,区分公法上的权利与私法上的权利都并无必要了,[③]因此,建设用地指标能否交易并不由其属于公法上的权利与私法上的权利来决定,而是完全视相关法律如何规范而定。[④]

(二)地票的物权属性

从民事权利体系角度来讲,地票尚未成为一种有名的权利类型,

---

① 参见史京文、褚玉、江黄鹏:《农地转用如何走市场化之路》,载《国土资源》2005 年第 12 期。

② 参见 Charles A. Reich, "The New Property", *The Yale Law Journal*, Vol. 73, No. 5, 1964, pp. 733 - 787。

③ 陈春生:《行政法学之学理与体系》,元照出版有限公司 2007 年版,第 224 页。

④ 吴胜利、蒲杰、张焱:《论建设用地指标交易的法律构造》,载《理论与改革》2012 年第 5 期。

因此有必要思考其在现有民事权利体系上的归属问题。有论者认为，由于地票交易是脱离土地的单纯指标流转，因此其交易客体是不特定的，这与物权要求其客体是特定物，并以此实现对物的排他支配性质不相符合。同时，又因为地票利益主要体现为可增加等量建设用地指标，但这一权益的实现按照现行《土地管理法》又需以政府的征收转用为前提。换言之，地票持有人本身没有权力直接征地，而只能请求政府为征地行为，进而实现其利益，因此地票权利的性质为债权。①

我们认为，以客体是否特定来辨析地票的权利属性并不完全正确。当前，随着社会经济的发展不断涌现出的矿业权（探矿采矿权）、水权、渔业权、狩猎权等新型权利，其在客体的特定性方面或是完全不具备，例如在探矿权、引取河流或湖泊之水的水权等场合，或者要求不严格，例如在以水面面积、取水期界定水权客体场合。② 但上述权利客体的不特定却并不妨碍《物权法》将它们明定为物权。事实上，就地票而言，如果其不脱离宅基地使用权或集体建设用地使用权，则其只是宅基地使用权或集体建设用地使用权的一项内容，完全没有单独讨论的必要。而在进行独立的地票交易时，地票的权利内容是必须要明确的，否则就无法确定其交易的价格。实际上，按照规定，复垦出的耕地只有达到或者超过标准等级，才能进行地票面积的折算，并且只有经过折算的面积才有资格申请进行地票交易。③ 可见，地票所内含的权利内容其实是确定的。此外，物权与请求权也并非两立，基于物权也得发生请求权，以所谓地票交易的客体不特定和内含有请求权这两点便武断将其定性为债权难谓科学。

---

① 参见文臣：《地票制度研究》，西南政法大学2011年硕士学位论文，第10页。

② 参见崔建远：《准物权研究》，法律出版社2003年版，第24页。

③ 参见重庆市国土资源与房屋管理局：《关于地票交易中耕地数量质量实行按等级折算的技术指导意见》（2010年）。

通说认为，在民法的视野里，一切直接支配物并排除他人干涉的权利都可以取名为物权。[①] 而地票交易的结果是使地票持有人享有直接使特定面积的农用地用于建设用途，并排除他人干涉的权利，其完全满足物权的支配属性，可以被界定为物权。当然，这一权利与通常意义的物权确有不同，它要受到行政法上的一些限制。正如有学者所言，新增建设用地配额作为国家通过土地规划干预和限制集体土地物权而产生的一种特殊形态的土地权益，不是纯粹公法领域的行政权力，而是公私法交界领域的一种权利形态，兼具规划权和物权的特征，是一种复合性的地权衍生品。[②]

四、地票交易的地役权解释论

就权利产生而言，地票是从宅基地使用权或集体建设用地使用权中分离出来的，如不脱离宅基地使用权或集体建设用地使用权进行单独的交易，那就没有在理论上进行定性的必要。质言之，在地票产生之前，它其实是被宅基地使用权或集体建设用地使用权所吸收的。另外，一旦地票成功落地，则其权利又会被城镇建设用地使用权所吸收，而附属于城镇建设用地使用权，同样也会失去其独立性。所以从地票交易的整个过程来看，在地票产生之前和地票落地之后，其实它是被其他用益物权所包含的，因此就地票交易制度而言，我们所需要关注的并非是地票本身的法律属性，毋宁是地票交易的法律属性问题。

基于物权种类法定的要求，一旦将地票定性为物权，就需要进一

---

① 参见崔建远：《物权法》，中国人民大学出版社 2009 年版，第 364 页；孙宪忠：《中国物权法原理》，法律出版社 2004 年版，第 11 页；高富平：《物权法原论》，中国法制出版社 2001 年版，第 330 ~ 331 页。

② 参见靳相木：《新增建设用地指令性配额管理的市场取向改进》，载《中国土地科学》2009 年第 3 期。

步言明其具体的物权类型。[①] 由于我国《物权法》第5条和《民法总则》第116条均明确承认了物权法定原则，因此就地票交易法律属性的讨论必须要基于现行法来展开。从《物权法》规定的典型物权类型来看，地票交易符合地役权的规定，可以被纳入地役权的范畴，进而按地役权的规则进行处理。

通说认为，地役权制度的本质在于限制供役地的使用权范围，增加需役地的利用价值。与其他种类的用益物权严格遵循物权法定原则、就权利义务内容进行明确界定不同，地役权的权利义务内容并不确定，而是由当事人自主约定，从而留给了权利人以广泛的空间。[②] 换言之，地役权中的“便利”是指“开发、利用需役地的各种需要，只要不违反法律的强制性规定和社会公共利益即可”。[③] 正如学者所言，关于地役权的内容形成，当事人享有相当程度私法自治的空间，可以以此调节土地的利用。[④] 实际上，对地役权内容的不确定性这一特征两大法系均是承认的：在大陆法系国家和地区，立法和理论都把地役权的内容规定为方便、利益（便益）、便利、效益等极为模糊的表述；[⑤]而英美法对地役权之具体内容的界定也同样是极为宽泛的，例如，《美国第三次财产法重述：役权》甚至还专门规定了为保护自然生态、农地及历史文化遗产而成立的保存地役权（Conservation

① 新近有论者提出了用益物权的定性。参见李新仓：《建设用地指标市场配置法律制度研究》，辽宁大学2017年博士学位论文，第37页。但仅止步于用益物权的定性也是不合适的，从物权法定的角度，还需要进一步明晰用益物权的具体类型。

② 参见张鹏：《究竟什么是地役权？》，载《法律科学》2007年第1期。

③ 耿卓：《体系视角：地役权研究的一个文献综述》，载《南京大学法律评论》2011年秋季卷。

④ 参见王泽鉴：《民法物权2：用益物权·占有》，中国政法大学出版社2001年版，第72页。

⑤ 《意大利民法典》第1028条规定，需役地本身具有的较多的方便条件或者良好环境是便利，需役地本身具有的工业用途也同样是一种便利。

Easement)。[①] 新近的研究还发现,地役权的设定目的已经从单纯的经济层面扩展至社会、历史文化、自然生态等方面,越来越呈现出从单一目的到多元目的的趋势。[②] 也就是说,地役权的内容并不限于经济利益,还包括精神或感情利益,[③]甚至是美观考量。[④] 其实,地役权也正因其内容的不确定性才具有了广泛的适用性,[⑤]我国《物权法》亦对地役权的这一属性作了肯定。《物权法》第 156 条明确规定,地役权是指按照合同约定,利用他人的不动产,以提高自己的不动产效益所享有的用益物权。

正是因为地役权的内容具有开放性,因此需役地的权利人如何对供役地进行使用,则完全取决于其与供役地权利人之间的约定。[⑥] 从地票交易制度的实践来看,其所交易的是宅基地及其附属设施用地、乡镇企业用地、农村公共设施和公益事业建设用地等集体建设用地复垦为耕地后可用于建设的用地指标,而交易的结果是地票申让方的土地用途受到了限制,而地票竞购方则获得了将其农用地转为建设用地的资格,进而可以增进其土地的效益。可见,地票交易与地役权的属

---

① 参见耿卓:《乡村地役权及其在当代中国的发展》,载《法商研究》2011 年第 4 期;耿卓:《英美法上的役权研究》,载刘云生主编:《中国不动产法研究》,法律出版社 2012 年版,第 25~38 页。

② 耿卓:《我国地役权现代发展的体系解读》,载《中国法学》2013 年第 3 期。

③ 参见谢在全:《不动产役权之诞生——地役权之蜕变》,载《月旦法学》2010 年第 4 期;孙鹏、徐银波:《社会变迁与地役权的现代化》,载《现代法学》2013 年第 3 期。

④ 正是基于这样的认识,所以有论者就提出,《物权法》第 156 条所用"提高利用效益"之表述较为狭隘,应作扩大解释。参见耿卓:《我国地役权现代发展的体系解读》,载《中国法学》2013 年第 3 期。

⑤ 地役权制度的适用领域已经从民法,跨越到国际法,甚至到了现代新学科——环境资源保护法、竞争法,甚至是知识产权法,即用于软件和其他无形产品许可证发放实践的评估,从而为新兴的电子商务实践提供了分析架构。参见 Van Houweling, Molly Shaffer, "The New Servitudes", *Georgetown Law Journal*, Vol. 96, 2008, p. 885。

⑥ 约定发展利益的调整则加载于地役权机制。参见姜楠、蔡立东:《土地发展利益的物权法调整模式》,载《河南财经政法大学学报》2015 年第 3 期。

性完全契合。[1] 而且,将地票交易解释为地役权也可以避免因为允许集体建设用地直接入市而导致与现行《土地管理法》相冲突的问题。因为在地票交易中,其转让的并非是建设用地本身,而是通过复垦所获得的建设用地指标,故不存在与《土地管理法》相悖的问题。实际上,与传统大陆法系上的地役权不同,受土地公有制的影响,我国的地役权并非是从土地所有权,而是从建设用地使用权、宅基地使用权等用益物权所派生而来的,因而将地票交易纳入地役权范畴也完全符合我国《物权法》的规定。

值得注意的是,在英美法上,土地发展权虽然被认为是一项独立的财产权,但对于土地发展权的交易却往往也被纳入了地役权的范畴进行理解,即通过地役权(Easement)制度来解释土地发展权。[2] 比如,有学者就运用地役权理论分析土地发展权,认为土地发展权属于地役权范畴。[3] 事实上,土地发展权早期的另一种称谓:保护性地役权[4],也从一定程度上说明了这一点。[5] 在当代的英美法系中,私法上

---

① 当然,与通常情况下设定地役权的约定不同,地票交易要受到行政法的诸多限制,因此可以将地票交易中的约定理解为一种格式合同。

② 参见黄泷一:《美国可转让土地开发权的历史发展及相关法律问题》,载《环球法律评论》2013 年第 1 期。

③ 参见 Thomas L. Daniels,"The Purchase of Development Rights:Preserving Agricultural Land and Open Space", *Journal of the American Planning Association*, Vol. 57, 1991, p. 421; Mark R. Riclly,"Evaluating Farmland Preservation through Suffolk County,New York's Purchase of Development Rights Program", *Pace Environmental Law Review*, Vol. 18, 2000, p. 197。

④ 所谓保护性地役权,按照美国《统一资源保护地役权法案》,是指持有人对土地的一种非占有利益,这种地役权,将土地利用的限制或者确定的义务强加到供役地之上,其目的包括保持或保护土地的自然、风景或者空间价值,确保它能够用于农业、森林、休闲或者空旷之用,以及保护自然资源、维持或提高空气和水源质量,或者保护不动产的历史、建筑考古或者文化方面的价值等。参见李凤章:《土地开发权:保护模式与权利归属》,载《社会科学》2015 年第 4 期。

⑤ 汪晗:《土地发展权定价与空间转移研究》,华中农业大学 2012 年博士学位论文,第 12 页。

的土地发展权交易亦表现为地役权,包括保护地役权和消极地役权。[①] 可见,作为与地票交易在功能上极为相似的土地发展权交易在英美法上也是被理解为地役权的。[②] 英美法将土地发展权交易纳入地役权范畴的做法一方面表明在我国将地票交易界定为地役权的科学性,或者说约定的土地发展利益完全可以通过设定地役权的方式加以实现;[③]另一方面也说明由于我国《物权法》上的地役权可以容纳土地发展权的内容,因此在未来的土地立法中我们就无须再另行确立独立的土地发展权制度。[④]

需要补充说明的是,传统物权法理论一般认为地役权具有从属性,其成立当以需役地的存在为前提,应与需役地的所有权或其他不动产物权同其命运。[⑤] 但在地票落地之前,需役地确实并未出现,因此将地票交易解释为地役权就势必面临此种地役权已失其从属性的质问。在我们看来,对地役权的从属性并不能作如此僵化的理解。正如学者在解释地役权之从属性时,常以担保物权之从属性做类比,但我们不难发现,担保物权法上之从属性理论早已由过去所谓的“抵押权与债权之并存理论”转化为“债权之可得发生理论”了。[⑥] 换言之,新近理论认为,只要在实行担保物权时有被担保的债权,就符合了从

---

① 黄泷一:《美国可转让土地开发权的历史发展及相关法律问题》,载《环球法律评论》2013 年第 1 期。

② 汪晗:《土地发展权定价与空间转移研究》,华中农业大学 2012 年博士学位论文,第 12 页。

③ 姜楠、蔡立东:《土地发展利益的物权法调整模式》,载《河南财经政法大学学报》2015 年第 3 期。

④ 汪晗:《土地发展权定价与空间转移研究》,华中农业大学 2012 年博士学位论文,第 19 页。

⑤ 参见谢在全:《民法物权论》,三民书局 2003 年版,第 200 页;崔建远:《物权法》,中国人民大学出版社 2009 年版,第 340 页。

⑥ 参见刘得宽:《民法诸问题与新展望》,二民书局 1980 年版,第 353 页。

属性的要求。[①] 比较法上，德国和瑞士民法就明确认可得为将来之债权设立抵押权，《日本民法典》和我国台湾地区“民法”对此虽无直接规定，但事实上皆认同可为将来之债权设立担保物权。[②] 就地票交易而言，在地票落地之前，需役地确实不曾存在，但地票最终是必然要落地的，因此可以对此时的地役权之从属性作缓和的理解——将地票交易解释为是为将来之需役地设定的地役权。实际上，自解释论而言，我国《物权法》第164条关于“但合同另有约定的除外”之规定也暗含有承认地役权尚具相对独立性的可能，因此将地票交易解释为地役权并不与《物权法》相悖。

其实，随着近代以来地役权的涵射范围不断扩张，需役地与从属性已经不再构成地役权的绝对必要条件，比较法上对地役权从属性的要求也已经被突破了。例如，为了维护公共通行之目的，在我国台湾地区司法实践中就明确承认公用地役权，而“公用地役权关系之对象，系不特定之公众，且亦不以有供役地与需役地之存在为必要”，[③] 故而其从属性更是无从谈起。[④] 在美国法上，也承认了没有需役地的地役权。[⑤] 美国“保护地役权法案”就规定：“即使保护地役权不附属于特定的财产利益，也是有效的，”可见该立法已经承认了独立保护

---

① 德国法上的土地债务甚至将其与债权完全隔绝，使其完全失去从属性。参见孙宪忠：《德国当代物权》，法律出版社1997年版，第282～283页。

② 参见孙鹏、王勤劳、范雪飞：《担保物权法原理》，中国人民大学出版社2009年版，第29页。甚至连一贯保守的《法国民法典》都一改保守之旧貌，在2006年修改之际积极突破抵押权从属性等固有之理念。参见罗结珍：《法国民法典》，北京大学出版社2010年版，第526～534页。

③ 参见我国台湾地区“最高法院”八十九年度台上字第2500号判决。比较法上的类似认识还可参见张建文：《现代俄罗斯法上的公共地役权制度》，载《武汉科技大学学报》（社会科学版）2011年第1期。

④ 姜楠、蔡立东：《土地发展利益的物权法调整模式》，载《河南财经政法大学学报》2015年第3期。

⑤ 汪晗：《土地发展权定价与空间转移研究》，华中农业大学2012年博士学位论文，第22页。

地役权的合法性。[①]《美国第三次财产法重述:役权》则进一步确认了附属(Appurtenant)役权和独立(In gross)役权的分类,而独立役权即意味着役权的利益或负担与对土地的占有或所有并无关联。[②] 正如有论者所言:"独立地役权不依附于人和特定的不动产,一个人不需要拥有特定的土地以享受保护地役权的利益。"[③]由此可见,按照获益所指向的对象的不同,我们可以将地役权分为属地地役权与属人地役权。前者也称为"附属地役权"或"从属地役权",是为了需役地的便利而设立的,并且从属于需役地的所有权。后者则是指为某人而非特定土地之便利而存在的地役权,它不以需役地的存在为前提,其地役权人实际上也通常并不拥有与供役地相毗邻的土地。属人地役权在古罗马优士丁尼法中称为人役权,包括用益权、使用权、居住权、对奴隶和他人牲畜的劳作权。它是为特定人的利益而设立,脱离需役地而存在,故有学者也称其为独立地役权。[④] 传统地役权是属地地役权,以相邻的供役地与需役地的存在为前提。而环境保护地役权则并不需要需役地的存在,其通过在供役地上设立义务、负担来保护土地的生态环境价值,在理论上可以将其归类为属人地役权。[⑤] 既然现代意义上的地役权已经不再强求需役地与从属性了,因此将地票交易纳入地役权范畴就更无障碍了。

---

① Uniform Conservation Easement Act, §4(1981).

② The American Law Institute, Restatement of the Law, Third, Property(Servitudes), §1.5(2)(2000).

③ Matthew J. Richardson, "Conservation Easements as Charitable Trusts in Kansas: Striking the Appropriate Balance Among Grantor's Intent, the Public's Interest, and the Need for Flexibility", *Washburn Law Journal*, Vol. 49, 2009, p. 178.

④ 高富平、吴一鸣:《英美不动产法:兼与大陆法比较》,清华大学出版社2007年版,第666~667页。

⑤ 吴卫星:《美国环境保护地役权制度探析》,载《河海大学学报》(哲学社会科学版)2015年第3期。

五、将地票交易纳入地役权范畴的意义

作为一项地方制度创新，在法治的视野下，必将首先面临合法性的检验。由于我国现行法并未明确土地发展权的概念，因此通说基于此进行解释，其正当性就显不足。前文深入分析了地票所具有的相对独立的财产属性，从而证立地票交易的正当性，并以《物权法》为基础，挖掘地役权的内涵，进而将地票交易纳入地役权框架，最终为地票交易这一地方制度安排寻得了《物权法》上的理据，化解了其合法性不足的危机。[①] 实际上，对一项新型民事权利法律属性的界定并非是纯粹逻辑的推演，而更多的是基于社会实效的考量，土地承包经营权的物权化就是一个典型。对于地票交易而言，将其纳入地役权的范畴还具有以下重要意义：

首先，将地票交易纳入地役权，不仅可以明确地票交易的私法属性，[②]同时也有助于澄清地票交易的当事人——申让方和竞购方。由于地票交易是申让方和竞购方之间的地役权设定行为，因此地票交易应当充分尊重农民（户）和农村集体经济组织的意愿，未经农民或农村集体经济组织的书面同意，不得进行复垦；[③]同时，地票交易的价款也应归属于地票申让方，尤其是在农户通过复垦获得地票时，其地票价款就应全部归于该农户。上述认识对于防止出现农民被动“上楼

---

① 即使是对笔者将地票交易纳入地役权范畴有异议的论者，也不得不承认在解释论，笔者的结论不仅具有理论可行性，而且具有实践必要性。参见张先贵：《地票交易的法律性质及其规制》，载《南京农业大学学报》（社会科学版）2015 年第 4 期；张先贵：《土地开发权的用益物权属性论》，载《现代经济探讨》2015 年第 8 期；张先贵：《地票交易之地役权属性的理性检视》，载《社会科学研究》2016 年第 1 期；张先贵：《容积率指标交易的法律性质及规制》，载《法商研究》2016 年第 1 期。

② 明晰地票交易的私法属性有助于地票交易纠纷的解决，尤其是对明确诉讼类型（民事诉讼抑或行政诉讼）、法院管辖等问题颇有助益。

③ 张力教授就指出，地票交易制度必须体现出对农民退地自愿性的保证。参见张力：《地权变动视角下户籍制度改革的法律规制》，载《法学》2012 年第 9 期。

与进城”具有重要的意义。正如有论者所言,现行的增减挂钩之补偿普遍偏低,在补偿拆旧费、复垦费及被拆建筑价值外往往所剩无几,很难激发农民复垦的动力,难以有效地整理农村广袤的被浪费的空间,甚至异化成使农民“被上楼”“被复垦”的异样制度。① 相反,若遵循地役权机理合理配置当事人的权益,将会为发展提供弥足珍贵的空间。②

其次,地役权属于用益物权,因此地票交易并不涉及土地所有权的变化。具体而言,在地票交易完成后,原来的宅基地使用权或集体建设用地使用权变更为土地承包经营权,但土地权属关系却并不因此而发生改变,所复垦的土地仍应归原集体所有,并由原使用权人继续利用,政府不能随意剥夺。

再次,将地票交易纳入地役权后,还可以为地票的登记、转让、抵押等提供《物权法》上的依据。目前成渝两地的地票交易只有一级市场,但从增加流动性和推动地票交易市场繁荣的角度来看,二级市场的建立是必要的。事实上,二级市场的缺位将会对一级市场产生负面影响。目前,重庆已经出现了用地票进行质押的实务案例,③而一旦地票被出质,则当债务人不履行债务时,就必然要面临如何确定质物价值的问题。如果不存在地票的二级交易市场,就会在根本上否认以地票进行融资的可行性。而且由于从地票竞购到地票落地并获得经

---

① 参见孙建伟:《城乡建设用地置换中的“自愿”原则及其悖论》,载《苏州大学学报》(哲学社会科学版)2013 年第 6 期;孙建伟:《农村宅基地置换中的法律逻辑与实践逻辑——以安徽省为例》,载《社会主义研究》2010 年第 4 期。

② 孙鹏、徐银波:《社会变迁与地役权的现代化》,载《现代法学》2013 年第 3 期。

③ 2009 年 12 月 27 日,重庆农村土地交易所分别与招商银行和中信银行签订了地票质押合作协议,地票质押融资业务正式开展。2010 年 7 月 26 日,重庆首单地票质押融资业务诞生,岭尚公司将其以 4270 万元竞得的 300 亩地票向中信银行申请质押贷款,最终获得质押贷款金额 3000 万元。参见颜琅:《首单地票抵押重庆诞生 4270 万元的地票贷到 3000 万》,载 http://www.cqgtfw.gov.cn/ztgz/dpjyzt/201104/t20110415_165963.html,最后访问日期:2018 年 6 月 5 日。

济收益需要一个较长过程,在地票成交价格不断攀升的背景下,竞购企业的资金供应可能会出现问题,因此有必要通过建立地票二级市场,为地票竞购方的融资提供便利。[①] 但是地票二级市场的建立需要有法律上的依据,而将地票交易纳入地役权范畴则恰好可以明确地票的可转让性、可抵押性,并为地票转让、抵押中的登记提供现行法依据。

最后,将地票交易纳入地役权范畴也是《物权法》激活地役权制度,落实《民法总则》所确定的"绿色原则"的典型体现。一方面,我国《民法总则》第 9 条创造性地将"节约资源、保护生态环境"作为了民事活动的基本原则予以规定。但在目前的民商法律体系中却缺乏相应的规范予以支撑,以至于让《民法总则》第 9 条受到了一些批评和质疑。另一方面,《物权法》所确立的地役权制度在社会生活实践中的应用却相当有限,甚至呈现出无人问津的局面,导致地役权制度被"束之高阁",成为"有名无实"的物权类型。[②] 因而,如果我们能将地票交易纳入地役权范畴则不仅可以激活地役权的活力,同时也可以强化《物权法》的"绿色"特征,彰显出民法典的时代特性。事实上,2018 年重庆出台的《关于印发乡村振兴战略行动计划的通知》已提出"完善地票交易制度,利用市场化机制鼓励复垦复绿",拓展地票生态功

---

① 参见黄忠:《让市场发挥更大能量——地票制度再创新的思考》,载《中国土地》2013 年第 2 期。

② 有论者指出,被学者和立法者寄予厚望的地役权制度,俨然沦为了单纯的"规范权利",在我们的社会生活中鲜被应用:一方面,地役权登记件数微乎其微,某些地区甚无一例;另一方面,法院极少审理地役权纠纷,偶有一例,竟被作为新闻报道。不独祖国大陆,在我国台湾地区,20 世纪末地役权的适用即已不容乐观,进入 21 世纪后更呈逐年递减之势。我国台湾地区学者亦万般困惑:地役权内容变化多端,本应可大量运用,唯其实际利用何以甚少。更有甚者,即便在法、德等地役权立法"源远流长"的国度,其适用也呈衰退之势,甚至被认为是过时之事物,或已沦为阻碍经济发展之有害存在。参见孙鹏、徐银波:《社会变迁与地役权现代化》,载《现代法学》2013 年第 3 期;耿卓:《中国地役权的现代化》,中南财经政法大学 2011 年博士学位论文,第 113 页;谢在全:《物尽其用与永续利用》,载《台湾法学杂志》,2010 年第 2 期;尹田:《法国物权法》,法律出版社 2009 年版,第 490 页。

能的改革思路。

此外，一旦将地票交易解释为地役权，我们就不难发现，地票交易制度其实并不能涵盖我国集体建设用地制度改革的全部内容。[①] 从逻辑上来说，地票交易仅仅涉及的是地役权这一用益物权的设定，而并未触及集体土地所有权层面的问题。但目前我国集体建设用地制度改革的关键应在所有权层面，即应实现集体土地所有权与国有土地所有权的平等性。[②] 实际上，地票交易也为集体土地所有权制度尤其是征地制度的改革提出了要求。按照 2009 年重庆市人民政府《关于重庆市统筹城乡综合配套改革试验区工作汇报》的规定，今后主城区的经营性用地，政府不再下达用地指标，而一律要求通过地票交易获得。然而，在现行制度框架下，城市建设用地的供应却为国家所垄断，因此经营性用地的开发者在竞得地票以后，仍需通过政府的土地征收和出让才能实现地票的落地，并进行开发。这里显然就出现了一个悖论，一方面，在现有制度下，地票要在主城区落地，就必须要进行征地；但另一方面，就地票的具体使用而言，其所针对的却是重庆主城区的经营性用地，而非意在满足公共利益的需要。从理论上讲，破解上述悖论的途径不外乎以下三种：要么允许集体土地直接进入建设用地市场，进而打破国家对建设用地市场的垄断；要么扩大征地范围，允许在公共利益范围以外征收集体土地；要么"指鹿为马"地将非公共利益硬说成是公共利益，以公共利益之名行商业征收之实。[③] 在土地征收

① 参见孙建伟：《"增减挂钩制度"生成的"问题导向"和"路径依赖"》，载《南华大学学报》(社会科学版)2013 年第 3 期。

② 搁置农村集体所有权制度，而仅以完善用益物权制度作为解决农村集体土地问题的手段，既不具有可接受性，也不具有可行性。参见高飞：《集体土地所有权主体制度研究》，法律出版社 2012 年版，第 198 ~ 215 页；渠涛：《民法理论与制度比较研究》，中国政法大学出版社 2004 年版，第 368 ~ 369 页。

③ 参见韩松：《农村集体建设用地市场配置的法律问题研究》，载《中国法学》2008 年第 3 期。

制度未有实质改变的前提下,重庆地票的落地必然会选择后两种方式进行。但这样的落地方法显然与我国现行的宪法和法律相悖,[①]因此亟须进一步推进征地制度的改革,实现集体土地的直接入市,否则地票交易反而会与现行征地制度一起沦为掠夺农民土地权利的"利器"。[②]

当然,允许集体土地直接入市也不能取代地票交易制度。因为与城郊和发达地区农村完全不同的是,中国95%以上的农村由于并不处在城市扩展的"位置"之内,因而在事实上是无法经由土地的直接流转来分享城市的巨额土地级差收益的。[③] 可见,各地的经济发展阶段、市场发育程度的差异,以及土地自身固有的不可移动性特征决定了我国集体建设用地市场化的改革必然表现为实物交易和地票交易两种类型,因此党的十八届三中全会所提出的建立城乡统一建设用地市场的要求也应当分别从实物交易和地票交易两个方面进行落实,不可偏废。[④]

---

① 按照《宪法》第10条和《物权法》第42条的规定,我国土地征收的目的已被限定在"公共利益的需要"之内。虽然学说和实务就如何认定公共利益尚存分歧,但却一致认为包括房地产开发在内的经营性用地显然不应被理解为是"为了公共利益的需要",并且这一点也已经在2004年《宪法修正案》、2007年《物权法》,尤其是2011年《国有土地上房屋征收与补偿条例》的制定中得到了广泛承认。参见傅鼎生:《"入城"集体土地之归属——"城中村"进程中不可回避的宪法问题》,载《政治与法律》2010年第12期。据此而言,当房地产开发等商业企业竞得地票后,政府若仍采取征收方式进行落地,就必然涉嫌违宪和违法,并且也与党的十七届三中全会提出的"严格界定公益性和经营性建设用地,逐步缩小征地范围"和十八届三中全会提出的"缩小征地范围,规范征地程序,完善对被征地农民合理、规范、多元保障机制"的改革目标不符。

② 随着地票交易的发展,如果仍一味固守既有征地模式,那么地方政府极有可能会因为有了更充裕的建设用地指标,而可以发动更大规模的土地征收。参见黄忠:《地票制度呼唤顶层制度支持》,载《中国土地》2011年第12期。

③ 参见贺雪峰:《地权的逻辑:中国农村土地制度向何处去》,中国政法大学出版社2010年版,第44页。

④ 参见黄忠:《城乡统一建设用地市场的构建:现状、模式与问题分析》,载《社会科学研究》2018年第2期。

第四章　地票的生产制度研究

地票的生产是整个地票交易制度展开的前提，它一方面关系着地票之于耕地保护、反哺农村等目标的实现，另一方面也链接着地票的交易，塑造了地票交易的标的。由于地票实际上是指农村宅基地及其附属设施用地、乡镇企业用地、农村公共设施和公益事业建设用地等农村集体建设用地和国有建设用地复垦为耕地后，可用于建设的用地指标，[①]因此，地票的生产有赖于农村集体建设用地复垦活动。就此而言，地票的产生与城乡建设用地增减挂钩试点中用地指标的产生具有一定的相似性。

一、地票生产的基本流程

根据《重庆农村土地交易所管理暂行办法》（渝府发〔2008〕127 号）和《重庆市地票管理办法》的规

---

① 按照《重庆市地票管理办法》的规定，国有建设用地也可以申请复垦，从而取得地票。但目前的地票多是由农村集体建设用地复垦而来的，因此下文主要以农村集体建设用地的复垦为例进行分析。

定,农村集体建设用地经过复垦成为城乡建设用地挂钩指标需要经过以下环节:(1)复垦规划。在全市土地利用总体规划和城镇规划基础上,市级国土资源行政主管部门根据城镇化发展需要、经济社会发展水平、建设用地复垦周期等因素,编制土地整治规划,测算建设用地复垦规模,引导建设用地有序复垦。(2)复垦立项。申请复垦农民集体所有的建设用地,土地权利人应当向乡镇人民政府、街道办事处提出;申请复垦国有建设用地,土地权利人应当向土地所在区、县(自治县)国土资源主管部门提出。乡镇人民政府、街道办事处审查通过复垦申请后,可以向区、县(自治县)国土资源主管部门申报复垦项目。同一乡镇(街道)范围内符合复垦条件的户数达到50户及以上的,乡镇人民政府、街道办事处应当向区、县(自治县)国土资源主管部门申报复垦项目。(3)复垦实施。土地权利人可以自行或者委托他人按照复垦规定组织实施复垦。(4)复垦验收。复垦项目竣工后,区、县(自治县)国土资源主管部门应当根据项目规划设计方案和复垦验收标准,组织本级农业、水利等部门和乡镇人民政府、街道办事处进行验收。(5)公示核发。验收合格的,区、县(自治县)国土资源主管部门应当组织乡镇人民政府、街道办事处将复垦项目实施前后相关信息进行公示,公示时间不少于7日。公示期内利害关系人有异议的,区、县(自治县)国土资源主管部门应当会同乡镇人民政府、街道办事处在7日内组织复核;公示期内无异议或者经复核异议消除的,由区、县(自治县)国土资源主管部门核发建设用地整理合格证。(6)复核配发。复垦项目建设用地整理合格证核发后,区、县(自治县)国土资源主管部门应当向市国土资源主管部门申请复核。市国土资源主管部门应当及时组织抽查复核。复核合格的,配发建设用地整理合格证备案号。取得建设用地整理合格证备案号的权利人,即可申请地票交易。

按照《成都市人民政府关于完善土地交易制度促进农村土地综

合整治的意见(试行)》(成府发〔2010〕27 号)等的规定,通过实施农村土地综合整治项目,整理农村集体建设用地(包括宅基地及其附属设施、乡镇企业用地、农村公共设施和公益事业建设用地等)并复垦为耕地,扣除农民集中居住区占地、预留给农民集体的发展用地,以及有效新增耕地面积后,经验收合格节余的建设用地面积,才能由成都市国土资源管理部门登记并发放《建设用地指标证书》。可见,成都的地票生产过程与重庆基本类似。但与重庆不同的是,成都的建设用地挂钩指标主要来源于农村土地综合整治项目,项目区要求新修建农民集中居住区、配套基础和公共设施,而重庆则只要农民交出建设用地使用权、进行土地复垦即可取得地票,因此就会出现零星宅基地或集体建设用地的复垦问题。① 由于复垦后的农业用地不仅具有农业生产的用途,而且也具有生态环境保护的价值,因此承认零星宅基地或集体建设用地的复垦也是有其积极意义的。

二、地票生产的主体分析

由于地票主要是指农村宅基地及其附属设施用地、乡镇企业用地、农村公共设施和公益事业建设用地等农村集体建设用地复垦为耕地后,可用于建设的用地指标,又由于地票的生产和交易并不改变土地的所有权,②因此地票生产的主体就应当是宅基地及其附属设施用地的使用权人以及乡镇企业用地、农村公共设施和公益事业建设用地的使用权人。③

理论上讲,宅基地及其附属设施用地的使用权人以及乡镇企业用

---

① 彭美玉:《地票的秘密》,载《成都国土资源》2013 年第 6 期。

② 《重庆市地票管理办法》第 19 条规定:建设用地复垦为耕地等农用地后,其土地权利人不变。

③ 申请国有建设用地复垦的主体为该国有建设用地的土地使用权人。

地、农村公共设施和公益事业建设用地的使用权人均可以通过不动产登记来进行具体的认定。但由于我国过去对于农村集体土地的确权登记工作重视不够，农村集体土地确权登记发证率不高。这就在客观上导致我们无法按照不动产登记簿来确定地票生产的主体。另外，《物权法》对于农村集体土地的登记并未明确采取登记要件主义。[①]解释上对于宅基地使用权，通说甚至认为是采取了登记对抗主义。[②]因此自解释论而言，我们尚且不能将不动产登记簿作为确认地票生产主体的唯一依据。从实务的角度看，我们应当在尊重历史的基础上，依据《物权法》和《土地管理法》的具体规定来确认地票的生产者。

对于宅基地的使用权人，由于《土地管理法》第62条已经将其明确为"农村村民"，因此宅基地使用权原则上应该依法确认给本村的集体成员。但在一些特殊情况下，非本村集体的成员也可以成为宅基地使用权人。按照现有的政策，这主要包括因地质灾害防治、新农村建设、移民安置等集中迁建，在符合当地规划的前提下，经本农民集体大多数成员同意并经有权机关批准异地建房的；因继承房屋占用农村宅基地的；非农业户口居民（含华侨）原在农村合法取得的宅基地及房屋等情形。[③] 因此，在前述情形下的非本农民集体的成员也应当被确认为宅基地的使用权人，进而可以成为地票的生产者。

---

① 当然，若对《物权法》第9条作严格的解释，则可以推论认为是采要件主义的立场。

② 参见李永军、肖思婷：《我国〈物权法〉登记对抗与登记生效模式并存思考》，载《北方法学》2010年第3期；龙俊：《中国物权法上的登记对抗主义》，载《法学研究》2012年第5期。对于宅基地使用权以外的农村集体建设用地使用权，甚至是集体土地所有权的登记效力，学说未有定论。从《2013年中国土地政策蓝皮书》公布的我国农村集体土地所有权确权登记率为97%的现实看，似乎采取登记对抗主义更妥当。因为如果是登记要件主义，那么认定其他没有登记的农村建设用地使用权的归属就比较麻烦了。而且，从土地承包经营权和宅基地使用权采登记对抗的理由上看，农村集体建设用地使用权似乎也可以采对抗主义。

③ 参见《关于加快推进农村集体土地确权登记发证工作的通知》（国土资发〔2011〕60号）。

宅基地附属设施用地指的是土地利用现状为农村居民点图斑内除主体设施(房屋)外的其他土地。《物权法》第152条规定,宅基地使用权人有权依法利用该土地建造住宅及其附属设施。可见,宅基地使用权本身就包含了附属设施的内容。因此,宅基地附属设施用地的权属就应当遵照宅基地使用权的确权规则一并确认。①

对于乡镇企业用地,按照《土地管理法》第60条的规定,其权利主体应当是乡镇企业。在我国,乡镇企业的前身是所谓的社队企业,②是指农业合作化后农业生产合作社和后来的农村人民公社、生产大队和生产队兴办的集体工副业。③ 1984年3月1日,中共中央、国务院同意农牧渔业部和部党组《关于开创社队企业新局面的报告》,并同意报告提出的将社队企业名称改为乡镇企业的建议。乡镇企业,除乡镇办、村办企业外,还包括部分农民联营的合作企业和其他形式的合作工业以及个体企业。按照1996年施行的《乡镇企业法》的规定,乡镇企业必须是农村集体经济组织或者农民投资为主,在乡镇(包括所辖村)举办的承担支援农业义务的企业。上述所称投资为主,是指农村集体经济组织或者农民投资超过50%,或者虽不足50%,但能起到控股或者实际支配作用。既然乡镇企业用地的权利人是乡镇企业本身,那么其是否就当然可以成为乡镇企业用地的复垦者以及地票的生产者呢?当乡镇企业是由农村集体经济组织独资设立

---

① 从《物权法》角度来讲,《重庆农村土地交易所管理暂行办法》(渝府发〔2008〕127号)第18条、《重庆市地票管理办法》第9条将农村宅基地与附属设施用地并列的表述其实是错误的,应予纠正。

② 颜公平:《对1984年以前社队企业发展的历史考察与反思》,载《当代中国史研究》2007年第2期。但也有论者认为,乡镇企业的前身是农村公社。参见樊纲、陈瑜:《"过渡性杂种":中国乡镇企业的发展及制度转型》,载《经济学》2005年第4期。

③ 荣健:《关于规范乡镇企业用地的一点思考——2010年例行督察心得体会》,载http://www.jn.gjtddc.gov.cn/dczg/whjs/201009/t20100927_772520.htm,最后访问日期:2018年1月5日。

时,由于乡镇企业与农村集体经济组织具有一致性,因而就此的讨论没有意义。但当农村集体经济组织使用乡(镇)土地利用总体规划确定的建设用地以入股、联营等形式投入到企业时,就会出现乡镇企业与农村集体经济组织二者的不一致问题。此时,乡镇企业用地的复垦者以及地票的生产者究竟是乡镇企业本身,还是农村集体经济组织呢?

我们认为,与宅基地使用权不同,乡镇企业用地的权利内容和使用期限都具有特殊性,它要受到入股协议、联营合同等的限制。也就是说,乡镇企业用地在内容上应以满足乡镇企业的生产、经营为限,并不具有复垦等改变土地用途的权利。同时,由于企业本身的存续通常都有期限,故而乡镇企业用地使用权通常也不具有永久性。也就是说,乡镇企业只是按照合同的约定,在约定的期限内享有对该土地的用益权利,而并不具有宅基地使用权的无期限特征。因此将乡镇企业用地永久地复垦为耕地,改变土地用途的权利应当属于该土地的所有权人,即农村集体经济组织。当然,农村集体经济组织决定复垦乡镇企业用地也不能随意,需要尊重乡镇企业的自主经营权。换言之,在入股、联营合同的期限内或者乡镇企业终止前,农村集体经济组织不能单方决定复垦乡镇企业用地。而且,农村集体经济组织依法复垦乡镇企业用地时,也应当对乡镇企业用地上的建筑物、构筑物等财产向乡镇企业予以补偿。当然,如果乡镇企业连续闲置 2 年以上或者因停办闲置 1 年以上时,农村集体经济组织则可以依法直接收回该土地使用权,并决定复垦。①

此外,还需补充的是,由于近年来,乡镇企业的发展和改制已经使其权属发生了变化,相应地,有一些原有的乡镇企业已经由非本集体

---

① 参见《乡镇企业法》第 28 条第 3 款。

经济组织或个人控股,其土地已经采取“补征为国有土地后再出让”的办法进行了处理。[①] 由于此种“乡镇企业”用地已经属于国有建设用地,因此在此前的地票制度下,基本不存在复垦该国有建设用地为耕地,进而产生地票的问题。但2016年1月1日起施行的《重庆市地票管理办法》却将国有建设用地的复垦也纳入其中,并明确拥有该国有建设用地使用权的权利人就是复垦申请人。可见,当乡镇企业已由非本集体经济组织或个人控股,且其土地已经采取“补征为国有土地后再出让”时,该乡镇企业也能独立成为地票的生产者,并获得地票交易的净收益。

对于农村公共设施、公益事业建设用地,其复垦的权利原则上也应当属于农村集体经济组织。比如,村社的保管室、晒坝占地生成的地票就应当归属于农村集体经济组织。不过,需要指出的是,由于农村公共设施和公益事业都与村民的生产、生活息息相关,因此对于农村公共设施、公益事业建设用地的复垦应当经过本集体经济组织2/3以上成员或者2/3以上成员代表的同意。

由上可见,原则上,农村集体建设用地的所有权人[②]和使用权人[③]就是复垦的主体和地票的生产者。农村集体建设用地使用权人可以按照《物权法》和《土地管理法》进行具体的确定。但形成于国家工业化时代的农村集体所有制,在农民、集体和国家之间的权利界定方面,却带着与生俱来的模糊性,因此如何明晰集体土地的所有权主体就成

① 参见《泰州市乡镇集体企业改革改制中土地资产管理暂行规定》(泰政发〔2000〕82号);《杭州市人民政府关于市区乡镇工业企业改制中土地资产处置和办理土地使用证、房屋所有权证等若干意见的通知》(杭政〔2000〕7号)。

② 参见北京大学国家发展研究员综合课题组:《还权赋能:奠定长期发展的可靠基础》,北京大学出版社2010年版,第34页。

③ 我国《物权法》区分了宅基地使用权和集体建设用地使用权的概念,但为论述简便,这里将宅基地及其附属设施用地的使用权人以及乡镇企业用地、农村公共设施和公益事业建设用地的使用权人统称为农村集体建设用地使用权人。

为了地票交易制度中的一项前提性工作。[①] 若是集体建设用地所有权主体未尽明显,那么在巨大的利益面前,不仅正常的市场秩序难以维系,而且也极易损害农民的权益。

从新中国的土地制度的发展变迁来看,自农业合作化运动和人民公社运动以来,我国的农村土地所有权一直采取了集体所有的制度。然而,在我国法上,集体所有权中的"集体"究竟是指什么却一直都是不太明确的。1986 年的《民法通则》为了解决上述问题,在第 74 条中规定:"集体所有的土地依照法律属于村农民集体所有,由村农业生产合作社等农业集体经济组织或者村民委员会经营、管理。已经属于乡(镇)农民集体经济组织所有的,可以属于乡(镇)农民集体所有。"同年颁布的《土地管理法》第 10 条规定:"已经分别属于村内两个以上农村集体经济组织的农民集体所有的,可以属于各该农村集体经济组织的农民集体所有。"这两部法律虽然承认了"三级所有、队为基础"体制,但并没有进一步明确"集体"本身的具体含义,因此均遭到了所谓"权属不明""主体虚化"等质疑。[②] 因为"三级所有、队为基础"时代的人民公社已经被撤销,生产大队和生产队已分别改造为村和村民小组,而村民委员会和村民小组仅仅是群众自治组织,并非一级经济主体,并不适合成为集体所有的所有权人。

在我国法学理论界上,对农村集体土地所有权的性质认识也极不统一:一种观点认为集体所有权应当被理解为是一种由集体经济组

---

① 《重庆农村土地交易所管理暂行办法》(渝府发〔2008〕127 号)第 23 条:农村土地复垦主体(一)农村土地复垦责任主体是拥有该土地所有权的农村集体经济组织或拥有该土地使用权的自然人;(二)农村土地复垦申请立项批准后,农村集体经济组织或自然人可以自行申请,也可以委托农村土地专业复垦机构复垦。《重庆市地票管理办法》第 9 条:土地权利人是建设用地复垦的主体,包括农户、农村集体经济组织及拥有土地权属的其他主体。

② 参见丁关良:《农村社区集体主体问题研究——以农民集体土地所有权为例剖析》,载《南京农业大学学报》(社会科学版)2008 年第 4 期;高飞:《集体土地所有权主体制度的理论探索与评析》,载《光华法学》2009 年第 2 期。

织、村委会或者村民小组单独所有的所有权。[①] 另外一种观点则认为我国的集体所有权是一种新型的总有，即一定区域内的居民共同所有，每个人均享有利用权，而不享有分割土地为个人所有的一种土地归属和利用形式。[②] 还有一种观点认为，集体所有权是“个人化与法人化的契合”，集体财产（土地）应为集体组织法人所有，而集体组织成员对集体财产享有股权或社员权。[③]

2007 年的《物权法》为了解决农民集体所有权主体的高度抽象和农民权利虚化的问题，提出了“本集体成员集体所有”的新路径。《物权法》第 59 条规定：“农民集体所有的不动产和动产，属于本集体成员集体所有。”《物权法》之所以要强调是“成员集体所有”，是为了强调集体成员对集体财产享有共同的支配权、平等的民主管理权和共同的收益权，并且集体的财产只有在法律上确认为成员集体所有后，才能密切集体成员和财产之间的关系，防止集体组织的负责人滥用集体的名义侵吞集体财产或者损害集体成员的利益。[④] 与《民法通则》中的“劳动群众集体所有”和《土地管理法》中的“农民集体所有”不同，《物权法》上的“本集体成员集体所有”的规定具有重要的现实意义，它强化了农民集体所有权权益的“集体成员权”导向。为了进一步落实成员权，《物权法》还分别在第 59 条第 2 款规定了集体成员对于集体重要事项的决定权，第 62 条规定了集体成员对集体财产的知情权，第 63 条第 2 款规定了集体成员的撤销权。但需要注意的是，《物权法》第 59 条所规定的“本集体成员集体所有”并不意味着集体所有就是集体成员共有。农民集体所有权仍然是公有制的表现形式，它和共

① 王卫国：《中国土地权利研究》，中国政法大学出版社 1997 年版，第 114 页。

② 韩松：《我国农民集体所有权的享有形式》，载《法律科学》1993 年第 3 期；高富平：《中国物权法：制度设计和创新》，中国人民大学出版社 2005 年版，第 73 页。

③ 孔祥俊：《民商法新问题与判例研究》，人民法院出版社 1996 年版，第 378 页。

④ 王利明、周友军：《论我国农村土地权利制度的完善》，载《中国法学》2012 年第 1 期。

有在法律上存在差别。《物权法》第 59 条已经明确突出了“集体”二字，这就表明其仍然是在集体所有的前提下，明确集体所有权的主体问题。

应当看到，《物权法》虽然已经明确提出了成员权制度，但从实践层面来看，其仍然是不尽完善的，尚待改进。首先，《物权法》对于成员资格的确定问题缺乏详细的规定，识别标准不尽明晰。《物权法》上所谓“本集体成员集体”中的“成员”资格究竟是村民资格，还是集体经济组织成员的资格，在现行法律上并没有明确界定。而在实践中，“本集体成员”资格和范围的界定在各个地方的具体做法也大多不一致。调查显示，大多数地方是以户籍作为基础来确定成员资格的。[①] 以户籍制度作为认定成员权的标准，虽然在实践上容易操作，但在城乡一体化的背景下，仅以户籍作为认定标准可能并不可行。比如，江苏自 2004 年 5 月 1 日起取消了农业户口，统一称为居民户口。因此至少在江苏以户籍作为认定成员权的标准就并不可行。而且，考虑到现在很多进城务工人员，甚至一些大学生的户籍虽然暂时留在农村，但他们的非农收入已经超过了农业收入，因此仅仅依据户籍来一刀切的做法也不公平。[②] 因此，我们还是应当从实质层面对“农村村民”的内涵加以确定，即以其是否与本村的公共事务和公益事业形成切身的利害关系，是否承担了村民的义务，并结合诸如居住历史等相关情况来对其“农村村民”的身份予以认定。[③] 其次，《物权法》对成员权的具体内容没有进一步的明晰。《物权法》虽然规定了集体成员的成员权，但却没能详细规定成员权的具体内容，不利于其有效行使，因

① 参见戴威、陈小君：《论农村集体经济组织成员权利的实现——基于法律的角度》，载《人民论坛》2012 年第 2 期。

② 阳雪雅：《农村集体土地所有权主体的构建》，载《湖北社会科学》2008 年第 5 期。

③ 王长勇：《农村宅基地使用权登记发证中的疑难问题初论》，载《昆明理工大学学报》2008 年第 3 期。

此可以考虑借鉴公司法上的成员权（社员权）概念对其内容和权能进行塑造，建立集体成员内部的制衡机制，赋予集体成员更多的参与权和监督权。[①] 最后，《物权法》对于侵害成员权的具体救济制度和措施仍然尚待完善。无救济，便无权利。《物权法》只在第 63 条第 2 款中规定了成员享有撤销权，但对于侵害成员权的其他具体救济途径和措施却没有作出相应的规定，这显然不利于成员权的切实保护，应予完善。[②]

在明晰地票生产主体的问题上，不仅要解决所有权主体虚化的难题，同时还要处理所有权行使机制的创新问题。应当说，不论农村集体所有权的主体如何安排，只要我们继续坚持农民集体所有制不变，那就会面临集体所有权如何实现的难题。正是在这个意义上讲，创新农民集体所有权的行使机制构成了农村集体所有权制度改革的基础。按照我国现行法的规定，农民集体所有权的行使机制包括了两个层次：成员集体和集体经济组织或村民委员会。其中，前者为集体所有权行使的权力层次，后者为集体所有权行使的代表组织。如前所述，2007 年的《物权法》明确了成员集体的所有权主体地位，从而为农民集体成员行使集体所有权奠定了坚实的法律基石。然而，与此形成较大反差的是，《物权法》第 60 条在集体所有权的行使代表问题上却仍然沿袭了《农业法》《土地管理法》的做法，未就村集体经济组织和村民委员会的关系作出区分，一并视为农民集体所有权的行使代表。2010 年《村民委员会组织法》修改之时，虽然有代表曾提议应当处理好村民委员会与村集体经济组织的关系，进一步明确集体经济组织的

---

① 参见高飞：《论集体土地所有权主体之民法构造》，载《法商研究》2009 年第 4 期；阳雪雅：《农村集体土地所有权主体的构建》，载《湖北社会科学》2008 年第 5 期。

② 参见王利明、周友军：《论我国农村土地权利制度的完善》，载《中国法学》2012 年第 1 期。

地位、作用和功能。[1] 但遗憾的是最后的法律并未就二者的关系作出明确界分——《村民委员会组织法》第 8 条仍然赋予了村委会以集体经济组织管理者的地位。[2] 有调查显示,73. 1% 的受访者认为其所在村的集体经济组织没有独立于村委会。其中,多数省份的受访地区都没有成立专门的集体经济组织,而是由村委会统一行使村集体的各项职能。[3] 或许正是基于这样的现实情形,所以《民法总则》第 101 条第 2 款才规定:"未设立村集体经济组织的,村民委员会可以依法代行村集体经济组织的职能。"

应当承认,在一定的历史时期由村委会代表成员集体行使集体所有权是有其合理性的。因为在 20 世纪 80 年代我国政社分设工作基本完成时,相应的农村集体经济组织却并未立即建立起来,而且当时我国的农村集体经济也才刚刚起步,集体经济组织的经营收入普遍较少,甚至还存在大量无经营性收入的所谓"空壳村",因此 1987 年和 1998 年的《村民委员会组织法》赋予村委会以经营、管理集体资产的职能,由其代行集体经济组织职权确实是符合当时的社会实际的。然而,改革开放以来,随着工业化、城镇化的不断推进和城乡经济的快速发展,我国农村集体经济和农村社会形态都发生了深刻的变化,农村集体经济组织的经营收入开始由少变多,农村集体经济也开始由弱渐

① 参见郑有贵:《理清村民委员会与集体经济组织的关系——对修订〈村民委员会组织法〉有关问题的探讨》,载《农村经营管理》2010 年第 11 期。

② 参见卫敏丽、赵超:《村民委员会组织法修订草案暂不明确村委会和村集体经济组织之间的关系》,载 http://www. gov. cn/jrzg/2010 - 06/22/content_1633959_2. htm,最后访问日期:2018 年 1 月 5 日。

③ 参见戴威、陈小君:《论农村集体经济组织成员权利的实现——基于法律的角度》,载《人民论坛》2012 年第 2 期;桂华、贺雪峰:《宅基地管理与物权法的适用限度》,载《法学研究》2014 年第 4 期。据农业部介绍,全国有约 60% 的行政村的村委会和村集体经济组织是合一的,有近 40% 的行政村另有村集体经济组织。参见卫敏丽、赵超:《村民委员会组织法修订草案暂不明确村委会和村集体经济组织之间的关系》,载 http://www. gov. cn/jrzg/2010 - 06/22/content_1633959_2. htm,最后访问日期:2018 年 1 月 5 日。

强，并且其参与市场的广度和深度也都已经有了很大的提高，因此依旧采取政经不分的模式，由作为村民自治组织的村委会代行集体经济组织职权显然就不合时宜了。事实上，像北京昌平的郑各庄、山东烟台的南山村、江苏阴华的华西村、广东深圳的南岭村这些集体经济发展得比较好的地方，都没有继续沿袭村委会代行集体经济组织职权的既有运作模式。而且，我们发现，一些地方的农民专业合作社还发展到突破村、乡的地理范围，甚至扩大到了县的范围，此时若继续由村委会行使集体所有权显然是不可能的了。特别是在沿海少数农地股份合作实体还一直在比较健康地成长，较好地发挥组织农民、保障农民合法权益的作用。[①]

理论上，之所以要政经分开，改村委会为集体经济组织来行使集体所有权职能，则是由两者的不同功能定位所决定的。从功能视角上看，村委会和村集体经济组织虽然一般都以建制村为地域范围，以该地域范围内的农民为其成员，但二者却有不同的目标诉求和运作逻辑。我国现有的《村民委员会组织法》虽然将村委会定性为是“村民自我管理、自我教育、自我服务的基层群众性自治组织”，但必须承认的是，与一般的自治组织不同，村委会的成立并不是基于自治组织全体成员的共同意志，而是依照法律规定强制设立的，在此，村民并没有自愿加入或退出的自由。《村委会组织法》第 3 条明确规定：“村民委员会根据村民居住状况、人口多少，按照便于群众自治，有利于经济发展和社会管理的原则设立。村民委员会的设立、撤销、范围调整，由乡、民族乡、镇的人民政府提出，经村民会议讨论同意，报县级人民政府批准。”可见，村委会设立、撤销以及范围的调整基本上是由政府决定的，村民的意志并不起决定性的作用。实际上，村委会设立的相对

① 张志强:《农村集体建设用地“入市”研究》，中共中央党校 2010 年博士学位论文，第 72 页。

固定性也是由其自身负担的特殊职能所决定的，因为无论是办理本村的公共事务和公益事业，还是调解民间纠纷，协助维护社会治安，抑或是联系上级人民政府，上述各项职能都具有相当重要的社会意义，因此村委会应当具有连续性，一般不能中断，不能随意设置。而作为农民集体所有权的行使代表，为激励其忠实、勤勉行为，防止以权谋私，就有必要赋予集体成员以退出权，以监督其日常行为。正是基于这一考虑，所以《农民专业合作社法》第3条就明确将"入社自愿，退社自由"作为设立农民专业合作社应当遵循的原则之一。但是，对于村委会显然不能允许村民自由退出、自由设定，否则就会出现农村基层的公共事务缺位或公共管理的混乱。然而，村委会设立上的相对固定性，由于排除了村民的"自由退出"这一终极监督权利，因此如果仍然由其来代行集体经济组织的职能，就难免会给村委会干部在管理集体经济过程中谋取不当利益提供便利。① 调查显示，许多村官违法犯罪和腐败案件基本上都与贪污、侵占、挪用、挥霍集体财产有关。② 相

---

① 林毅夫在评述1959～1961年中国农业危机时，提出了如下假说：既然农业生产中的有效监督太昂贵，农业集体组织的成功不可避免地要依靠集体成员建立的心照不宣的自律协议，但是只有当集体组织成员在其他成员不履行协议就有权退出集体组织时，自我实施的协议才会得以维持。在合作化运动的开始阶段，退出权一般是受到充分尊重的，相应地，自我实施的协议在绝大多数集体组织里得以维持，整个农业绩效得以改进。但是，合作化运动的开始阶段就存在固有的危险。由于集体组织成员在时间偏好、能力和其他禀赋上的差异，一些集体组织成员就利用集体组织中的监督不足努力逃避自我实施的协议所规定的责任，结果即使运动整体绩效是成功的，也仍然有一些集体组织解体。一部分集体组织的解体犹如集体化运动的安全阀，它使自我实施的协议的潜在违规者认识到履行协议符合自身利益。但是热心于集体化运动的政治领导者受到初始成功的鼓舞，对一些人退出集体组织作出不同的理解，视这些人为运动的敌人。为了阻止其他集体组织进一步瓦解，退出权被剥夺，于是集体化从一个自愿的运动变成一个强迫运动，安全阀被取消。从而农业中普遍的偷懒得以发生，农业危机因此到来。参见林毅夫：《再论制度、技术与中国农业的发展》，北京大学出版社2000年版，第212～213页。

② 参见徐增阳、杨翠萍：《合并抑或分离：村委会和村集体经济组织的关系》，载《当代世界与社会主义》2010年第3期；梁庆宾、冯艳玲：《农民集体法律主体地位重构的当代价值研究》，载《人民论坛》2012年第2期；郭洁：《土地用途管制模式的立法转变》，载《法学研究》2013年第2期；凌斌：《土地流转的中国模式：组织基础与运行机制》，载《法学研究》2014年第6期。

反,由于城市居民自治是政治与经济相分离的,居委会只提供公共产品和公共服务,并不牵涉太多的经济活动,因此就没有腐败的土壤和涉黑的必要,所以同为自治组织的城市居委会的干部,其涉贪涉腐涉黑的比例就要相对少一些。①

事实上,正如有论者所言,一个中国农民,可以同时是"经济组织成员"与"社区成员",但这两种"成员权"却并不能予以混淆。作为集体经济组织的成员,他本应是投资者(主要投入土地),并据此享有集体经济盈利的收益权;作为社区成员,他生于斯长于斯,据此就可享有平等的公共服务,而不论其是否投资于社区。"谁投入,谁受益"作为竞争性领域的一般经济规则,适应于经济组织成员;"谁是居民,谁享有公共服务"作为公共领域的一般规则,适应于社区成员。区别这两种成员权,遵守这两种经济规律,一个社会才有活力,才可能和谐。但传统集体经济制度完全破坏了这种复合机制:一个人只要生在一个特定村庄,不论他是否投入,他都可能参与经济分配;而一个外来农民工,即使他居住于一个特定村庄,是常住居民,也不能平等享有公共服务。因此,这样的集体经济制度怎能带来效率与平等?②

另外,集体所有权行使的代表组织作为一个经济组织,其不仅要通过参与市场交易获得利益,同时也必然要承受市场竞争的不利后果。按照市场的逻辑,有竞争就必然有失败。而如果由村委会来履行集体经济的管理职责,那就必然会导致由于集体经济日常经营的失败而殃及村委会,最终有损于村委会的公共目的的实现。可见,村委会的公共性决定了它的组织目标是为村庄社区内的所有成员提供公共服务,而不宜涉足经济事务。或者说,村委会的"公共性"与集体经济

① 程雪阳:《要彻底放弃计划指标式的土地规划制度》,载 http://business. sohu. com/20141008/n404915861. shtml,最后访问日期:2018 年 1 月 5 日。

② 党国英:《农村产权改革:认知冲突与操作难题》,载《学术月刊》2014 年第 8 期。

组织的“经济性”是矛盾的，不宜合并。[①]

更为严重的是，由于村委会并不以管理集体经济为唯一职能，相反，村委会还承担了包括成员自治、公共管理、社会服务与保障等多种职能。因而如继续让肩负多项职能于一身的村委会代行集体所有权，那就势必会束缚“集体经济组织”参与市场的能力，不利于营造平等的竞争环境，最终影响农村集体经济的发展。正如有论者所言，村委会角色的错位使得各村村委会在管理上经常捉襟见肘，同时也不得不承担开支庞大的压力。而在村委会代行集体经济组织职能的情形下，因职能混同会导致私法主体受到公共权力的影响，而无法理性、妥当地决定自身事务。[②] 可见，在一些由村委会代行集体经济职能的地方，很多本应用于本集体经济组织扩大再生产的资金被转为了公共费用。很明显，这样的“内部转移支付”会阻碍集体经济的发展壮大，所以说，村委会代行经济职能模式下的“经济组织”在经济上是不可持续的，这也是使相当数量的农村集体经济组织丧失组织发展本村经济功能的重要原因。

当然，从历史的维度来看，上述问题的出现是与我国过去长期实行的城乡二元发展模式相关联的。因为在城乡二元体制下，农村的公益事业、公共设施的建设主要是依靠农民自身来承担，而并未统一纳入国家公共财政的支付范围，因此由集诸项职能于一身的村委会在承担本村公共管理、社会服务的同时，也代行本集体经济组织的经济职能，就便于实现村内部的统筹安排，进而有利于农村公益事业的建设和公共物品的提供。然而，必须承认的是，这样的二元体制是以损害

---

① 但也有论者认为，农户自愿的合作及以自愿为基础的农民合作社，不能有效解决农村公共品供给严重不足的问题。参见贺雪峰：《退出权、合作社与集体行动的逻辑》，载《甘肃社会科学》2006 年第 1 期。

② 戴威、陈小君：《论农村集体经济组织成员权利的实现——基于法律的角度》，载《人民论坛》2012 年第 2 期。

农村集体经济的发展能力，牺牲农村、农民利益为代价的，不仅不公正，而且也不具有可持续性。

目前，我国总体上已进入工业反哺农业、城市支持农村的统筹发展阶段。尤其是，在推进城乡一体化进程中，公共财政开始覆盖农村，并加大了农村基础设施和社会事业发展的财政投入，同时，在农村税费改革后，我国对村级组织也实施了财政转移支付政策，这就为村委会剥离其代行集体经济管理的角色提供了经济条件。所以说，在城乡统筹的背景下，进一步厘清村民委员会与集体经济组织的关系，不仅在理论上具有科学性，并且在实践中也是可行的。就此而言，我国现行法在关于农村集体所有权行使代表的问题上所采取的“骑墙”做法显然极不恰当。现行法对村委会代行集体经济组织职能做法的默认，只能是不断导致集体经济组织的虚化：很多地方或者是不成立集体经济组织，而继续由村委会“依法”代行其职；或者是虽然成立了集体经济组织，但其人员、权限都由村委会掌控，村委会凌驾于村集体经济组织之上，集体经济组织的经济自主性受到严重限制。因此有必要当机立断，澄清农村集体经济组织的“经济本性”，并恢复其“经济人”的本色。这样的分离不仅有利于农村集体经济的发展，同时也有利于充分发挥村委会自身的功能。①

值得肯定的是，成渝两地在关于地票生产主体的规定上，都确定为是享有该土地所有权的农村集体经济组织或拥有该土地使用权的农户或其他主体，而非村民委员会。不过需要注意的是，在目前地票的生产实践中，地票的交易主体却多变成了区、县政府下的土地整理

① 参见黄忠：《创新农民集体所有权行使机制》，载《中国社会科学报》2013 年 5 月 8 日，第 7 版。

中心。[①] 以最早生产地票参与地票交易的江津为例,其地票的生产全部是由江津区人民政府出资成立的"重庆市江津区惠农土地开发整理有限责任公司"负责的,而该公司即是江津区政府的土地整理中心,具体行使土地整理的职能。2014 年5 月19 日,重庆市国土房管局印发的《重庆市农村建设用地复垦项目管理实施细则(试行)》(渝国土房管〔2014〕319 号)第 23 条还明确规定,各区县根据县级人民政府规定的组织实施方式,确定项目工程实施组织单位。[②] 工程实施组织单位是指区县农村土地整治机构、乡镇政府或区县政府成立的国有单位。可见,在目前的地票生产中,土地复垦的项目业主实际上多为区、县的土地储备整治中心,而并非是农村集体建设用地的所有权人或使用权人。正如有论者所言,地票生产由政府主导完成,政府和参与土地复垦的公司构成了一个相对封闭的"地票"生产系统,农民基本被排斥在生产过程之外,[③]而政府的土地储备中心事实上成为了主要,甚至是唯一的土地复垦方,垄断了地票的供给。这样一来就往往会造成农民的主体权地位被剥夺,进而使农民的参与权、发言权等权利受到侵害。[④] 有论者还指出,由于农民和农村集体经济组织复垦主体地位的缺失,一方面农民在复垦环节不能实际参与复垦实施的工作,丧失对复垦成本的控制权及知情权;另一方面基于农民丧失对实际复垦成本的知情权,县土地整理中心可能与有关政府部门进行虚假操作获

---

① 参见杨飞:《反思与改良:地票制度疑与探——以重庆地票制度运行实践为例》,载《中州学刊》2012 年第 6 期。

② 《重庆农村土地交易所管理暂行办法》(渝府发〔2008〕127 号)第 23 条第 2 款:农村土地复垦申请立项批准后,农村集体经济组织或自然人可以自行申请,也可以委托农村土地专业复垦机构复垦。

③ 曹亚鹏:《"指标漂移"的社会过程——一个基于重庆"地票"制度的实证研究》,载《社会发展研究》2014 年第 2 期。

④ 黄贻芳:《农村宅基地退出中农民权益保护问题研究——以城乡建设用地增减挂钩政策为背景》,华中农业大学 2014 年博士学位论文,第 47 页。

取更多的利益。[①] 显然，这样的结果是与地票交易制度所追求的引入市场化运作机制，切实维护农民权益的目标相悖的。

当然，在目前地票的生产中之所以出现“鸠占鹊巢”的结果，这首先是与土地复垦本身的技术性及高投入相关的。应当看到，土地复垦并不是一项单个农民（户）就能进行的小额项目，而是一个需要有组织、有资金、有技术支持的系统工程。以重庆为例，据了解，目前重庆每亩土地的复垦成本在4万~5万元，而2010年重庆农民人均纯收入仅为5277.66元。显然，在农民（户）的原始资本积累少，并且依据现行《物权法》《土地承包法》又无法通过农村土地承包经营权的抵押从金融机构获得贷款的条件下，农民通常是很难筹集到大量现金资本的，因此在当前，由农民（户）自行进行土地复垦并不现实。但在重庆探索“三权”抵押融资，特别是在《重庆市地票管理办法》允许以复垦项目地票收益权依法向金融机构申请融资的背景下，一概否定农民（户），尤其是作为农村集体建设用地的所有权人的农村集体经济组织参与土地复垦就尤显不当。而且，土地复垦的技术性障碍也可以通过在农村集体建设用地的所有权人或使用权人与专业复垦机构的委托代理方式予以化解。[②] 此外，在复垦置换项目的实施过程中，尽管以招投标方式选择的建设单位具有较先进的工艺设备和施工技术，但相对于水土气候、地理地貌、风力风向等客观条件的把握，当地农民无疑有更多的来自农业生产第一线的经验。因此，如果在耕地复垦、田

① 参见李欣：《安徽郎溪县地票交易运行现状调研报告》，安徽大学2015年硕士学位论文，第7~8页；孙建伟：《城乡建设用地置换中的“自愿”原则及其悖论》，载《苏州大学学报》（哲学社会科学版）2013年第6期；孙建伟：《农村宅基地置换中的法律逻辑与实践逻辑——以安徽省为例》，载《社会主义研究》2010年第4期。

② 但是，由于存在农民的议价能力有限、开发企业的趋利性质等问题，在制度设计时应该对农民参与的方式和利益的分配进行明确的规定，以防止这些复杂的因素导致分配关系的扭曲。参见刘朝旭、雷国平：《重庆地票制度施行中存在的问题与对策》，载《西部论坛》2011年第1期。

埂道路、灌溉设施的规划布局与施工方面能让农民真正成为复垦主体，而不仅仅是以用工方式让农民参与施工建设，复垦工程将会取得更好的功效。[①] 更为重要的是，在复垦阶段，土地权利人的参与程度有限，也不利于保护农民权益。甚至从某种程度上讲，土地权利人是用牺牲使用集体土地创收及自主决定集体土地合法用途的权益，去换得地票交易的收益，这种行为暗含着损失的可能性。[②] 实际上，如果我们将农户以及农村集体经济组织排斥在地票生产环节以外，那么还可能会导致其利益难以实现的后果——既然是区县的土地储备整治中心，而不是作为农村集体建设用地的所有权人或使用权人才是地票的生产者（业主），那么地票的交易价款也就应当由该业主支配。在我们看来，维护土地交易中农民权益的最好方式是赋予其直接参与地票交易的权利。而要使农户和农村集体经济组织直接参与地票交易的前提就是让其首先参与地票的生产，成为地票的真正主人。在这一方面，成都的做法似乎更具合理性。在成都地票制度中农民集体和农户既可以自行实施农村土地综合整治项目，也可以委托投资者、政府土地整治专业机构来实施。成都市国土资源局办公室印发的《建设用地指标登记和使用管理暂行办法》（成国土资发〔2010〕219 号）规定，农民集体和农户自行筹资实施整治项目，产生的建设用地指标归农民集体和农户所有；其他投资者投资实施整治项目，产生的建设用地指标归属依据农民集体、农户和投资者签订的合同确定。其中合同约定按比例分摊建设用地指标的，按合同约定的面积分别进行登记。

另一方面，区县政府的土地储备中心垄断地票生产局面的形成也是由现行的地票交易制度决定的。因为目前的地票交易是以“宗”为

① 段力誌、傅鸿源：《地票模式与农村集体建设用地流转制度的案例研究》，载《公共管理学报》2011 年第 2 期。

② 王林、赵恒婧：《地票复垦阶段风险及对策研究》，载《经济体制改革》2016 年第 1 期。

单位进行的，每宗地票基本上都在100亩以上。显然，这一门槛是单个农户，甚至某一农村集体经济组织都难以达到的。有论者发现，重庆近年来的上百宗地票交易中没有一宗是由农民个体申请的，而均由区、县土地整理中心将指标集中后统一向土地交易所申请竞卖。[①] 在这种地票打包交易方式中，指标价格与打包方式密切相关，可能会出现利益相关人竞相“活动”地票打包组合，甚至联合起来为某个购买人定制包含特定面积土地的地票“专用品”，从而使该地票在竞卖时只有一个购买人的情况。这种情况下地票以基准价成交，特定利益相关人变相操纵地票价格，农民的利益却受到损害。[②] 可见，要切实维护农民的地票权益，促进农户和农村集体经济组织直接参与地票交易，还需要对地票交易的方式进行改革。[③]

三、地票生产的前提条件分析

《重庆农村土地交易所管理暂行办法》(渝府发〔2008〕127号)第21条规定，地票交易须满足农村土地申请复垦的条件：(1)申请农村建设用地复垦，必须提交该土地的权属证明、土地勘测定界报告、土地利用现状图、土地分类面积汇总表；(2)凡农户申请农村宅基地及其附属设施用地复垦，必须提供集体土地使用证或其他权属证明，以及拥有其他稳定住所、稳定生活来源的证明和所在农村集体经济组织同意复垦的书面材料；(3)凡法人或其他组织申请农村建设用地复垦，必须提交土地所在农村集体经济组织同意复垦的书面材料；(4)凡农村集体经济组织申请农村建设用地土地复垦，必须出具集体土地所有

---

① 杨飞：《反思与改良：地票制度疑与探——以重庆地票制度运行实践为例》，载《中州学刊》2012年第6期。

② 同上。

③ 参见黄忠：《浅议“地票”风险》，载《中国土地》2009年第9期。

证或其他权属证明,以及本集体经济组织2/3以上成员或者2/3以上成员代表同意复垦的书面材料。《重庆市农村建设用地复垦项目管理实施细则(试行)》(渝国土房管〔2014〕319号)第5条规定:土地权利人自愿向所属农村集体经济组织申请复垦;申请复垦农户宅基地及其附属设施用地以外的农村建设用地,须经农村集体经济组织2/3以上成员或2/3以上成员代表同意。第7条规定:土地权利人申请复垦应具备以下条件:(1)土地权利人有合法稳定住所,在农村新建房屋要扣除建新占地面积;(2)申请复垦农村建设用地符合土地利用总体规划;(3)复垦农户宅基地及其附属设施用地,须提供房地产权证;复垦农户宅基地及其附属设施用地以外的农村建设用地,须提供土地使用证;(4)复垦农户除合法途径取得的宅基地外,坚持"一户一宅";(5)申请复垦宅基地存在主体房屋;(6)申请复垦农村建设用地界址准确,权属清晰无争议;(7)实施农村建设用地复垦不损害相邻关系人合法权益。2016年1月1日起施行的《重庆市地票管理办法》第20条规定:申请复垦农民集体所有的建设用地,土地权利人应当向乡镇人民政府、街道办事处提出;申请复垦国有建设用地,土地权利人应当向土地所在区县(自治县)国土资源主管部门提出。申请时应当提供以下资料:(一)复垦申请表;(二)土地权利人的有效身份证明文件,委托申请的,还需提交委托书和被委托人的身份证明文件;(三)土地房屋权属证明材料。除前款规定的资料外,由农户申请复垦的,还应当提供有合法稳定住所的证明材料;由农村集体经济组织申请复垦的,还应当提供经村民会议依法决定同意的书面材料;国有企业或者单位申请复垦的,还应当出具上级主管部门同意复垦的书面材料。综合上述规定,可以发现,地票的产生必须符合以下前提条件:凡是农户申请宅基地复垦,必须有其他稳定居所,有稳定生活来源,而且持有乡镇（街道）出具的土地权利人有稳定住所的证明材料；[①]凡是农村集体经济组织申请耕地复垦，必须经 2/3 以上成员或者 2/3 以上成员代表同意。

在目前，对于大多数的农民而言，在农民家庭申请农村宅基地及其附属设施用地复垦时，需要其“拥有其他稳定住所、稳定生活来源”的前置条件是不具备的。因此如果要最大限度地促进地票的生产，就应当在承认农民自主意识的前提下，给予其选择权。事实上，之所以要求提供“拥有其他稳定住所、稳定生活来源的证明”，其出发点是在于将农村宅基地视作农民生存保障的基础，而担心未“拥有其他稳定住所、稳定生活来源”的农民在将宅基地复垦后会出现流离失所，危及社会稳定的后果。[②] 但正如有学者所言，农民并不会丧失理性，而随意处置其安身立命之所。而且即使有极个别的可能会出现因出售房屋无家可归的情形，那也不宜将万分之一可能性的东西作为普遍立法的取舍标准，[③]因噎废食，背离比例原则。此外，这一前置性规则以财产的多少作为区分是否成为宅基地使用权的交易主体，实则是以财产决定身份，也明显有悖公平正义之要义。有更多财产（其他稳定住所、稳定生活来源）的人就能进行复垦；反之则不能。主体财产状况差异导致了复垦权能的不同，不仅有悖物权法理，而且还会加剧农村贫富悬殊。因外生制度而强化贫富悬殊显然有失公允。[④] 事实上，化解农民居无定所，促进社会稳定的根本途径还在于农村医疗、养老、住

---

① 2016 年 1 月 1 日起施行的《重庆市地票管理办法》第 20 条只要求提供有合法稳定住所的证明材料，并未明确要求有稳定生活来源。

② 参见廉大为、赵雪锋：《集体建设用地指标交易市场化机制研究——以上海市为例》，载《华东经济管理》2012 年第 11 期。

③ 刘俊：《农村宅基地使用权制度研究》，载《西南民族大学学报》（人文社科版）2007 年第 3 期。

④ 周中举：《农村土地使用权实物交易和地票交易制度评析——以农村宅基地使用权为中心》，载《经济体制改革》2011 年第 1 期。

房等社会保障制度的建立，而不是不顾发展变化了的社会经济文化条件，也不管现实中的农民观念、生活模式和行为选择，强行将其束缚于农村，禁锢在土地之上。当然，我国农村的社会保障体系还在初步建立之中，其健全和完善还需要一个过程。特别是在受到金融危机的影响后，当前很多地区的农民工都有返乡的趋势。比如，作为劳动力输出大市的重庆，在经济危机中回流返乡的农民工就达 42.7 万人。[①] 农民工的返乡不仅给地方带来了就业的压力，而且也凸显了宅基地的居住保障功能，这一现状不仅说明在当前试图对宅基地进行大规模的复垦仍不现实，同时也决定了将“拥有其他稳定住所、稳定生活来源的证明”作为地票生产之前置条件仍有其合理性。

此外，《重庆农村土地交易所管理暂行办法》（渝府发〔2008〕127 号）第 21 条要求“经所在农村集体经济组织书面同意”就更不恰当了。首先，地票的生产并未改变集体土地所有权的归属，因此并不会危害集体经济组织的利益。其次，农村集体经济组织同意复垦的“书面材料”在实践中往往会沦为个别村干部同意使用集体经济组织印章的代名词，导致一些村干部利用同意权进行寻租活动，使得本属于复垦农民的复垦收益中的一部分流向了村干部。[②] 正如有论者所批评的那样，地票交易规则对农村集体经济组织什么情形应同意、什么情形应不同意并无详细规定，从经济学角度而言，这种同意权的价格未定，因而其很可能沦为对农村集体建设用地使用权人“敲竹杠”的筹码。[③] 再次，地票交易只是土地利用方式的改变，并不会影响集体

---

① 刘峨林：《重庆市地票交易制度之再思考》，载刘云生主编：《中国不动产法研究》，法律出版社 2011 年版，第 178 页。

② 胡显莉、陈出新：《重庆宅基地地票交易中的农民权益保护问题分析》，载《重庆理工大学学报》（社会科学版）2011 年第 11 期。

③ 王绍洪：《重庆地票交易问题研究》，载《西南民族大学学报》（人文社会科学版）2013 年第 2 期。

经济组织的管理,因此没有必要经集体经济组织的同意。最后,如果纯粹的私法行为介入了类似于行政权力的干预,该制度绩效会产生明显的负效应。因此,为提高复垦的积极性,切实维护农民的权益,需要简化土地复垦手续,在复垦申请环节取消农村集体经济组织同意的规定。[①] 当然,为了管理的需要,申请复垦的农户应履行告知义务,特别是在其全家迁出以后,应当通知集体,以便集体重新发包,避免土地闲置。[②]

按照《重庆农村土地交易所管理暂行办法》(渝府发〔2008〕127号)的规定,农村集体经济组织申请农村建设用地土地复垦的,也须经本集体经济组织2/3以上成员或者2/3以上成员代表同意。这是关于农村集体经济组织重大事项民主议定的规则,其目的在于维护集体利益,防止农村集体经济组织的利益受到损害。[③] 但在农村劳动力大量外出的现实情形下,这种多数决的形成存在诸多困难,很大程度上将会沦为"走过场"的尴尬境地。因此,有必要加强宣传,并借助信息技术手段尽可能地让群众了解地票生产的知识。

四、地票生产后的检验和折算制度分析

农村建设用地复垦项目完成后,还需要按照有关程序经验收合格后才能核发城乡建设用地挂钩的地票。可见,复垦验收是地票生产的最后一道环节,关系着复垦耕地的数量与质量,意义重大。

---

① 沈冰、郭培媛、李婧:《完善地票交易制度的个案研究》,载《经济纵横》2010年第8期。

② 周中举:《农村土地使用权实物交易和地票交易制度评析——以农村宅基地使用权为中心》,载《经济体制改革》2011年第1期。

③ 沈冰、郭培媛、李婧:《完善地票交易制度的个案研究》,载《经济纵横》2010年第8期。

(一)检验机构

为规范复垦验收工作,重庆出台了一系列文件。2005 年,重庆市国土资源和房屋管理局下发了《重庆市土地开发整理项目库管理暂行办法》《重庆市土地开发整理项目竣工验收管理暂行办法》《重庆市土地开发整理项目工程施工招标投标管理暂行办法》三个文件,对全市土地复垦工作进行了规范。2008 年,重庆市国土房屋局又下发了《重庆市区县投资土地开发整理项目管理暂行办法》《重庆市区县级土地开发整理项目核查管理试行办法》《重庆市土地开发整理项目专业技术服务机构管理暂行办法》。2009 年,市国土房屋局再次下发了《重庆市农村建设用地复垦项目管理规定(试行)》。2016 年 1 月 1 日起施行的《重庆市地票管理办法》也就建设用地复垦的程序作了相关的规定。这一系列文件和法规的发布意在规范全市土地复垦项目的管理工作。目前,重庆地票项目的验收是按照"验收申请、竣工测绘(同步)—竣工测绘成果审查及修改—区县验收并核发合格证—市局委托市中心组织抽查复核,并监督检查"的程序进行的。可见,目前重庆的地票验收的责任主体和监督主体是区县国土资源部门和重庆市农村土地整治中心。①

与此类似,成都地票生产中的立项审批、实施监管、督促复垦和项目验收等工作也都是由国土部门负责的。按照成都市国土资源局办公室印发的《农村土地综合整治项目立项实施验收管理暂行办法》(成国土资发〔2010〕218 号)的规定,成都地票项目的验收程序为:"项目实施单位向区(市)县国土资源局提出项目验收申请—区(市)县国土资源局组织项目所在乡镇政府及县级相关部门进行初检,对照项目立项实施规划图,逐一核查竣工验收拆旧图斑和影像资料成果—区(市)县国土

① 《重庆市地票管理办法》将验收的主体确定为区县(自治县)国土资源主管部门。

资源局审查汇总竣工验收资料,将验收资料和土地权属变更情况上报市整理办,市整理办委托市规划地籍中心负责验收技术审查和现场踏勘,抽查的拆旧地块数量不得低于实施总量的20%—由市国土资源局组织相关处室踏勘现场进行检查验收,抽查的拆旧地块数量不得低于实施总量的20%。验收合格后,建设用地整理集中使用项目由市国土资源局核发验收合格证,并登记核发《建设用地指标证书》。"

立项审批、实施监管、督促复垦和项目验收等责任主体的统一,对促进地票生产工作的顺利开展具有一定的帮助。但由一个政府部门统领地票的生产全过程,可能会出现因为缺乏外部的监管而影响复垦质量的问题。以重庆为例,作为验收单位的区县国土资源部门和重庆市农村土地整治中心,既是复垦耕地的受益者,又是复垦验收的责任主体和监管主体,同时还是复垦成本的支付者。[①] 由于复垦的验收与复垦实施者之间存在重要的利益关联,因此就极其容易诱导形成内部合谋。尤其是在目前地票生产被具备政府背景的区县政府土地储备中心所垄断的背景下,复垦业主与国有资源行政管理部门就更容易形成合谋,单纯为追求用地指标的数量,而不顾复垦耕地的质量,忽视产量平衡。[②] 正如有论者所言,地方政府是不会太关心复垦土地质量的好坏,而考虑更多的是能否置换建设用地指标的问题,因此就会出现复垦土地质量不达标的现象。[③] 相关的调研也发现,目前虚报土地复

---

① 参见沈冰、郭培媛、李婧:《完善地票交易制度的个案研究》,载《经济纵横》2010年第8期;沈萍:《地票交易制度的创新、困境及出路》,载李昌麒、岳彩申主编:《经济法论坛》(第7卷),群众出版社2010年版,第236~244页。

② 参见郑风田:《成都"地票"交易被叫停引发的思考》,载《农民日报》2011年1月18日第3版;郑财贵:《地票制度风险防范策略研究》,载郑财贵主编:《重庆统筹城乡土地管理制度改革研究文集——地票制度篇》,西南师范大学出版社2013年版,第46页。

③ 王谊、刘晓燕、曾春新:《对重庆"地票"交易制度的思考》,载《安徽农业科学》2013年第6期;项树明、邹士鑫、郑畅:《对新型城镇化背景下地票交易制度风险防范的思考——以重庆市地票交易为例》,载《经济研究导刊》2014年第23期。

垦项目的情况确实时有发生。[①]

而且，在我国的土地管制体制中，耕地的利用主要属于农业行政主管部门的管辖范围，作为土地复垦验收组织者和审批者的国土资源部门却与复垦耕地的未来利用情况几乎没有直接关系，因此理所当然地会更多关注于如何将置换出的指标用于当地建设及地票交易后能换取的收益，而较少关注复垦土地的质量。[②] 此外，在地票的生产过程中还可能存在政策支持性复垦的风险，即为了片面追求用地指标而将不适宜耕种的环境脆弱区土地复垦为耕地。[③] 因此，为了切实保护耕地，并强化环境保护，有必要改变由国土部门主导复垦验收的局面，引入农业部门、环境保护部门等机构或者是独立第三方的评估和检测。也就是说，复垦完成后，不仅需要通过国土部门的检查或抽查，而且还要通过农业、环境、水务、林业等部门的认定。只有相关部门都验收合格之后，复垦的建设用地才能转换成等量的建设用地指标。[④] 同时，中央政府还应当不定期地对地方的复垦工作进行抽查检验。

（二）检验标准与折算规则

地票交易可以实现远距离土地资源的互换，但却对耕地资源的保护存在一定的风险。这种风险不仅仅是数量上的，更在于耕地质量。

---

① 虚报的情况主要有两种：一是经济发展较为落后的地区，为获得指标收益而虚报、假报土地复垦项目；二是经济发展较好的地区，为获得更多用于当地建设发展的指标，没有严格履行执法监管义务。参见褚刚：《重庆市地票交易制度研究》，中国人民大学 2011 年硕士学位论文，第 46～47 页。

② 段力誌、傅鸿源：《地票模式与农村集体建设用地流转制度的案例研究》，载《公共管理学报》2011 年第 2 期。

③ 项树明、邹士鑫、郑畅：《对新型城镇化背景下地票交易制度风险防范的思考——以重庆市地票交易为例》，载《经济研究导刊》2014 年第 23 期。

④ 值得肯定的是，《重庆市地票管理办法》第 15 条已经规定：复垦项目竣工后，区县（自治县）国土资源主管部门应当根据项目规划设计方案和复垦验收标准，组织本级农业、水利等部门和乡镇人民政府、街道办事处进行验收。

虽然在目前的复垦验收中提出了较高的标准,比如,《重庆市地票管理办法》第14条就明确规定:建设用地复垦后,形成的农用地应当满足农业生产的条件,土地质量应当达到以下标准:(一)有效土层厚度不低于40厘米,砾石及瓦砾含量不超过15%;(二)耕地平均台面坡度不超过15度,园地不超过25度;(三)生产道路通达,排灌沟渠畅通,与周边农用地集中连片;(四)田埂、土石坎结构坚实平整。但是,由于地域差别,各地的复垦耕地质量差异较大,因此即便是同一区县的复垦耕地,因各种人为因素,也可能存在质量差异,[①]从而出现地票产生环节复垦的农村集体建设用地质量较差,而落地地块耕地质量较好的情况,最终影响耕地占补的实质平衡。[②] 事实上,在地票制度的实践中,也的确存在耕地质量上占补失衡的风险。因为复垦的农民宅基地、附属设施用地、集体建设用地等地块往往是边远、零散、劣质的地块,而复垦后耕地即使面积得到保证,其质量也与被征收的耕地有一定差距。[③]

必须看到,数量和质量是耕地评价的两个维度,二者是相互影响的,只有质量达到标准的耕地才能计数,因此在复垦验收阶段应当将耕地的质量与耕地数量予以同等重视,否则就极容导致"补劣占优"的后果。而要保证复垦耕地的质量,根本方法就是要将耕地的质量与投资人的最终收益挂钩。通常而言,投资人的收益大小取决于获得"地票"的票面额度,而"地票"的票面额度是由国土部门通过复垦耕

---

① 白鹤祥:《以地票交易为借鉴建立土地当量交易制度》,载 http://news.stockstar.com/JL2009102600001013.shtml,最后访问日期:2018年6月5日。

② 参见蒋萍:《重庆农村土地交易所地票交易风险及防范研究》,西南大学2012年博士学位论文,第37页;冯桂:《重庆地票制度的价值及其对城乡一体化改革的启示》,载《国家行政学院学报》2014年第1期。

③ 参见冯桂:《重庆地票制度的价值及其对城乡一体化改革的启示》,载《国家行政学院学报》2014年第1期。

地的评价结果确定的。所以地票交易中的一个关键环节就是复垦耕地的评价环节，评价方法的合理性将直接影响土地复垦的效率，进而也会影响到耕地保护的效果。[①] 正如有论者所观察到的那样，成渝现行的地票交易制度实行按土地复垦面积计票的制度，其缺陷是存在“逆向选择”的问题。一等复垦土地的地票价值高于相同面积的三、四等复垦土地的地票价值，但是它们能申请到的地票指标及与此相关联的征地面积却是一样的，这样，高等级复垦土地就会被挤出市场。[②] 可见，基于耕地保护和粮食安全的考虑，有必要变按土地复垦面积计票为按土地复垦质量计票。在此原则下，我们应当按照农业综合生产力不降低的原则，充分利用农用地分等定级成果和相关等级折算的研究，将占用耕地和复垦耕地按相应等级进行折算，实现耕地占补数量上和质量上的平衡，交易标的的标准化。[③]

当然，由于在地票交易制度中，不同等别的耕地进行相互折算程序繁杂，且容易给制度的顺畅运行带来阻碍，因此为方便地票更大规模和更高效率的流通，在复垦耕地质量评定阶段应当设定一定标准，将占用耕地和复垦耕地按照相关系数进行折算。比如，根据重庆市农用地利用等别划分的相关规则，主城区耕地的平均利用等别为Ⅸ等。[④] 在评定出的复垦耕地等别的基础上，利用具体的折算系数，对

---

① 程皓：《城镇化进程中的城乡建设用地指标流转模式研究》，重庆大学 2010 年硕士学位论文，第 28 页。

② 易可君：《把地票制度作为湖南统筹城乡发展的重大战略》，载《国土资源导刊》2012 年第 2 期。

③ 值得肯定的是，《重庆市地票管理办法》已经开始引入了等级的做法。《办法》第 16 条规定：建设用地整理合格证应当记载土地权利人信息，复垦项目新增农用地面积、新增耕地面积及等别、减少的建设用地面积、农村发展留用面积、剩余可使用面积等信息。

④ 参见王彦美、谷达华、牛德利、汪鹏：《重庆市地票交易中置换耕地折算方法研究》，载《国土资源科技管理》2010 年第 5 期。

复垦耕地和占用耕地的标准等面积进行双向折算。[①] 比如,某集体建设用地复垦项目通过实施复垦最终产生两块耕地,面积分别为 20 亩、10 亩,经评定三块复垦耕地的利用等别分别为Ⅺ等、Ⅳ等,那么该项目所复垦耕地折算成标准等的标准面积为 20 × 1 + 10 × 0.65 = 26.5 亩。地票落地后所占的耕地包括了Ⅺ等 20 亩,Ⅵ等 10 亩,那么该项目所占耕地折算成标准等的标准面积为 20 × 1.14 + 10 × 1 = 32.8 亩。可见,一方面,按照标准等双向折算后,虽然地票复垦出的面积与地票落地后的占地面积均为 30 亩,但复垦项目复垦出的 30 亩耕地只能实际折算成 26.5 亩标准等耕地,不足 30 亩;另一方面,地票落地所占的 30 亩耕地却折算成了 32.8 亩标准等耕地,因此需要提供 32.8 亩的地票才能与之匹配。

目前,重庆市补充耕地按等级折算工作主要以农用地分等定级成果为基础,而农用地分等工作尺度较小,最大比例尺一般为 1:50000 ~ 1:100000,但宅基复垦耕地一般为几亩,甚至更小。农用地分等的评价因素侧重于气候、地形地貌与土壤等自然方面,基础设施条件与耕作便利条件等方面的因素却考虑较少。因此,今后可以考虑在农用地分等成果的基础上,根据复垦耕地的具体条件进行适当修正来确定占用耕地等级,并在考虑相应修正因素的基础上,对复垦耕地等级进行鉴定。[②] 特别是将来如果要开展全国范围的地票交易,就需要重点解

① 在折算时可以引入土地当量的模式。所谓土地当量是把单位面积的标准传统农田一年一熟种植水稻的粮食产出作为标尺,以此来衡量其他农用土地相对粮食生产量的一种计量单位。土地当量提供了一种可以统一的综合化评估土地粮食生产能力的标准。在此标准之上,国家的粮食安全目标可以量化为某一具体的当量值,确保这一当量值就能够确保粮食安全总体目标,同时,土地占补平衡可以扩展到全国范围,并成为真正生产能力意义上的占补平衡。参见白鹤祥:《以地票交易为借鉴建立土地当量交易制度》,载 http://news.stockstar.com/JL2009102600001013.shtml,最后访问日期:2018 年 6 月 5 日。

② 刘朝旭、雷国平:《重庆地票制度施行中存在的问题与对策》,载《西部论坛》2011 年第 1 期。

决复垦耕地和占用耕地具体折算标准问题。耕地的生产能力是耕地质量的代表,而耕地的生产能力又受到自然环境条件、耕地土壤状况以及农田基础设施水平的影响,[①]因此农地肥力具有非均衡性,不同区域农地的产出存在巨大差异。比如,东部沿海平原地区的土质肥沃,水资源丰富,气候条件适宜,农地的生产力较高。如果将这些农地用于更大范围的非农开发,而将中西部生产力相对较低的农地在种植面积上实现完全的替代,就有可能毁坏粮食安全的基础。[②]

此外,还需要注意的是,在一些复垦土地的地区,存在农民放弃耕种、撂荒复垦耕地、复垦土地后续管护不到位等现象,[③]这就会导致耕地的现实生产力难获保障,粮食安全将受到影响,[④]因此,复垦耕地验收合格后,我们还应当严格耕地管理,落实土地承包经营权,并签订可耕地保护合同,将其纳入耕地保护基金发放范围,不断改善生产条件,提高土地耕种质量。

按照目前成渝地票发放的要求,在复垦验收合格后,地票生产者并不一定能如数获得地票。因为成渝都要求,只有在留足农村发展空间的基础上验收确认腾出的建设用地指标才能作为地票来源。[⑤]《重庆市地票管理办法》第 6 条规定:“建设用地复垦应当以土地利用、产业发展、乡村规划和环境保护等规划为基础,考虑人口流动指数等因

---

① 有关耕地质量评价模型的详细说明可参见程皓:《城镇化进程中的城乡建设用地指标流转模式研究》,重庆大学 2010 年硕士学位论文,第 37 ~ 42 页。

② 韩纪江、任柏强:《非农建设用地指标的市场交易初探》,载《广东土地科学》2011 年第 6 期。

③ 调研显示,虽然大部分农户表示愿意自行耕种或流转复垦耕地,但仍然有大约 11% 农户选择放弃耕种。参见钟杨:《地票交易制度风险评析研究》,载郑财贵主编:《重庆统筹城乡土地管理制度改革研究文集——地票制度篇》,西南师范大学出版社 2013 年版,第 74 页。

④ 项树明、邹士鑫、郑畅:《对新型城镇化背景下地票交易制度风险防范的思考——以重庆市地票交易为例》,载《经济研究导刊》2014 年第 23 期。

⑤ 参见童代志:《重庆地票制度改革实践》,载《经济研究参考》2013 年第 64 期。

素，合理预留农村发展建设用地。”[①]成都市国土资源局办公室印发的《建设用地指标登记和使用管理暂行办法》（成国土资发〔2010〕219号）也明确指出，地票登记的面积为经验收合格的建设用地指标面积在扣除农民集中居住区及其配套设施占地、预留给农民集体的发展用地，以及有效新增耕地面积后，节余的建设用地面积。留足农村发展空间的做法在理论上似乎可以避免“马太效应”，为农村本身的发展提供空间。但需要注意的是，预留给农民集体与直接进行地票交易二者间在经济效益上存在重大的差异。尤其是随着地票交易价格的上涨，将某些地票直接预留给农民集体而使其无法上市交易，无疑会损害地票生产的利益。对于由农村宅基地复垦而来的指标，其权利应当归属于宅基地使用权人，任何人均不得擅自进行扣留；而对于乡镇企业用地、农村公共设施和公益事业建设用地复垦而来的指标，其权利应当属于农民集体经济组织，非经该集体经济组织2/3以上成员或者2/3以上成员代表同意，亦不能进行扣留。因此，地方政府无权以行政方式擅自将复垦后的指标保留在当地。

---

① 《重庆市地票管理办法》第16条规定：建设用地整理合格证应当记载土地权利人信息，复垦项目新增农用地面积、新增耕地面积及等别、减少的建设用地面积、农村发展留用面积、剩余可使用面积等信息。剩余可使用面积是复垦减少的建设用地面积扣除农村发展留用面积之后的面积，是土地权利人用于申请地票交易的面积。

第五章　地票的交易制度研究

地票的交易是利用市场方式发现和实现地票价值、优化城乡土地资源配置的中心环节。以重庆为例，截至2017年1月，重庆农村土地交易所已累计交易地票20.24万亩，成交总额达401.75亿元，每亩地票的价格接近20万元。可见，无论是交易数量，还是成交价格都有了较大的提升。但我们也应当看到，目前的地票交易仍然存在一些问题，例如，交易主体不够丰富，交易对象和交易方式还有待改进。

一、地票交易的主体分析

市场主体是参与市场交易活动的当事人。市场经济的一个主要特征就是主体的多元化和资源配置的市场化。就此而言，有无真正的市场主体，决定着市场能否发育；市场主体的发育状况，决定着市场发育的程度。所以活跃市场的根本方法就是活跃市场主体。地票交易制度中的交易主体主要有申让方和承让方。[①] 申让方即地票卖方，承让方即参与地票竞买的买方，一般是需要土地的单位或个人。

地票交易是地票生产的延续，因此，地票交易中的申让方其实就是地票的生产者。一如前述，在重庆，此前的地票生产者主要是区县一级政府，农民或集体并未真正成为复垦主体。所以在重庆农村土地交易所内，政府成立的交易机构便成为唯一的做市商。但地方政府参与指标交易不可能是中国社会主义市场经济走向成熟的常态，其只不过是中国转型发展特定阶段的一个历史片段，是土地要素市场化与行政经济殊死搏斗的一个历史阶段。[②] 而且，从市场结构角度讲，做市商进行垄断购买和垄断销售，不仅会带来效率损失，[③]同时还会损害农民及其集体的利益，[④]因此亟待改革。

就原因而言，农民及其集体之所以无法成为“地票”的生产和交易主体，一方面是由于农村集体土地产权主体模糊，从而导致农村土地的权属并不明确；另一方面是由于操作落实方面的难度大，因为复垦需要论证、规划、立项、验收等多个环节，农民单家独户复垦成本太高。[⑤] 此外，目前以“宗”为单位的地票交易方式，也限制了单个农民（户），甚至是某一集体的入场交易。但排斥农民及其集体的入场，不仅有悖于地票产生的机理，而且也不利于农民权益的保护和政府职能的转变，因此要让农民及其集体的利益得到充分保证，就需要对地票

---

① 广义而言，地票交易市场的参与主体应当包括：(1)地票申让方；(2)地票承让方；(3)地票交易中介服务机构，主要包括地票交易所、地票评估机构等；(4)地票交易监管机构等。

② 杜茎深：《指标市场的引入及其对地价形成的影响》，浙江大学2013年博士学位论文，第109页。

③ 周立群、张红星：《农村土地制度变迁的经验研究：从“宅基地换房”到“地票”交易所》，载《南京社会科学》2011年第8期。

④ 王哲：《土改探索之二：重庆“地票”创新》，载《中国报道》2014年第2期。

⑤ 尹珂、肖轶：《农村土地“地票”交易制度绩效分析——以重庆城乡统筹试验区为例》，载《农村经济》2011年第2期。

交易的运行机制进行必要调整,[①]取消以"宗"为单位的地票交易,推行委托代理的复垦机制,促进农民及其集体直接入场交易。[②]

理论上地票的承让方可以是任何民事主体。按照《重庆农村土地交易所管理暂行办法》(渝府发〔2008〕127 号)第 24 条第 5 项的规定,一切农村集体经济组织、法人或其他组织以及具有独立民事能力的自然人,均可在农村土地交易所公开竞购指标。在重庆目前的地票交易中,竞买成功的地票承让方既有重庆市地产集团、重庆市城市建设投资有限公司这样的土地储备机构,也有江津双福工业园区、重庆空港工业园区管理委员会、重庆市空港新城管理委员会、重庆都市农业发展有限公司等园区建设单位,还有重庆玉豪龙实业集团公司、晋愉控股(集团)有限公司、重庆龙湖恒尚房地产发展有限公司、重庆腾翔实业有限公司、重庆市中渝物业发展有限公司、重庆岭尚农业发展有限公司等民营企业。[③] 然而,与包括"重庆八大投企业"(重庆地产集团、重庆城投公司等国有投资集团)和重庆渝隆资产经营(集团)有限公司、重庆空港工业园区管理委员会、重庆九龙园高新产业有限公司等国有企业频频得手形成巨大反差的是民营企业,尤其是作为理论上的地票需求"大户"的房地产开发企业参与地票交易并竞买成功的

---

① 胡际莲、王国华:《农村土地流转中地票价格形成机制研究》,载《经济纵横》2012 年第 5 期。

② 按照《重庆市地票管理办法》第 20 条第 2 款的规定,取得建设用地整理合格证备案号的权利人可以申请进行初次地票交易。

③ 据了解,在已经进行的地票交易中,还有自然人也参与了地票交易。有论者认为,在我国现行的土地开发制度框架下,自然人并不适宜进行项目开发,因此自然人参与地票交易具有强烈的"投资"色彩,从防止地票炒作,以及某些特殊自然人挪用公款参与地票交易的目的上来看不宜让自然人参与地票交易,尤其是在将来开放地票二级交易市场的情况下。但值得研究的是一概禁止自然人参与地票交易的实效究竟如何? 申言之,这一限制很有可能会通过设立虚假企业被规避。当然,也有论者甚至认为,地票的流转主体应当限定在房地产开发商和金融机构范围内,以避免过度投机行为,造成"地票"价格不合理的飙升。参见沈萍、李仲豪:《重庆"地票"再探析》,载刘云生主编:《中国不动产法研究》,法律出版社 2011 年版,第 173 页。

数量却相当有限。[①] 虽然目前已经有包括重庆玉豪龙实业集团公司、晋愉控股(集团)有限公司、重庆龙湖恒尚房地产发展有限公司、重庆腾翔实业有限公司、重庆市中渝物业发展有限公司等在内的民营房地产开发企业在地票交易中竞买成功,但与重庆3000多家房地产开发企业的总量相比,[②]目前民营企业在地票交易中的参与度显然是不足的。[③] 有统计显示,在重庆地票交易的承让方中,土地储备机构占15.8%,民营企业占31.9%,其他国有企业占52.3%。[④]

必须看到,地票的承让方被集中在国有企业的现状不仅不利于地票交易的活跃和地票真实价值的发现,同时也背离了地票交易制度设置的初衷和目的,此外还容易导致腐败。[⑤] 因此,必须通过地票交易制度的完善来引导、激励民营企业,尤其是民营房地产开发企业积极参与地票交易。

首先,要协调好地票与目前土地供应状况的关系。地票交易产生后,重庆就出现了三种土地供给架构:一是每年国家批准的10万~12万亩的计划指标;二是城乡建设用地增减挂钩的增量指标;三是通过

---

① 从2015年的统计来看,地票购买仍以土地储备机构和园区建设单位为主,两者合计购得地票面积占全年交易总量的78.65%。参见《2015年地票市场运行分析报告》,载http://www.ccle.cn/tzgg/tzkb/html-1896/10739.html,最后访问日期:2018年1月5日。

② "十二五"期末,全市房地产业开发企业达到3169家,其中,一级开发资质企业53家,二级717家,三级601家。参见重庆市建委计划处:《重庆市建设行业经济形势分析》,转引自重庆市城市建设综合开发管理办公室:《重庆市"十三五"房地产业发展规划(征求意见稿)》,2016年。

③ 参见马智利、李亦亭、但依然:《地票在重庆房地产市场供给侧改革中的作用》,载《中国房地产》2017年第4期。

④ 参见《农地改革的制度探索:重庆地票试验五年》,载http://money.163.com/13/1113/02/9DHCLTCM00253B0H.html,最后访问日期:2018年1月5日。

⑤ 参见魏峰、郑义、刘孚文:《我国农村集体建设用地市场配置机制研究——以重庆地票制度为例》,载《现代农业科技》2010年第8期。

重庆农村土地交易所的地票交易而获得的指标。[①] 从成本来看,国家下达的建设用地指标是无偿的,国家城乡建设用地增减挂钩的增量指标需要一定成本,但与地票高达每亩数十万的成本相比还是微不足道的。因为目前地票的成交单价已经高达34万元/亩,因而即便扣除了可以抵充的新增建设用地土地有偿使用费和耕地开垦费(两项总计每亩约为7.33万元)后,仍有26.67万元/亩的成本支出。由此建设用地指标的三轨制必将导致的问题就是建设用地使用权人定会为争夺无偿的国家计划指标而去大做有关部门的"工作"。当然,2009年重庆市人民政府在《关于重庆市统筹城乡综合配套改革试验区工作汇报》中已经明确提出,今后主城区的经营性用地,政府不再下达用地指标,而一律要求通过地票交易获得。2016年施行的《重庆市地票管理办法》第33条也规定:新增经营性建设用地(含商业、旅游、娱乐、商品住宅等用地)办理农用地转用手续的,应当使用地票。其他新增建设用地可以使用地票办理农用地转用手续。[②] 由于工业、公共设施、教育卫生等事业性,扩大内需项目以及郊区县的建设用地指标却没有要求必须通过地票交易获得,或者实行的是差异化使用地票政策,[③]因此建设用地指标的三轨制及由此而导致的腐败问题仍然会在

---

① 对中心城区经营性用地之外市级以上重点建设项目和工业园区用地,主要通过安排年度计划指标予以保障;对全市范围内的经营性用地,主要通过地票指标予以保障;对各个区县(自治县)政府所在地城镇建设用地(除经营性用地外),主要通过安排年度计划指标和增减挂钩指标予以保障;对中心镇、沿边镇建设用地,主要通过使用增减挂钩指标予以保障。参见褚刚:《重庆市地票交易制度研究》,中国人民大学2011年硕士学位论文,第36页;冯应斌、郭西南、杨庆媛、李晓刚:《城乡建设用地优化配置视角下地票供需平衡分析》,载《西南大学学报》(自然科学版)2014年第4期。

② 《重庆市地票管理办法》第35条:自本办法实施后尚未供应的经营性建设用地,属于2009年1月1日后使用新增建设用地计划指标办理用地手续的,应当在土地出让时补充使用地票。未补充使用地票的,市、区县(自治县)国土资源主管部门不得出让土地。

③ 《重庆市地票管理办法》第37条:本办法第33条、第35条规定的建设用地位于城市发展新区、渝东北生态涵养发展区和渝东南生态保护发展区的,实行差异化使用地票政策。市人民政府可以根据社会经济发展需要,对差异化使用地票政策进行调整。

一定程度上存在,值得警惕。而且,所谓的工业用地、扩大内需项目用地以及经营性用地的含义本身是十分模糊的。尤其是我们该如何区分经营性用地和工业用地、扩大内需项目,这显然是非常困难的。正如有论者所指出的那样,工业用地并非一个严格意义上的法律概念,工业用地里面的很多项目都是和经营性用地及扩大内需项目用地重合的。[①] 因此,在这样边界模糊但却利益攸关的问题中,不难想象,我们的用地企业极可能会通过寻租来规避地票交易获得用地指标。所以我们强烈建议在将城乡建设用地增减挂钩的增量指标统一纳入地票交易的基础上,要求全市所有的经营性用地指标应一律通过地票交易获得,以此来推动地票竞买方的积极性。[②] 2010 年 8 月,成都市国土局发布的《关于实行国有经营性建设用地使用权出让"持证准入"制度的公告》就曾要求,凡参加成都市自 2010 年 8 月 1 日后发布公告的国有经营性建设用地使用权竞买的申请人,必须持相应面积的《建设用地指标证书》或建设用地指标保证金收款凭证方可报名参与竞买。[③] 公告一出,市场主体参与地票交易的热情高涨,地票交易价格也一路走高。[④] 成都市 2010 年 12 月 17 日指标拍卖会的成交均价为 1093.35 万元/hm^2,最高价甚至达到了 1380 万元/hm^2,溢价率高达

---

① 沈萍、李仲豪:《重庆"地票"再探析》,载刘云生主编:《中国不动产法研究》,法律出版社 2011 年版,第 172～173 页。

② 地票交易制度无论从运行原理、运行机制,还是从耕地保护和发展潜力来看,均优于城乡建设用地增减挂钩制度。两项规划的指标控制可以归为一类,对全市全年土地复垦情况进行统一管理,同时加强地票落地使用环节的规范控制,让各区县根据自身经济发展情况的不同,合理选择建设用地使用量。这样既完善了现有的土地规划管理体系,同时也使得地票交易制度的进一步扩展成为可能。参见褚刚:《重庆市地票交易制度研究》,中国人民大学 2011 年硕士学位论文,第 62～63 页。

③ 但 2011 年 4 月 13 日成都市国土局发布的《关于完善建设用地指标交易制度促进农村土地综合整治的实施意见》则将"持证准入"变成了"持证准用"。

④ 李秀中:《买地"持证准入"成都地票拍卖或促发土地炒作》,载《第一财经日报》2010 年 12 月 24 日,第 A15 版。

385.93%。[①]

其次,要探索和改进地票的交易方式。按照重庆目前公开出让地块的基本情况来看,出让地块的面积大都在 100～300 亩。实际上,重庆多数房地产开发项目的占地也在 100～600 亩。但是,目前重庆地票交易的指标数量却并不与此完全匹配。600 亩以上的地票,尤其是 800 亩,甚至 1000 亩的地票不断被推出。由于地票竞购方无法自由决定单张地票所包括的指标数量,这不仅会将多数的民营企业拒之门外,而且还会出现地票交易中的"寡头买方"市场,出现打压,甚至操纵地票交易价格的风险。毕竟以上千亩为单位的地票交易显然是超出普通企业需求的,因而必然只能成为"八大投"等国有单位的选择。事实上,从重庆现有的交易情况来看,地票每单规模一旦低于 1000 亩,都获得了市场的追捧。重庆农村土地交易所成交单价量高的一笔地票就是一笔几十亩的交易,该笔交易每亩成交价格达到了 30 多万元。显然,一旦将面积过大的地票进行拆分,势必会活跃市场,引发更多企业的关注,进而提高地票的成交价格。[②] 按照地票溢价部分主要返还给农民的原则,这样的做法也能最大限度地提高农民的土地收益。因此有必要对地票交易指标进行分解,引入单价优先的方式开展竞买,从而活跃市场,强化城市反哺农村的力度。[③] 根据 2016 年地票交易公告,2016 年起重庆地票交易的打包方式已经改为每张地票即

---

① 或许是基于上述考虑,因此《重庆市地票管理办法》第 34 条规定:在全市城乡建设用地规划规模不增加、耕地保有量目标不减少的前提下,地票可以在土地利用总体规划确定的有条件建设区内使用。具体使用规则由市国土资源主管部门制定。

② 成都在 2010 年 12 月推出的第一场地票交易中就将 2000 亩建设用地指标,分为 10 亩、20 亩、30 亩、50 亩、100 亩、150 亩、200 亩共 30 个标的。这样的细分促成了此次交易的火爆。据悉,成都首场地票交易会的成交均价达到了 76.47 万元/亩。

③ 重庆农村土地交易所在第十场地票交易中曾尝试采用了单价优先的方式进行拍卖,即以亩为单位确定价格,竞拍者胜出后再决定所购地票的亩数,剩余的地票进入下一轮竞拍。但目前这一方式并没有成为交易的主流,总价优先规则仍然为多数交易所采用。

一个单位指标，也就是说开发者可根据自身需要申请购买相应单位的地票。[①]

最后，还要改革土地出让制度，完善地票的落地机制。虽然在理论上，有了地票，企业就可以根据自己的需求在符合规划的范围内选择用地。但在目前的地票交易制度安排中，地票承让方的权利并不明确。正如有论者所言：民营企业相对于政府储备机构和园区建设单位购买动力偏低，主要原因是政府储备机构和园区建设单位能够在政府完成征地后，以划拨或协议出让的方式，直接使用该宗土地，而购入地票的企业仍须通过招拍挂的方式竞买，[②]即企业优先选地后却不一定能够在招拍挂中竞得该地块的土地使用权。[③] 有调查指出，目前尚有5万余亩已交易的存量地票未使用，分布在市级、区级平台以及开发企业。[④] 可见，现有的开发权交易依然由地方政府主导，排除了建新区土地权利人直接购买开发权的权利。[⑤] 因此需要通过对现有土地供应制度及其配套制度的改革，最大限度地明晰地票承让方的权利，从而提升企业，尤其是民营企业购买地票的积极性。

与重庆不同，成都则将地票与土地的出让市场进行了挂钩，从而给土地出让市场上的竞买方"制造"了地票的"硬需求"。根据《成都市人民政府办公厅转发市国土局等部门关于完善土地交易制度促进

---

① 张鹏、王庆：《地票交易的内在价值与定价模式分析——以重庆市为例》，载《农村经济》2017年第5期。

② 2008年在首场地票交易会上竞得地票的民营企业重庆玉豪龙实业集团公司，直到2010年才将其全国08001号地票成功落地，前后耗时1年多。

③ 魏峰、郑义、刘孚文：《我国农村集体建设用地市场配置机制研究——以重庆地票制度为例》，载《现代农业科技》2010年第8期。

④ 参见谢新：《指标控制下城乡土地流转微观机制分析——以成渝地票实践为例》，载《中国农村经济》2012年第12期；张梦俐：《持票用地对房地产业的影响探究——以重庆市为例》，载《中国房地产业》2015年第9期。

⑤ 万江：《土地用途管制下的开发权交易——基于指标流转实践的分析》，载《现代法学》2012年第5期。

农村土地综合整治和农房建设工作实施意见(试行)的通知》(成办发〔2010〕59号)的相关规定,在2011年4月15日之前,成都市国有建设用地使用权出让实行的是"持证准入"制度。2010年11月16日,成都市国土资源局还公告,要求凡参加成都市2011年1月1日后公告的国有经营性建设用地使用权竞买的申请人,必须持相应面积的《建设用地指标证书》方可报名。2011年4月13日公布的《成都市国土资源局关于完善建设用地指标交易制度促进农村土地综合整治的实施意见》(成国土资发〔2011〕80号)则将指标建设用地指标的用途修改为"国有经营性建设用地首次出让的准用条件",将"持证准入"调整为"持证准用"。在现有的土地出让机制下,无论是"持证准入",还是"持证准用",都在一定程度上形成了对地票的"硬需求":在"持证准入"下,要参加国有经营性建设用地使用权竞买,就必须事先持有相应面积的《建设用地指标证书》;在"持证准用"下,竞得人必须持有相应面积的建设用地指标才能签订《国有建设用地使用权出让合同》。很明显,"持证准入"和"持证准用"均是通过对土地出让设置前置性条件来实现的。但值得注意的是,成都的上述做法其实是有悖现行法的。《中华人民共和国招标投标法实施条例》第32条规定:"招标人不得以不合理的条件限制、排斥潜在投标人或者投标人。招标人有下列行为之一的,属于以不合理条件限制、排斥潜在投标人或者投标人:(一)就同一招标项目向潜在投标人或者投标人提供有差别的项目信息;(二)设定的资格、技术、商务条件与招标项目的具体特点和实际需要不相适应或者与合同履行无关;(三)依法必须进行招标的项目以特定行政区域或者特定行业的业绩、奖项作为加分条件或者中标条件;(四)对潜在投标人或者投标人采取不同的资格审查或者评标标准;(五)限定或者指定特定的专利、商标、品牌、原产地或者供应商;(六)依法必须进行招标的项目非法限定潜在投标人或者投标人的所有制形式或者组织形式;(七)以其他不合理条件限制、排斥潜在投标人或者投标人。”《招标拍卖挂牌出让国有建设用地使用权规定》(2007 年国土资源部 39 号令)第 11 条也明确指出:“中华人民共和国境内外的自然人、法人和其他组织,除法律、法规另有规定外,均可申请参加国有建设用地使用权招标拍卖挂牌出让活动。出让人在招标拍卖挂牌出让公告中不得设定影响公平、公正竞争的限制条件。”据此可见,将持有相应面积的《建设用地指标证书》作为参加国有经营性建设用地使用权竞买或签订《国有建设用地使用权出让合同》前提条件的做法其实是对竞买者设置了不合理的限制性条件,有违反《招投标法实施条例》之嫌。就此而言,通过绑定地票与土地出让的关联,虽然可以强化地票的需求,扩大地票的市场,但这一做法在现行法上却并不具有合法性。

其实,地票的需求是由地票的功能来决定的。要分析地票的需求,就必须先明晰地票的功能。而从重庆地票的功能角度看,将用地企业作为地票的唯一购买者在现行法上可能是有疑问的。按照重庆的规定,地票的主要功能是冲抵新增建设用地有偿使用费和耕地开垦费。[①] 据此而言,地票的购买者应当是耕地开垦费和新增建设用地有偿使用费的缴纳者。那么,依据现行法,耕地开垦费和新增建设用地有偿使用费的缴纳者究竟是谁?

按照《土地管理法》第 31 条的规定,所谓的耕地开垦费是指依法占用耕地进行非农业建设的单位和个人,按照“占多少,垦多少”的原则,因没有条件开垦耕地或开垦的耕地不符合要求,按占用耕地面积缴纳的,专项用于耕地开发、复垦、土地开发整理等补充耕地的资源性收费。可见,耕地开垦费是为落实耕地总量动态平衡,向非农业建设

---

① 参见《重庆农村土地交易所管理暂行办法》(渝府发〔2008〕127 号)第 27 条;《重庆市地票管理办法》第 36 条。

单位或者个人收取的包括保护性工作、农业生产配套设施、工程和生物技术、劳动力、生产资料等的耕地开垦费用。《土地管理法》实施以来,各地区根据当地的经济发展状况、人均耕地占有量和耕地质量陆续出台了相应的耕地开垦费缴纳办法,其目的均为专项用于耕地开发整理项目、灾毁基本农田垦复、基本农田日常管理维护等,从而实现耕地占补平衡。1999 年 4 月重庆市人民政府也发布了《重庆市耕地开垦费、耕地闲置费、土地复垦费收取与使用管理办法》(渝府令〔1999〕54 号)。从《土地管理法》的规定来看,既然应由占用耕地的单位负责开垦与所占用耕地的数量和质量相当的耕地,因此在没有条件开垦或者开垦的耕地不符合要求的情况下,耕地开垦费的缴纳义务人就应当是占用耕地的单位,即具体的建设单位。《重庆市耕地开垦费、耕地闲置费、土地复垦费收取与使用管理办法》(渝府令〔1999〕54 号)第 4 条也规定:"耕地开垦费,由用地单位在办理农用地转用审批手续时,向市土地行政主管部门和市财政部门指定的银行缴纳,由市土地行政主管部门统一组织开垦数量和质量相当的耕地。"可见,依据现行法,耕地开垦费的缴纳义务人是具体的建设单位。

所谓的新增建设用地土地有偿使用费是指国务院或省级人民政府在批准农用地转用、征用土地时,向取得出让等有偿使用方式的新增建设用地的县、市人民政府收取的平均土地纯收益。《土地管理法》第 55 条规定:"以出让等有偿使用方式取得国有土地使用权的建设单位,按照国务院规定的标准和办法,缴纳土地使用权出让金等土地有偿使用费和其他费用后,方可使用土地。自本法施行之日起,新增建设用地的土地有偿使用费,30% 上缴中央财政,70% 留给有关地方人民政府,都专项用于耕地开发。"1998 年 8 月 4 日,财政部、国土资源部发布《新增建设用地土地有偿使用费收缴使用管理办法》(财综字〔1999〕117 号)对新增建设用地土地有偿使用费的收缴程序、征收标准及适用范围作出了进一步的规定。据此办法，新增建设用地土地有偿使用费在全国分为 15 个等别，一等为每平方米 70 元，十五等为每平方米 5 元。随着各地经济发展水平的变化，部分市县和部分辖区征收等别不尽合理的问题逐步显现出来。2002 年 12 月，财政部和国土资源部发布了《关于调整新增建设用地土地有偿使用费征收等别的通知》(财综〔2002〕93 号)对部分市县和部分辖区的征收等别做了调整，但新增建设用地土地有偿使用费的征收标准不变。2006 年 11 月 7 日，财政部、国土资源部、中国人民银行三部门再次联合下发了《关于调整新增建设用地土地有偿使用费政策等问题的通知》(财综〔2006〕48 号)，要求自 2007 年 1 月 1 日起，新批准新增建设用地土地有偿使用费在原有基础上提高一倍。可见，凡按照土地利用总体规划，将农用地和未利用地转变为建设用地的，即为新增建设用地，就应当按照《新增建设用地土地有偿使用费收缴使用管理办法》的规定，缴纳新增建设用地土地有偿使用费。但由于《土地管理法》第 55 条关于新增建设用地土地有偿使用费的表述存在较大漏洞，将新增建设用地土地有偿使用费和土地出让金等概念混为一体，不仅导致新增建设用地土地有偿使用费的缴纳主体、资金来源等问题存在诸多分歧，同时还造成新增建设用地土地有偿使用费的大量漏缴，甚至还出现一些市、县人民政府和财政部门以《土地管理法》未明确规定为由拒绝缴纳。

从《土地管理法》第 55 条第 1 款的文义上分析，新增建设用地土地有偿使用费似乎应当和土地使用权出让金一样都由"建设单位"缴纳。《土地管理法》这一规定的模糊也导致各地在缴纳新增建设用地土地有偿使用费时，缴费主体呈现出五花八门的状态。[①] 但将"建设

① 参见《全省新增建设用地土地有偿使用费缴费主体错误整改会议召开》，载 http://www.tymy.gov.cn/show.aspx? id = 669&cid = 26，最后访问日期：2018 年 1 月 5 日。

单位”当作是新增建设用地土地有偿使用费的缴纳主体其实是违背新增建设用地土地有偿使用费的基本属性的。按照《新增建设用地土地有偿使用费收缴使用管理办法》(财综字〔1999〕117 号)第 1 条的规定,开征新增建设用地土地有偿使用费的目的是抬高将农用地转为建设用地的“门槛”,在保证建设用地的前提下,最大限度地保护耕地,维持耕地的总量动态平衡。可见开征新增建设用地土地有偿使用费其实是落实最严格的耕地保护政策和实现土地用途管制目的的一项经济手段。由于在我国现有的法律体系下,将集体农用地转为国有建设用地必须通过政府征收才能实现,因此开征新增建设用地土地有偿使用费其实调整的只是各级政府之间的土地收益分配关系。正是在这个意义上,有论者才认为提高新增建设用地土地有偿使用费标准原则上只会减少地方政府的土地收益,而并不会增加用地成本。[①] 相反,如果将新增建设用地土地有偿使用费的缴纳主体理解为是建设单位,显然就达不到前述目的。因此,从《新增建设用地土地有偿使用费收缴使用管理办法》的立法目的和具体规定来看,新增建设用地土地有偿使用费的缴纳主体应当是市、县人民政府,而非建设单位。

而且,从缴纳环节上讲,新增建设用地土地有偿使用费需要在国务院和省级人民政府土地行政主管部门办理新增建设用地手续前缴纳。按照《新增建设用地土地有偿使用费收缴使用管理办法》(财综字〔1999〕117 号)第 6 条的规定,新增建设用地土地有偿使用费的具体缴纳环节为:一、农用地转用、征用土地属于同级审批的,土地有偿使用费在批准农用地转用前缴纳;二、农用地转用、征用土地属于不同级审批的,土地有偿使用费在批准征用土地前缴纳;三、只需办理农用

① 参见于祥明:《新增建设用地有偿使用费明年起涨一倍》,载《上海证券报》2006 年 11 月 21 日,第 A02 版。

地转用审批的国有农用地转为建设用地的,土地有偿使用费在批准农用地转用前缴纳;四、只需办理征用土地审批的农民集体所有的土地转为建设用地的,土地有偿使用费在批准征用土地前缴纳;五、依据土地利用总体规划将国有未利用土地转为建设用地的,土地有偿使用费在批准转用前缴纳。可见,新增建设用地土地有偿使用费必须在获取新增建设用地之前缴纳,而在新增建设用地获取之前,根本就没有进行土地的出让,因此就谈不上具体的"建设单位"。也就是说,在新增建设用地土地有偿使用费缴纳之前,其实根本就不存在具体的"建设单位",因此何谈由"建设单位"缴纳的问题。

此外,从缴纳的实效上讲,将新增建设用地土地有偿使用费的缴纳主体界定为"建设单位"还会从根本上取消新增建设用地土地有偿使用费的存在价值。因为,如果新增建设用地土地有偿使用费的缴纳主体也是"建设单位",那么由于"建设单位"同时还要缴纳土地出让金,因此,国家没有必要在土地出让金之外单独设立这一新的收费项目,只需提高土地出让金的征收比例或扩大其征收范围,就能达到同样的目的。

事实上,早在2004年,财政部经研究并商国土资源部后,就已经对新增建设用地土地有偿使用费征管的有关问题予以答复。澄清了新增建设用地土地有偿使用费与土地出让金的政策界限,明晰了新增建设用地土地有偿使用费的缴纳主体。《财政部关于新增建设用地土地有偿使用费征管中有关政策问题的批复》(财综〔2004〕54号)明确指出,"财政部、国土资源部《关于印发〈新增建设用地土地有偿使用费收缴使用管理办法〉的通知》(以下简称财综字〔1999〕117号文件)第2条明确规定,新增建设用地土地有偿使用费是向取得出让等有偿使用方式的新增建设用地的市、县人民政府收取的平均土地纯收益。根据这一规定,新增建设用地土地有偿使用费的缴纳主体应为取得新增建设用地的市、县人民政府，而不是具体的用地单位，其征缴与用地单位是否以有偿方式取得新增建设用地的土地使用权无关。”2006年11月7日，《财政部国土资源部中国人民银行关于调整新增建设用地土地有偿使用费政策等问题的通知》（财综〔2006〕48号）不仅重申“新增建设用地土地有偿使用费，由市、县人民政府按照国土资源部或省、自治区、直辖市国土资源管理部门核定的当地实际新增建设用地面积、相应等别和征收标准缴纳”，并要求“国土资源部和各省、自治区、直辖市国土资源管理部门应当在收到市、县人民政府已足额缴纳新增建设用地土地有偿使用费的有效凭证后，再依法办理用地批准文件，并抄送财政部、财政部驻各地财政监察专员办事处以及省级财政部门”，而且还专门指出“严禁市、县人民政府和有关部门将新增建设用地土地有偿使用费转嫁由用地单位缴纳”。可见，新增建设用地土地有偿使用费缴纳主体为市、县人民政府，它所调整的是各级政府之间的土地收益分配关系。既然具体的建设用地使用单位并非缴纳义务人，因此即使其持有地票，也无所谓冲抵的问题。

基于上述分析，我们可以发现，在现行法上，具体的建设用地使用单位需要缴纳的只有耕地开垦费，据此，地票持有者所能冲抵的只有耕地开垦费。而认为地票持有者可以冲抵新增建设用地土地有偿使用费的结论其实隐含有建设单位才是新增建设用地土地有偿使用费缴纳义务人的错误认识。所以从解释论而言，如果认为地票持有者不仅可以冲抵耕地开垦费，同时也可以冲抵新增建设用地土地有偿使用费的话，那么地票的持有者就不能仅仅是建设单位，同时也必须包括市、县人民政府。因为在现行法上，只有市、县人民政府才是新增建设用地土地有偿使用费的缴纳义务主体。

由于地票本身并不具有直接的利用价值，而必须落地后才有实效。因此,从土地市场相互协调的角度来讲,地票交易应当与建设用地一级市场相互衔接。也就是说,谁应当是地票购买者的问题应当要由我国建设用地一级市场的供应模式来决定。按照《重庆农村土地交易所管理暂行办法》(渝府发〔2008〕127 号)第 27 条的规定,指标购买的一个主要用途就是可以增加等量城镇建设用地。在目前,由于建设用地一级市场完全垄断于地方政府之手,故地方政府才应当是地票的最直接需求方。因为地方政府只有在获得用地指标后才能进行征地和土地的出让,所以在现有的土地供应模式下,地票的直接需求者应当是垄断土地出让市场的地方政府。[①] 成渝两地要求具体的建设单位来购买地票,其实有转移地方政府义务之嫌。

当然,从最终的成本支付上来看,由于政府支付了地票价款后,还会将其作为土地开发成本计入土地出让金,再转嫁给具体的开发商。因此,在政府垄断建设用地一级市场的情形下,是由地方政府,还是由具体的建设单位购买地票,只有时间上的差异,而并没有实质上的不同。而且,如果在政府垄断建设用地一级市场的情形下,再次让其成为地票的唯一购买方,那就会形成地方政府双垄断的结局——既垄断建设用地一级市场的供应,又垄断了地票的需求。很明显,这样的垄断结果于土地市场、地票市场的发展均是不利的,而且还会严重损害农民及其集体的利益。因此在现阶段,将具体的建设单位,而非地方政府确定为地票的竞买方的做法虽然并不完全合乎现行法,但却是有积极意义的:其不仅可以为地方政府筹措土地复垦、整治的资金,同时也有利于农民土地权利的实现。不过,为避免地票交易的违法嫌疑,就解释论而言,有必要在明确市、县人民政府才是新增建设用地土地有偿使用费缴纳主体的前提下,将地票持有人可得抵扣的费用限定为

① 参见靳相木、沈子龙:《新增建设用地管理的"配额——交易"模型与排污权交易制度的对比研究》,载《中国人口·资源与环境》2010 年第 7 期。

耕地开垦费。

还需要指出的是,随着农村集体建设用地直接入市试点工作的开展,建设用地一级市场的供应就会打破地方政府的垄断。在此情形下,农村集体建设用地市场的出让方在理论上也会成为地票的购买者。由于农村集体建设用地市场的出让方参与地票交易并不会形成双垄断的结局,反而会形成土地增值利益跨区域的分享。同时,由农村集体建设用地的出让方来购买地票,还可以避免出现对竞买者设置不合理的限制性条件的违法嫌疑。因为此时的地票已经不是参加国有经营性建设用地使用权竞买或签订《国有建设用地使用权出让合同》的前提条件,而只是允许农村集体土地进入一级市场的条件。基于《土地管理法》关于耕地保护和土地用途管制的规定,要求农村集体土地进入一级市场前获得相应的建设用地指标显然是合法的。因此,在允许农村集体土地直接入市,尤其是城乡统一建设用地市场建立以后,理想的状态是对地票的购买者不做任何限制,而由土地一级市场上的供应方(如集体经济组织等)或具体的建设单位来协商确定:既可以由集体经济组织预先购买地票,然后再进行集体土地的出让;也可以由具体的建设单位购买地票,然后再与农村集体建设用地市场的出让方协调集体土地的流转事宜。由于未来新增建设用地主要来源于农村集体,因此在严格限定了征收范围以后,地票的真正需求应当集中在农村集体建设用地市场中。

事实上,从理想状态而言,地票交易市场的活跃应当与农村集体建设用地市场的繁荣互为条件。也就是说,缺乏活跃的农村集体建设用地市场,地票交易也不可能繁荣,或者只能是不断强化地方政府对建设用地一级市场的垄断,最终损害农民及其集体土地权益的虚假繁荣。就此而言,地票交易的深化必须以农村集体土地的直接入市为条件。一旦开放了农村土地的流转市场,那么地票就成为政府基于耕地保护和土地用途管制的考虑管制农村集体建设用地市场的纯粹政策工具，政府本身也就不再需要成为地票交易市场中的直接参与者。

二、地票交易的客体分析

地票交易的客体即建设用地指标。但需要注意的是，建设用地指标在产生上并非只有地票生产这一途径。除此之外，通过城乡建设用地增减挂钩试点，也能够产生建设用地挂钩指标。这两种指标，除了来源存在差异以外，其功能并无不同。

不难发现，无论是在重庆，还是在成都，在开展地票交易的同时，其实也都还存在城乡建设用地增减挂钩试点。2010 年 11 月 16 日，成都市国土资源局的公告还明确指出：竞买人既可以通过实施农村土地综合整治项目，也可以通过成都农村产权交易所，获得建设用地指标。从指标的购买方来讲，城乡建设用地增减挂钩的增量指标与地票的双轨制似乎增加了其获得建设用地指标的途径。但从农民及其集体而言，这样的双轨制则是存在重大疑问的。

一如前述，以市场方式，而非计划的方式配置用地指标是地票交易制度的核心。与此不同，现行城乡建设用地增减挂钩试点则是行政主导的指标配置。由于成渝两地存在城乡建设用地增减挂钩的增量指标与地票的并列情况，因而就会出现哪些复垦指标是被纳入城乡建设用地增减挂钩试点进行行政配置，哪些复垦指标可以通过地交所进行市场化配置的问题。在农民及其集体看来，将其复垦后的指标纳入城乡建设用地增减挂钩中，还是纳入地票交易中，似乎是由“运气”决定的，[①]而无力自由选择。然而，采取何种模式配置指标，对农民及

---

① 北京大学国家发展研究员综合课题组：《还权赋能：奠定长期发展的可靠基础》，北京大学出版社 2010 年版，第 35 页。

其集体的利益却有重大的影响。因为现行城乡建设用地增减挂钩试点对指标价格怎样确定并没有明确的规定,各地基本上是依据土地整治成本确定指标价格,通过行政手段实现指标的调剂使用。这种政府定价的方式并不能真实地反映指标的稀缺程度和供求状况,同时通过行政手段限定挂钩指标的配置范围和规模还会极大地限制其价值的实现。尤其是在地票成交价款一路走高的态势之下,[①]经由地票的收益要明显要高于城乡建设用地增减挂钩的获益。比如,2010 年 12 月 17 日成都农村产权交易中心进行的建设用地指标交易的成交均价就高达 76.47 万元/亩。[②] 必须看到,城乡二元土地所有制已经导致城乡之间在资源和利益分配上的不均,而若将农村集体建设用地复垦后的指标再作二元配置则不仅会损害农民的利益,而且还会扩大农村内部的不均——被纳入地票交易的农民及其集体要获得相较进行城乡建设用地增减挂钩试点的农民及其集体更大的土地收益。

而且,由于地票交易采取了市场化方式配置指标,相比城乡建设用地增减挂钩试点的做法,地方政府对指标资源的干预程度较小。同时,在地票价款大部分归农民及其集体的地票收益分配制度下,相较城乡建设用地增减挂钩做法,地方政府的获利空间也变得很小。因此如果仍然继续采取城乡建设用地增减挂钩与地票并行的二元做法,则很可能会阻碍地票交易的开展。因为从地方政府的自身利益来看,其可能更愿意采取城乡建设用地增减挂钩的做法。

---

① 比如,《城口县 2008－2010 年地票剩余价款使用分配实施方案》(城办〔2011〕102 号)就规定:"2008～2009 年退出宅基地复垦的农户按核定面积每亩 7 万元的标准支付给退出宅基地的农户。2010 年退出宅基地复垦的农户按核定面积每亩 9.6 万元的标准支付给退出宅基地的农户。"

② 王小乔:《"地票"不再是"门票"——成都新规,农地再"飞"》,载《南方周末》2011 年 5 月 13 日,第 D17 版。

此外，如前所述，虽然从地票的运转过程来看，地票交易制度与现行城乡建设用地增减挂钩试点的做法类似，但地票交易制度无论在运行机制上，还是在耕地保护上均优于城乡建设用地增减挂钩制度。因此，将两种功能类似的做法并列实有叠床架屋之嫌。合理的方案应当是将城乡建设用地增减挂钩的增量指标与地票交易制度并轨，将城乡建设用地增减挂钩指标也一并纳入地票系统进行统一管理和统一配置。改城乡建设用地增减挂钩指标的行政配置为市场配置，不仅可以化解农村土地整治的资金难题，而且还可以显化农村土地的价值，有效增加农民的财产性收入。比如，浙江省嘉善县天凝镇的100亩城乡建设用地增减挂钩节余指标在嘉兴市产权交易中心交易成功，其单价达到了100万元/亩。① 事实上，继成渝地票试点交易以后的一些省市所开展的地票交易就已经有统一城乡建设用地增减挂钩指标与地票的趋势。例如，2013年8月12日安徽省宣城市人民政府办公室印发的《宣城市地票交易规则（试行）》就将农用地转用计划指标和城乡建设用地增减挂钩周转指标统称为绿票。②

将城乡建设用地增减挂钩的增量指标与地票交易制度并轨可以大大增加年度地票的总量，有利于地票交易的稳步开展。但是，由于重庆市对地票交易总量实行计划调控，因此要将城乡建设用地增减挂钩指标纳入地票系统进行统一管理和配置还需要对地票交易总量的计划调控做法进行分析。按照《重庆农村土地交易所管理暂行办法》（渝府发〔2008〕127号）第26条的规定，重庆市人民政府对城乡建设

---

① 参见陈新、严津津：《嘉兴市首例城乡建设用地增减挂钩节余指标成功交易 有效破解农村土地整治资金瓶颈》，载《嘉兴日报》2015年1月3日，第3版。

② 《宣城市地票交易规则（试行）》第2条：本规则所指地票包括绿票和红票两种。绿票即农用地转用计划指标和城乡建设用地增减挂钩周转指标，红票即耕地占补平衡指标。绿票交易范围为宣州区区域，红票交易范围为宣城市市域。

用地挂钩指标交易总量实行计划调控，每年度交易指标量要根据年度用地计划、挂钩周转指标规模和经营性用地需求情况，合理确定。原则上不超过当年国家下达的新增建设用地计划的10%，[①]即1万～1.5万亩。[②]

但将重庆年度地票交易指标量限定在1万～1.5万亩的做法，不仅有碍于城乡建设用地增减挂钩指标与地票交易的并轨，而且也与要求主城区的经营性用地一律通过地票交易获得的规定不甚匹配。以2011年为例，按照《重庆市国土房管局关于公布实施重庆市2011年度主城区国有建设用地供应计划的通知》所显示的数据，2011年重庆市主城区国有建设用地供应计划总量为9600公顷，占全市年度计划总量50.79%。其中，主城区商服用地计划量462公顷，商品房用地计划量为1818公顷，两项总计为2280公顷(3.42万亩)。[③] 其实，2011年重庆农村土地交易所共成交地票5.2899万亩，也已超过当年国家

① 需要指出的是，2008年的报道显示，重庆对农村集体建设用地指标交易总量实行计划调控，原则上每年度指标交易量不超过本年度国家下达的城市建设用地计划的20%。参见王维博、郭晋嘉：《重庆副市长解读农村土地交易：年交易量20%以内》，载http://news.sina.com.cn/c/2008-09-04/135716232354.shtml，最后访问日期：2018年1月5日；董建国：《构建城乡统一的土地交易所管理机制》，载《中国国土资源报》2008年11月12日，第6版。但此后的相关报道却显示，原则上不超过当年国家下达的新增建设用地计划的10%。参见邓力：《重庆开启农村土地"地票"交易》，载《农民日报》2009年4月23日，第5版；张鹏、刘春鑫：《基于土地发展权与制度变迁视角的城乡土地地票交易探索——重庆模式分析》，载《经济体制改革》2010年第5期；王彦美、谷达华、牛德利、汪鹏：《重庆市地票交易中置换耕地折算方法研究》，载《国土资源科技管理》2010年第5期；尹珂、肖轶：《农村土地"地票"交易制度绩效分析——以重庆城乡统筹试验区为例》，载《农村经济》2011年第2期；谢来位：《成渝地票交易制度及其价格形成机制比较》，载《价格理论与实践》2011年第8期；池芳春：《通过宅基地地票交易筹措农村劳动力进城住房资金》，载《江苏农业科学》2012年第9期；陈春、冯长春、孙阳：《城乡建设用地置换运行机理研究——以重庆地票制度为例》，载《农村经济》2013年第3期。

② 重庆每年的新增城市建设用地指标约为10万～15万亩。

③ 依据《重庆市2012年度国有建设用地供应计划表》的数据，主城区商服用地计划量198公顷，商品房用地计划量为1818公顷，两项总计为1.7370亩(1158公顷)，仍然超过了1.5万亩。

下达给重庆的所谓的1万～1.5万亩限制。[1] 可见，在重庆目前的地票需求已达45万亩左右的背景下，[2]人为对年度地票交易的总量实行计划调控并不妥当。其实，成都就没有对建设用地指标交易的数量进行限制，甚至还规定，为满足建设用地地票的初始需求，政府可以以国家批准的规划建设用地规模为保证预先发行建设用地地票。

虽然政府控制年度地票交易量主要是为了控制城市建设和农村土地整治的步伐，因为大规模的地票交易就意味着农村土地整治步伐的加快和城市建设的提速。但必须看到，人为限制地票交易量其实并不科学：首先，对于城市建设而言，控制地票交易量并不能真正控制城市建设的步伐，反而会出现利用不当手段获取国家计划指标，甚至是先斩后奏，违规操作的结果。[3] 这一结局不仅容易引发腐败，而且也不利于实现城乡土地资源的优化配置，实现农村土地的增值。其次，土地复垦与土地整治步伐的加快有可能会导致出现违背农民意愿，使农民"被集中""被上楼"。但这是在地票生产过程不民主、不公开，地票交易价款分配不规范、不公正假设下的推论。一旦我们严格地票的生产环节，并对地票价款分配予以规范，则单纯地票交易量的增加其实并不会影响农民的利益。尤其是在严格征收范围，允许集体土地直接入市，且地方政府完全退出地票交易以后，地票交易已经与地方政府的收益，包括土地出让收益脱钩，因而地方政府也就失去了强制农民"集中"或"上楼"的动机。相反，此时若仍然采取对地票的年度交易总量进行控制的做法反而会给地方政府介入地票交易以余地，进而

---

① 实际上，早在2010年年初公布的《重庆市统筹城乡发展土地管理改革2010年工作方案》中，市国土房管局就将"扩大地票交易，2010年交易地票1.5万亩，力争达到2万亩，成交金额20亿元"作为第一项的重点任务。

② 杜远：《重庆地票四年》，载《经济观察报》2013年6月24日，第13版。

③ 参见汪晖、陶然：《论土地发展权转移与交易的"浙江模式"——制度起源、操作模式及其重要含义》，载《管理世界》2009年第8期。

诱发损害农民及其集体权利,甚至是“寻租”的风险。

三、地票交易的平台分析

地票交易平台是沟通地票供需,实现地票价值的场所。成都农村产权交易所和重庆农村土地交易所就是成渝两地进行地票交易的主要平台。

2009 年 12 月 29 日,成都市人民政府办公厅下发了《成都市人民政府办公厅关于印发〈成都农村产权交易所组建方案〉和〈成都市引导和鼓励农村产权入场交易暂行办法〉的通知》(成办发〔2009〕75 号),确定了成都农村产权交易所的组建方案、交易范围、组织机构设置等。2010 年 7 月 7 日,成都农村产权交易所有限责任公司正式注册成立(对外挂牌成都农村产权交易所)。目前,农村产权交易所的业务范围主要包括:(1)农村土地承包经营权、林权、农村房屋所有权、集体建设用地使用权、农村集体经济组织股权、农业类知识产权等农村产权的交易;(2)农村土地综合整治腾出的集体建设用地挂钩指标、占补平衡指标的交易;(3)农村相关资产处置等。

重庆农村土地交易所是 2008 年 12 月 4 日经重庆市政府批准挂牌成立的。它是由重庆市人民政府全额出资成立的非营利性事业单位法人,但实行现代企业化管理,并按照现代企业制度的要求,规范设置企业的法人治理结构。重庆农村土地交易所的法定职能是建立农村土地交易信息库(实物和指标)、发布交易信息、提供交易场所和办理交易事务。重庆农村土地交易所主要开展地票(建设用地复垦指标)、承包地经营权、林权、四荒地使用权、养殖水面经营权、农村集体经营性资产、集体经济组织股权、农业生产设施设备、小型水利设施使用权、农业知识产权、农业企业产权、农村产权抵押物处置、农村建设项目招标、产业项目招商及转让,集体经营性建设用地使用权、农村房屋交易及农业社会化服务等交易。为加强和规范对农村土地交易所的管理,重庆市人民政府还组建了市农村土地交易所监督管理委员会,由规划、国土、农业、林业、税务、工商、社保、金融、水利、建设等部门的负责人组成,负责农村土地交易所各项事务的指导、监督和管理。委员会下设办公室,负责对全市农村土地交易服务机构进行资质审查、核发用地指标等工作。为提高交易效率,降低交易成本,农村土地交易所在各区县设立了代理机构,就近受理相关业务,进行信息发布、登记造册等服务。当前,按照地票交易的流程,农民或村集体复垦出的指标均须报送农村土地交易所,而指标需求单位也必须通过农村土地交易所获得地票。①

不难发现,目前,成都农村产权交易和重庆农村土地交易所是成渝两地各自进行地票交易的唯一合法平台,而不允许进行地票的场外自由交易。《重庆农村土地交易所管理暂行办法》(渝府发〔2008〕127号)第24条第1项就明确规定:凡城乡建设用地挂钩指标交易,必须在农村土地交易所内进行。从理论上讲,禁止地票的场外交易其实并不具有合理性。以股票交易为例,场外交易其实是证券交易的最早形式,甚至曾是证券交易的唯一形式。作为"建设用地挂钩指标"票据化的交易,同样也应当允许进行场外交易。② 其实,从一定意义上讲,目前的城乡建设用地增减挂钩试点就与场外交易非常类似。③

---

① 按照《重庆市物价局关于农村土地交易服务收费正式标准的复函》(渝价函〔2011〕4号)规定,重庆农村土地交易所按指标交易额的1%向买方收取交易服务费。2015年2月开始,按照《重庆市人民政府办公厅关于公布重庆市减轻企业负担政策措施目录清单(第二批)的通知》(渝府办发〔2015〕29号)文件规定,重庆农村土地交易所按指标交易额的0.8%向买方收取交易服务费。

② 有论者指出,在地票二级市场尚未开放的情况下,各方对地票的现实需求逐渐催生了地票私下转让行为,转让方式主要包括临时拆借和协议转让两种类型。参见覃琳、胡渝清、叶涛:《浅谈地票交易二级市场构建问题》,载《江西农业学报》2014年第11期。

③ 这里主要是考虑到城乡建设用地增减挂钩试点是在交易所外进行的,故称为场外交易。但必须指出的是,城乡建设用地增减挂钩试点其实是行政主导的资源配置,其市场交易的属性很弱。

然而,必须指出的是,由于场内市场交易有标准的合约并被监管,而场外交易往往只是交易双方私下的协定,其透明度不太充分,并且考虑到农民及其集体的弱势以及在市场信息获取上的不充分、不对等情况,农民及其集体在私下的谈判能力其实并不乐观。所以,如果直接允许农民及其集体在场外直接进行交易很可能会损害农民及其集体的利益。比如有调查就显示,在农户承包地的自发流转中,价格就普遍低于每亩 400 ~ 600 元的正常流转价格。[①] 因此,如果要开放地票的场外交易,不仅需要加强农民的培训,同时还必须对地票的场内交易信息进行全方位的公开,以便让场外交易的双方全面、及时地了解地票交易的实时情况,进而可以在场外交易中做出符合市场行情的判断。因为及时、充分、有效的信息是市场条件下微观配置主体实现土地资源优化配置决策的必备条件。挂钩指标交易过程中,供给者和需求者的交易意向在信息不畅通的情况下,不仅会抑制供需的发生,不利于市场竞争,而且也必然导致双方搜寻成本的提高。[②] 也就是说,在市场经济条件下,交易信息公开是价格发现的基本条件。只有交易信息公开,并借助发达的传播媒介,市场参与者才能及时了解交易情况和价格变化,及时对价格的走势做出判断,进而调整自己的交易行为。[③]

然而,遗憾的是,当前各试点地区开展地票交易的相关信息公开却并不充分、及时。以重庆市为例,2015 年之前只有重庆市国土资源和房屋管理局和重庆农村土地交易所在各自的网站上设有地票交易

---

① 赵俊臣、赵海兰:《完善农民承包土地流转的价格形成机制研究》,载 http://cmzz.mca.gov.cn/article/gzyj/201201/20120100071245.shtml,最后访问日期:2018 年 1 月 5 日。

② 王婷:《城乡建设用地增减挂钩制度创新研究》,南京农业大学 2012 年博士学位论文,第 141 页。

③ 杜茎深:《指标市场的引入及其对地价形成的影响》,浙江大学 2013 年博士学位论文,第 137 页。

专栏。该专栏主要包含地票交易公告、价款直拨公示、价款直拨结果公告、价款直拨查询等内容，而对地票交易中最重要的信息——地票交易结果却没有提供。事实上，不仅地票的具体成交价格未有详细公开，而且针对地票价款使用情况甚至是被作为秘密进行处理的。比如，2010 年 4 月 19 日江津市国土房管局发布的《关于填报地票价款使用情况的紧急通知》就明确指出："《地票价款使用情况统计表》属秘密件，请严格按照涉密文件管理规定，做好登记和保密工作，填写后请将纸质和电子文件派人送至江津区惠农土地开发整理有限责任公司，不得从网上传送。"上述做法显然与地票交易市场所内容的信息公开要求严重不符。因此 2016 年实施的《重庆市地票管理办法》第 31 条开始明确规定：重庆农村土地交易所应当于同一批次公告地票全部成交并收齐价款后 5 个工作日内，在门户网站公布成交结果，并将成交时间、成交面积、成交总价、成交均价等信息通知地票申请出让人。地票初次交易的，还应当公示地票净收益的支付明细、复垦成本等信息，并委托区县（自治县）国土资源主管部门同步在复垦项目所在地村务信息公开栏等人口集中处组织公示，公示期不得少于 7 日。我们的调查也发现，自 2015 年开始，重庆农村土地交易所网站已经开始公示地票交易结果。[①] 重庆市的上述做法值得充分肯定。

相比重庆市的做法，成都市关于地票交易的信息更是付之阙如。比如，成都农村产权交易所网站上有关建设用地指标成交的公告仅发布过两次，[②]根本无法反映地票交易的真实情况。地票交易信息的严重缺乏不仅不利于地票交易价格的正常形成，而且也会影响地票生产的积极性。正如有论者所言，鉴于地票牵涉农民的切身利益，地票交

① 参见 http://www.ccle.cn/tzgg/dplgg/dpjyjggg，最后访问日期：2018 年 1 月 5 日。

② 参见 http://www.cdaee.com/notice/list.php? cid = 50，最后访问日期：2018 年 1 月 5 日。

易的不透明并不利于争取农民的理解和支持，因此有关部门应当争取通过更为便捷的渠道，及时、全面地公开地票交易的信息。①

四、地票交易的方式分析

将复垦出的建设用地指标经由市场进行交易，而非通过土地规划纳入到土地利用年度计划当中是地票交易制度市场化改革的主要体现。因此，地票的交易方式也应当采取市场化的模式进行设计。但是成渝两地的地票交易方式的市场化程度却仍不充分。以重庆市为例，目前的地票交易方式至少要受到两方面的限制：一是地票的供给由农村土地交易所垄断，地票交易必须在重庆农村土地交易所规定的方式和时间进行，实际的地票交易双方无法自由选择交易方式与交易时点；二是重庆农村土地交易所所交易的是经过"打包"后的指标，交易多采取总价优先的竞争规则进行，这就会导致当事人通过影响"打包"方式来影响地票价格和交易秩序的问题。

与城市土地一级市场类似，成渝两地的地票交易市场也由政府垄断供给，需求者要获得地票，必须在农村土地交易所发布公告之后，在规定的时间按程序参与交易。政府对于地票供给的垄断虽然可以起到调控市场规模和掌握供给节奏的作用，但这显然是与地票交易制度所追求的市场化运作的目标相背离的。实际上，由于地票交易所买卖的仅仅是用地指标，而并不对应于具体的地块，因此只要控制好指标使用的环节，其实就不会出现浪费土地资源的问题。相反，人为的控制交易的方式和时间，反而会影响农民和地票竞买方的利益。从重庆市的地票交易来看，地票的成交价格已经从最初的8.02万元/亩一路上涨，目前已经超过了30万元/亩。对于参与地票交易的农民来讲，

① 参见冯桂：《重庆地票制度的价值及其对城乡一体化改革的启示》，载《国家行政学院学报》2014年第1期。

为什么他的复垦指标是在地票交易价格低点进入的？而对于地票竞买方而言，为什么他们不能按照自己的需要和资金情况自主决定地票的购买时间呢？显然，上述质问已经反映出地票交易主体对政府控制交易时间和规模的不满。其实，只有放开政府对于地票供应的过度管制，转由地票交易的双方自主决定交易的时间和规模，这样才符合市场原则，才不会出现交易双方被迫参与交易的问题。

实际上，政府设立的交易所根本无力代替市场的供需平衡机制，也不能敏感发现市场需求的变化，对于价格敏感的地票交易双方才是决定供需量和供应时间的最佳主体。因此在下一步的改革中，应当进一步明确交易所的定位，将其职能限定为交易的中介平台，仅收取交易中介服务费用，不对具体的交易时间和规模进行管制。在此原则下，交易所仅充当供需信息发布的平台，并为农民及其集体提供信息咨询服务。具体的地票交易则完全由交易双方自主进行。当然，在农民缺乏谈判技巧的背景下，如果在短期内地票供给量剧增，地票的成交价格就可能会下降。但正如有论者所指出的那样，这实际上是市场发育的一个必经阶段。待后期市场成熟以后，完善的市场机制和大量进行的交易活动将会客观发现地票的真实价格。①

重庆农村土地交易所自第10场地票交易会开始也曾尝试采用单价优先的方式进行拍卖，即以亩为单位价格，竞拍者胜出后再决定所购地票的亩数，剩余的地票进入下一轮竞拍。但目前单价优先这一方式在地票交易中并未占据支配地位，成渝两地的地票交易仍然主要是采取总价优先的交易规则。以2011年4月24日重庆农村土地交易所开展地票交易为例，此次上市交易的6600亩地票被分成了8份，其中1000亩6份、500亩1份、100亩1份。这种不对单个指标进行交

---

① 褚刚：《重庆市地票交易制度研究》，中国人民大学2011年硕士学位论文，第59～60页。

易,而是将指标进行“打包”然后再进行交易的做法不仅有损于交易双方的利益,而且也会影响地票交易秩序。

首先,对于农村建设用地的权利人而言,指标的“打包”方式将影响其最终收益。以2008年12月10日重庆农村土地交易所拍卖的两宗地票为例,其中,08001号地票(300亩建设用地指标)的成交单价为8.53万元/亩,而08002号地票(800亩建设用地指标)的成交单价为8.02万元/亩。现假设某土地权利人将农村建设用地复垦为1亩耕地,则经过验收后,该土地权利人就获得了1亩城镇建设用地指标。但是由于交易所进行交易的标的是经过“打包”后的“地票”,而非单个的指标,因此如果该1亩城镇建设用地指标被“打包”到08001号地票,则其最终成交价格为8.53万元;但如果该1亩城镇建设用地指标被“打包”到了08002号地票,则其最终成交价格为8.02万元。两种不同的“打包”方式导致单个指标在最终成交价格上出现了0.51万元的差价。然而,对于地票的供给者——农民或农民集体来说,经过复垦折算出的地票面积都具有相同性质,有着同样的功能。所以,地票的成交价格仅仅是因为“打包”方式的不同而受到影响其实是不合理的。①

其次,指标的“打包”方式还会影响到地票的交易价格,从而直接对地票竞购方的利益产生影响。由于在总价优先的交易方式中,竞购方是不能按照自己的意愿来决定某张地票所包含的具体指标数量的,因而,竞购方竞购的某一地票所包含的具体指标数量与其实际需要的指标数量并不能保证完全相符,这就会使“地票”有沦为“鸡肋”的可能。而且,如果交易所“人为”地将众多的指标“打包”成一张地票,那么由于该用地指标过大,甚至已经远远超出了一些竞购方的实际需

① 黄忠:《浅议“地票”风险》,载《中国土地》2009年第9期。

要，那就很可能会将一些建设项目小、用地面积不大的竞购方排除在地票交易之外，从而使该地票成为只适合某些竞购方的“专用品”。从已经完成的地票交易来看，上千亩一单的地票大都落入了诸如“八大投”这些国有单位手中。据统计，目前地票购买者中国有土地储备机构购买了约一半的地票，[①]而真正的市场需求主体——民营企业购买的地票只占成交总量的21%。可见不合理的“打包”方式不仅扰乱了地票交易市场秩序，而且还严重地挫伤了需求主体充分参与地票交易的积极性。[②] 相反，每当地票每单规模低于1000亩则都会获得市场的追捧。比如，重庆农村土地交易所成交的最高一笔地票就是一笔几十亩的交易，该笔交易每亩成交价格达到了30多万元。可见，采取单价优先的交易方式不仅会吸引更多的竞买方，而且还可以提升单亩地票的成交价格，有利于提高农民及其集体的财产性收益。

正是由于指标的“打包”方式对于农村建设用地权利人和地票竞购方的利益都有重大影响，因此具体的“打包”方式也就必然会成为各利益方竞相“活动”的对象。然而，由于农村建设用地权利人的天然弱势和分散性，因而在实际交易中，农村建设用地权利人的“活动能力”显然不如竞购方。我们可以预见，地票的“打包”方式，以及由此而导致的地票交易价格，在很大程度上将会受到某些实力竞购方的影响。而且，在实践中，甚至还可能会出现通过精心设计打包方式，为某一竞购方“特制”一张专门地票，从而使得该地票在交易中只有一个竞购者，进而产生该竞购方可以按基准价成交的问题。[③] 可见，总价优先的交易规则存在重大的制度风险，应当予以废除，而改采单价

---

① 仅以2015年的重庆地票交易为例，土地储备机构和园区建设单位两者合计购得地票面积占全年交易总量的78.65%。

② 钟杨：《重庆地票交易制度风险防控研究》，西南大学2012年硕士学位论文，第44页。

③ 黄忠：《浅议“地票”风险》，载《中国土地》2009年第9期。

优先、时间优先的交易方式。

五、地票交易的价格分析

价格是市场中最重要的要素，它是反映商品价值和市场供求的核心要素。一切商品的价值都要通过价格来表现。价格是否与价值相符，直接关系到各参与者的切身经济利益，而价格的变动又直接影响供需双方的行为和商品的供求，进而影响整个交易的开展。因此，作为综合衡量指标稀缺性与土地产权关系的重要指数，如何科学合理的确定地票价格始终是地票交易机制的核心内容。[①]

理论上讲，地票的价格有基准价格、成交价格和资产价格三类。所谓的基准价格是重庆农村土地交易所制定的，用于指导城乡建设用地挂钩指标交易的价格。在重庆农村土地交易所发布的地票交易公告中，并没有规定地票交易基准价格，取而代之的是起拍价格。[②] 所谓的成交价格是指在地票交易中的最终竞买成功时的价格。资产价格是指地票成交价格减去新增建设用地土地有偿使用费和耕地开垦费后的价格，这构成了地票承让方为地票这一"资产"所支付的成本。由于资产价格是基于成交价格扣除后的结果，因此，需要重点讨论的应当是基准价格和成交价格。

房地产交易中的基准价格通常是作为防止因房地产交易价格偏低而造成税收流失，保障国家税收收入的工具。但由于目前尚未就地票交易的收入征税，并且现有的地票交易完全采取的是场内交易方式，因此地票交易的基准价格并无作为计税参考的功能。按照《重庆农村土地交易所管理暂行办法》（渝府发〔2008〕127 号）第 25 条的规

---

① 参见王婷：《城乡建设用地增减挂钩制度创新研究》，南京农业大学 2012 年博士学位论文，第 129 页。

② 参见张泽梅：《重庆地票交易价格问题研究》，载《社会科学研究》2012 年第 6 期。

定，重庆市人民政府在综合考虑耕地开垦费、新增建设用地土地有偿使用费等因素的基础上，制定全市统一的城乡建设用地挂钩指标基准交易价格。[①] 可见，基准价格其实是一项管理工具，主要用于指导地票交易的开展，保护农民及其集体利益不因其较弱的议价能力而受到损害。同时也是为了平衡土地复垦工作的资金供应，为农村土地复垦工作的进行提供资金保障。[②]

由于地票的基准价格就是地票的最低保护价，因此地票基准价格的确定事关重大。那么地票的基准价格又是如何确定的呢？按照马克思的价值理论，商品价格由价值决定，并受供求关系影响，在二者共同作用下形成市场价格。因此，地票交易的价格是由地票本身的价值决定，并受地票供求关系的影响。所谓地票的价值即地票对于购买者的积极意义和有用性。按照《重庆农村土地交易所管理暂行办法》（渝府发〔2008〕127 号）第 27 条和《重庆市地票管理办法》第 36 条的规定，指标购买的主要用途包括两个方面：一是增加等量城镇建设用地；二是指标落地时，冲抵新增建设用地有偿使用费和耕地开垦费。[③]

增加等量城镇建设用地的功能主要是从地票购买者角度来看的。由于我国的《土地管理法》实行了耕地保护和用途管制政策，每一宗建设用地的使用必须符合土地利用规划，且在年度土地利用计划内。而省级政府根据国务院下达的年度土地利用计划指标分解下达到各市的计划指标是刚性的，年度内各地不得突破。[④] 这使用地指标不仅

---

① 《重庆市地票管理办法》第 21 条规定：市国土资源主管部门应当制定并公布地票交易最低保护价格。地票交易起始价格不得低于最低保护价格。

② 有论者指出，目前的地票定价除了力求农民不受损失外，并没有真正可以让人信服的理论依据。参见李南洁：《地票价格探析：基于耕地价格的思考》，载《西部论坛》2013 年第 3 期。

③ 按照《重庆市地票管理办法》的规定，地票还具有空间调整的功能和有价凭证的功能。

④ 参见杨蕾：《浅析国有土地使用权出让价格的形成》，载《齐鲁珠坛》2010 年第 6 期。

成为了进行具体的开发建设的前提条件，而且还非常稀缺。通过地票交易，地票持有者可以在国家每年下达的有限计划指标以外增加相应面积的城镇建设用地的“资格”，[①]进而为原本无法从事建设开发的土地增设了开发建设的权利。就此而言，地票持有者从地票申让方购买到的其实是农村宅基地和农村集体建设用地复垦为耕地后释放出的“发展权”。也就是说，由于农民和农村集体退出闲置宅基地或农村集体建设用地并整理成耕地后，因用途限定只能维持农业耕作而不能随意改变用途，且不得再申请新宅基地，因此农民和农村集体就失去了将耕地改变为建设用地并获得相应收益的土地发展权利。[②]《重庆市地票管理办法》第9条第3项还专门规定：“农户的宅基地复垦后，不得新申请宅基地。确因法定情形需新申请宅基地的，应当以有偿方式取得。”相反，地票落地使用后就意味着其他地区的农用地或未利用地转为了建设用地，而一旦农用地或未利用地转为了新增建设用地，那就意味着土地价值的巨增。因此，新增建设用地指标就成为稀缺资源，具有极大的经济价值。[③] 可见，地票的价值其实是源于新增建设用地级差地租中的经济价值，它是对农地非农化下土地发展权收益的部分分割。[④] 以重庆为例，由于地票生产地主要在“两翼”，而地票落地区主要在“一圈”。“两翼”地区的复垦地块用途由建设用地变为耕地，土地预期收益就会减少；“一圈”地区的建新地块用途由耕地

---

① 刘朝旭、雷国平：《重庆地票制度施行中存在的问题与对策》，载《西部论坛》2011年第1期。

② 王婷：《城乡建设用地增减挂钩制度创新研究》，南京农业大学2012年博士学位论文，第132页。

③ 参见杨俊锋：《中国土地配置基本制度的法律解读与改革》，载《学术月刊》2014年第8期。

④ 参见王婷：《城乡建设用地增减挂钩制度创新研究》，南京农业大学2012年博士学位论文，第130页；谭林丽、刘锐：《城乡建设用地增减挂钩：政策性质及实践逻辑》，载《南京农业大学学报》（社会科学版）2014年第5期。

变为建设用地，土地预期收益显著增加。① 在我国现行的土地管理制度背景下，地票的价值是客观存在的，并通过近郊地块的征收转用后实现。因此，探讨地票的价格必须从近郊地块征收转用前后的价格入手。② 就此而言，地票的价格主要取决于用地指标落地使用后所产生的收益大小。因此，在确定地票基准价格时理应将农村土地发展权的补偿价格也计算在内。③

然而，要想精确衡量用地指标究竟能带来多少价值量却是一件困难的事。因为用地指标所带来的经济效益，是用地指标形成的土地发展权、被征土地的农地发展权和市地发展权等多种权利综合作用的结果。用地指标只是土地开发的起点，从指标的落地到土地征用再到完成土地开发并出售，才最终形成土地价格并带来收益，仅仅是指标的落地而没有后面的征用开发与出售，指标的价值是无法体现的。而且，地票购买者其实并不限于房地产企业，同时地票的落地区域也有不同，因此仅仅以某地区的房地产成本来反推地票价格可能对其他行业和地区的地票购买者不公平。此外，即使是就房地产企业而言，房地产项目的开发成本构成具有复杂性、隐蔽性，甚至不可测量性。④ 因此，要想从新增建设用地开发的经济价值中分离出挂钩指标的价值比较困难，也不太可能。⑤ 而且，不同地票因为落地区域的不同，因此其最终形成的增值效果必然是有差异的。比如，重庆的地票价格在

---

① 邱继勤、邱道持：《重庆农村土地交易所地票定价机制探讨》，载《中国土地科学》2011 年第 10 期。

② 李南洁：《地票价格探析：基于耕地价格的思考》，载《西部论坛》2013 年第 3 期。

③ 参见邱继勤、邱道持：《重庆农村土地交易所地票定价机制探讨》，载《中国土地科学》2011 年第 10 期。

④ 有论者提出，地票价格可以采取倒算的方式，从房地产总售价中减去土地价格、房屋建造成本、管理费用、投资利息、销售税费以及合理利润之后的余值。参见杜茎深：《指标市场的引入及其对地价形成的影响》，浙江大学 2013 年博士学位论文，第 130 ~ 132 页。

⑤ 王婷：《城乡建设用地增减挂钩制度创新研究》，南京农业大学 2012 年博士学位论文，第 130 页。

20 万元/亩左右，而浙江的挂钩指标价格则达到 100 万元/亩。

相比之下，基于生产费用，从成本角度评估地票的基准价格可能是一种可行的办法。所谓的成本定价是指卖方愿意接受的最低价格。这一价格通常不能低于其为生产该指标而花费的代价，如果低于该代价，他就会因为亏本而宁愿选择不交易。① 冲抵新增建设用地有偿使用费和耕地开垦费就是从地票的生产成本角度来考虑的。比如，成都市的地票交易制度就规定，参加成都市国有经营性建设用地使用权竞买的竞买人既可以在成都农村产权交易所购买相应面积的建设用地指标，也可以通过农村土地综合整治直接获取建设用地指标。由此可见，购买建设用地指标与直接进行农村土地综合整治是等效的。事实上，从成渝两地的地票基准价格的形成机制上来看，基准价格的形成机制也都是采取了成本定价的方法，主要考虑的是地票形成所产生的各项费用，通过成本核算来最终完成基准价格的制定。比如，目前重庆地票实行每亩 17.8 万元的最低交易保护价，就是参考地票生产成本、新增建设用地有偿使用费、耕地复垦费等多种因素，综合考虑农民利益保护与地票落地区域的经济承受能力而制定的。②

但是，成本定价方法其实是不能完全反映出地票真正价值的。③ 一如前述，地票的真正价值在于代替新增建设占用的耕地承担了耕地保护的外部性，并由此而带来了经济收益。④ 因此无论用地指标生产

① 王婷：《城乡建设用地增减挂钩制度创新研究》，南京农业大学 2012 年博士学位论文，第 130 页。

② 参见黄奇帆：《地票制度实验与效果——重庆土地交易制度创新之思考》，载《学习时报》2015 年 5 月 4 日；重庆市人大农业与农村委员会：《关于我市地票交易成交价款分配及农民受益情况的调查报告》，载《重庆人大调研》2010 年第 7 期。

③ 孟明毅：《安徽许庄的"地票"试验》，载《中国经济报告》2015 年第 9 期。

④ 如果将建设用地复垦为耕地后的美学价值、生态价值和旅游价值也计算在内，则地票的价值内涵就更为丰富，也更为复杂。参见萧景楷：《农地环境保育效益之评价》，载《水土保持研究》1999 年第 3 期；钱忠好：《中国农地保护：理论与政策分析》，载《管理世界》2003 年第 10 期。

成本如何，真正决定其价格高低的还主要是地票落地后能产生并能转移到购买者手中的剩余价值量的大小，是购买者愿意支付的对未来预期收益评价的价格。[①] 也就是说，对地票的收益分配不仅要对农民和农村集体进行发展权的补偿，还应将地票落地区的土地增值收益考虑进来，而不是目前形成的地票落地与生产两分离的收益分配格局。[②]否则的话，在目前的土地制度下，地票落地后产生的土地增值收益就会被落入地的政府独自享有，使该地方政府成为地票交易中的最大利益主体，[③]而作为地票供给主体的农民及其集体却无法享受增值收益分配权。[④] 事实上，正是由于地方政府和农民在地票交易制度中所获收益的出发点是不同的，因而也就势必导致地方政府在地票交易中主要关心的是地票能否成交，而对地票究竟以什么价格成交价格则并不在意。[⑤]

而且，目前地票的基准价格中对土地发展权取得成本的测算所采取的是一种政府指令下的定额标准。因为土地发展权取得成本中最重要的部分，即对农民和农村集体退出农村建设用地的补偿是固定额度的一刀切式补偿，其宅基地使用权和房屋所有权的补偿并不是正常的市场价格，也没有或者较少对农民和农村集体进行发展权的补偿。可见，地票基准价格的确定仍然缺乏充分的市场作用，存在价格偏低

① 王婷：《城乡建设用地增减挂钩制度创新研究》，南京农业大学 2012 年博士学位论文，第 131 页。

② 参见王婷：《城乡建设用地增减挂钩制度创新研究》，南京农业大学 2012 年博士学位论文，第 149 页；马敏达、王晓燕、马智利：《地票价格形成机制及影响因素分析》，载《世界科技研究与发展》2014 年第 4 期。

③ 黄贻芳：《农村宅基地退出中农民权益保护问题研究——以城乡建设用地增减挂钩政策为背景》，华中农业大学 2014 年博士学位论文，第 44 页。

④ 参见黄美均、诸培新：《完善重庆地票制度的思考——基于地票性质及功能的视角》，载《中国土地科学》2013 年第 6 期。

⑤ 孟卫东、熊欢：《基于博弈论的重庆地票价格与收益分配问题研究》，载《生态经济》2015 年第 4 期。

的可能。[①] 因此,我们建议政府应当在严格限制征收范围,开放集体建设用地市场后,以地票的生产成本为基础,并参考地票的成交价格,及时对地票的基准价格进行调整,以适应市场的变化,并真正体现地票的价值。

与基准价格不同,地票的成交价格则是通过市场形成的。市场价格是指一项资产在市场上实际所值的价格。通常而言,在信息充分、交易自由的前提下,市场自发形成的价格应当被推定为公允价值(fair value)。不过,由于土地不同于普通商品,其具有稀缺性和不可再生性,因此就存在是否需要对市场交易的价格进行政府干预的问题。特别是随着地票交易的不断开展,地票的成交单价也一路走高,从最初的 8.02 万元已经攀升到 34 万元。由于地票的成交价格决定了地票的资产价格,进而会构成地票持有者的一项开发成本。以 2008 年 12 月 10 日重庆农村土地交易所拍卖的两宗地票为例,第一张地票的成交价为每亩 8.53 万元,第二张地票的成交价每亩 8.25 万元。而目前重庆主城六区的新增建设用地土地有偿使用费和耕地开垦费标准是 7.33万元/亩。因而,第一张地票的持有人在扣除新增建设用地土地有偿使用费和耕地开垦费后,仍然有 1.2 万元/亩无法抵充的支出;而第二张地票的持有人也有 0.92 万元/亩无法抵充的成本。如果按照目前的最高成交单价 34 万元来计算,则会出现 26.67 万元/亩无法抵充的成本。显然,对于房地产开发企业而言,这笔支出必将构成房地产开发的成本并与土地出让金一道进行转嫁。可见,地票交易有推动房价上涨之嫌。由于房价的问题关涉民生大政,因此随着地票成交价

---

① 王婷:《城乡建设用地增减挂钩制度创新研究》,南京农业大学 2012 年博士学位论文,第 148 页。

格的攀升,是否需要对地票成交价格进行限制就成了问题。[①]

在我们看来,地票的成交价格原则上应由市场自由形成,政府除了基于农民及其集体利益维护的需要而制定基准价格,进而采取最低价格保护政策以外,不宜采取最高价格的方式来限制地票的成交价格。从优化资源配置的角度来讲,因为成交价格的攀升导致地票资产价格的升高应当属于对建设用地指标这一稀缺资源价格的发现,有利于最大限度地增加农民收益。至于由此而增加了房地产开发成本,甚至会拉升房价的问题,则应当从更为宏观的视角进行看待。首先,目前重庆的地票资产价格占房地产开发成本的比例极小,地票价格在房价中的所占成本还不到1%,尚不足以因此而导致房价的提升。我们以重庆主城区土地出让成本为例,2010 年土地出让平均每平方米楼面成本为 2153 元,按 3.0 的容积率估算,目前每亩地票价款换算到每平方米商品房楼面成本上仅为 65 元。[②] 可见,地票价格对房地产开发成本的影响微乎其微,现阶段的地票成交价格还不足以成为房价过快上升的推手。其次,地票的交易增加了城市建设用地的数量,从而在一定程度上可以增加房屋的供应,因此地票成交价中无法冲抵的支出还可能通过城市建设用地数量的增加来得到部分抵消。最后,人为限制地票的成交价格,不仅不利于土地资源的优化配置,而且也有损于农民的合法利益。有论者发现,即使重庆地票的成交价格在目前的基础上再上升一倍,其占商品房开发楼面成本的比重大致只会达到6%,按土地成本在开发综合成本中占 1/3 的比重测算,地票成本仅占开发综合成本的 2%,因此根本就不会对商品房售价产生大的影响。[③]

① 刘云生、黄忠:《重庆地票交易制度创新面临的几个问题》,载《决策导刊》2010 年第 8 期。

② 黄忠:《地票制度呼唤顶层制度支持》,载《中国土地》2011 年第 12 期。

③ 同上。

但是地票价格若上升1倍,农民及其集体的收益就可以提升1倍。因此,我们认为,即使因为地票交易价格的提升而增加了房价,那也应当将其视为是对目前政府“低征高出”之现状的反对,是对农村土地资产价格的重新发现,是我国二元体制对农村、农民利益之剥夺的一种补偿。更为重要的是,由于在目前实施的地票交易制度过程中,地方政府和农民获得收益的来源其实是存在差异:地方政府的利益来源于地票成交落地使用后获得的城镇建设用地的土地出让金,而个体农民的主要收入则源自地票最终的拍卖成交价。上述差异就必然导致在目前的地票交易过程中地方政府主要关心的是地票能否成功拍卖成交,而非地票拍卖的最终成交价格。[①] 显然,在此背景下,就更不能对地票交易的市场价格进行政府干预了。

当然,在市场环境下,不同场次的地票成交价格可能会出现波动,从而导致不同时期通过地票交易所获收益出现差异的问题。对此的一个解决方案是借鉴土地发展权转让银行的做法,设立地票银行制度。在地票生产验收合格后,地票生产者可将该地票存入地票银行,然后由地票银行按照当期成交价格结算后,按照持票人的具体地票份额定期支付地票收益价款。这样的做法不仅可以细水长流,让农民及其集体获得稳定和长期的土地收益,同时也可以稳定地票交易的数量,保证市场供求关系的相对平衡。[②]

---

① 孟卫东、熊欢:《基于博弈论的重庆地票价格与收益分配问题研究》,载《生态经济》2015年第4期。

② 陶晓龙:《地票:城乡建设土地供给机制创新》,载《重庆国土资源》2015年第3期。

第六章　地票价款的分配制度研究

任何改革的实质都是利益分配关系的重新确认和利益分配格局的重新调整，地票交易制度的改革亦不例外：按照地票交易制度的设计初衷，地票交易除了要实现土地资源的优化配置，更要力图增加农民，特别是偏远区县农民及其集体的收益，助力城市反哺农村战略的实施。实际上，不论是城中村的形成，抑或是小产权房的出现，这实际上都是农民及其集体与政府和开发商争夺土地收益，进而分享城市化、工业化收益的手段而已。[①] 因为在现行制度之下，农民集体土地进入市场实行先征后用的政策，必须先将农民集体土地转为国有土地，在此农民及其集体所获得的只有征地补偿款，土地征收后产生的巨额级差收益则被政府，尤其是地方政府拿走，形成所谓的“土地财政”。而地方政府在自

① 江华、杨秀琴：《农村集体建设用地流转——制度变迁与绩效评价》，中国经济出版社 2011 年版，第 99 页。

利动机的诱惑下，就会倾向滥用其行政权力和垄断地位以不正当分享甚至完全剥夺集体土地所有权的手段来聚敛财富。①

由于先征后用政策是现行法的一项明确要求，②《城市房地产管理法》第 9 条就明确规定："城市规划区内的集体所有的土地，经依法征用转为国有土地后，该幅国有土地的使用权方可有偿出让。"③因此，从制度变迁的角度来看，地票交易制度实际上是对征地模式下土地收益分配模式的改进。所以，有必要先从征地制度入手，来认识地票交易制度对于征地制度改革的意义，并进一步思考优化地票收益分配的实体和程序规则问题。

一、征地模式下的土地收益分配模式及其检讨

(一)征地模式下的土地收益的分配模式

工业化、城市化是我国实现现代化的基本途径。它是一个包括土地在内的生产要素的聚集过程，因此在工业化、城市化进程中，必然伴

---

① 参见周其仁：《中国农村改革：国家和所有权关系的变化——一个经济变迁史的问题》，载《中国社会科学》1994 年第 2 期。

② 正是由于这一规定，所以有学者批评一些地方的集体土地入市的改革试点存在违法之嫌。参见程雪阳：《深圳"农地入市"：违法的改革》，载 http://www.aisixiang.com/data/71074.html，最后访问日期：2018 年 1 月 5 日。不过值得关注的是，2015 年 2 月 27 日，全国人民代表大会常务委员会通过决定，授权国务院在北京市大兴区等三十三个试点县(市、区)行政区域暂时调整实施《中华人民共和国土地管理法》《中华人民共和国城市房地产管理法》中关于农村土地征收、集体经营性建设用地入市、宅基地管理制度的有关规定。按照决定，在 2017 年 12 月 31 日之前，上述试点地区可以暂时调整实施集体建设用地使用权不得出让等规定。在符合规划、用途管制和依法取得的前提下，允许存量农村集体经营性建设用地使用权出让、租赁、入股，实行与国有建设用地使用权同等入市、同权同价。这一决定使得在试点地区的相关改革具有了合法性。

③ 为贯彻执行本条对城市规划区建设用地规定的先征后用原则，1998 年修订通过的《土地管理法》第 43 条和第 63 条又分别就农民集体所有建设用地使用权制度的适用范围与农民集体所有建设用地使用权之设定方式及使用权之流转规定了极为严格的限制。参见李开国：《论我国城市建设用地的先征后用原则——以公平和效益为视角》，载《现代法学》2007 年第 2 期。

随着农村土地的转换,但是在我国,截至目前,这个转换过程是经由征地模式来完成的。[①]

所谓征地模式就是指只要涉及农用地变为建设用地,就要通过政府征地,任何单位的建设用地原则上都要申请使用国有土地。这一模式使得政府成为农用地变为建设用地的唯一决定者,成为城市土地一级市场的唯一供应商。[②] 换言之,在我国,任何单位和个人进行建设需要使用土地的,原则上都必须依法申请使用国有土地。按照《土地管理法》第43条的规定,农村集体建设用地只能限于农村村民住宅建设、乡镇企业建设、乡(镇)村公共设施和公益事业建设四种目的之内,且不能进行自由流转。由此就必然使得农村集体建设用地的价值的实现受到极大的禁锢:就宅基地建设而言,农户获得的只是一个无偿无期的宅基地使用权,并无法进行变现,乡镇企业虽然可以让农村集体通过土地获得一定现金收益,但基于其范围的限制和禁止主动流转的规定,其土地利益的实现仍然相当有限。[③]

不难发现,《土地管理法》第43条的限制性规定基本上剥夺了作为农村集体建设用地所有权人和使用权人的农村集体和农户直接通过市场方式获得土地收益的可能。在目前的制度安排下,农村集体建设用地经济价值的实现只能以征收为前提。在征地模式之下,国家首先通过征收将农村集体建设用地转为国有建设用地,然后通过市场化

---

① 张合林:《中国城乡统一土地市场理论与制度创新研究》,经济科学出版社2008年版,第1页。

② 蒋省三、刘守英、李青:《中国土地政策改革:政策演进与地方实施》,上海三联书店2010年版,第6页。

③ 现行法仍禁止乡镇企业建设用地使用权主动进行流转,而仅仅承认两条被动流转途径:一是土地使用权因乡镇企业破产、兼并等情形而转移;二是因乡镇企业厂房抵押而导致其占用范围内的土地使用权同时抵押。这种只允许被动流转的做法显然不利于土地资源价格的形成。参见王卫国、王广华主编:《中国土地权利的法制建设》,中国政法大学出版社2002年版,第136页。

手段进行出让,[1]实现土地收益。这里所谓的收益是指农村集体土地经国家批准转为城市用地后,在土地征收过程中获得的报酬。从广义上讲,这个报酬既包括租、税、费形式获得的经济收益,也包括解决就业、改变城市基础设施等获得的社会收益,同时还包括美化环境等生态收益。而狭义的土地征收中的收益仅指经济意义上的收益。[2] 考虑到社会效益的附带性和生态效益的难以计算性,这里所指的土地收益是在狭义上使用的,仅指经济收益。

在土地征收模式下,土地的经济收益包括租、税、费三种。在我国目前税制体系中与土地直接相关的税种主要有土地开发环节的耕地占用税[3]、土地保有环节的土地使用税[4]和土地转让环节的土地增值税。[5] 而以费的形式表现的土地收益主要包括两部分:(1)在土地征收、征用过程中,收取新菜地开发基金、水利建设基金、土地管理费、耕

---

① 除了出让外,我国国有土地的供给方式还包括划拨、租赁、入股、授权经营等。但在实践中,主要还是划拨和出让。参见史久武:《关于土地供给方式的研讨》,载 http://www.chinaelections.org/NewsInfo.asp? NewsID=46366,最后访问日期:2018 年 1 月 5 日。但因为划拨用地并不直接涉及土地收益的分配问题,因此本文对此不予展开。参见王小映、贺明玉、高永:《我国农地转用中的土地收益分配实证研究——基于昆山、桐城、新都三地的抽样调查分析》,载《管理世界》2006 年第 5 期。并且,严格意义上的划拨用地属于公共利益的范围,因而是可以通过征收方式获得土地的。

② 张安录、匡爱民、王一兵等:《征地补偿费分配制度研究》,科学出版社 2010 年版,第 40 页。

③ 1987 年我国开始征收耕地占用税。耕地占用税由具体负责办理土地征收的县、市政府负责征收并安排使用,专项用于农业综合开发。耕地占用税以纳税人实际占用的耕地面积计税,按照规定,税额一次性征收,其实行定额税率,税率为 1~8 元/平方米。

④ 土地使用税的前身是土地使用费。20 世纪 80 年代初,深圳经济特区、抚顺市、广州市先后按不同等级向土地使用者收取不同标准的使用费。1987 年开始,征收土地使用费在全国主要城市全面推开。当时的土地使用费作为地方税的一个变种,主要用于地方城镇建设和维护,而中央并未参与土地使用费的分成。1988 年 11 月实施的《城镇土地使用税暂行条例》,将土地使用费改为土地使用税。城镇土地使用税实行分类分级的幅度定额税率,其税率为 0.2~10 元/平方米。1994 年实行分税制改革后,土地使用税全部划归到地方政府。

⑤ 土地增值税的课税对象为有偿转让房地产所取得的土地增值额。土地增值税采取四级超率累进税率,税率分别为 30%、40%、50% 和 60%。

地开垦费、土地复垦费、征地代办费、勘丈费等;(2)在土地开发环节中,收取城市基础设施配套补偿费、放线验线费、固体垃圾处理费、施工图与抗震审查费、消防审查费等。[①] 地租作为土地收益的主要形式,其具体内容是由土地有偿使用的具体方式决定的。目前,我国国有土地有偿使用方式包括国有土地使用权出让、国有土地租赁和国有土地使用权作价出资(入股)。与此相对应,我国土地收益包括国有土地使用权出让收入、国有土地使用权租赁租金、国有土地使用权作价出资(入股)或授权经营所获得的分红等形式。[②] 由于目前土地收益中90%以上都来自土地出让收入。[③] 数据显示,2010年国有土地使用权出让收入2.9万亿元,占地方政府性基金收入的89%、全国财政收入的35%。[④] 因此,我们将主要以土地使用权出让收入的分配为例来分析征收模式下土地收益的分配格局。

土地出让收入是市、县人民政府依据《土地管理法》《城市房地产管理法》等有关法律法规和国家有关政策规定,以土地所有者身份出让国有土地使用权所取得的收入,主要包括招标、拍卖、挂牌和协议方式出让土地取得的收入。我国向城镇国有土地使用者征费的制度始于1987年。当时,深圳特区率先试行土地使用权批租,冲破了行政手段的束缚,引入市场机制,土地使用者通过竞争并支付地价款才能获得土地使用权。1989年5月,国务院出台了《关于加强国有土地使用权有偿出让收入管理的通知》(国发〔1989〕38号),规定凡进行国有土地使用权有偿出让的地区,其出让收入必须上缴财政,其中40%上

① 邓宏乾:《公共财政视角下的土地收益分配改革》,载《江海学刊》2007年第3期。

② 张立彦:《中国政府土地收益制度研究》,中国财政经济出版社2010年版,第15页。

③ 张立彦:《中国政府土地收益制度研究》,中国财政经济出版社2010年版,第125页。

④ 据财政部公布的2014年财政收支情况显示:地方一般公共财政收入(本级)7.59万亿元,其中国有土地使用权出让收入4.26万亿元。可见,地方卖地收入已超过地方公共财政收入的一半。

缴中央财政,60% 留归地方财政。两者都主要用于城市建设和土地开发,专款专用。两个月后,中央提取的比例降至 32% 。城市政府出于地方利益的考虑,采取变相抵制的政策,或采取实物地租的形式将收益全部留于地方,或尽可能压低出让金水平,或采取"有偿"划拨的方式规避上缴中央的部分。而后财政部公布《国有土地使用权有偿出让收入管理暂行实施办法》,规定土地使用权出让收入全部上缴财政,60% 留归城市财政部门,其余部分 40% 上缴中央财政,实行"收支两条线"的方式管理。但地方政府隐瞒土地出让收入的现象依然严重,中央提取部分仍然难以落实。1992 年,财政部又出台了《关于进一步加强国有土地使用权有偿出让收入管理工作的通知》(财综〔1992〕39 号),要求地方政府按规定向中央财政上缴国有土地使用权出让收入。半年后,中央财政不得不再次做出让步,财政部出台了《关于国有土地使用权有偿使用收入征收管理的暂行办法》,第一次将出让土地使用权所得称为"土地出让金",并将上缴中央财政部分的比例下调至 5% 。1994 年实行分税制后,土地出让金作为地方财政的固定收入全部划归地方所有,并在此后逐渐成为地方政府的"第二财政"。目前,在国有土地有偿使用收入中,中央政府只能参与新增建设用地有偿使用费 30% 部分的分享,其他的土地收益均归地方政府所有。即使如此,新增建设用地有偿使用费拖缴、欠缴问题仍然很突出。[①] 可见,我国现行的中央和地方的地租分享实际上采取的是"存量归地方,增量分享"的办法,即存量土地的土地出让收入等收益全部归地方,只有增量城市土地,即新增建设用地的部分,中央参与

① 张立彦:《中国政府土地收益制度研究》,中国财政经济出版社 2010 年版,第 144 ~ 145 页。

30%的分享。①

在法律层面，我国目前尚未就土地出让收入的具体使用问题进行明确。对于土地出让收入的使用规范主要是部门规章和内部文件。2004年3月，国务院颁发的《关于将部分土地出让金用于农业土地开发有关问题的通知》(国发〔2004〕8号)规定土地出让金用于农业土地开发的比例不低于土地出让平均纯收益的15%。2004年11月，财政部、国土资源部、中国人民银行联合发布了《关于进一步加强新增建设用地土地有偿使用费征收使用管理的通知》(财综〔2004〕85号)，对土地有偿使用费的缴库方式进行了调整，但土地有偿使用费30%上缴中央财政、70%上缴地方财政的政策仍未改变。2006年8月31日，国务院下发了《关于加强土地调控有关问题的通知》(国发〔2006〕31号)，该通知明确要求："国有土地使用权出让总价款全额纳入地方预算，缴入地方国库，实行'收支两条线'管理。"2006年下发的《国务院办公厅关于规范国有土地使用权出让收支管理的通知》(国办发〔2006〕100号)则进一步规范了土地出让收入的使用范围，并指出要重点向新农村建设倾斜。为了进一步规范国有土地使用权出让收支管理，2006年12月31日，财政部、国土资源部、中国人民银行联合制定了《国有土地使用权出让收支管理办法》。2007年，国务院发布通知要求将土地出让金收支纳入地方预算，建立出让金收支专户，但这部分资金的安排使用仍然没有细化，相对预算内资金而言，土地出让收益的使用仍然要宽松许多。②

按照《国有土地使用权出让收支管理办法》的规定，土地出让收

① 张立彦：《中国政府土地收益制度研究》，中国财政经济出版社2010年版，第179～180页。

② 何艳玲、汪广龙、陈时国：《中国城市政府支出政治分析》，载《中国社会科学》2014年第7期。

入使用范围包括征地和拆迁补偿支出、土地开发支出、支农支出、城市建设支出以及其他支出。

1. 征地和拆迁补偿支出。包括土地补偿费、安置补助费、地上附着物和青苗补偿费、拆迁补偿费，具体按地方人民政府批准的征地补偿方案、拆迁补偿方案以及财政部门核定的预算执行。

2. 土地开发支出。包括前期土地开发性支出以及财政部门规定的与前期土地开发相关的费用等，含土地出让涉及的需要进行相关道路、供水、供电、供气、排水、通信、照明、土地平整等基础设施建设支出，以及相关需要支付的银行贷款本息等支出，按照财政部门核定的预算执行。

3. 支农支出。包括用于保持被征地农民原有生活水平补贴支出、补助被征地农民社会保障支出、农业土地开发支出以及农村基础设施建设支出。

(1)保持被征地农民原有生活水平补贴支出。从土地出让收入中安排用于保持被征地农民原有生活水平的补贴支出，按照各省、自治区、直辖市及计划单列市人民政府规定，以及财政部门核定的预算执行。

(2)补助被征地农民社会保障支出。从土地出让收入中安排用于补助被征地农民社会保障的支出，按照各省、自治区、直辖市及计划单列市人民政府规定，以及财政部门核定的预算执行。

(3)用于农业土地开发支出。按照财政部、国土资源部联合发布的《用于农业土地开发的土地出让金使用管理办法》(财建〔2004〕174号)和各省、自治区、直辖市及计划单列市人民政府规定，以及财政部门核定的预算执行。

(4)农村基础设施建设支出。从土地出让收入中安排用于农村饮水、沼气、道路、环境、卫生、教育以及文化等基础设施建设项目支出，按照各省、自治区、直辖市及计划单列市人民政府规定，以及财政部门核定的预算执行。

4. 城市建设支出。包括完善国有土地使用功能的配套设施建设支出以及城市基础设施建设支出。具体包括城市道路、桥涵、公共绿地、公共厕所、消防设施等基础设施建设支出。按省、市政府有关规定及财政部门核定的预算执行。

5. 其他支出。包括土地出让业务费、土地有偿使用费、国有土地收益基金支出、城镇廉租住房保障支出以及支付破产或改制国有企业职工安置费用等。

(1)土地出让业务费。包括出让土地需要支付的土地勘测费、评估费、公告费、场地租金、招拍挂代理费和评标费用等，按照财政部门核定的预算安排。

(2)缴纳新增建设用地土地有偿使用费。按照《财政部、国土资源部、中国人民银行关于调整新增建设用地土地有偿使用费政策等问题的通知》(财综〔2006〕48 号)规定执行。

(3)国有土地收益基金支出。从国有土地收益基金收入中安排用于土地收购储备的支出，包括土地补偿费、安置补助费、地上附着物和青苗补偿费、拆迁补偿费以及前期土地开发支出，按照地方人民政府批准的收购土地补偿方案、拆迁补偿方案以及财政部门核定的预算执行。

(4)城镇廉租住房保障支出。按照《财政部、建设部、国土资源部关于切实落实城镇廉租住房保障资金的通知》(财综〔2006〕25 号)规定以及财政部门核定的预算安排。

(5)支付破产或改制国有企业职工安置费用支出。根据国家有关规定，从破产或改制国有企业国有土地使用权出让收入中，安排用于支付破产或改制国有企业职工安置费用支出。

(二)征地模式下土地收益分配模式的弊端

从上述规定来看,征收模式下参与土地利益分享的相关主体主要有地方政府(土地开发支出、城市建设支出、支农支出、其他支出)、被征地的农村集体经济组织、农民(征地和拆迁补偿支出)和用地单位。据中国社会科学院农村发展研究所和国家统计局农村经济调查总队的调查显示,我国土地利益分配的基本格局是,地方政府占20%~30%,企业占40%~50%,农民仅占5%~10%。[①] 可见,现行征地模式下土地收益分配制度的既得利益者是实施控制地方土地的地方政府和从土地增值中收益的开发商和投机者,[②]而作为土地提供者的农村集体和农民以及中央政府和下届地方政府的利益都受到了不同程度的损害。

1.农村集体和农民被动参与土地利益分享,获益有限

在征收模式下,作为农村集体建设用地的所有权人和使用权人的农村集体和农民虽然可以参与土地利益的分享,但却是被动参与这一分享过程的:从土地征收决定的作出,到土地补偿费的确定、分配和征地农民的搬迁、安置等都由政府和有关部门决定。[③]

农村集体和农民被动参与土地利益分享的结果就是在这一强制性的买方垄断市场上,农村集体和农民无权讨价还价,征地价格由政府单方面决定,农村集体建设用地的市场价格无法直接实现,农村集体和农民只能被动地接受征地补偿。按照我国现行法律的规定,征地补偿费包括土地补偿费、安置补助费以及地上附着物和青苗补偿费。土地补偿费为耕地被征收前三年平均产值的6~10倍。安置补偿费

---

① 参见中国社会科学院农村发展研究所、国家统计局农村经济调查总队:《2005年农村经济发展绿皮书》,社会科学文献出版社2005年版。

② 张立彦:《中国政府土地收益制度研究》,中国财政经济出版社2010年版,第172页。

③ 王开盛、杜跃平、崔传斌:《我国征地中的利益分配问题探讨》,载《经济体制改革》2008年第5期。

按照需要安置的农业人口计算,须安置农业人口等于被征收的耕地数量除以征收前被征收单位人均占用耕地的数量,每人的安置补助费标准为该耕地被征收前三年平均年产值的4~6倍。但每公顷被征收耕地的安置补助费,最高不得超过被征收前三年平均年产值的15倍。如果依照以上补偿安置标准,尚不能使需要安置的农民保持原有生活水平,经省、自治区、直辖市政府的批准,可以增加安置补助费。但是,土地补偿费和安置补助费的总和不得超过土地被征收前三年平均年产值的30倍。可见,不论是土地补偿费,还是安置补助费,其都以“耕地被征收前三年平均产值”为基础进行计算的,因而目前的征地补偿所强调的只是“被征地农户的生活水平不下降”,而并未考虑土地市场价值的分享问题。正如有论者所言:在征收模式下,政府垄断了土地的一级市场,农民集体对土地的实际处置权丧失殆尽——政府只要地不要人,农民即使完全失去土地,也不能参与城市化,不能分享土地收益。[①] 由于在征收模式下,农村集体和农民不能直接参与土地利益的分享,因此,由政府单方决定的征地补偿费必然在数量上极为有限。特别是如果考虑通货膨胀因素和土地产值逐年递增的话,年产值30倍的上限补偿就太低了,远远低于土地价格。[②] 据上海市社会科学院的统计,长三角地区农地征用价格为37.5~45万元/公顷,农地出让价格为210~525万元/公顷(一级市场),农地市场价格为1125~2250万元/公顷(二、三级市场)。可见,农村集体及农民得到的农地征用价格大约为出让价格的1/10,而农地出让价格又大约是农地市

① 黄小虎:《征地制度改革的历史回顾与思考》,载 http://www.ddcei.gov.cn/html/20110503063546311166.html,最后访问日期:2018年1月5日。

② 李增刚:《前提、标准和程序:中国土地征收补偿制度完善的方向》,载《学术月刊》2015年第1期。

场价格的1/5。也就是说,征地补偿费只相当于土地升值收益的1/50。[①] 即使是在实行"区片综合地价"之后,由于区片综合地价仍旧是由地方政府,即省级政府来确定的,只不过是上升到了省级政府及其部门(国土资源、物价、财政、农业、统计等部门),而且"区片综合地价"的调整还非常滞后,不能反映市场价格的正常变化。[②] 因而,"区片综合地价"的做法虽然避免了作为直接征地方的县市政府确定土地征收补偿标准的问题,但其实质仍然是由政府单方面制定的标准。换言之,无论是重新调整还是由上级政府及其国土部门确定,实际上仍未改变征地补偿由政府单方面决定的原则。[③]

而且,从理论上讲,土地征收补偿应按照土地资源总价值计量,而农村建设用地的土地资源总价值包括使用价值和非使用价值,前者又包括直接使用价值和间接使用价值及选择价值,后者则包括存在价值和遗赠价值,因此仅以历史产值的倍数计量显然不科学。而在征收模式下,由于地方政府主导了土地利益的分配过程,因此上述间接使用价值和非使用价值的补偿显然不会被考虑。即使在特殊情况下被纳入补偿范围,但缺乏市场机制的作用,因此如何确定具体的补偿数额也极为困难。

此外,在征收模式下,由于是先征后用,被征地农民并不能直接参与土地收益的分配过程,而只是被动地接受征地补偿费作为补偿。这就难免会出现征地款被拖欠、被挪用的问题。据中国人民大学社会学系2006年的调查,在土地被征的农民当中,仅有41.2%的人足额拿到

---

① 参见张曙光:《博弈:地权的细分、实施和保护》,社会科学文献出版社2011年版,第30~31页。

② 例如,山东省区片综合地价自2009年制定并公布实施之后,虽然提到每3年调整一次,但直到2014年也未调整。

③ 李增刚:《前提、标准和程序:中国土地征收补偿制度完善的方向》,载《学术月刊》2015年第1期。

了土地补偿金,有29.4%的人没有拿到土地补偿金。[①]

可见,在征地模式下,由于农村集体建设用地并不能直接入市,只能通过先征后用的方式进行流转,因此农村集体和农民不会因失地而导致的非经济损失获得补偿,即使是那些因失地而遭受的经济损失,也会因为缺乏农村集体建设用地的一级市场而难以发现其真实价格,进而获得公平补偿。这样的制度安排实际上是隐含了农村集体建设用地发展权归国家的制度设计,与我国现行法将农村集体建设用地使用权作为一种独立物权的认识是相违背的,同时也导致农民永久地失去了对土地的所有,损害其子孙后代的利益。[②]

如果我们将农村集体建设用地使用权作为一项独立物权来看待,那么在市场经济条件下,当农村集体建设用地使用权进入土地交易市场进行转让后,其收入应全部归农地所有者和使用者。政府并无理由直接参与这一利益的分享,而只能以国家身份用税收形式参与土地收益的再分配,[③]包括征收营业税、所得税、土地(资本)利得税等。因此,保障农民集体对所属土地所有权和使用权的完整性,应允许农村集体土地直接进入土地市场,由农村集体及其农民直接与用地单位进行土地价格的谈判,并直接分享土地流转的收益。[④]

2. 地方政府主导土地收益的分配,风险巨大

土地是经济与社会发展的重要资源性要素。在城乡土地二元所有的背景下,因为现行法律不允许集体建设用地直接入市,因此土地征收就成为工业化、城市化发展的必然后果。但是由于地方政府决定着土地征收的启动,也主导着土地利益的分配,所以地方政府通过对

---

① 陆益龙:《农村土地征用问题:现状及成因分析》,载《学习与探索》2009年第1期。

② 韩松:《集体建设用地市场配置的法律问题研究》,载《政治与法律》2008年第3期。

③ 参见程雪阳:《土地发展权与土地增值收益分配》,载《法学研究》2014年第5期。

④ 参见安体富、窦欣:《我国土地出让金:现状、问题及政策建议》,载《南京大学学报》2011年第1期。

土地征收的控制，实际上是主导了地方工业化、城市化的发展进程。尽管地方政府主导下的土地征收模式既具有规模经济的优势，又能节约交易费用，但这一模式在本质上是与地方政府的职责相悖的，并且在征地与供地之间制造了一个巨大的利益空间，因而极易诱发地方政府滥用和泛化土地征收权的问题，存在巨大的经济和政治风险。

首先，土地征收模式强化了地方政府的"经济人"角色，导致地方政府的职能出现紊乱。[①] 在土地征收过程中，地方政府始终处于优势地位，并以"参与者"（经济人）和"管理者"（行政人）双重身份参与交易。[②] 而地方政府具有的"政府人"与"经济人"的双重属性则直接导致了其行为的双重特征：既有行使公共管理、提供公共服务、维护社会公平的"政府人"公共利益取向，又有尽可能利用手中掌握的土地资源追求符合地方政府利益的地方经济增长最大化的"经济人"利益动机。[③] 公共选择学派甚至认为，政府也是为最大化自身利益，如创造最大财政收入或争取政治上的支持而存在的群体，而对利益的追逐则可以使政府由公正的裁决者变为开发商的同伙。[④] 事实上，我们也发现，作为"经济人"的地方政府在城市土地出让过程中，要么会从政府的当前财政目标出发采取"惜售"等手段抬高土地价格，以追求政府的短期收入；要么从政绩目标出发降低土地价格来赢得投资，热衷于地方各自的目标函数的实现，置土地管理者的责任于不顾，甚至背离

---

① 参见杨俊锋：《中国土地配置基本制度的法律解读与改革》，载《学术月刊》2014年第8期。

② 沈飞、朱道林：《政府和农村集体土地收益分配关系实证研究——以我国土地征用—出让过程为例》，载《中国国土资源经济》2004年第8期。

③ 李俊丽：《城市土地出让中的地方政府经济行为研究》，西南财经大学2005年博士学位论文，第39页。

④ 田莉：《有偿使用制度下的土地增值与城市发展——土地产权的视角分析》，中国建筑工业出版社2008年版，第14页。

政府对土地市场的宏观调控目的。[①] 而地方政府通过土地价格优惠吸引企业实质上是地方政府在以牺牲土地所有者的收益(土地要素报酬)为代价换取企业资本利润率的提高,达到招商引资的目的。在这个过程中,农民的利益和部分地方财政收入被“转移支付”给了投资者,企业因此降低了土地要素使用的成本,提高了资本投资的利润率,地方政府因此追求到了政绩,唯一没有得到合理补偿的就是被征地者——农民,或者说被征地农民承担了城市土地出让中地方政府招商引资的主要风险和成本。[②] 原本应当是监督土地收益公平分配的地方政府,却出现了为其自身利益而与用地者合谋的结果。从根本上说,目前城市土地市场中出现的很多问题,其实都与地方政府行为失范有很大关系。因为地方政府机关中的每一个官僚机构本身都是理性个体,它的利益并非总是与统治者的目的完全吻合。[③] 而土地的征收模式则无疑是强化了地方政府介入经济的能力,[④]土地资源因此就成为了实现地方政府效用目标函数最大化的最有力资源,从而形成了土地与地方财政、投资、招商引资、金融信贷和房地产市场发展等环环相扣的复杂格局,巨大的利益博弈也由此而生,造成了土地市场秩序的混乱。这种无序扩张表现在土地利用上,就是造成土地利用的粗放

---

① 李俊丽:《城市土地出让中的地方政府经济行为研究》,西南财经大学 2005 年博士学位论文,第 4 页。

② 李俊丽:《城市土地出让中的地方政府经济行为研究》,西南财经大学 2005 年博士学位论文,第 80 页。

③ 林毅夫:《关于制度变迁的经济学理论:诱致性变迁与强制性变迁》,载科斯・A. 阿尔钦、D. 诺思等:《财产权利与制度变迁——产权学派与新制度学派译文集》,刘守英等译,三联书店、上海人民出版社 2004 年版,第 399 页。

④ 在城市土地出让过程中,地方政府通过高价出让城市土地获得了巨额的土地出让金,这部分预算外收入现在已成为地方政府进行直接投资支出的一个重要的资金来源。另外通过城市土地抵押融资成为地方政府撬动银行资金的重要工具,城市土地融资大大拓宽了地方政府的融资渠道,增强了地方政府基础设施投资支出的能力。

和浪费,[①]使一些地方政府在利益的驱动下,具有扩大征地范围的冲动,违背政府作为土地管理者的职责,导致土地规划管理、土地用途转用审批等制度形同虚设。[②] 有学者计算1989～2003年大陆农地非农化的代价性损失(经济发展所必须付出的资源代价)比例仅为33.4%,其中因地方政府不当管理造成的过度性损失比例就占到21.7%。[③]

其次,土地征收模式容易诱发地方政府的过度投资,导致城市化发展畸形,不利于可持续发展。我国的城市化模式有别于西方,主要特色在于政府的作用。中央政府和地方政府不同作用方式的组合,形成了中国城市化的时代特色和多种地域类型。20世纪80年代之前,主要是中央政府推动下的"自上而下"的城市化;80年代之后,在全球化和地方力量的影响下,"自下而上""自外而内"等多种类型的区域城市化迅速推进。与此同时,地方政府的作用日益凸显。[④] 对于地方政府而言,其之所以能主导城市化进程显然与土地征收制度不无关系:土地征收模式一方面为地方政府获得巨额土地出让收入提供了可能,另一方面也为土地抵押搭建起了城市建设的融资平台——抵押土地获取城市建设资金。[⑤] 在此背景下,我国很多地方的城市化发展就表现为一种由地方政府主导、以土地开发为先导的城市建设模式。[⑥]

---

① 参见国家土地督察成都局编:《农村土地管理制度改革探索》,中国大地出版社2009年版,第16页。

② 韩松:《集体建设用地市场配置的法律问题研究》,载《政治与法律》2008年第3期。

③ 谭荣、曲福田:《中国农地非农化与农地资源保护:从两难到双赢》,载《管理世界》2006年第12期。

④ 刘云刚、殷冠文:《地方政府主导的土建城市化——以鹤壁市为例》,载《地理科学进展》2010年第7期。

⑤ 阎炎:《政府主导的城市化反思——访国务院发展研究中心研究员刘守英》,载《中国土地》2009年第11期。

⑥ 刘云刚、殷冠文:《地方政府主导的土建城市化——以鹤壁市为例》,载《地理科学进展》2010年第7期。

很明显，土地制度在支持和推动地方政府主导城市化进程中起到了关键作用。[①] 然而，相对于私人投资者，地方政府投资城市基础设施建设并不热衷于追求经济回报率，而是更偏好于追求政治回报率。实际上，无论是在计划经济时代，还是在改革开放的 30 多年中，大量事实都表明，政府行为的投资具有不计成本的偏好。在政府的投资中，之所以很难像企业那样进行成本核算，主要是因为政府的投资缺乏一种约束机制。[②] 在政府投资约束机制没有确立的情况下，再加上地方政府对城市化发展的主导作用，新一轮城市之间的城市建设项目必然会出现攀比现象。比如，号称全国最大、最先进的珠海机场就是一项典型的不计成本的城市项目。当初投资 69 亿元，按每年旅客吞吐量 1200 万人，年货邮吞吐量 60 万吨的标准设计的机场目前的使用率只有 6% 左右，拖欠债务 17 亿元。[③] 事实上，地方政府由于掌握了土地供应权，而“过于自信”地进行基础建设，并试图以此来推动城市化高速发展的教训绝非个案，已经引发了很多地方政府的债务危机。[④] 有调查显示，地方政府的负债已经高达 7.2 万亿元。[⑤] 一项最新的研究甚至显示，自 2012 年以来，很多地方政府设立的融资平台的财务状况已经开始出现恶化：总资产规模的扩张和杠杆率的上升、集团公司内

---

① 阎炎：《政府主导的城市化反思——访国务院发展研究中心研究员刘守英》，载《中国土地》2009 年第 11 期。

② 张孝德：《中国城市化的陷阱：政府主导下的城市规模扩大化》，载《改革》2001 年第 6 期。

③ 张孝德：《中国城市化的陷阱：政府主导下的城市规模扩大化》，载《改革》2001 年第 6 期。

④ 闫晓明：《晋中市政府性债务现状及对策浅析》，载 http://www.sxjzcz.gov.cn/czyj/ShowArticle.asp? ArticleID = 250，最后访问日期：2018 年 1 月 5 日。

⑤ 朱宇：《七万亿负债“排雷”地方融资渠道“谋变”》，载《中国证券报》2010 年 3 月 17 日，第 A03 版。

外的交叉担保、应收账款的积累、可用于利息支付的现金流状况恶化。[①] 此外,不以市场化为主导力量,不建立在工业化发展基础上的城市化,也难以实现城市化所追求的人口聚集的目标。有研究表明,我国一些地方在城市化过程中并没有真正发挥其吸收农村劳动力的作用,城市化水平和失地农民职业转换在具体情况下彼此联系并不大。[②] 而且,我国城市建成区面积的扩张速度明显快于城市非农业人口的增长速度,这说明目前城市的人口聚集能力并不强,带来了土地和资源的浪费。[③] 正如有经济学者所言,排斥市场在资源配置中的决定性功能,由政府直接操盘,虽可急功近利,但却无法避免资源配置的浪费和不公。[④]

再次,地方政府主导的土地征收模式使土地的国家所有沦为地方所有,不利于区域间的均衡发展。由于目前土地征收后的收益大部分被留在了地方,因此中央通过转移支付,调节区域之间差异的能力就受到了限制,导致区域之间在土地收益分配上的不均衡。比如 2010 年,上海共出让 567 幅土地,出让金累计约为 1523.7 亿元;[⑤]而贵州 2010 年全年实际供应土地 24.15 万亩,土地出让价款为 197.33 亿元,[⑥]仅占上海出让收入的 12.9%,东西差距甚为明显。实际上,据报

① 张智威:《财政收入滑坡样本》,载 http://magazine.caijing.com.cn/20150202/3813217.shtml,最后访问日期:2018 年 1 月 5 日。

② 瞿蒙蒙、萧洪恩:《有为与有位:城市化进程中政府主导型失地农民职业转换——基于三个城市的比较研究》,载《理论月刊》2009 年第 8 期。

③ 赵娇:《转型期中国政府主导型城市发展模式评析》,载《河南师范大学学报》(哲学社会科学版)2011 年第 3 期。

④ 文贯中:《用途管制要过滤的是市场失灵还是非国有土地的入市权——与陈锡文先生商榷如何破除城乡二元结构》,载《学术月刊》2015 年第 1 期。

⑤ 《2010 年上海共出让 567 幅土地 出让金累计约 1523 亿元》,载 http://news.fang.com/2011-01-02/4302650.html,最后访问日期:2018 年 6 月 5 日。

⑥ 王斌:《贵州省召开国土资源工作会议肯定 2010 年工作成果》,载 http://www.gov.cn/gzdt/2011-01/17/content_1785893.html,最后访问日期:2018 年 6 月 5 日。

道,2010 年近 3 万亿元的土地财政收入中,东部沿海省份就占了 2/3,中西部 20 个省份却仅占 1/3,这种分配格局,显然只能进一步拉大地区之间的差距。[①] 更为严重的是,地方政府垄断本管辖区内的土地征收权,不仅不利于我国区域经济的均衡发展,而且还为不同地区的地方政府在建设用地供应上的恶性竞争提供了条件,有使土地的国家所有沦为地方所有之嫌。正是由于低成本获得的发展权不受其他主体的约束,因此各地方政府为了招商引资,发展地方经济,于是低价甚至零地价供应建设用地,尤其是工业用地,导致农用地过度非农化,[②]严重危及耕地保护。

复次,地方政府主导的土地征收模式不利于城乡均衡发展。禁止农村集体建设用地直接参与工业化、城市化发展,而必须借由土地征收这一前提来将农村集体土地转为国有土地后再行开发建设,这"一进一出"实际上是为"农村支持城市"目标服务的。尤其是在"经营城市"理念的支配下,我国各地土地收益的分配存在支农支出严重不足,城乡分配不均衡的问题。据 2008 年审计署对土地出让金使用情况的审计结果显示,2004 ~ 2006 年北京等 11 个城市共实现土地出让净收益 2618.69 亿元,其中,用于城市基础设施建设 2108.24 亿元,提取农业土地开发资金 56.86 亿元,用于被征地农民社会保障 28.50 亿元。城市基础设施建设支出约占土地出让净收益的 80%,而支农支出仅为 3.3%,[③]2010 年 4 月财政部公布的《2009 年全国土地出让收支基本情况》也显示,2009 年全国土地出让金的支出比例最大的是征地拆

① 熊志强:《土地财政:路在何方?》,载《中国国土资源报》2011 年 3 月 15 日,第 3 版。

② 马贤磊、诸培新:《农村集体建设用地发展权配置与土地征收制度改革:委托代理视角》,载《节约集约用地及城乡统筹发展——2009 年海峡两岸土地学术研讨会论文集》,2009 年 8 月 1 日。

③ 安体富、窦欣:《我国土地出让金:现状、问题及政策建议》,载《南京大学学报》2011 年第 1 期。

迁补偿，占 40.4%；其次是城市建设支出，占 27.1%，占近 3 成比例；而农村基础设施建设只占 3.5%。可见，即使以涨价归公为由认为应当采取先征后用的政策，但事实上，我国现有的征地模式既未能让近郊区的被征地农民得到实惠，也没有将城市化发展带来的土地收益辐射到广大的远郊农村，已经严重背离了涨价归公的宗旨。必须看到，与城郊和发达地区农村完全不同的是，中国 95% 以上的农用地因为不处在城市扩展的"位置"之内，土地只能农用，无法直接分享土地非农使用产生的巨额级差收益，[①]因此必须通过相关的制度设计予以弥补。但在我国目前的土地收益的使用中却存在严重的城乡歧视，出现了土地收益"取之于农，用之于城"的悖论，这一悖论的结果就是"城市日新月异，农村山河依旧"，农村基础设施建设严重滞后，城乡发展差距被进一步拉大。[②] 这一结局显然是有违统筹城乡均衡发展之目标的。

最后，地方政府主导的土地征收模式不利于城市公共产品的均衡提供。客观地说，土地征收为地方政府集聚了大量资金，进而促进了城市基础设施建设的改善。但从地方政府积极供给公共产品的行为目标来看，其终极目的是追求地方经济发展，这种目标的偏向性导致地方政府倾向于提供有利于地方经济增长的公共物品，而对其他事关地方人民福利和社会公平的公共产品供给方面却存在严重的政府缺位现象。[③] 以保障房为例，财政部与国土资源部、审计署等部委曾于 2009 年 11 月联合发布了《关于进一步加强土地出让收支管理的通知》(财综〔2009〕74 号)，要求"严格按照规定将土地出让净收益的

---

① 贺雪峰：《地权的逻辑：中国农村土地制度向何处去》，中国政法大学出版社 2010 年版，第 44 页。

② 安徽省财政厅课题组：《基于公共财政视角的土地出让金研究》，载《经济研究参考》2006 年第 94 期。

③ 李俊丽：《城市土地出让中的地方政府经济行为研究》，西南财经大学 2005 年博士学位论文，第 119 页。

10%用于补充城市廉租住房保障资金,根据城市廉租住房保障工作进展情况及时核拨所需资金”。但在实际的土地出让金的支出使用中,用于保障性住房建设的资金比例却仍然较低。以深圳市为例,2010年深圳市土地出让计划收入239.04亿元,其中用于保障性住房建设的仅为6.94亿元,还不到土地出让金总额的3%。[①] 而2009年中央财政预算报告则显示,2008年地方政府用于廉租住房建设支出为141.65亿元,仅占土地出让收入的1.4%。2009年,由于地方财力不足,配套资金落实困难,国家下达的保障性住房建设计划未能如期完成。[②] 2010年4月财政部首次公布的《2009年全国土地出让收支基本情况》依旧显示,廉租住房建设投入远低于《廉租住房保障资金管理办法》设定的10%的最低标准。更为严重的是,在地方政府财政收入与房地产业发展息息相关的情况下,利益机制决定了地方政府具有推动房地产业发展、保持房地产价格高位运行的内在动力。[③]

在计划经济体制下,中央政府是最主要的投资主体,重大建设项目的投资决策权在中央政府,地方政府只是中央政府行政链条上的一个环节,其本身没有投资自主权;在经济转型期间,全社会固定资产投资由中央主导型日益向地方主导型转变,地方政府也因此成为经济领域中一个重要的投资主体。在土地征收模式中,地方政府不仅通过垄断建设用地一级市场,掌控了工业化、城市化的步伐和节奏,而且通过

① 叶前:《深圳卖地钱用于保障性住房建设不到3%》,载 http://news.163.com/10/0727/08/6CJA6MOF000146BC.html,最后访问日期:2018年6月5日。

② 安体富、窦欣:《我国土地出让金:现状、问题及政策建议》,载《南京大学学报》2011年第1期。

③ 李俊丽:《城市土地出让中的地方政府经济行为研究》,西南财经大学2005年博士学位论文,第66页。

"低进高出"获得了巨额的土地收益,[①]从而为地方政府进行直接投资建设提供了一个重要资金来源。这样的制度安排以及我国目前对GDP的追求,就促使地方政府的行动会延续如下逻辑:激烈的政府间竞争和政绩显示需要—高出本级收入水平的公共支出—财政支出空缺—对"软约束"资源(土地)的掠取—对城市土地利益相关主体利益的侵犯和对经济平稳运行的破坏—对社会安定的破坏。这一逻辑的必然后果就是地方政府由此表现出以收入和资源控制最大化为目标,以城市用地规模过度膨胀为核心,以无限扩张预算外收入倾向、强烈投资冲动、低地价恶性竞争招商引资、哄抬(操纵)地价和房价等为主要特征的短期行为和机会主义行为。[②] 显然,上述结果是与中央政府的目标严重背离的。[③]

3. 征地模式割裂城乡土地市场,不利于土地资源的优化配置

在征收模式之下,地方政府成为农村集体土地征用市场的唯一买方和城市一级土地供应市场的主要卖方,这就将我国城乡土地市场的供给分割成为了两个部分:一是在农村集体土地征用市场上形成了一个强制性买方垄断市场;二是在城市土地交易市场上形成了一个卖方寡头垄断市场,地方政府在这两个市场上享有绝对的垄断地位,对土

---

① 参见刘愿:《政府垄断、双轨制与土地过度征用:基于协议征地到公告征地的理论与实证研究》,载《当代中国研究》2013年第2期。此外,城市土地抵押融资也成为了地方政府撬动银行资金的重要工具,城市土地融资大大拓宽了地方政府的融资渠道,增强了地方政府基础设施投资支出的能力。

② 参见李俊丽:《城市土地出让中的地方政府经济行为研究》,西南财经大学2005年博士学位论文,第2页;陶然、汪晖:《中国尚未完成之转型中的土地制度改革:挑战与出路》,载《国际经济评论》2010年第2期。

③ 中央政府希望最大限度地协调城市发展、土地资源保护和农民权益保障三者间的矛盾关系,走经济社会可持续发展道路;而地方政府则希望最大化地区城市发展,从而积累地区经济发展的原始资本,吸引更多的资金流入,提高地区经济发展的竞争力。参见诸培新、马贤磊、李明艳:《农村集体建设用地发展权配置模式分析:委托代理视角》,载《南京农业大学学报》(社会科学版)2009年第4期。

地市场价格拥有绝对的控制权，既是裁判员又是运动员。[①]

在农村土地的强制性买方垄断市场中，由于地方政府居高临下，是农村集体土地征用市场的唯一买家，这就导致无法通过市场机制来发现农村集体土地的真实价值，进而造成我国目前农村集体土地市场萎靡不振，农村集体和农民无法将其土地这一重要的资产变现获得资金支持，影响了农民财产性收入的获取。

在城市土地的卖方寡头垄断市场中，由于原则上必须通过这一市场才能获得建设用地，因此在地方政府追求土地收益最大化倾向的背景下，土地的供应就不会完全按照市场需求来配置。相反，为了土地收益的最大化，地方政府很有可能在建设用地需求旺盛的时候，供给不足，进而提高单价，获得高额收益；而建设用地需求不足的时候，则通过加快城市建设来人为制造需求，以期获得土地出让总收入的增加。[②] 正是由于在征地模式之下，地方政府的行为已经能够影响到城市土地市场的方方面面，特别是它能够通过影响城市土地供求数量关系、改变城市土地供给方式等影响城市土地一级市场的价格并进而影响二、三级市场的价格，完全成为城市土地市场上一个特殊的价格规制者。[③] 显然，由于在城市土地交易市场上，地方政府在很大程度上可以操控地价，因此，寄希望于通过价格机制来实现土地资源的优化配置就变得困难。[④]

市场经济的发展目标就是要实现资源由市场来进行优化配置。

---

① 李俊丽：《城市土地出让中的地方政府经济行为研究》，西南财经大学2005年博士学位论文，第42页。

② 阎炎：《政府主导的城市化反思——访国务院发展研究中心研究员刘守英》，载《中国土地》2009年第11期。

③ 李俊丽：《城市土地出让中的地方政府经济行为研究》，西南财经大学2005年博士学位论文，第43页。

④ 参见丁芸：《中国土地资源税制优化研究》，经济科学出版社2010年版，第54页。

十八届三中全会的决定明确提出，市场决定资源配置是市场经济的一般规律，健全社会主义市场经济体制必须遵循这条规律。当前，我国资本和劳动力要素市场的市场化水平较高，因此可供政府行政机制配置或直接掌握的这两项资源就较少，由此就导致地方政府试图通过资本和劳动力市场来获利的空间被不断压缩。但是，如上所述，土地征收模式割裂城乡土地市场，土地要素市场的发育严重滞后，一方面禁锢了农村集体土地市场的形成；另一方面城市土地市场的发展也存在寡头垄断，受到地方政府的控制。这样就使地方政府间竞争的实质性内容演变成为了围绕着非流动要素（城市土地）展开对可流动要素（资金、技术、人才、信息）的争夺，并以收入行为、投资行为、招商引资行为和培育房地产行为作为要素竞争的形式，在税收、财政支出和投资环境等领域展开了激烈竞争。①

4. 征地模式缺乏正面激励，导致隐形流转，弊端丛生

尽管由国家垄断建设用地市场，禁止农民集体所有的土地直接进入建设用地市场的做法有可能是为了防止农民集体所有土地特别是耕地大量非农化的趋向，确保农民集体土地对农民的社会保障功能的发挥，确保国家的粮食安全和生态安全利益，确保国家通过土地市场的垄断以有效地进行宏观调控。但事实上，国家对土地市场的垄断并未能有效实现上述目的，甚至还在一定程度上出现了与上述目的背道而驰的问题。因为与征收模式相比，由农民集体直接将土地投入建设，农民可以获得更多的利益。因此，在巨大利益的诱惑下，就势必导致一些农民及其集体铤而走险，采取以租代征等手段将集体土地转入建设用地市场，从而造成大量土地隐形市场的存在。② 根据国务院发

① 李俊丽：《城市土地出让中的地方政府经济行为研究》，西南财经大学 2005 年博士学位论文，第 141 ~ 142 页。

② 韩松：《集体建设用地市场配置的法律问题研究》，载《政治与法律》2008 年第 3 期。

展研究中心提供的数据,1987～2001年,全国非农建设占用耕地226.31万公顷,其中70%以上是征地,余下的30%就是通过集体土地流转方式或非法手段获取的。而在东南沿海,集体土地的隐形流转规模更是庞大:在浙江云和、缙云的15个行政村中,私下流转宅基地的就有8个村,占53.3%;在上海南汇区惠南镇城南村,有8成的宅基地被转卖给了外来人员居住;在珠三角地区,甚至有60%的建设用地都属于集体建设用地。①

集体建设用地隐形流转中因存在市场与政府的双重失灵,因而极有可能会导致价格扭曲、交易混乱、土地粗放利用、资源浪费和社会福利损失等低效的问题,流转效率既达不到社会最优,也达不到私人最优,②同时还破坏了法治的权威。③ 因此,解决公共利益目的范围以外建设用地的供给问题,就不能再以国家垄断对农民集体土地的征收和对土地使用权出让市场垄断的办法予以解决,而应当放开对农民集体土地所有权的限制,允许农民集体所有土地的建设用地使用权直接进入建设用地使用权市场,从而在承认农民集体入市合法的基础上,建立科学、合理的流转规则,保证交易的安全,维护当事人的合法权益。

二、地票交易模式下的土地收益分配现状及其改进

虽然征地制度弊端重重,且严重损害了农民的土地权利,但由于

① 参见中央党校地厅级班(第52期)农村改革发展支部第三课题小组:《因地制宜推进农村宅基地流转》,载《理论前沿》2009年第12期;曹泮天:《宅基地使用权隐形流转的制度经济学分析》,载《现代经济探讨》2013年第4期;赵雪涛:《南海农地的超前实验》,载《民生周刊》2014年第5期。

② 江华、杨秀琴:《农村集体建设用地流转——制度变迁与绩效评价》,中国经济出版社2011年版,第148～152页。

③ 参见韩松:《集体建设用地市场配置的法律问题研究》,载《政治与法律》2008年第3期;杨俊锋:《中国土地配置基本制度的法律解读与改革》,载《学术月刊》2014年第8期。

先征后用的制度在现有法律体系下仍然具有合法性,因此各地只能通过试点进行探索,以寻找出一个合理的分配模式。成渝的地票交易,可以说就是对此的一项有益探索。

由于参与地票交易活动的各个主体的趋利性,地票价款的分配也就当然地成为地票交易制度中最为棘手的难题。以重庆为例,为了加强地票价款的使用与监管,完善地票运行机制,保障地票价款全部用于"三农",重庆市国土房管局结合重庆推进农村集体建设用地复垦工作的实际,先后发布了《关于规范地票价款使用促进农村集体建设用地复垦的指导意见(试行)》(渝国土房管〔2010〕384 号)、《关于完善地票价款分配的补充意见》(渝国土房管发〔2010〕220 号)、《关于进一步规范农村建设用地复垦管理工作的通知》(渝国土房管发〔2011〕55 号)、《关于试行农村建设用地复垦项目收益权质押工作的通知》(渝国土房管发〔2011〕149 号)、《关于进一步规范农村宅基地及其附属设施用地复垦管理实行地票价款直拨的通知》(渝国土房管发〔2011〕162 号)、《关于调整地票价款分配及拨付标准的通知》(渝国土房管发〔2011〕170 号)、《优化农村建设用地复垦及地票交易流程方案》(渝国土房管〔2013〕921 号)等文件。为贯彻落实上述文件精神,一些区县还专门制定了关于地票价款分配的具体方案。[①] 2016 年实施的《重庆市地票管理办法》也对此作出规范。

按照现有文件和法规的规定,重庆的地票价款应当首先支付农村集体建设用地的复垦成本。[②] 只有在扣除农村集体建设用地复垦成

① 例如,《武隆县农村建设用地复垦实施方案》(武隆府办发〔2011〕77 号)、《开县农村建设用地复垦地票收入使用管理办法》(开县府办发〔2011〕129 号)、《重庆市南川区户籍制度改革转户居民农村宅基地处置与利用管理实施细则(试行)》(南川府办法发〔2011〕103 号)、《城口县 2008 - 2010 年地票剩余价款使用分配实施方案》(城办〔2011〕102 号)。

② 参见《重庆市地票管理办法》第 29 条。

本部分后，才能对剩余的地票增值收益价款进行分配。[①] 而所谓的项目成本是指实施农村建设用地复垦项目产生的且必须支出的各类费用，主要包括项目工程成本、项目管理成本、项目融资成本。[②]

(1)项目工程成本。工程成本即工程施工费，是指实施土地平整、农田水利和田间道路等各项土地复垦工程发生的费用。《关于规范地票价款使用促进农村集体建设用地复垦的指导意见（试行）》（渝国土房管〔2010〕384 号）规定，工程施工费原则上按不高于 1.2 万元/亩核算，工程施工费包括建（构）筑物拆除工程费、土地平整工程费、农田水利和田间道路工程费、其他工程费。《关于完善地票价款分配的补充意见》（渝国土房管发〔2010〕220 号）也仍然是按照原则上不高于 1.2 万元/亩的标准来具体核算项目工程成本的。

2011 年 9 月 20 日公布的《关于调整地票价款分配及拨付标准的通知》（渝国土房管〔2011〕170 号）则将复垦项目工程成本拨付标准提高到 1.5 万元/亩。其中，复垦项目工程成本工程施工费 1.2 万元/亩，前期工作费、竣工验收费、工程监理费、安全配套费 0.3 万元/亩。项目承担单位应根据实际复垦项目工程成本发生情况与工程施工、规

---

① 在利益分配上，成都规定，市政府提取 10% 的基础设施与公共设施配套费，返还给指标来源地做农村基础设施配套建设。产权交易所收取 0.5% 的交易服务费，剩下的高于项目整理成本的收益全部返还农村。如果是社会资本介入，则由双方自己去谈。参见谢文阳、张远索、张占录：《成都地票模式及其政策变迁研究》，载《国土资源科技管理》2013 年第 3 期；王小乔：《成都新规："地票"不再是"门票"》，载《国土资源导刊》2011 年第 7 期。

② 从目前的实践来看，不仅具体地票的成交价格未有详细公开，而且针对地票价款使用情况也是被作为秘密进行处理的。例如，2010 年 4 月 19 日，江津市国土房管局发布的《关于填报地票价款使用情况的紧急通知》就明确指出："《地票价款使用情况统计表》属秘密件，请严格按照涉密文件管理规定，做好登记和保密工作，填写后请将纸质和电子文件派人送至江津区惠农土地开发整理有限责任公司，不得从网上传送。"

划设计、测绘、监理等单位结算有关费用。[①] 工程成本拨付给区县(自治县)包干使用,实际工程成本低于1.5万元/亩的节余部分可转入区县(自治县)、乡镇及村社项目管理成本。[②]

(2)项目管理成本。复垦项目管理成本分为市、区县(自治县)、乡镇、村社实施项目管理成本,具体包括前期工作费、竣工验收费、工程监理费、业主管理费等。《关于规范地票价款使用促进农村集体建设用地复垦的指导意见(试行)》(渝国土房管〔2010〕384号)规定,复垦宅基地及其附属设施用地的退地工作经费按房屋和地上构(附)着物补偿费、土地使用权补偿费、农户购房补助三项费用之和的2.8%核算,复垦其他农村集体建设用地的退地工作经费按房屋和地上构(附)着物补偿费、土地使用权补偿费两项费用之和的2.8%核算;其他费用中的前期工作费、竣工验收费、工程监理费、业主管理费,分别按0.15~0.22万元/亩、0.04~0.06万元/亩、0.02~0.03万元/亩、0.02~0.03万元/亩核算。

《关于完善地票价款分配的补充意见》(渝国土房管发〔2010〕220号)规定,重庆市农村土地整治中心项目管理成本按0.1万元/亩核算;区县和乡镇项目管理成本按1万元/亩核算,由区县自行确定分配

---

① 《荣昌县人民政府办公室关于调整荣昌县农村建设用地复垦有关政策的通知》(荣昌府办发〔2012〕18号)规定,复垦项目工程成本按1.5万元/亩计取,其中工程施工费1.2万元/亩,前期工作费、竣工验收费、工程监理费、安全配套费计0.3万元/亩。前期工作费(中介技术服务费)按不高于2200元/亩列支(包括前期测绘、规划设计方案和预算编制、竣工测绘、基本农田补划、各项审查、地类变更等),竣工验收费400元/亩,工程监理费300元/亩,安全配套费100元/亩,项目工程费用由县土地储备整治中心按程序拨付给各镇街及有关单位。

② 《开县农村建设用地复垦地票收入使用管理办法》(开县府办发〔2011〕129号)规定,在县土地整理中心支出项目前期工作费(2200元/亩)、竣工验收费(600元/亩)、工程监理费(300元/亩)、业主管理费(300元/亩)后,剩余资金由县、乡镇(街道)两级按4:6的比例分配使用。该项费用及项目工程成本节余费用,原则上应用于建设用地复垦、户籍制度改革、美丽乡村建设、环境综合整治等支出。

方案。低于1.2万元/亩的工程成本部分可转入区县和乡镇的项目管理成本。《关于调整地票价款分配及拨付标准的通知》(渝国土房管〔2011〕170号)则将复垦项目管理成本的拨付标准确定为1.1万元/亩。其中,市农村土地整治中心项目管理成本按0.1万元/亩拨付;区县(自治县)、乡镇及村社项目管理成本按1万元/亩拨付,主要用于区县(自治县)国土部门、农村土地整治机构、乡镇、村社等管理支出,具体分配办法由区县(自治县)自行确定。例如,《荣昌县人民政府办公室关于调整荣昌县农村建设用地复垦有关政策的通知》(荣昌府办发〔2012〕18号)就规定,复垦项目管理成本按1万元/亩列支,各镇街工作经费由县政府按《重庆市建设用地整理合格证》证载面积7000元/亩向各镇街拨付专项工作经费,对完成年度目标任务的镇街,县政府按2000元/亩予以奖励,剩余的工作经费由县土地整治中心集中用于对各镇街考核、奖励和日常工作等。

(3)项目融资成本。《关于规范地票价款使用促进农村集体建设用地复垦的指导意见(试行)》(渝国土房管〔2010〕384号)和《关于完善地票价款分配的补充意见》(渝国土房管发〔2010〕220号)都只对复垦项目融资成本的提取做了原则性规定:如果是通过财政投入、节约资金投入的农村集体建设用地复垦项目,则不考虑复垦项目融资成本;但如果是通过垫资、贷款筹集资金的农村集体建设用地复垦项目,则应根据垫资或贷款金额、同期人民银行确定的贷款利率等据实与银行结算复垦项目融资成本。

从理论上讲,由于所有的资金都有机会成本的问题,因此复垦项目涉及的所有资金其实都应该计算融资成本。有论者还按照2012年7月6日中国人民银行最新公布的年贷款基准利率一至三年期(含三年)6.15%计算出地票生产的融资成本大约为15.75万元/hm^2。[①] 为进一步明确融资成本的具体标准,《关于调整地票价款分配及拨付标准的通知》(渝国土房管〔2011〕170号)将复垦项目融资成本的拨付标准具体确定为1.1万元/亩,并规定,项目承担单位应根据垫资或贷款金额、同期人民银行确定的贷款利率等据实与银行结算复垦项目融资成本。融资成本拨付给区县(自治县)包干使用,实际融资成本低于1.1万元/亩的节余部分可转入区县(自治县)、乡镇及村社项目管理成本。

此外,《关于规范地票价款使用促进农村集体建设用地复垦的指导意见(试行)》(渝国土房管〔2010〕384号)还规定了项目补偿(助)成本。以复垦农村宅基地及其附属设施用地为例,复垦项目补偿(助)费用分为支付给农户的补偿费和支付农村集体经济组织补偿费。其中支付给农户的补偿费又包括三个部分:①房屋和地上构(附)着物补偿费。参照同时期区县(自治县)人民政府发布的征收农村房屋及其地上构(附)着物补偿标准,对农村房屋及地上构(附)着物所有权人给予补偿。②农村宅基地及其附属设施用地使用权补偿费。参照同时期区县(自治县)人民政府发布的土地补偿费标准,对原农村宅基地及其附属设施用地使用权人给予补偿。③农户购房补助费。参照同时期区县(自治县)政府确定的农民新村房屋价格(650元/平方米),乘以同时期征地人均住房安置建筑面积(30平方米/人)的一定比例,对退出宅基地的农户给予购房补助。目前,各地普遍执行的计算方式为:复垦农户购房补助=650元/平方米×30平方米/人×人数×30%。[②] 而支付给农村集体经济组织的补偿费则参照复垦地

---

① 杜茎深:《指标市场的引入及其对地价形成的影响》,浙江大学2013年博士学位论文,第129页。

② 参见重庆市人大农业与农村委员会:《关于我市地票交易成交价款分配及农民受益情况的调查报告》,载《重庆人大调研》2010年第7期。

所在乡(镇)国有建设用地使用权出让金标准的一定比例计算,原则上按1.7万元/亩左右核算。该项费用原则上应当用于该集体经济组织以土地整治为主要方式的新农村建设。[①]

但是,2010年12月15日发布的《关于完善地票价款分配的补充意见》(渝国土房管发〔2010〕220号)却取消了项目补偿(助)成本。按照渝国土房管发〔2010〕220号文件的规定,复垦农村宅基地及其附属设施用地的地票平均价款[②]扣除复垦项目工程成本、管理成本和融资成本后,直接按9.6万元/亩支付给退出宅基地的农户;按1.7万元/亩支付给该农村集体经济组织。如果按以上标准支付地票平均价款后仍有剩余,则按照85:15的比例再次支付给退出宅基地的农户和集体经济组织。2011年9月20日发布的《关于调整地票价款分配及拨付标准的通知》(渝国土房管〔2011〕170号)也只是将补偿标准予以提高,仍然没有专门列支项目补偿(助)成本。

渝国土房管发〔2010〕220号文件的上述改变,已经引起了一些群众的误解。他们认为,按照新的规定,对房屋和地上构(附)着物已经

---

① 《关于规范地票价款使用促进农村集体建设用地复垦的指导意见(试行)》(渝国土房管〔2010〕384号)规定,如果复垦的是农村公共设施和公益事业用地、乡镇企业用地,则地票基准价款的分配为:(1)房屋和地上构(附)着物补偿费。参照同时期区县(自治县)人民政府发布的征收农村房屋及其地上构(附)着物补偿标准,对农村房屋及地上构(附)着物所有权人给予补偿。(2)土地使用权补偿费。参照同时期区县(自治县)人民政府发布的土地补偿费标准,对农村公共设施和公益事业用地或乡镇企业用地使用权人给予补偿。(3)农村集体经济组织补偿费。参照复垦地所在乡(镇)国有建设用地使用权出让金标准的一定比例对农村集体经济组织给予补偿。原则上按1.7万元/亩左右核算。该项费用原则上应当用于该集体经济组织的以土地整治为主要方式的新农村建设。

② 由于地票的交易对象不是实物性质的土地,而仅仅是指标,且这一指标在权利性质和内容上具有无差别性,因此采取以平均价款,而不是当时的成交价款来进行分配具有相当的合理性。实际上,地票制度设立的目的就在于让偏远地区的农民公平地分享城市化、工业化的发展成果。但由于这里的平均价款的计算需要有一个参照。据了解,目前是以复垦验收合格后当时全市定期公布地票交易均价为准。这一标准显然还是不尽明确,应予以完善。

不予补偿了。[①] 应当说，房屋和地上构（附）着物等项目补偿（助）费用还是存在的，只是不再单独作为成本予以列支。因为按照渝国土房管发〔2010〕220 号文件的规定，地票平均价款在扣除复垦项目工程成本、管理成本和融资成本后的剩余部分的 85% 将由农户直接分享。[②] 我们以重庆最高的法定宅基地面积 0.2 亩[③]（价格房屋价值为 2 万元）和其他附属设施用地面积 0.2 亩为例，[④]按渝国土房管发〔2010〕220 号文件规定，在签订转户居民自愿退出宅基地补偿协议并审核确认无误后，先按有证的宅基地面积计算补偿 0.2 亩 × 10 万元/亩 = 2 万元。然后以复垦验收合格后当时全市定期公布地票交易均价为准，假如是 25 万元/亩，减除复垦项目工程成本（1.5 万元/亩），管理成本（1.1 万元/亩）以及复垦项目融资成本（1.1 万元/亩），共计减除各项成本约 3.7 万元/亩后余 21.3 万元/亩，由农户及所在集体经济组织按 17∶3 比例分配。该户退出建设用地面积共 0.4 亩，其中 85% 支付给农户部分则为：21.3 万元/亩 × 0.4 亩 × 85% = 7.242 万元，减除提前支付的 2 万元后，第二次仍需补偿农户 5.242 万元。可见，渝国土

---

① 有农户在信访中就提出：按照以前的文件，如果在 100 平方米的宅基地上有 2 层的房屋就可以领取 20000 元的房屋补助，要是有 3 层的话还可以领取 30000 元的房屋补助。但按照现在的政策，不管他有几层都只能领到 15000 元的补偿。参见 http://www.cqnc.gov.cn/nc_content/2011-07/27/content_1568299.html，最后访问日期：2018 年 1 月 5 日。还可参见 http://www.ncfz.com/thread-203447-1-1.html，最后访问日期：2018 年 1 月 5 日。

② 当然，客观说，在农户与农村集体经济组织按照一定比例分享地票增值的情况下，是否预先扣除项目补偿（助）成本还是有一定差异的。

③ 《重庆市土地管理规定》（渝府令〔1999〕53 号）第 32 条规定：市区范围内村民宅基地标准为每人 20～25 平方米，其他区县（自治县、市）范围内村民宅基地标准为每人 20～30 平方米，3 人以下户按 3 人计算，4 人户按 4 人计算，5 人以上户按 5 人计算，扩建住宅新占的土地面积应连同原有宅基地面积一并计算。而目前一些地方是以此作为复垦农村宅基地面积的计算依据。参见《城口县 2008－2010 年地票剩余价款使用分配实施方案》（城办〔2011〕102 号）。

④ 《城口县 2008－2010 年地票剩余价款使用分配实施方案》（城办〔2011〕102 号）。如实地丈量低于宅基地面积，以实际丈量的面积计算；如实地丈量面积大于宅基地面积，按不超过宅基地面积计算（2008 年不计算院坝面积）。

房管发〔2010〕220 号文件实际上是把包括了房屋和地上构(附)着物等在内的项目补偿(助)费用直接用地票的增值价款进行了补偿。

但是,由于目前的地票平均价款在扣除复垦项目工程成本、管理成本和融资成本后的剩余部分是由农户与农村集体经济组织按照17:3的比例进行分配的,[①]因此如果对房屋和地上构(附)着物等项目补偿(助)费不作预先扣除,则就会增大农户与农村集体经济组织分配剩余价款的基数,进而增加农村集体经济组织的分享数额。这显然是不公正的。解决这一问题的方法有二:一是仍然参照渝国土房管〔2010〕384 号文件的规定将房屋和地上构(附)着物等项目补偿(助)费用进行预先扣除;二是直接在根本上否定农村集体经济组织的分配。[②]

虽然一直都有学者认为,从物权的实现来讲,所有权在各种权利中占主导地位,但在地票价款分配上,农户和乡镇企业作为使用权人,在集体土地权利实现上比作为所有权权利主体的农民集体获得了更大的利益,集体土地的所有权权能在经济上没有得到充分体现。[③] 但我们认为,在复垦农村宅基地及其附属设施用地的情形下,农村集体经济组织其实是没有权利分享地票价款的。因为在此时就地票的产

① 据调查,重庆的这一比例确定主要是考虑到重庆地区农业税取消之前,集体有一个三提留、五统筹的做法。而这三提留、五统筹占了 14.7% ~14.8%。参见曹亚鹏:《"指标漂移"的社会过程——一个基于重庆"地票"制度的实证研究》,载《社会发展研究》2014 年第 2 期。

② 当然,如果复垦的是农村公共设施和公益事业用地,则农村集体经济组织可以分享地票价款。

③ 参见黄美均、诸培新:《完善重庆地票制度的思考——基于地票性质及功能的视角》,载《中国土地科学》2013 年第 6 期;宁涛、杨庆媛、刘燕、侯培、王雪:《重庆地票收益分配问题及对策研究》,载郑财贵主编:《重庆统筹城乡土地管理制度改革研究文集——地票制度篇》,西南师范大学出版社 2013 年版,第 123 页;陈晓军、李宽:《对完善重庆地票制度运行的构想——荣昌、铜梁、忠县三县的调研》,载郑财贵主编:《重庆统筹城乡土地管理制度改革研究文集——地票制度篇》,西南师范大学出版社 2013 年版,第 129 页。

生而言，实际上是以作为用益物权人（宅基地使用权）的农户放弃继续享有“利用该土地建设住宅及其附属设施”权利为前提的，[①]所以地票交易的价格应当就是放弃这一权利的对价。我国《物权法》已经明确将宅基地使用权作为了一种独立的物权予以规定，并且没有限定期限，而其权利主体则是作为宅基地使用权人的农户，至于集体土地所有权的存在并不能抹杀宅基地使用权等用益物权的独立性及其价值。在这一点上，现行法也已予以了明确。比如，《农村土地承包经营权流转管理办法》第 7 条就明确规定：“农村土地承包经营权流转收益归承包方所有，任何组织和个人不得侵占、截留、扣缴。”实际上，《重庆农村土地交易所管理暂行办法》（渝府发〔2008〕127 号）第 31 条第 1 款对此也是予以认可的，[②]但为何同为用益物权的农村宅基地使用权的交易却有着不同的收益分配政策呢？必须知道，地票的产生并未改变土地的集体所有性质，在农村宅基地及其附属设施用地复垦为耕地以后，其集体所有的性质并未改变，所改变的仅仅是用益物权的类型——从宅基地使用权变为土地承包经营权，但土地的集体所有仍是被维持的。[③] 可见，基于宅基地复垦而产生的地票并未对土地的集体

---

① 参见《物权法》第 152 条。

② 《重庆农村土地交易所管理暂行办法》（渝府发〔2008〕127 号）第 31 条：（一）耕地、林地等承包经营权交易收益，归农民家庭所有；（二）农村宅基地使用权交易收益，原则上大部分归农民家庭所有，小部分归农村集体经济组织所有，具体分配比例由农民家庭和农村集体经济组织协商确定；（三）乡镇企业用地、农村公共设施和公益事业建设用地等集体建设用地使用权交易收益，归农村集体经济组织所有；（四）农村土地交易所按农村土地实物和指标交易额 1% 的比例收取交易服务费；（五）农村集体经济组织获得的土地交易收益，纳入农村集体财产统一管理，用于本集体经济组织成员分配和社会保障、新农村建设等公益事业。具体管理办法，按相关农村集体资产管理规定执行。

③ 有学者还提出，在我国城市化日益推进的今天，各地农村集体经济空壳化日益明显，大量提取一笔集体财产出来如何有效管理和使用必将是个难题。参见周中举：《农村土地使用权实物交易和地票交易制度评析——以农村宅基地使用权为中心》，载《经济体制改革》2011 年第 1 期。

所有产生实质上的损害。因此,集体本身并无理由分享地票交易的价款。①

当然,从原因来看,地票的收益并不完全是因为农民的劳动投入,社会经济的发展、基础设施的完善和其他各项投入也都对其价值的实现有一定贡献。② 因此在理论上可以基于公平分享的考量对其征税。但在我国农民已经为国家的城市化、工业化发展做出了极大贡献的历史背景下,我们认为目前此类税收还不宜开征。

按照渝国土房管发〔2010〕220 号文件的规定,地票分配的基础不是地票的成交价格,而是扣除了复垦项目工程成本、管理成本和融资成本等后的地票平均价款。由于地票的交易对象不是实物性质的土地,而仅仅是指标。因此,所有参与交易的指标在权利性质和内容上具有无差别性,所以采取平均价款,而不是以具体的成交价款来进行分配具有一定合理性。但在实践中,如何计算平均价款却比较困难:究竟选择哪一个时间段来进行平均?由于地票交易价款存在不断上升的趋势,因此如何选取计算的区间以期获得公正、合理的平均结果这将是非常棘手的。即使是对每一场的交易价格进行了评价,则仍然会出现不同交易次号的地票在价格上的差异。比如,2008 年 12 月 10 日重庆农村土地交易所拍卖的两宗地票中的 08001 号地票(300 亩建设用地指标)的成交单价为 8.53 万元/亩,而 08002 号地票(800 亩建设用地指标)的成交单价为 8.02 万元/亩。在我们看来,如果让农户

---

① 有人或许会提出,农村宅基地及其附属设施用地在复垦后,虽然没有对土地的集体所有产生直接损害,但由于经过复垦后的土地从此以后原则上就不能再作为农村建设用地使用了,这种用途的永久变化会间接损害集体的利益。我们认为,至少在目前的农村地权配置中,这一认识是缺乏合法依据的。因为按照我国目前的法律,农户对其宅基地的使用权几乎是无期限的,因此在地票的生产中,只要贯彻了一户一宅的原则,就不能认为会对集体产生不利的影响。

② 褚刚:《重庆市地票交易制度研究》,中国人民大学 2011 年硕士学位论文,第 49 页。

和集体经济组织直接参与到地票交易中来，采取"价格优先，时间优先"的办法确定具体地票的价格，这样就可以避免采取平均价款方式的麻烦和不公。

在农户参与地票价款的分配中还有一个重要的基础问题就是如何确定复垦农村宅基地及其附属设施的面积。《土地管理法》第62条规定："农村村民一户只能拥有一处宅基地，其宅基地的面积不得超过省、自治区、直辖市规定的标准。"《重庆市土地管理规定》(渝府令〔1999〕53号)第32条规定：市区范围内村民宅基地标准为每人20～25平方米，其他区县(自治县、市)范围内村民宅基地标准为每人20～30平方米，3人以下户按3人计算，4人户按4人计算，5人以上户按5人计算，扩建住宅新占的土地面积应连同原有宅基地面积一并计算。可见，在重庆，每户的宅基地法定面积最多为150平方米(0.225亩)。

但是，事实上，在宅基地无偿、无期的制度背景下，多占多用，一户多宅在我国的农村还是比较普遍的。也就是说，在很多农村，农户的宅基地面积可能都超过了法定的面积标准和一户一宅的限制。据第二次全国农业普查对22108万户农村居民的调查显示，2006年末，拥有2处住宅的1421万户，占调查农户总量的6.4%；拥有3处以上住宅的有77万户。[①] 重庆的一项调查发现，42.35%的农户存在"一户多宅"问题。[②] 因此，对于超出法定标准和限制的部分如何处理就成为了问题。《城口县2008－2010年地票剩余价款使用分配实施方案》(城办〔2011〕102号)对此作了比较详细的规定：

(1)复垦农村宅基地面积的计算。城口县农村宅基地复垦面积

---

① 杨永磊：《城乡建设用地增减挂钩机制研究》，中国地质大学2012年博士学位论文，第31页。

② 参见宁涛、杨庆媛、刘燕、侯培、王雪：《重庆地票收益分配问题及对策研究》，载郑财贵主编：《重庆统筹城乡土地管理制度改革研究文集——地票制度篇》，西南师范大学出版社2013年版，第123页。

计算标准统一为每人不超过30平方米,人口以宅基地复垦时家庭户籍人口为准,3人以下户按3人计算,4人户按4人计算,5人以上户按5人计算,人均低于30平方米,按实地丈量或宅基证所载面积为准。

(2)复垦院坝面积的计算。城口县院坝复垦面积采取实地丈量。如实地丈量低于宅基地面积,以实际丈量的面积计算;如实地丈量面积大于宅基地面积,按不超过宅基地面积计算(2008年不计算院坝面积)。[①]

(3)复垦"一户多宅"宅基地面积的计算。退出宅基地复垦的农户在农村仍有住房,属"一户多宅",按核定退出宅基地的人口面积(包括院坝面积)减去现有房屋土地使用权面积(包括院坝面积)后,计算退出宅基地农户所得面积。[②]

2016年1月1日起施行的《重庆市地票管理办法》则对宅基地及附属设施用地上限面积作了统一规定。该办法第29条规定:"农村宅基地及其附属设施用地复垦的,单户交易总面积未超过667平方米的部分,地票净收益的85%归宅基地使用权人,15%归农村集体经济组织;超过667平方米部分对应的地票净收益全部归农村集体经济组织。但是,单户复垦交易的宅基地证载面积已超过667平方米的,宅基地证载面积部分对应收益的85%归宅基地使用权人,15%归农村

---

① 重庆各地对农村宅基地附属设施用地核定标准存在较大差异。如彭水县规定按照宅基地面积与附属设施用地面积1:1.5的比例计算,附属设施用地面积大于宅基地面积1.5倍的,参与地票交易时全部按照宅基地面积1.5倍核定;潼南县规定,农户对附属设施用地只拥有宅基地面积1.6倍的地票参与权,超过宅基地面积1.6倍的附属设施用地,其地票收益全部归农村集体经济组织;永川区、云阳县等其他区县并没有对附属设施用地的核定做出具体规定,附属设施用地与宅基地具有相同的地票收益分配标准。参见宁涛、杨庆媛、刘燕、侯培、王雪:《重庆地票收益分配问题及对策研究》,载郑财贵主编:《重庆统筹城乡土地管理制度改革研究文集——地票制度篇》,西南师范大学出版社2013年版,第123页。

② 对"一户多宅"的宅基地地票收益分配问题,重庆的不同区县是有不同分配政策的。如黔江区、彭水县等区县一律当作宅基地复垦,进行地票交易;永川区按4500元/亩补偿复垦农户;潼南县则不允许参与地票复垦。参见宁涛、杨庆媛、刘燕、侯培、王雪:《重庆地票收益分配问题及对策研究》,载郑财贵主编:《重庆统筹城乡土地管理制度改革研究文集——地票制度篇》,西南师范大学出版社2013年版,第123页。

集体经济组织，其附属设施用地对应的地票净收益全部归农村集体经济组织。”①

我们认为，城办〔2011〕102号文件以及《重庆市地票管理办法》第29条虽然明确了超标占地和“一户多宅”的处理规则，但上述做法和规定却值得商榷。

首先，应当采取实事求是的态度，对具体的超标按1982年《村镇建房用地管理条例》和1987年《土地管理法》的实施为界点分为三个区间做区别对待：1982年《村镇建房用地管理条例》实施前建设的房屋（不含偏房、圈舍）按实际占地面积确认；1982年《村镇建房用地管理条例》实施起至1987年《土地管理法》实施时止，超过当地规定的面积标准的，超过部分按当时国家和地方有关规定处理后，可以按实际使用面积进行计算；1987年《土地管理法》实施后，农村村民建房占用的宅基地，超过当地规定的面积标准的，按照实际批准面积进行计算。之所以采取区别对待的方法主要是考虑到我国对宅基地标准的限制立法的前后变化：1982年《村镇建房用地管理条例》②基于“珍惜和合理利用每寸土地”的目的，首次开始对社员建房用地规定了“用地标准”。1982年10月29日《中共中央办公厅国务院办公厅转发书记处农村政策研究室城乡建设环境保护部〈关于切实解决滥占耕地建房问题的报告〉的通知》（中办发〔1982〕39号）指出：今后在宣传报道农村改善居住条件时，应着重宣传和表彰规划合理、节约用地又改善了居住条件的先进典型，而不要单纯宣扬农民富裕后盖房多、庭院

① 2015年12月31日前，已签订农村宅基地及其附属设施用地复垦协议，但尚未发布交易公告的复垦项目，复垦协议确定的农户收益大于前款规定的，按原协议执行。

② 《村镇建房用地管理条例》第9条：“社员建房用地，由省级人民政府根据山区、丘陵、平原、牧区、城效、集镇等不同情况，分别规定用地限额，县级人民政府根据省级人民政府规定的用地限额，结合当地的人均耕地、家庭副业、民族习俗、计划生育等情况，规定宅基地面积标准。”

宽敞等不利于节约土地的事例。可见,在 1982 年 10 月 29 日以前,我国对于宅基地的面积并未有明确限制,而且,在此后的一段时间里,对于超标占地建房,一些地方只是对此进行了行政处罚,而未严格要求退出土地,直到 1987 年《土地管理法》实施以后才对此予以了严格规范。

针对上述实际,1995 年 3 月 11 日国家土地管理局印发的《确定土地所有权和使用权的若干规定》(〔1995〕国土〔籍〕字第 26 号)和 2008 年国土资源部出台的《关于进一步加快宅基地使用权登记发证工作的通知》(国土资发〔2008〕146 号)都基于上述历史事实,而采取了区别对待。① 实际上,2010 年重庆市发布的《关于解决新一轮农村土地房屋登记发证工作若干问题的指导意见(试行)》(渝国土房管发〔2010〕86 号)也采取了这一认识。2008 年 10 月 10 日公布的《成都市集体土地所有权和集体建设用地使用权确权登记实施意见》(成国土资发〔2008〕127 号)则对此做了更为明确的规定:1987 年《土地管理

---

① 《确定土地所有权和使用权的若干规定》(〔1995〕国土〔籍〕字第 26 号)第 45 条规定:"一九八二年二月国务院发布《村镇建房用地管理条例》之前农村居民建房占用的宅基地,超过当地政府规定的面积,在《村镇建房用地管理条例》施行后未经拆迁、改建、翻建的,可以暂按现有实际使用面积确定集体土地建设用地使用权。"第 46 条规定:"一九八二年二月《村镇建房用地管理条例》发布时起至一九八七年一月《土地管理法》开始施行时止,农村居民建房占用的宅基地,其面积超过当地政府规定标准的,超过部分按一九八六年三月中共中央、国务院《关于加强土地管理、制止乱占耕地的通知》及地方人民政府的有关规定处理后,按处理后实际使用面积确定集体土地建设用地使用权。"《国土资源部关于进一步加快宅基地使用权登记发证工作的通知》(国土资发〔2008〕146 号)规定:1982 年《村镇建房用地管理条例》实施前,农村村民建房占用的宅基地,在《村镇建房用地管理条例》实施后至今未扩大用地面积的,可以按现有实际使用面积进行登记;1982 年《村镇建房用地管理条例》实施起至 1987 年《土地管理法》实施时止,农村村民建房占用的宅基地,超过当地规定的面积标准的,超过部分按当时国家和地方有关规定处理后,可以按实际使用面积进行登记;1987 年《土地管理法》实施后,农村村民建房占用的宅基地,超过当地规定的面积标准的,按照实际批准面积进行登记。其面积超过各地规定标准的,可在土地登记簿和土地权利证书记事栏内注明超过标准的面积,待以后分户建房或现有房屋拆迁、改建、翻建、政府依法实施规划重新建设时,按有关规定作出处理,并按照各地规定的面积标准重新进行登记。

法》颁布之前农村村民建房占用的宅基地，其房屋占地面积超过规定标准，在《土地管理法》施行后未经拆除、改建、翻建的，按现有房屋占地面积确定农村宅基地使用权。

当然，在实践中，对于超标占地问题，如果要根据宅基地取得的时间，区分3个不同的时间阶段进行不同处理，则首先需要判断出宅基地的具体取得时间。但目前国家层面并未就此作出具体规定，而只有一些地方的意见。比如，海南省国土环境资源厅发布的《关于宅基地确权登记发证工作中有关问题的指导意见（二）》（琼土环资籍字〔2010〕3号）就如何核定宅基地使用起始时间的问题规定："要依据各历史时期的航片、土地利用现状图等资料，对农户主张的用地时间进行核实。如果某住宅用地位置，不在1986年拍摄航片和依据该航片调绘土地利用现状图上的村庄建设范围界线之内，就不能认定该处宅基地是1982年以前才开始使用的。"利用航片确定宅基地取得时间确实比较准确和科学，但由于一些历史久远的宅基地在过去并没有全面的航片，因此如何判断宅基地的取得时间仍然是实践的一个难题。我们认为，对于这些缺乏航片、土地利用现状图等资料的宅基地，可以考虑依据村民自治的思路进行判断。也就是说，当宅基地使用人主张其宅基地是在1987年《土地管理法》实施前，甚至是在1982年《村镇建房用地管理条例》实施前建造的，但却无法提供相关证明时，可以由村委会或村集体经济组织发布公告，在公示30天后无异议的，则可以按照宅基地使用人所主张的时间确定其取得宅基地的时间。

其次，对于1987年《土地管理法》实施后的超标面积虽然不能作为农户的合法宅基地使用权部分进行确认，进而在地票价款的分配上，农户无权分享这一部分面积的地票价款。但这一部分面积从权利属性上讲，虽然不成立合法的宅基地使用权，但还存在集体土地所有权。1997年5月，国务院发布的《关于进一步加强土地管理切实保护耕地的通知》(中发〔1997〕11号)就明确指出:“农村居民每户只能有一处不超过标准的宅基地,多出的宅基地,要依法收归集体所有。”因此,对此部分复垦指标的交易价款应当归属于土地所有权人。《成都市集体土地所有权和集体建设用地使用权确权登记实施意见》则采取了村民自治的方法来确定这一部分的使用权的归属。[①] 也就是说,可以考虑按照村民自治的原则,经村民会议2/3以上成员或者2/3以上村民代表的同意并形成决议,选取下列两种方式之一进行相应的地票价款分配:(1)确定给独自使用土地的集体经济组织成员;[②](2)确定给本集体经济组织或由本集体经济组织成员集体分享。

再次,对于“一户多宅”的处理也应当以对“一户一宅”的正确理解为前提。我们认为,一户一宅原则是对宅基地使用权的初始取得的限制,而不是对继受取得的限制,法律不应当禁止村民通过继承等方式取得两处以上的宅基地使用权。[③] 也就是说,应当把“一户一宅”理解为对宅基地使用权初始取得上的限制,而不是运行中的绝对限制,相反,应当允许在农村宅基地的实际运行过程中存在“一户一宅”的合法例外。具体来说就是:(1)因宅基地使用权人去世留有房屋而发生继承,从维护公民个人财产权利的角度来看,即使该继承人已有宅基地,也应允许其继承作为遗产的房屋,并基于房地一体主义的规则,附带享有房屋所占的宅基地使用权。《国土资源部、中央农村工作领导小组办公室、财政部、农业部关于农村集体土地确权登记发证的若

---

① 《成都市集体土地所有权和集体建设用地使用权确权登记实施意见》:房屋建筑占地面积超出当地现行农村宅基地面积标准的部分以及由农户独自使用的院坝作为其他集体建设用地,按照村民自治的原则,经村民会议2/3以上成员或者2/3以上村民代表的同意并形成决议,选取下列两种方式之一确定其使用权:(1)确定给独自使用土地的集体经济组织成员。(2)确定给本集体经济组织。

② 这主要适用于当地农户宅基地面积普遍超标的情况。

③ 高圣平、刘守英:《宅基地使用权初始取得制度研究》,载《中国土地科学》2007年第2期。

干意见》(国土资发〔2011〕178 号)也明确规定:已拥有一处宅基地的本农民集体成员、非本农民集体成员的农村或城镇居民,因继承房屋占用农村宅基地的,可按规定登记发证,并在《集体土地使用证》记事栏注记"该权利人为本农民集体原成员住宅的合法继承人"。① (2)因房屋买卖、赠与等合法行为而附带取得宅基地使用权。② (3)因抵销债务、实现抵押权等方式取得宅基地使用权。③ 当然,此时的宅基地使用权是因房地一体主义的规则而被附带享有的。因此,一旦住宅被复垦以后,其使用权就应当消失,从而使集体土地所有权回复圆满。从这个角度来讲,在地票价款的分配上,应当就"一户多宅"的问题采取这样的处理方法:首先,对合法的住宅本身予以补偿,这一补偿应当归属于该住宅的所有权人;其次,剩余的部分收益则应当归属于土地所有权人,或参考《成都市集体土地所有权和集体建设用地使用权确权登记实施意见》的办法,依据村民自治的方法来决定这部分收益的分配。

最后,在认定"一户多宅"时还应当考虑符合当地分户建房规定

---

① 《杭州市人民政府办公厅关于加快推进宅基地使用权登记发证工作的通知》(杭政办函〔2009〕173 号)以及《重庆市国土房管局关于解决新一轮农村土地房屋登记发证工作若干问题的指导意见(试行)》(渝国土房管发〔2010〕86 号)也有类似的规定。参见蔡卫华:《宅基地哪些情形下能登记发证给城镇居民》,载 http://www.gtzyb.com/shiwucuoshi/20140916_72878.html,最后访问日期:2018 年 1 月 5 日。

② 目前在广大农村,随着城乡一体化进程的推进,宅基地使用权流转的实践也已经突破了法律法规的限制,宅基地的买卖现象不仅存在,而且已占相当大的比重,几乎在无法可依的状态下自发形成了宅基地隐性交易市场。据海南大学 2011 年组织的一次覆盖全国 28 个省的 334 个县市所下辖的 840 个乡镇中的 1083 个自然村的调研数据显示:总计 42.9% 的村庄存在宅基地使用权买卖的情况,城郊农村更是以高达 70% 的数据显现出宅基地使用权流转的生命力。参见王崇敏:《论我国宅基地使用权制度的现代化构造》,载《法商研究》2014 年第 2 期。当然,从现行法上,直接买卖宅基地是缺乏合法依据的,但基于房屋买卖、赠与等合法行为而附带取得宅基地使用权则是允许的。

③ 刘广明:《农村宅基地的法理思考与制度完善》,载李昌麒主编:《经济法论坛》,群众出版社 2006 年版,第 560 ~ 573 页。但目前,国家和地方的政策基本上还只承认继承这一种例外。参见《国土资源部关于进一步加快宅基地使用权登记发证工作的通知》、《关于解决新一轮农村土地房屋登记发证工作若干问题的指导意见(试行)》(渝国土房管发〔2010〕86 号)。

而尚未分户的实际情况。在农村，多是在子女未成年或已成年但未结婚前，父母就为其准备下结婚时的用房，相当多的家庭也不是在子女一结婚就与子女分家，让子女另立新户的。因此，如果僵化理解"一户多宅"或严格限制分户建房，就会损害农民的合法权益，引发群众的不满。[①] 因此，在认定"一户多宅"时，应当考虑符合当地分户建房规定而尚未分户的实际，如果是那些已经符合分户建房规定而尚未分户出现"一户两宅"，就不宜再认定为超标。当然，如何明确分户标准需要有具体规定。我们建议参考 2006 年 8 月 14 日公布的《青岛市国土资源和房屋管理局关于加强农村宅基地管理的通知》(青土资房发〔2006〕334 号)规定，以结婚、离婚等事由作为分户条件。[②]

总体而言，我们应当承认，成渝地票交易制度确实有利于城市反哺农村，对于实现偏远地区农村和农民的土地价值具有重要的示范意义。但是，目前的地票交易制度不仅在指标产生、指标交易模式等微观制度安排上存在不足，需要改进，而且由于其在根本上并未触及对现行征地制度的改革，未能实现农村集体土地的直接入市，因此，这一制度创新对于城市郊区农村集体土地利益的实现几无帮助。基于经济上的考虑，城市郊区的农民(户)其实是不太愿意将建设用地复垦为耕地的。[③] 因此，目前的地票交易制度其实并不能彻底实现土地利益在全体国民中的公平分享。

---

① 参见 http://www.cq.gov.cn/PublicMail/Citizen/ViewReleaseMail.aspx?intReleaseID=297787，最后访问日期：2018 年 1 月 5 日。

② 《深圳市原村民非商品住宅建设暂行办法》(深府〔2006〕105 号)第 4 条规定，原村民是指公安机关登记在册(特区内截至 1993 年 1 月 1 日、特区外截至 2003 年 10 月 29 日)并参加本村劳动分红的农村集体经济组织成员；按照每户原村民划定原农村宅基地或者非农建设用地标准中的一户，是指原村民的户籍单位。原村民中年满 30 周岁未婚的(特区内截至 1993 年 1 月 1 日、特区外截至 2004 年 3 月 31 日)可认定为一户。

③ 虽然也有论者建议，政府应该适时修改地票价款分配模式，从而让区位和房屋质量较好的农户也愿意参加复垦。参见张家源、张传华：《"地票—户改—农民财产性收入"内在经济关系研究——基于博弈论的分析》，载《江苏省社会主义学院学报》2013 年第 2 期。

更为重要的是,地票交易制度实际上已经为改革现行的征地制度提出了要求。因为按照规定,重庆主城区的经营性用地,政府不再下达用地指标,而一律要求通过地票交易获得。然而,经营性用地在获得地票后,仍然需要通过国家对城市周边地区的土地征用和土地出让才能实现地票的落地。这里显然就出现了一个悖论:一方面,在现有制度下,地票要在主城区(城市)落地,就必须基于公共利益先行进行征收;另一方面,就地票的使用而言,其所针对的却是重庆主城区的经营性用地。破解上述悖论的途径不外有三:要么允许农民集体所有的土地的使用权直接进入建设用地市场,打破国家对建设用地市场的垄断;要么扩大国家征收集体土地的目的范围,允许国家在公共利益范围以外征收农民集体所有的土地,再出让给为私人利益需要用地的单位;要么"指鹿为马"将非公共利益硬说成是公共利益,征收农民集体土地,或者"挂羊头卖狗肉",以公共利益之名行商业征收农民集体土地之实,将征收的土地出让给私人用地者。[①] 在土地征收制度未有实质改变的背景下,重庆地票的落地必然会选择后两种方式,但这样的落地方法显然是与我国现行法相违背的。我国《宪法》第 10 条规定:"国家为了公共利益的需要,可以依照法律规定对土地实行征收或者征用并给予补偿。"《物权法》第 42 条也明确规定:"为了公共利益的需要,依照法律规定的权限和程序可以征收集体所有的土地和单位、个人的房屋及其他不动产。"可见,我国现行法已经将土地的征收目的和范围限制在"公共利益目的"之内。虽然理论上和实务中就如何认定公共利益仍然存在争议和分歧,但学说均一致认为包括房地产开

① 韩松:《集体建设用地市场配置的法律问题研究》,载《政治与法律》2008 年第 3 期。

发在内的经营性用地不应当理解为是公共利益的目的。[①] 就此而言，如果是房地产开发企业持有地票时，政府仍然采取征收方式进行落地，则就存在违宪（法）之嫌。[②] 正是由于地票的落地涉及与农村集体建设用地使用权入市的协调，因而我们认为地票交易制度仍然不能取代关于农村集体建设用地直接“入市”的改革。未来理想的城乡统一建设用地市场应当是由地票交易市场和农村集体建设用地市场两个相互协调的市场共同组成的。

三、地票价款的分配程序规则

由于地票价款的分配涉及重大的利益问题，关涉地票生产的积极性，因此有必要对其分配程序予以严格规范。以重庆为例，按照重庆市国土房管局印发的《关于规范地票价款使用促进农村集体建设用地复垦的指导意见》（渝国土房管发〔2010〕384 号）的要求，复垦区县（自治县）国土部门或市农村土地整治中心应设置专户、专账对地票价款进行管理。地票价款拨付分为复垦成本拨付和地票增值收益拨付。复垦区县（自治县）国土部门依照有关规定会同同级财政、农业等部门对首次拨付用于支付复垦成本的地票价款的发放、落实等情况进行检查，并出具有关书面意见后，方可向土交所申请拨付地票增值收益。具体拨付程序如下：(1)申请。区县（自治县）国土部门或市农村土地整治中心向重庆农村土地交易所（以下简称土交所）提交《地

① 参见房绍坤、王洪平：《公益征收法研究》，中国人民大学出版社 2011 年版，第 221 ~ 225 页；傅鼎生：《“入城”集体土地之归属——“城中村”进程中不可回避的宪法问题》，载《政治与法律》2010 年第 12 期。

② 当然，作为短期解决方法是可以在征地时不明确具体用途，而先将城市土地纳入储备，借由《宪法》第 10 条所谓的“城市的土地属于国家所有”的规定来缓解“违宪”的压力。但这样的做法仍有风险，这主要涉及对《宪法》第 10 条上“城市”范围的理解和“城市的土地属于国家所有”这一结论之妥当性的怀疑。参见宋志红：《集体建设用地使用权流转法律制度研究》，中国人民大学社 2009 年版，第 131 ~ 138 页。

票价款拨付申请表》《农村集体建设用地复垦项目情况登记表》。(2)审核和审定。经土交所审核后,形成地票价款拨付方案连同《地票价款拨付申请表》报市国土房管局审定。(3)拨付。经市国土房管局审定后,由土交所将地票价款拨付复垦区县(自治县)国土部门或市农村土地整治中心;区县(自治县)国土部门或市农村土地整治中心自收到地票价款10个工作日内拨付区县(自治县)农村土地整治机构;区县(自治县)农村土地整治机构在10个工作日内将地票价款发放给退出农村集体建设用地的相关权利人。

可见,在重庆的地票价款的分配中,区县(自治县)国土部门或市农村土地整治中心和区县(自治县)农村土地整治机构扮演着重要角色。但如前所述,地票交易的核心当事人应当就是地票的申让方和承让方。因此,我们认为应当让农户和农村集体经济组织直接参与分配。实际上,分配环节的增加反而可能会人为导致价款被挪用、克扣的政治风险,这一点已经在征地款的分配中得到教训。[①] 因此,基于对农户和农村集体经济组织权益维护的需要,宜简化地票价款的分配程序,让地票的申让方直接参与地票价款的分配。

值得肯定的是,2011年8月31日,重庆市国土房管局发布的《关于进一步规范农村宅基地及其附属设施用地复垦管理实行地票价款直拨的通知》(渝国土房管发〔2011〕162号)就规定,从2011年8月1日起,申请地票交易的农村建设用地复垦项目,重庆将采取直拨方式将地票价款发放到每个农户、农村集体经济组织和相关权利人。即重庆农村土地交易所组织地票交易后,会同区县(自治县)国土部门核算每个农户、每个集体经济组织应直拨地票价款,于地票交易完成后

---

① 据中国人民大学社会学系2006年的调查,在土地被征的农民当中,仅有41.2%的人足额拿到了土地补偿金,而有29.4%的人没有得到土地补偿金。参见陆益龙:《农村土地征用问题:现状及成因分析》,载《学习与探索》2009年第1期。

5个工作日内,将每个农户、集体经济组织应得地票总价款、应直拨地票价款及权属面积等基本情况录入重庆市国土房管局公众信息网、重庆农村土地交易所网站公示3天,供农户通过互联网查询。区县(自治县)国土部门应同步采用发放明白卡等方式告知农户、农村集体经济组织应得价款金额、权属面积等基本情况,并将集体经济组织应得地票价款情况书面通知相关乡镇(街道)政府。相关权利人有异议的,应于公示期内向区县(自治县)国土部门提出,区县(自治县)国土部门应自收到异议之日起5个工作日内核实并提出书面意见告知相关权利人。① 通知还要求,区县(自治县)国土部门应商当地监察、审计部门,将农村建设用地复垦和地票价款拨付工作纳入农村党风廉政建设和考核、审计的范畴。

在地票价款直拨,让地票申让方直接参与价款分配的背景下,为了确保农民及其集体的权益得到维护,还有必要将地票交易信息及价款分配信息予以公开。渝国土房管发〔2010〕384号文件曾指出:要建立地票价款拨付和使用公示制度。区县(自治县)国土部门应当组织对退出农村集体建设用地的相关权利人获得的补偿(助)费用、复垦面积等情况在该集体经济组织张榜公开,并及时将补偿(助)费用发放到位;农村集体经济组织使用其拥有部分的地票价款时应先提出方案,在该集体经济组织公告,公告无异议并报乡(镇)人民政府审查同意后方可使用;适时通过相关渠道向社会和农民公开地票价款拨付和

---

① 《重庆市地票管理办法》第31条规定:重庆农村土地交易所应当于同一批次公告地票全部成交并收齐价款后5个工作日内,在门户网站公布成交结果,并将成交时间、成交面积、成交总价、成交均价等信息通知地票申请出让人。地票初次交易的,还应当公示地票净收益的支付明细、复垦成本等信息,并委托区县(自治县)国土资源主管部门同步在复垦项目所在地村务信息公开栏等人口集中处组织公示,公示期不得少于7日。公示期内有异议的,重庆农村土地交易所应当在7个工作日内进行复核。公示期内无异议或者复核后异议消除的,应当在公示期满或者异议消除后5个工作日内拨付地票价款。地票转让交易的,重庆农村土地交易所应当在地票购得人缴清地票价款5个工作日内,向转让人结清地票价款。

使用情况。区县(自治县)国土部门应设立并公开举报监督电话、政策咨询电话和公众信箱,接受社会公众咨询并监督地票价款使用。但在很长一段时间里,地票交易及其价款分配的信息公开程度却相当有限。比如,2010年4月19日,江津市国土房管局发布的《关于填报地票价款使用情况的紧急通知》(江津国土房管发〔2010〕56号)甚至还指出:"《地票价款使用情况统计表》属秘密件,请严格按照涉密文件管理规定,做好登记和保密工作,填写后请将纸质和电子文件派人送至江津区惠农土地开发整理有限责任公司,不得从网上传送。"事实上,信息不公开、地票价款拨付进度慢也已经成为群众咨询、投诉较多的问题。①

为此,重庆市国土房管局开通了地票政策公开咨询电话,建立了信访事项办理工作机制和地票交易旬报制度,每10天通报一次复垦、交易、价款征收及拨付、使用等数据信息,并将价款直拨工作纳入区县教育实践活动整改内容之一,加强了对地票价款直拨工作的监督和指导。从目前的执行上看,地票交易价款的分配信息有了很大程度的公开,但作为地票价款形成的地票交易信息的公开程度却仍然相当有限。② 特别是在重庆以外的试点地区,地票交易信息的公开程度就更为有限。从理论上讲,既然地票价款应当全部归属于农户和集体经济组织,那么政府部门又有何种理由拒绝公开地票交易的相关信息呢?

截至2014年8月31日,重庆已完成22个区县、818个项目、3.59

---

① 参见《多措并举加快地票价款直拨》,载 http://www.cqgtfw.gov.cn/zl/djyd/gzdt/201409/t20140916_249464.html,最后访问日期:2018年1月5日。

② 值得肯定的是,2016年实施的《重庆市地票管理办法》第31条开始明确规定:重庆农村土地交易所应当于同一批次公告地票全部成交并收齐价款后5个工作日内,在门户网站公布成交结果,并将成交时间、成交面积、成交总价、成交均价等信息通知地票申请出让人。地票初次交易的,还应当公示地票净收益的支付明细、复垦成本等信息,并委托区县(自治县)国土资源主管部门同步在复垦项目所在地村务信息公开栏等人口集中处组织公示,公示期不得少于7日。

万亩、84.7 亿元的地票价款直拨任务，惠及 5.5 万农户。[①] 同时，重庆市和一些区县也已经就地票价款的分配问题形成了有关文件。但由于地票价款增值收益分配的比例在市级政府与区县政府之间并未达成最终共识，[②]而区县政府又是实施土地复垦工作的主体，所以，仍有一些已完成交易的地票，其价款至今仍未完成实质性分配。[③] 比如，城口县 2008～2010 年地票剩余价款的使用分配工作到 2011 年 8 月才开始展开。[④] 原本是旨在反哺农村的地票交易制度，在实施中却因为政府有关部门的利益博弈而被反复拖延，在通货膨胀形势日益严峻的大背景下，这样的拖延显然极不利于农民土地权益的保护。同时，地票交易价款分配环节的拖延，也会反过来影响到农民参与地票交易的积极性，不利于地票交易的发展与繁荣。[⑤]

从地票价款分配中的政府主导到地票交易及其相关信息上的不完全公开，再到地票价款分配工作的一再拖延，不难发现目前的地票交易制度充斥着政府的干预色彩，[⑥]这样的基调不仅与地票交易制度的设计初衷完全背离，[⑦]而且一旦政府参与地票价款的分配还极容易

---

① 截至 2015 年 12 月底，重庆市已累计交易贫困区县地票 13.08 万亩、260.8 亿元，占交易总量的 76% 左右。

② 调研显示，江北区政府与农民集体之间的比例为 2: 8；江津区政府与农民集体之间的比例为 6: 4，政府获得了增值收益的绝大部分。参见鲁春阳、文枫、杨庆媛：《地票收益如何分配》，载《中国土地》2010 年第 7 期。

③ 参见褚刚：《重庆市地票交易制度研究》，中国人民大学 2011 年硕士学位论文，第 49 页；刘瑞娇：《巴南区晓春村地票制度对农民权益的保障探究》，载《南方农业》2016 年第 6 期。

④ 参见《城口县 2008－2010 年地票剩余价款使用分配实施方案》（城办〔2011〕102 号）。

⑤ 参见沈冰、郭培媛、李婧：《完善地票交易制度的个案研究》，载《经济纵横》2010 年第 8 期。

⑥ 实际上，从地票的产生到地票交易再到地票落地，政府有关部门几乎全程参与，而农户或集体经济组织的参与度却相当有限。

⑦ 有论者还批评认为，地票充其量只是计划经济中流行的配额概念的残余，和市场经济格格不入。文贯中：《用途管制要过滤的是市场失灵还是非国有土地的入市权——与陈锡文先生商榷如何破除城乡二元结构》，载《学术月刊》2014 年第 8 期。

诱发强退强拆的新一轮“圈地运动”。因此,我们强烈建议在政府部门应立即退出地票交易价款分配环节的基础上,加快地票价款的分配,以期农户能尽快分享到城市化、工业化的反哺利益。

值得肯定的是,针对群众咨询、投诉地票价款拨付进度慢等问题,重庆市已经开始加快地票价款直拨进度,提出了优化流程的方案。按照 2013 年 12 月 11 日重庆市国土房管局印发的《优化农村建设用地复垦及地票交易流程方案》(渝国土房管〔2013〕921 号)要求,复垦项目备案和竣工验收资料申报要件已经由以前的 47 项减少到 24 项,工作流程也由 28 个环节减少到 20 个环节,运行周期则由 603 天压缩至 307 天。显然,这一改进将会在一定程度上促进地票价款分配的效率,值得充分肯定。

第七章　地票的落地及其配套制度研究

由于地票交易的对象不是实物性的土地，而只是用地指标，因此就地票承让方而言，其购得地票只是获得了新增国有建设用地的指标，却并不能直接在城市获得同等面积的建设用地使用权。正如有论者所指出的，土地的不可移动性使得地票若不对应于特定地段，那就会失去其意义。① 但目前地票的落地情况却并不理想：2010 年 7 月底的统计数据曾显示，重庆共计进行 102 宗、23720 亩地票交易，但实现落地的只有 2350 亩土地，约为交易面积的 1/10。② 此后虽然政府积极加快了地票的落地步

---

① 参见文贯中：《用途管制要过滤的是市场失灵还是非国有土地的入市权——与陈锡文先生商榷如何破除城乡二元结构》，载《学术月刊》2015 年第 1 期。

② 参见陈悦、刘楝子：《解决地票落地相关问题的对策建议》，载 http://www.cqfz.org.cn/news.asp? id=3242&module=759，最后访问日期：2018 年 1 月 5 日；曹亚鹏：《"指标漂移"的社会过程——一个基于重庆"地票"制度的实证研究》，载《社会发展研究》2014 年第 2 期。

伐，但地票的落地率仍然在52.27%～62%，[①]这意味着还有近一半的地票因各种原因未能落地。[②]

实际上，在未建立地票二级市场的背景下，地票的落地问题还直接决定了地票承让方利益的实现，进而也必然会影响地票交易的市场需求以及地票交易的成交价格，因此就地票的落地问题必须给予高度关注。但目前重庆地票在落地时却面临诸多"尴尬"，亟须进一步的改革与创新。

一、地票落地与土地出让制度

从重庆现行地票落地相关制度设计上来看，地票落地的基本程序是：持票人选择意向地块—向选定地块所在地市、县政府提出用地申请—政府受理申请并组织办理征转用和前期开发—通过招、拍、挂确定土地使用者。[③] 可见，相比以往的土地供应模式，地票交易制度为企业自主选择开发地块提供了一定的自由空间。也就是说，地票承让方在农村土地交易所竞得地票以后就有权利在符合规划的前提下向政府提出具体的征地建议，[④]而不是完全坐等政府的土地出让。

但需要注意的是，相对国有建设用地供应方式的多样性，地票落地通过招、拍、挂供应经营性用地的规定，决定了大部分地票的落地不能以划拨或者协议的方式供应土地，[⑤]而只能通过公开竞价的方式进

---

① 顾汉龙、冯淑怡、曲福田：《重庆市两类城乡建设用地增减挂钩模式的比较》，载《中国土地科学》2014年第9期。

② 覃琳、胡渝清、叶涛：《浅谈地票交易二级市场构建问题》，载《江西农业学报》2014年第11期。有分析指出，目前尚有5万余亩已交易的存量地票未使用，分布在市级、区级平台以及开发企业。参见张梦俐：《持票用地对房地产业的影响探究——以重庆市为例》，载《中国房地产业》2015年第9期。

③ 覃莉、雷爱先：《重庆地票落地的关键环节及改进》，载《生产力研究》2012年第1期。

④ 彭作军、段力誌：《农村集体建设用地权益资本化探析——基于重庆地票实践》，载《建筑经济》2011年第5期。

⑤ 覃莉、雷爱先：《重庆地票落地的关键环节及改进》，载《生产力研究》2012年第1期。

行出让。在具体地块公开竞价的土地出让过程中,地票承让方和其他用地者就成了平等的竞争者,地票承让方并不享有任何的优先权利。这样的制度安排将会导致如下的结果:如果地票承让方在土地出让中竞购成功,则地票的价格便计入到招、拍、挂价格之中,进而可以用于冲抵新增建设用地有偿使用费和耕地开垦费;[①]但是如果地票承让方在土地出让中竞购失败,则其只能要求返还地票价款,至于由此而导致的利息损失则仍要由地票承让方自行负担。[②] 可见,现行的土地出让制度使得地票承让方在落地时的自由选择空间受到了很大的限制。这一限制的直接后果就是相对于政府储备机构和园区建设单位而言,目前民营企业参与地票交易的积极性并不太高。这是因为政府储备机构和园区建设单位可以在政府完成征地后就以划拨或协议出让的方式直接获得该宗土地的使用权,从而在事实上享有了土地开发的优先权。但对于更多的民营企业而言,其获得地票以后却仍然必须要通过招、拍、挂的方式参与土地竞购,这就必然会出现一些持有地票的民营企业在选定好具体地块以后却未能竞得该地块,最终落得持有地票只是在"为他人作嫁衣裳"的结果。因此,如果持票人买到地票却拿不到地,那么前期优先选地的工作也就失去了意义,进而购买地票,选择适合自己的地块也将失去动力,地票交易制度就不可能持续。[③]

为形成地票交易市场与土地出让市场的良性互动,并切实维护地票承让方的正当利益,我们认为有必要将前述两个市场进行结合。2010年11月16日成都市国土资源局发布的《关于进一步完善国有经营性建设用地使用权出让"持证准入"制度的公告》曾规定自2011

① 参见《重庆农村土地交易所管理暂行办法》(渝府发〔2008〕127号)第27条。

② 刘朝旭、雷国平:《重庆地票制度施行中存在的问题与对策》,载《西部论坛》2011年第1期。

③ 参见叶小丽、臧建建:《重庆地票制度的现状、问题及对策》,载《重庆科技学院学报》(社会科学版)2013年第11期。

年 1 月 1 日起,在成都拿地的开发商必须先持有同等面积的“建设用地指标”(地票)。成都市的上述做法实际上是赋予了地票承让方一定程度的“优先权”。虽然这样的做法可能会在短时间内抬高地票的需求量,进而导致地票成交价款的提升。比如,成都首场地票交易会上的成交均价就达到了 72.89 万元/亩,明显高于重庆目前的地票交易价格水平。正是由于担心地票价格上升会抬高房价,因此目前成都已将“持票准入”改为“持票准用”,以期缓解地票价格的上涨。

从长远来看,允许不持有地票的企业也能参与土地出让市场的竞购,对于地票承让方显然是不公平的。因此我们建议重庆应当考虑建立建设用地“招、拍、挂”准入制度,即将地票的持有作为参与土地出让的前提条件。至于由此而可能导致推高房价的问题,我们认为地票价格会经过市场的调节后逐步达到一个合理水平,而不必过分担心对房价的推动压力。首先,目前重庆的地票价格占房地产开发成本的比例极小,尚不足以因此而导致房价的提升。我们以重庆主城区的土地出让成本为例,2010 年土地出让平均每平方米楼面成本为 2153 元,按 3.0 的容积率估算,目前每亩地票价款换算到每平方米商品房楼面成本上仅为 65 元。可见,地票价格对房地产开发成本的影响不大,尚不足以成为房价过快上升的推手。其次,地票的交易还可以增加城市建设用地的数量,从而在一定程度上将增加房屋的供应量,进而有助于平抑房价。最后,我国目前房价的形成也不完全是成本推动型的。研究发现,即使重庆地票的成交价格在目前的基础上再上升 1 倍,其占商品房开发楼面成本的比重大致只会占到 6%,按土地成本在开发综合成本中占 1/3 的比重测算,地票成本仅占开发综合成本的 2%,还不足以对商品房售价产生太大的影响。但若是地票价格上升 1 倍,则农民的收益就可以提升 1 倍。因此,我们认为将持有地票作为参与土地出让竞购条件的做法即使会适度拉升房价,那也应当将其视为是对目前政府"低征高出"之现状的反对,是对农村土地资产价格的重新发现,是对我国城乡二元体制下对农民土地利益之剥夺的一种补偿。

而且,按照《重庆农村土地交易所管理暂行办法》(渝府发〔2008〕127号)第27条和《重庆市地票管理办法》第36条的规定,地票落地时可以冲抵新增建设用地有偿使用费和耕地开垦费。可见,目前地票本身所具有的价值是可以确定的,因而结合《招标拍卖挂牌出让国有土地使用权规范》中"申请人应在公告规定期限内交纳出让公告规定的投标、竞买保证金"的规定,可以发现用地票价款来折抵投标、竞买保证金,进而将持有地票作为参与土地出让的前置条件也是具有现实可行性的。

当然,在限制地票交易规模和不允许开放二级市场的前提下,"持票准入"的规则并无法确保竞买人能购买地票后及时参加招拍挂,因此,持票准入仍然属于参加土地招拍挂的排他性限制条件,无法保证土地出让中的"三公一诚"。[①] 因此,若要采取"持票准入"或者是"持票准用"的规则,将地票市场与土地出让市场进行绑定,就需要取消关于地票交易规模的限制,并开放地票的二级交易市场,从而满足土地出让市场对地票数量的需求。

还须指出的是,在地方政府采取先征后用政策,垄断土地一级市场的前提下,"持票准入"和"持票准用"都是暂时缓解地票交易困境的措施。长期来看,只要地方政府继续垄断土地一级市场,那么地票的落地就必须经过征地的过程。而由于土地征收的决定需要政府作出,具有很强的行政主导性质,[②]并非是一个自由选择的市场

① 覃莉、雷爱先:《重庆地票落地的关键环节及改进》,载《生产力研究》2012年第1期。

② 参见陈小君:《农村集体土地征收的法理反思与制度重构》,载《中国法学》2012年第1期。

行为,[①]因此,地票持有人经由国有土地出让市场获得建设用地的自由必然会受到极大的限制。可见,要真正实现地票持有人的自由落地选择权,就必须同时改革征地制度,开放集体建设用地一级市场。

如果开放了集体建设用地的一级市场,那么从理想的状态来讲,购买地票的应当是集体建设用地使用权交易中的出让方,这样一来就不会出现地票实际持有人选择权受限的问题。既然地票持有人拥有了出让土地的自由权,那么土地出让市场上就不会出现持有地票却无法获得建设用地的风险。而且,即使是土地出让市场上的竞购人持有地票,那么其与出让方进行集体建设用地使用权交易时,也会将地票价格计入交易成本,因此也不会过多地限制持有人的选择权。可见,目前地票交易市场与土地出让市场之间的矛盾其实是地票交易与土地征收制度的矛盾。而要真正化解地票持有人在土地出让市场上的尴尬,就必须釜底抽薪,改革土地征收制度,开放集体建设用地一级市场。

二、地票落地与土地征收制度

地票的落地还会涉及我国现行征地制度的改革问题。因为2009年重庆市人民政府在《关于重庆市统筹城乡综合配套改革试验区工作汇报》中已经明确提出,今后主城区的经营性用地,政府不再下达用地指标,而一律要求通过地票交易获得。2011年4月14日,成都市国土资源局也发布公告称:"从2011年4月15日起,成都市锦江区、青羊区、金牛区、武侯区、成华区、高新区、青白江区、龙泉驿区、温江区、新都区、郫县、双流县的国有经营性建设用地(不含工业用地)使

---

① 由于现有的征地决定对被征地农村集体及其农民的利益具有重大的影响,因此是否决定启动征地程序绝非完全系于地方政府。也就是说,在目前如果不改革征地制度,不开放集体建设用地的一级市场,那么地票持有人的自由选择权将无法真正的落实。

用权首次出让，竞得人须持有相应面积的建设用地指标签订《国有建设用地使用权出让合同》。然而，在目前的制度安排下，城市建设用地的供应却为国家所垄断，因此经营性用地的开发者在获得地票以后，仍然需要通过政府的土地征收和土地出让才能实现地票的落地并进行具体的开发。这里显然就出现了一个悖论：一方面，在现有制度下，地票要在主城区（城市）落地，就必须基于公共利益先行进行征收；另一方面，就地票的具体使用而言，其所针对的却是成渝两地主城区的经营性用地，而非意在满足公共利益的需要。

理论上讲，破解上述悖论的途径不外有三：要么允许农民集体所有土地的使用权直接进入建设用地市场，进而打破国家对建设用地市场的垄断；要么扩大国家的征地范围，允许国家在公共利益范围以外征收农民集体所有的土地；要么"指鹿为马"将非公共利益硬说成是公共利益，或者"挂羊头卖狗肉"，以公共利益之名行商业征收农民集体土地之实。

在土地征收制度未有实质改变的背景下，成渝地票的落地必然会选择第二种或第三种方式进行。但这样的落地方法显然是与我国现行的宪法和法律相违背的。我国《宪法》第10条规定："国家为了公共利益的需要，可以依照法律规定对土地实行征收或者征用并给予补偿。"《物权法》第42条也明确规定："为了公共利益的需要，依照法律规定的权限和程序可以征收集体所有的土地和单位、个人的房屋及其他不动产。"可见，我国现行法已经将土地的征收目的和范围限定在了"公共利益的需要"之内。虽然理论上和实务中就如何认定公共利益仍然存在争议和分歧，但学说却一致认为包括房地产开发在内的经营性用地显然不应当被理解为是"为了公共利益的需要"。[①] 而且这

① 参见房绍坤、王洪平：《公益征收法研究》，中国人民大学出版社2011年版，第221～225页；傅鼎生：《"入城"集体土地之归属——"城中村"进程中不可回避的宪法问题》，载《政治与法律》2010年第12期。

一点也已经在2004年的宪法修正案、2007年的《物权法》和2011年的《国有土地上房屋征收与补偿条例》的制定中得到了广泛肯认。据此而言，如果当民营房地产开发等商业企业持有地票时，政府仍然采取征收方式进行落地，就必然涉嫌违宪和违法，[①]并且也与十八届三中全会提出的“在符合规划和用途管制前提下，允许农村集体经营性建设用地出让、租赁、入股，实行与国有土地同等入市、同权同价”的改革目标不符。

而一旦允许集体土地直接入市，那么就可以很好地化解上述悖论。当然，在我国现行法律框架下，这一做法也是存在违法之嫌的。因为按照《土地管理法》第43条的规定，除乡镇企业、乡（镇）村公共设施、公益事业、农村村民住宅等乡（镇）村建设可以申请使用农村集体建设用地以外，任何单位和个人进行建设，需要使用土地的，都必须依法申请使用城市国有建设用地，因此不论是“以租代耕”，抑或是直接让农民集体建设用地使用权“入市”的做法都是与现行《土地管理法》的规定有冲突的。但是，在理论上，允许集体土地直接入市却已然成为了我国学界的主流认识。并且，自2003年以来，中共中央、国务院、国土资源部的一系列文件也开始支持、鼓励集体建设用地的流转试点。2003年中共中央、国务院《关于做好农业和农村工作的意见》（中发〔2003〕3号）首次在规范性文件中提出了集体建设用地流转问题。2004年国务院公布的《关于深化土地改革严格土地管理的决定》（国发〔2004〕28号）进一步明确了允许集体建设用地流转的改革方向。2005年广东省发布的《广东省集体建设用地使用权流转管

---

① 当然，作为短期解决方法可以是在征地时不明确具体用途，而先将城市土地纳入储备，借由《宪法》第10条所谓的“城市的土地属于国家所有”的规定来缓解违（宪）的压力。但这样的做法仍有风险，这主要涉及对《宪法》第10条上“城市”范围的理解和“城市的土地属于国家所有”这一结论之妥当性的怀疑。参见宋志红：《集体建设用地使用权流转法律制度研究》，中国人民大学出版社2009年版，第131～138页。

理办法》首次赋予了集体建设用地合法直接入市的权利。2008 年十七届三中全会《关于推进农村改革发展若干重大问题的决定》则明确提出要逐步建立城乡统一的建设用地市场，对依法取得的农村集体经营性建设用地，必须通过统一有形的土地市场、以公开规范的方式转让土地使用权，在符合规划的前提下与国有土地享有平等权益。2009 年国土资源部《关于促进农业稳定发展农民持续增收推动城乡统筹发展的若干意见》（国土资发〔2009〕27 号）对规范集体建设用地流转，建立城乡统一的建设用地市场提出了更为具体的规划和要求。2013 年十八届三中全会《关于全面深化改革若干重大问题的决定》更是明确提出，建立城乡统一的建设用地市场。在符合规划和用途管制前提下，允许农村集体经营性建设用地出让、租赁、入股，实行与国有土地同等入市、同权同价。2014 年 12 月 31 日中共中央办公厅、国务院办公厅联合印发的《关于农村土地征收、集体经营性建设用地入市、宅基地制度改革试点工作的意见》以及 2015 年 2 月 1 日中共中央、国务院印发的《关于加大改革创新力度加快农业现代化建设的若干意见》都提出，分类实施农村土地征收、集体经营性建设用地入市、宅基地制度改革试点。制定缩小征地范围的办法。建立兼顾国家、集体、个人的土地增值收益分配机制，合理提高个人收益。完善对被征地农民合理、规范、多元保障机制。赋予符合规划和用途管制的农村集体经营性建设用地出让、租赁、入股权能，建立健全市场交易规则和服务监管机制。

从法律的制定时间来看，《土地管理法》的出台时间要早于《物权法》，因此有理由认为《物权法》第 42 条所追求的价值目标更能体现当前的社会需求，而《土地管理法》第 43 条则明显具有时滞性，不仅不宜继续适用，反而应予以修正。由此而言，在违反《土地管理法》或违反《宪法》《物权法》之间选择，理应选择遵守《宪法》和《物权法》。

须知,在此时表面上的违法,却体现了实质的合宪(法)和与时俱进的要求,因而至多属于“良性违法”。相反,若是采取后一种做法,则就出现了明显的违宪和违法的问题。孰轻孰重,甚为明显。

其实,地票交易也为我们充分展示了农村集体土地流转的必要性和正当性。既然作为农村集体建设用地经复垦和验收后所产生的建设用地挂钩指标(地票)可以经由市场的方式进行置换,进而实现土地资源的优化配置和土地利益的公平分享,那为何作为有体物的集体建设用地本身就不能按照市场化的方式进行配置呢?必须承认,现行的“先征后用”的征地模式极大地残留了计划模式的弊病,并且还存在“低进高出”严重侵犯农民土地利益的问题,已为社会各界所诟病,因此必须引入市场的方式对现有的土地制度进行改革。而且,尤值注意的是,随着地票交易的发展,如果仍然一味固守既有征地模式,那么地方政府就极有可能会因为有了更充裕的建设用地指标,而进行更大规模的土地储备,这样就会导致地方政府加快征地步伐,进一步垄断土地的发展权,并独享增值收益的不良后果。① 很明显,这一结果是与城乡统筹和科学发展的目标相背离的。

另外,由于地票权利的落实需要依附于实体土地,因此如果仍然采用先征后用的模式,那么不仅集体建设用地本身的市场无法建立,而且也必然会影响地票交易的市场化程度,尤其是会严重制约地票真实价值的发现。因为如果政府控制了征地的价格,那么地票本身所蕴含的发展权价值就会被极大的限制。因此,地票交易制度的发展与深化必须要同时改革现行的征地制度,否则地票交易不仅不可能获得大的发展,甚至还会与现行的征地制度一起沦为掠夺农民土地权利的“利器”,进而违背地票交易制度设计的初衷。正如有论者所指出的,

① 参见蔡继明:《农村集体建设用地流转的主体和利益分配——重庆市和成都市农村集体建设用地流转的政治经济学分析》,载《学习论坛》2010 年第 7 期。

在地票交易产生之前,地方政府的土地储备要受到规划指标限制,但在地票交易实施后,若近郊农地转用仍采用国家征地模式,那么地方政府就有了更充裕的建设用地指标,国家征地模式会在更大范围实施,农村集体农地入市转用的土地城市化道路会受到压制。所以如果征地制度的问题不解决,指标交易就会进一步激化农村征地带来的矛盾。因此地票交易制度必须配合农地转用的微观交易机制进行一体改革。①

此外,从城市反哺农村的大战略来看,实现城乡统筹的目标,光靠地票交易制度也是不够的,因为地票交易所针对的只是偏远农村的土地,其所追求的是让偏远地区的农民也能分享到工业化、城市化带来的土地增值收益。换言之,对于城市郊区的农民而言,地票交易模式下的土地收益分享将是极为有限和不足的,②因此城市郊区的农民一般是不会愿意把建设用地复垦为耕地,以期获得地票收益的。而且从促进土地资源优化配置目标的实现而言,我们也不宜在城市及其郊区保留大量的耕地,③因此地票交易制度的发展并不排斥集体土地入市的需求。相反,在很大程度上,地票交易与集体土地入市二者之间是互相支援的。当然,光靠集体土地入市也是无法解决我国广大的偏远农村、农民参与土地收益分享问题的。因此,我们认为地票交易制度的改革应当要与缩小征地范围以及允许集体建设用地使用权直接入

---

① 参见周立群、张红星:《农村土地制度变迁的经验研究:从"宅基地换房"到"地票"交易所》,载《南京社会科学》2011 年第 8 期。

② 有针对重庆市 7 区县的实证调研就显示,两翼地区的农村经济发展落后于主城周边,农民的非农收入两翼地区均低于主城周边,农民的农业收入远不及地票交易分配得到的收入来得快,在希望得到更多非农收入的经济利益诱惑下,农民期望复垦的土地能加入地票交易。侯培、杨庆媛、宁涛、邓永旺、王雪:《地票收益分配满意度影响因素——基于重庆市 7 区县的实证调研》,载《国土资源科技管理》2013 年第 5 期。

③ 《重庆农村土地交易所管理暂行办法》(渝府发〔2008〕127 号)第 22 条规定:禁止复垦土地利用总体规划确定的城镇建设用地范围以内的土地用于指标交易。

市等问题一并展开,只有这样才能真正构建起公正、有序和高效的城乡统一建设用地市场,真正实现城乡统筹。也就是说,一个科学的城乡统一建设用地市场应当包括集体建设用地实物市场和地票(指标)市场两个相互关联的子系统。

三、城乡建设用地市场一体化下的土地收益分配原则

通过上述分析不难发现,地票落地所涉的问题极为复杂,不仅关系到地票交易制度与土地出让制度的衔接,而且更涉及与土地征收制度以及集体建设用地使用权入市等改革的协调,因而地票交易制度的下一步改革就不是单靠重庆市和成都市的地方人民政府就能够胜任的,而是需要由中央进行顶层制度的系统设计。因为在我国的现有体制下,修改《土地管理法》,明确界定公共利益的外延,缩小征地范围,允许集体建设用地使用权直接入市,乃至最终建立城乡统一的建设用地市场等任务都涉及了重新调整土地收益分配格局的重大问题,同时上述任务的解决也关系到新时期我国发展模式、发展方式的转变以及中央与地方关系的再次调整问题,利益攸关,纷繁复杂,所以理应由作为国家最高权力机关的全国人大来担此重任。

十八届三中全会《关于全面深化改革若干重大问题的决定》在分析建立城乡统一的建设用地市场时指出,要建立兼顾国家、集体、个人的土地增值收益分配机制,合理提高个人收益。可见,收益分配在城乡统一建设用地制度构建中居于核心地位,也是新一轮土地制度改革的核心问题,[①]因此下文借鉴地票交易的启示,对城乡建设用地市场

---

① 参见张晓山:《收益分配是土地改革的核心》,载《中国报道》2014 年第 2 期;《土地改革的风往何处吹:增值收益分配是核心问题》,载《国土资源》2014 年第 12 期;孙建伟:《建设用地置换视域下土地发展权的法理基础与制度构造》,载《暨南学报》(哲学社会科学版)2017 年第 12 期。

一体化下土地收益的分享原则进行阐释。我们认为,我国土地制度的改革应当从抽象的“涨价归公”原则和绝对的“让利于民”的非此即彼的二元思路中跳脱出来,以土地收益在全社会的公平分享为宗旨,结合目前的发展实际和国情,进行系统的设计。

(一)首要原则:土地收益应在全社会公平分享

在对我国城市建设用地的级差地租(土地收益)进行经济分析时,有两个不容争论的事实是必须首先肯定的:一个事实是,伴随国家工业化、城市化的历史进程,城市附近农民集体的农用地和未利用地都逐步用于建设目的,转变成了建设用地,并在土地用途的这种转变中产生出了远远高于农用地价值的高额级差地租收益;另一个事实是,建设用地高出农用地价值的级差地租收益,既不是土地的自然因素造成的,也不是农民的劳动投入和资本投入创造的,而是国家基础设施建设、国家城镇建设发展规划及社会工商业经济发展等综合社会因素引起的。其中,国家的基础设施建设,包括城市基础设施建设、工业基础设施建设、交通运输建设等,对附近土地营造出了便于工商业投资和人口居住的环境,引发了对附近土地用于建设目的的需求;国家的城镇建设发展规划,对资金的流动和人口的流动发挥了引导作用,是两个最主要的因素。上述两个不容争论的事实说明,主要由国家的基础设施建设和国家城镇建设发展规划引起的建设用地的级差收益,理应作为国家基础设施建设投资的补偿,或者作为按城镇建设发展规划对新增基础设施建设进行投资的基金,收归国家所有。[①] 可见,由于在工业化、城市化的进程中,农用地和未利用地转建设用地所产生出的级差地租,既不是土地的自然因素生成的,也不是农民对土地的资本投入和劳动投入创造的,而是国家基础设施建设投资等多种

---

① 李开国:《我国土地制度改革与物权法研究——以土地使用权为中心》(司法部重点项目结项报告 02SFB1011),第 73 页。

社会因素引起的,因此现代国家,无论其实行的是土地公有制抑或实行土地私有制,都会运用手中掌握的公共权力强制占有或强制分配建设用地的高额级差地租利益。

我们发现,西方资本主义国家虽然土地制度与我国有别,但他们也从未放弃过对土地增值部分的获取。只不过,他们是采取税收的形式来进行这种利益的分享——对于所有的土地,不管是公有还是私有土地,政府都可以通过征税、收费等进行财税调节,以实现其调节资源利用、组织财政收入等政策功能目标。土地税收甚至成为了政府收取土地增值收益最重要的手段之一。① 20 世纪 60 年代之前的美国曾对土地增值收益的分配漠不关心,但在过去的 20 多年中,由于联邦和州政府压缩了对地方政府财政拨款,地方政府不得不开始征收“开发影响费”,以增加地方的财政收入,回收一部分公共设施建设的成本。荷兰、瑞典以建立土地银行的方式来保证土地增值的收益归政府所有。韩国、日本以及我国台湾地区则运用土地再调整的政策来收取部分增值收益。②

在理论上,早在 1848 年,英国经济学家约翰·斯图亚特·穆勒就意识到了土地私有中的种种不平等现象,倡导应由政府拥有土地未来增值的效益。他曾建议对英国所有土地的市场价值进行全面评估,未来土地增值的效益除了属于业主在上盖物业的投资引起的增值外,全部归政府所有。③ 华莱士则进一步发展了穆勒的思想。他分别在

---

① 唐在富:《中国土地制度创新与土地财税体制重构》,经济科学出版社 2008 年版,第 21 页。

② 田莉:《有偿使用制度下的土地增值与城市发展——土地产权的视角分析》,中国建筑工业出版社 2008 年版,第 25 页。

③ 参见[英]约翰·穆勒:《政治经济学原理及其在社会哲学上的若干应用》(下卷),胡企林、朱泱译,商务印书馆 1991 年版,第 391 页;田莉:《有偿使用制度下的土地增值与城市发展——土地产权的视角分析》,中国建筑工业出版社 2008 年版,第 33 页。

1882 年和 1883 年出版了关于土地国有化的两本书:《土地国有》和《为什么和如何实现土地国有》。在《土地国有》一书中,他设计了土地国有的框架:政府在补偿所有业主后征用所有土地,征用后的土地属政府所有,然后政府将这些土地批租给土地使用者收取租金,租金的评估建立在土地"内在价值"(Inherent value)的基础上;土地使用者只能自己占有和使用土地,不能出售、遗赠和出租。在《为什么和如何实现土地国有》一书中,他认为从长远来看,政府应该收购大量土地,然后精心设计土地出租体系,以收取土地增值的收益。[①] 美国人亨利·乔治虽然不完全同意穆勒土地国有化的主张,但也同样主张要将非由私人改良而由社会改良的地租(收益)加以充为国用。[②] 1897 年他在《进步与贫困》一书中就指出,土地是一种非常特殊的商品,无论土地价格怎样上涨,土地供应量也不会提高,土地的需求量必然会随着人口的增长而增长,因为每一个人都需要消费自然资源,并有一块生存空间,其结果是无论是高效还是低效使用土地,土地所有者都将会越来越富有,[③]因此应当用土地税的办法征收非个人行为(如城市化、收入增加和城市基础设施投资等公共行动)及社会产生的土地价值及其增值,解决社会收入不公平问题。[④]

后来许多学者也都赞同亨利·乔治的观点。如威克塞尔认为,是社会经济的整体发展提升了土地价值,因此建议对土地的增值课税。瓦尔拉斯则把对地租课税视作关乎公平分配的问题。其他学者,包括

---

① 田莉:《有偿使用制度下的土地增值与城市发展——土地产权的视角分析》,中国建筑工业出版社 2008 年版,第 33 ~ 34 页。

② 蔡吉源:《亨利乔治法则与都市土地税制改革》,载《人文及社会科学集刊》1994 年第 2 期。

③ 参见[美]亨利·乔治:《进步与贫困》,吴良健、王翼龙译,商务印书馆 1995 年版。

④ 美国林肯土地政策研究院、国土资源部信息中心:《土地利用与税收》,中国大地出版社 2004 年版,第 8 页。

柯布·道格拉斯、米尔顿·弗里德曼以及威廉·维克里等也赞同应课征地租税。[①] 1976 年联合国的《居住报告》也明确指出:"土地不应被当作一般资产对待,它不应由个人控制,不应屈服于市场的压力和无效率。土地的使用方式,应由社会的长远利益决定。"既然土地不同于一般的商品,那么其增值利益的分享规则也不能等同于一般商品的增值利益分享规则。

受到亨利·乔治的影响,我国近代民主革命的先行者孙中山先生也指出,"土地价值之增加,咸受社会进步之影响……应归社会公有,庶合于社会经济之真理","地价涨高,是由于社会改良和工商业进步……这种进步和改良的功劳,还是由众人的力量经营而来的,所以由这种改良和进步之后,所涨高的地价,应该归之大众,不应该归之私人所有"。[②] 可见,土地收益的分配问题不仅仅是一个单纯的经济问题,更是一个如何公平分享社会发展成果的重大政治和社会问题。目前,虽然我国理论上对于土地收益分配问题并没有完全统一的意见,但对于"自然增值归公"的核心思想却是基本一致的。[③] 我国学者周诚就认为,土地增值主要有三个方面的来源:(1)供求性增值,是指随着经济社会的发展,对土地的需求日益增加,造成供求关系变化所引起的地价上涨。由于土地的自然供给是无弹性的,经济供应的弹性也非常有限,而人类对土地资源的需求则呈持续增长的态势,长期而言,地价是不断上涨的。需求的增长也可以分为投资性需求和投机性需求。(2)用途性增值,是指当土地的投资水平和供求状况不变时,

---

① 张立彦:《中国政府土地收益制度研究》,中国财政经济出版社 2010 年版,第 36~37 页。

② 参见孙中山:《三民主义》,岳麓书社 2000 年版,第 200 页。

③ 参见唐在富:《中国土地制度创新与土地财税体制重构》,经济科学出版社 2008 年版,第 143 页;陈柏峰:《土地发展权的理论基础和制度前景》,载《法学研究》2012 年第 4 期;程雪阳:《土地发展权与土地增值收益分配》,载《法学研究》2014 年第 5 期。

土地由低效益用途改变为高效益用途时所发生的增值。(3)投资性增值,是指对土地进行直接、间接投资所形成的劳动价值量的增加而形成的土地增值,其中又分为两种形态:一是宗地直接投资性增值(如对土地进行“七通一平”,生地变为熟地);二是外部投资辐射性增值,即外部投资的辐射所形成的增值(如基础设施建设和社区配套等)。[①] 因此应当按照增值来源进行收益分配。具体来讲,绝对地租产生的基础是土地所有权的垄断,是土地所有权的实现形式,应当归属于农村集体及其农民。城市级差地租Ⅰ与城市垄断地租的产生与城市内部的土地位置差异结合在一起,可合称为城市位差地租,与土地所有者和使用者的自身努力无关,应当收归地方政府。城市级差地租Ⅱ的产生一方面有国家的投入,土地使用权出让或出租前,地方政府在改善土地利用条件、提高土地使用价值方面投入的大量资金;另一方面,土地使用权移转到土地使用者手中后,土地使用者对土地进行追加投资,因此,级差地租Ⅱ应当由地方政府与土地使用者共享。从宏观级差地租的产生来看,主要是自然地理因素以及国家和地方经济、社会发展多年的积累效应,应该由中央政府与地方政府共同分享。[②]

(二)补充原则:对特殊群体的适度倾斜

如上所述,土地的增值收益在很大程度上其实是城市化、工业化所带动的结果,而中国的城市化、工业化主要是依靠“以农补工”的方式积累发展起来的:通过农产品与工业品的价格“剪刀差”,为工业化积累了大量资金;通过土地征用制度,为城市化提供了大量低成本的物质基础。[③] 据学者估算,新中国成立后农民为国家建设积累的资金

---

① 参见周诚:《论土地增值及其政策取向》,载《经济研究》1994 年第 11 期;唐在富:《中国土地制度创新与土地财税体制重构》,经济科学出版社 2008 年版,第 142 页。

② 张立彦:《中国政府土地收益制度研究》,中国财政经济出版社 2010 年版,第 49 页。

③ 有论者形象地将其比喻为“抽水机”,参见国家土地督察成都局编:《农村土地管理制度改革探索》,中国大地出版社 2009 年版,第 59 ~ 60 页。

至少有 1713 万亿元。[①]

在“城市优先”“工业优先”观念的支配下，在很长一段时间里，我国采取的是一种城市、工业优先发展的非均衡经济发展模式，农村和农民对于经济与社会发展的贡献却并未获得应有的肯定，这就导致城乡之间的差距越来越大。[②] 据统计，2007 年城乡居民收入比为 3.33∶1，2008 年为 3.31∶1，2009 年又回到 3.33∶1。[③]

然而，很明显，这种差距的不断扩大，不仅不利于社会均衡和谐发展，而且也背离了我们的社会性质和发展的宗旨。在十六届四中全会上，胡锦涛同志就曾提出了“两个趋向”的重要论断：“纵观一些工业化国家发展的历程，在工业化初始阶段，农业支持工业、为工业提供积累是带有普遍性的趋向；但在工业化达到相当程度以后，工业反哺农业、城市支持农村，实现工业与农业、城市与农村协调发展，也是带有普遍性的趋向。”考虑到我国的工业化、城市化发展，尤其是 20 世纪 90 年代末以来，我国工业化和城市化的快速推进，主要是得益于现行的土地制度，因此有必要在土地收益的重新分配上对广大的农村给予倾斜。

尤其需要注意的是，由于土地固有的不可移动特性决定了土地资源价值实现的不均衡性。换言之，一般来说，城市近郊农民的地权实施能力强于远郊和一般农村地区，南方农村的地权实施能力强于北方农村，[④]因此如果采取单向度的“让利于民”的政策，则其结果也只能

---

① 孔祥智、何安华：《新中国成立 60 年来农民对国家建设的贡献分析》，载《教学与研究》2009 年第 9 期。

② 参见李昌麒、范水兰：《正确处理收入分配改革中的十大关系——基于经济与法律的思考》，载《现代法学》2011 年第 1 期。

③ 参见《中国发展观察：统筹城乡发展的战略考量》，载 http://www.zgxcfx.com/Article/17372.html，最后访问日期：2018 年 1 月 5 日。

④ 参见张曙光：《博弈：地权的细分、实施和保护》，社会科学文献出版社 2011 年版，第 128 页。

是让"一部分人先富起来"。必须清醒地看到,中国地域辽阔,区域之间经济发展很不平衡。所以,真正能够获得土地收益的农民只能是少数,而对于更为广大的、身处偏远和贫困山区的农民而言,其根本无法享受到土地收益。①

此外,由于城市的产业工人,尤其是下岗工人对于我国的城市化,尤其是工业化的发展具有重大贡献,因此也应当将其纳入土地收益分享的范围,并给予特殊考虑。

在社会主义制度下,土地作为一种特殊的资源、财富和生产要素,不宜为私人所垄断和控制,土地集体制度的公益储备性是我们区别于土地私有制国家的制度优势之所在,是促进工业化、城市化快速发展的一把利器。② 因此社会主义公有制下的土地收益分配,应兼顾国家、土地使用者以及其他相关各方的利益,兼顾维护国家的所有者权利、调节级差收益、保护土地使用者的生产积极性和确保居民居住需求等各方面的要求。

四、城乡建设用地市场一体化下的土地收益分配机制

构建城乡统一建设用地市场的核心是土地收益分配关系的重新确认和土地收益分配格局的重新调整。而要对土地收益的分配关系及其分配格局进行调整,则首先需要确认分享的主体及其方式,即哪些人应当被纳入到分享的对象?我们应当以何种方式使其获得分享?

(一)土地收益的分享主体

按照土地收益的分配原则,我们认为可以参与到土地收益分享的主体主要包括以下几种:

---

① 黄忠:《房地产市场中的两个垄断问题论纲》,载《价格理论与实践》2007 年第 9 期。

② 靳相木:《地根经济:一个研究范式及其对土地宏观调控的初步应用》,浙江大学出版社 2007 年版,第 83 页。

1. 集体土地的所有权和使用权人

在土地增值收益的初次分配中，政府应当尊重和承认土地权利人基于土地所有权而产生的土地发展权，保护公民基于土地所有权和发展权获得相应土地增值的权利。① 因此，作为土地的产权人，无论是集体建设用地的所有权人，还是使用权人，其都有权直接参与到土地收益的分享中来。以往的征地模式，将其予以排斥的做法显然是对其权利的否定，多有不公，应予改进。

但是需要指出的是，集体土地所有权和使用权人参与土地收益分配是以集体土地的存在为前提的，如果工业化、城市化发展到一定阶段，农村已经整体城市化，农民已经完全市民化，进而使农村集体土地所有权和使用权失去了存在的价值和意义，则应当适时宣布该地区的集体土地归国家所有，防止出现单纯土地食利阶层的出现和繁衍。

2. 公共设施的投资建设者

通常情况下，公共设施建设的成本十分高昂，建成后往往会引起土地的增值，②如果投资者无法回收这些外部收益，会加重公共设施投资的负担，影响其投资能力。相反，如果土地所有者享受了公共设施的增值收益而不必付费，大量的土地增值收益将落入部分人的腰包，形成“不劳而获”的收益。③ 正是由于基础设施的投资建设者对于土地的收益实现具有重要贡献，因此基于“谁投资，谁受益”的原理，公共设施的投资建设者也应当作为土地收益的分配主体。在目前，由于我国多数公共设施的投资建设者是地方政府，因此地方政府就有权

① 程雪阳：《土地发展权与土地增值收益的分配》，载《法学研究》2014 年第 5 期。

② 比如，安徽皖北一些地方群众热衷于“骑路”建房，认为路边建房相比原来的居住地，出行、生活更方便，而且路边土地的价格比原有村庄宅基地高。这其实是因为政府大量的基础设施、公益事业建设所投入的资本带来的周边土地增值。

③ 田莉：《有偿使用制度下的土地增值与城市发展——土地产权的视角分析》，中国建筑工业出版社 2008 年版，第 3 页。

利参与土地收益的分配。①

但也有论者认为,政府的本职就在于提供公共产品,长久以来对农村基础设施建设投入的缺失本应属其失职,可如今却又将公共产品商品化,以提供了公共产品为理要求分享利益,这不应被许可。② 在试点中,河北、南京、盐城就规定流转收益全部归土地所有权人,包括政府在内的其他任何组织和个人不得参与分配。③ 但必须认识到,政府本身并不直接创造财富,因此如果由其无偿向集体提供公共产品,那么就会出现政府支出上的"挪用"。而且,基于土地的不可移动性,水、电,甚至是道路等公共设施的利用具有事实上的封闭性,无法由全体公民平均共享,因此有必要依照"谁投资,谁受益"的原理,由负责公共设施投资的地方政府参与土地收益的分享。

事实上,从现有的试点来看,规定政府在内的其他任何组织和个人不得参与流转收益分配的做法纯属少数,主流的情形是政府以收回基础设施投入或征税等途径,或多或少地分享集体建设用地初次流转之收益。例如,顺德、江门、安徽、无锡、昆明等规定政府一次性收取基准地价或宗地评估价或出让金或租金等10%的流转收益金。④ 海门政府分取的流转收益因土地所有人的不同而有差异,整体流转收益在

① 实践中,还存在由哪一级地方政府获得该笔收益的争议。例如,宿迁规定市区政府不参与分配,而仅由乡镇政府与建设用地所有权人分享土地流转收益。而顺德规定市镇(区)之间四六分成,新野则规定由县乡两级政府按3: 7的比例分配。我们认为,具体由哪一级政府参与土地收益分配要由当地公共设施的投资主体来确定。

② 参见黄祖辉、汪晖:《非公共利益性质的征地行为与土地发展权补偿》,载《经济研究》2002年第5期。

③ 《河北省集体建设用地使用权流转管理办法(试行)》第17条;《南京市集体建设用地使用权流转管理办法(试行)》第40条;《盐城市集体建设用地使用权流转办法》第12条。

④ 《顺德市集体所有建设用地使用权流转管理暂行办法》第26条;《江门市农村集体建设用地使用权流转管理暂行细则》第28条;《安徽省集体建设用地有偿使用和使用权流转试行办法》第31条;《无锡市集体建设用地使用权流转管理暂行办法》第29条;《昆明市集体建设用地使用权流转管理办法》第17条。

10% ~25%浮动。[1] 宿迁规定政府收益分配率不高于20%[2],苏州也曾规定为20%,[3]后下调为不超过15%。[4] 临沂允许合同约定土地流转收益缴纳人,并由其向市县政府缴纳流转收益。具体标准为:土地使用权在一定年限一次性转移,按每平方米3~5元一次性缴纳;租赁或作价出资(入股)的,按每年每平方米0.4~0.6元缴纳。[5]

3. 偏远地区的农村集体及其农民

由于土地固有的不可移动性决定各个地区的土地收益是不平衡的:近郊农村和南方农村的土地收益要高于远郊农村和北方农村,尤其是偏远的农村地区基本上就没有通过农村集体建设用地的直接流转而获得土地收益的可能,因此偏远的农村地区会负担更多的耕地保护、环境保护等职能,其土地经济价值的实现必然会受到抑制,所以需要在政策上对偏远地区的农村集体及其农民的利益予以特别考虑,以促进区域统筹发展。

4. 中央政府

农民集体只是在一定的范围的公共所有,并不是全社会范围的公共所有,各个范围的农民集体都有其各自的集体利益,而其各自的集体利益往往在土地所有权行使中会与社会整体利益以及其他集体的利益发生冲突。因此,虽然法律规定了各个农民集体对属于本集体范围的土地享有所有权,也并不意味着国家不得对集体土地所有权行使予以干涉。质言之,国家仍然要从社会的整体平衡角度调控土地资源

---

① 樊雪志、李勤:《海门市农村集体建设用地使用权流转调查》,载《国务院发展研究中心调查研究报告》第45号(总3354号),2009年4月3日。

② 《宿迁市农村集体建设用地使用权流转管理办法》(试行)第27条。

③ 《苏州市关于开展城镇规划区内集体建设用地使用权流转试点的实施意见》之四。

④ 《苏州市集体建设用地使用权流转管理办法》(征求意见稿)第39条。

⑤ 《临沂市集体建设用地使用权流转管理暂行办法》第31条。

的利用。①

事实上,土地增值不完全是依靠土地产权人的努力、辛勤劳动或者聪明才智实现的,还与社会的发展,人口、资本的集聚以及政府的产业规划等诸多无形因素相关,因此国家有权要求将部分土地增值返还社会,从而将这些基于社会因素而产生的部分土地增值用于公共事业或者转移支付。② 可见,土地的增值具有社会性,因此无论是基于涨价归公的原理,抑或是基于统筹城乡、区域发展的需要,都应当由中央政府代表全民分享部分收益。这里需要指出的是,由于土地的增值主要是城市化、工业化的一项结果,因此要将土地收益的全民分享问题放到城市化、工业化的大背景中来考虑。申言之,国家代表全民分享的土地收益应当主要投向三个方面:(1)用于进一步推进我国中西部地区城市化、工业化发展的财政支出;(2)用于那些在城市化、工业化浪潮中的弱势群体保护;(3)用于耕地保护。

(二)土地收益的分享方式

1. 土地流转收益

集体土地的所有权和使用权人主要以土地流转收益的方式进行分享。这里所谓的土地流转收益类似于国有建设用地使用权的收益,主要包括以出租、出让等方式获取的土地流转收益。

农村集体建设用地的流转价格主要由市场自发形成,但为防止出现农村集体建设用地与国有建设用地之间的低价竞争,提高建设用地的利用效率,维护建设用地市场秩序,可以要求农村集体建设用地的流转价格不得低于政府依法确定的基准地价或最低保护价。

2. 公共设施建设费

公共设施的投资建设者将以收费(公共设施建设费)的方式进行

---

① 韩松:《集体建设用地市场配置的法律问题研究》,载《政治与法律》2008 年第 3 期。

② 参见陈柏峰:《土地发展权的理论基础与制度前景》,载《法学研究》2012 年第 4 期。

土地收益的分享,通过土地规费的形式弥补相关的成本。具体而言,地方政府作为地方公共产品的提供者,对城市级差地租Ⅰ和城市垄断地租的形成有直接作用,因此地方政府可以分享土地收益中包含的城市级差地租Ⅰ和城市垄断地租。同时,城市公共产品的提供也有利于城市宏观级差地租的形成和土地价值的增值,地方政府也应参与城市宏观级差地租的分享,并对土地使用者课征房地产税和土地增值税实现地租增值的溢价回收和公平分配。此外,当地方政府作为土地的直接投资者在土地出让前进行"七通一平"等土地开发活动时,也应该取得城市级差地租Ⅱ。[①]

需要指出的是,地方政府以收费的方式参与土地收益的分享,其分享的数额应当有限制。因为收费是就特定对象为满足特定需要而收取的,基本上具有对等补偿性质,即收入与支出是直接对应的。因此基础设施的投资建设者的收费应当以弥补所提供的公共产品、服务的成本为限,而不宜在全国统一一个标准进行计收。但为计收的便利,建议以县为计算标准,计算出一个基准价格。而且,对于某些已经采取市场化方式有偿提供的基础设施,则不能进行双重收费。

3. 土地税

土地税收是国家税收中最古老悠久的税种,也是调节土地占有关系和土地收益分配,抑制土地投机,促进土地合理利用的有效手段。[②]比如,房地产税所承担的一个很重要的功能就是房地产价值的溢价回收(Value Capture)。[③]

---

① 张立彦:《中国政府土地收益制度研究》,中国财政经济出版社 2010 年版,第 179 页。

② 参见丁芸:《中国土地资源税制优化研究》,经济科学出版社 2010 年版,第 6 页;程雪阳:《土地发展权与土地增值收益的分配》,载《法学研究》2014 年第 5 期。

③ 丁芸:《中国土地资源税制优化研究》,经济科学出版社 2010 年版,第 31 页。

税收具有无偿性,它是实现国家职能、贯彻国家政策、调控经济的重要手段。在土地收益的实现中,因为受到城乡、区域等差异的影响,各地享受土地收益的机会是不平等的,因此需要通过国家的税收手段予以调节。

从我国现行土地税种设计现状来看,集体建设用地流转并未纳入土地税收体系范围之内,[①]因此实务上可能的方案是参考国有建设用地出让、转让环节进行土地税征收。但是必须要指出的是,如果完全按照国有建设用地出让、转让环节进行土地税征收的话,其实是不利于推动集体建设用地流转改革的。因为在受到现行法律法规限制的情况下,集体建设用地市场并不健全,而且在流转规模、数量都较小的情况下,集体建设用地使用权的价格未必能真正与国有建设用地实现“同权、同价”,因此如果完全依照国有建设用地税收计征标准征收土地税的话,将不利于农民财产权利的实现。[②] 由于在集体建设用地流转中,偏远农村可以通过地票交易获得其价值实现,因此土地税对偏远农村的支持意义将在一定程度上被剥离。换言之,在采取实物交易与地票交易双层模式的集体建设用地市场中,对于集体建设用地的增值收益征收土地税的主要目的应当锁定在助推城乡居民的地权收益公平分享上。毕竟,我国土地城乡二元体制导致城市居民失去了基于土地所有权获得土地收益的可能,因此需要通过税收制度予以平衡。

4.地票价款

由于城乡、区域的差异,处于偏远或欠发达地区的农村集体建设用地直接进入市场流通的可能性是很小的,因此偏远或欠发达地区的

---

① 樊帆:《集体经营性建设用地流转收益分配问题研究》,华中师范大学2015年博士学位论文,第133~134页。

② 樊帆:《集体经营性建设用地流转收益分配问题研究》,华中师范大学2015年博士学位论文,第135页。

农民就无法直接分享到土地的增值收益。在制度上，虽然也可以通过税收和财政转移等方式，让偏远或欠发达地区的农民间接分享到部分土地收益的好处，但通过税收来进行转移分配的成本过高，租值耗散巨大，调整收入差距的效果非常有限。[①] 因此有必要通过一种制度安排，使偏远或欠发达地区的农民能直接分享到土地增值的收益。

在我国实行最严格的耕地保护政策的背景下，建设用地指标就成为了一种极为重要的“商品”。按照2004年国务院《关于深化改革严格土地管理的决定》(国发〔2004〕28号)，“农用地转用的年度计划实行指令性管理”，未取得土地利用年度计划指标，不得通过项目用地预审，不得批准建设项目用地。因此，偏远或欠发达地区的农村集体及其农民就可以通过土地整理、复垦等方式获取建设用地指标，并将其指标进行流转，从而分享部分土地的增值收益。也就是说，在引入地票交易之后，位于城郊的土地权利人必须支付一定的价格给偏远山区的农民以购买土地转用指标和占补平衡指标，偏远山区的农民则通过将建设用地复耕后出售农用地转用指标和占补平衡指标获得一定收益，这种收益调节机制将远优于土地税收的调节作用。[②] 当然，目前成渝两地的地票交易还存在局限，如果能够将这一模式在全国范围内推开，允许较发达省区与欠发达省区之间进行跨区域的土地“占补平衡”，那必将会释放出更大的土地增值空间。这样的做法既有利于提高土地的利用效率，同时也有利于农民更多地分享土地收益。[③]

---

① 万江:《土地用途管制下的开发权交易——基于指标流转实践的分析》，载《现代法学》2012年第5期。

② 同上。

③ 陆铭、周靖祥:《内地农村土地流转何去何从？——重庆实践的启示》，北京大学—林肯研究院城市发展与土地研究中心2009年工作论文，第10页。

(三)土地收益的分配比例

精确确定各当事人的收益分配比例需要以详实的实证分析为基础,在此我们只能从理论上大体确定一个土地收益的分配比值。①

由于公共设施的投资建设者的收费基本上是据实计收,因此在土地收益分配时可作单独的扣除。这里需要指出的是不能简单地将公共设施的投资成本全部予以扣除。因为公共设施的使用具有极强的外部性,其不单纯会增加土地价值,还会产生其他经济效果。而且,在现阶段的土地利用和开发建设过程中,实际的土地使用者需要另行支付基础设施配套费和相关税费,因此地方政府的这部分投入已有了一些回报,不宜将其全部计入,并在集体建设用地流转的收益中予以扣除。此外,公共设施对土地收益的影响本身还是存在差异。赖斯中心就交通设施对地价影响的问题进行了专门分析,并指出:"交通设施可以提升可达性,从而使沿线的物业增值,但它也可能由于噪声、污染或施工期间造成的干扰引起物业价值的下跌。"②英国皇家测量师协会对公共交通与房地产价值的关系的150篇文献进行了综述,也发现在不同的城市和地区,公共交通对物业价值的影响并不相同,这种影响的程度取决于地方经济的发展程度和人口密度的高低。韦格纳(Wegener)对北美城市的研究则表明,非常靠近车展的物业价值不仅没有上涨,反而由于噪声和较多的人流等而下降。因此,我们很难脱离地方的背景去探讨公共交通和房地产价值的关系。③ 所以公共设施的投资建设者的收费应当经过科学测算,并经过民主协商程序予以

---

① 地票的具体价格应当按照市场方式,自由形成,政府不宜进行干预。集体土地流转的税率则可以参考国有土地出让的相关规则进行确定。

② 田莉:《有偿使用制度下的土地增值与城市发展——土地产权的视角分析》,中国建筑工业出版社2008年版,第20页。

③ 田莉:《有偿使用制度下的土地增值与城市发展——土地产权的视角分析》,中国建筑工业出版社2008年版,第26~27页。

确定。

集体建设用地流转收益分配的关键是确定农村集体和农民的分配比例问题。传统的征地模式排斥被征农民直接参与土地收益的分享,极为不公。从公平的角度来讲,我们不赞同失地农民就土地收益的分享比例仅以确保其基本生活为限,因为如果将失地农民对土地收益的分享限制在确保其基本生活的范围上,则显然是没有让其切实享受到城市化、工业化的发展成果,同时也是对其土地权利的限制。"一方水土养一方人",基于土地的不可移动性和不可再生性,我们理应让失地农民首先分享到城市化、工业化的发展成果,因为虽然失地农民不能代表全民,但其至少也是其中的部分,而且是关系最为密切的那一部分成员。而让失地农民分享城市化、工业化成果的一个重要途径就是要让失地农民能够直接分享部分土地收益。[①]

当然,我们也绝不赞同将所有的土地收益一概归失地农民独享的观点。如果是那样的话,就无异于是在造就一个单纯的土地食利阶层。这显然与我们的社会性质和发展目的相违背。考虑到目前征地模式下的征地补偿费只相当于土地升值收益的1/50,[②]并结合地方试点的经验,我们认为失地农民应当分享到的土地收益比例应在扣除基

---

① 汪晖、陶然:《如何实现征地制度改革的系统性突破——兼论对〈土地管理法〉修改草案的建议》,北京大学—林肯研究院城市发展与土地政策研究中心2009年工作论文,第21页。

② 参见张曙光:《博弈:地权的细分、实施和保护》,社会科学文献出版社2011年版,第30~31页。

础设施建设费和地票价款等固定费用后剩余土地收益的70% ~80%。[①] 当然,失地农民对土地收益的具体分享方式可以是多样化的,并不以一次性的现金支付为必要。相反,采取年金或社会保障等方式的支付可能更具实效。比如,广州、东莞、中山等就规定应将集体收益50%(无锡这一比例甚至达到60%)以上用于集体成员社会保障。[②]

最后需要指出的是,前述分配模式是对农村集体建设用地初次流转而言的。而如果是农村集体建设用地使用权的再次流转,则在期限内的土地流转收益,应归流转方所有。当然,流转方尚需按照规定缴纳各项税费。[③] 至于土地所有权人是否可以参与再次流转收益分配的问题,虽然国内的一些试点允许土地所有权人参与再次流转的收益分配,[④]但从国有建设用地使用权的二级市场的收益分配来看,土地所有权人并未直接参与收益的分配,而是采取增值税的方式分享部分

---

① 这一比例主要是参考地方经验而来的。以浙江乐清市为例,当地就因为尝试与村集体和农民分享土地出让金收入而使得群体性的上访事件得到了平息。按照乐清市的办法,如果每亩土地的出让金,在扣除征地补偿和各种税费后的净收益是100万元,那么村集体和农民除了得到14万~20万元的征地补偿以外,还可以获得28万元的土地收益,两项相加,村集体和农民可以获得大约30万~50万元/亩的收益。参见汪晖、陶然:《如何实现征地制度改革的系统性突破——兼论对〈土地管理法〉修改草案的建议》,北京大学—林肯研究院城市发展与土地政策研究中心2009年工作论文,第13页。又如,广东省中山市等少数地方去顶的流转收益的分配比例是:50%用于村民的社会保障安排,30%分配给村民,10%用于发展集体经济,其余10%用于集体经济组织公益设施和基础设施建设。参见万江:《政府主导下的集体建设用地流转:从理想回归现实》,载《现代法学》2010年第2期。

② 参见《广东省集体建设用地使用权流转管理办法》第25条;《广州市集体建设用地使用权流转实施办法(试行)》第26条;《东莞市集体建设用地使用权流转管理实施办法》第37条;《中山市农村集体建设用地使用权流转管理暂行办法》第49条;《无锡市集体建设用地使用权流转管理暂行办法》第29条。

③ 国土资源部土地利用司调研组:《创新制度规范流转——集体建设用地流转调研报告》,载《国土资源通讯》2002年第3期。

④ 参见《盐城市集体建设用地使用权流转办法》第12条;《吉林省集体建设用地使用权流转管理办法》(征求意见稿)第25条;《宿迁市农村集体建设用地使用权流转管理办法(试行)》第28条。

增值收益。[1] 基于同样理由,我们认为农村集体建设用地使用权的再次流转收益应当归流转方所有,土地所有人原则上不得直接参与分配,除非当事人的合同有相反约定。其实,从利益实现上讲,土地所有权人如果希望参与再次流转收益的分配,不单可以通过合同事先做出约定,[2]并且还可以通过逐步增加年租,而非批租(出让)的方式进行初次流转来实现分享。

---

① 土地增值税是指房地产经营企业等单位和个人,有偿转让国有土地使用权以及在房屋销售过程中获得的收入,扣除开发成本等支出后的增值部分,要按一定比例向国家缴纳的一种税费。开征土地增值税的目的主要是反房地产暴利、增强国家对房地产开发商和房地产交易市场的调控,并为经济建设积累资金。

② 参见《昆明市集体建设用地使用权流转管理办法》第 24 条。

第八章　城乡统一建设用地市场的构建与地票交易制度的深化

一、我国农村集体建设用地流转的态势：从禁锢到承认

（一）厚此薄彼：我国土地使用权市场化改革中的城乡鸿沟

我国实行土地公有制，土地只能归属于国家所有或集体所有。《宪法》《民法通则》等均明确规定：城市市区的土地归属于国家所有。农村和城市郊区的土地，除由法律规定属于国家所有的以外，属于农民集体所有；宅基地和自留地、自留山，属于农民集体所有。为维护土地的公有制，1982 年《宪法》第 10 条、1986 年《土地管理法》第 2 条还规定，任何单位和个人不得侵占、买卖、出租或者以其他形式非法转让土地。1986 年《民法通则》第 80 条第 3 款也明确规定，“土地不得买卖、出租、抵押或者以其他形式非法转让”。可见，在这段时间，我国的法律并未对征收之外的土地流转预留空间，而是实行以无偿、无期为特征的行政划拨土地使用制度。

随着我国经济体制改革的深入,20 世纪 80 年代末期,我国的计划经济开始向市场经济逐步过渡,这也带动了以开放城市土地市场为目标的国有建设用地使用权制度的改革。① 1987 年 4 月,国务院第一次提出了土地使用权可以有偿转让的政策,并同时在广州、深圳、上海、天津四个城市进行土地使用权有偿出让的试点工作,由此揭开了我国土地资源财产化、分配市场化的序幕。② 1988 年 4 月,七届全国人大一次会议通过了《宪法修正案》。该修正案删除了 1982 年《宪法》第 10 条第 4 款中"禁止土地出租"的规定,同时在该条中增加了"土地的使用权可以依照法律的规定转让"的规定。为了适应《宪法修正案》的新要求,1988 年 12 月,七届全国人大常委会五次会议通过了《土地管理法修订案》,该修订案删除了"禁止出租土地"的规定,并在第 2 条增加规定:"国有土地和集体所有的土地的使用权可以依法转让。土地使用权转让的具体办法,由国务院另行规定。"

不难发现,1988 年的宪法修改推动了我国土地使用权制度的变革,从而在法律层面明确了国有土地的商品属性。由此,我国国有土地资产管理开始逐渐步入市场化的轨道,国有土地出让市场开始蓬勃发展,甚至演绎出了"土地财政"的神话。③ 然而,值得注意的是,虽然有学者认为,《宪法》第 10 条中的"土地使用权"其实包括了国有土地使用权和集体土地使用权;"转让"也并非土地使用权二级市场上的狭义转让概念,而应理解为包括土地使用权一级市场上出让等在内的

---

① 李开国:《我国城市建设用地使用权制度的完善》,载《现代法学》2006 年第 2 期。

② 其实,早在 1987 年下半年,深圳特区就进行了土地使用权有偿转让试点,由国家出租土地并规定年限,一次性收取出让金,并且允许承租方转让土地使用权或进行抵押。

③ 财政部公布的 2014 年财政收支情况显示:地方政府性基金收入 4.99 万亿元,其中国有土地使用权出让收入 4.26 万亿元,同比增加 1340 亿元,增长 3.2%。国有土地使用权出让收入通常由四项政府性基金收入构成,其中土地出让金收入占国有土地使用权出让收入约 95%。

土地使用权流转的各种方式。[①] 然而,此后的相关立法却对此采取了限缩的理解。根据1988年《土地管理法》第2条的授权,1990年国务院专门出台了《城镇国有土地使用权出让和转让暂行条例》对国有土地使用权流转问题进行了规范。但到目前为止,与此相对应的集体建设用地使用权流转的法律、行政法规却一直都没有颁布。[②]

其实,通过考察1988年的宪法修改背景,我们不难发现,1988年的《土地管理法修订案》第2条在规定"国有土地和集体所有的土地的使用权可以依法转让。土地使用权转让的具体办法,由国务院另行规定"的同时,也规定"国家依法实行国有土地有偿使用制度。国有土地有偿使用的具体办法,由国务院另行规定"。可见,1988年《宪法》和《土地管理法》的修改主要针对的是国有土地,其立法目的主要是为"国家依法实行国有土地有偿使用制度"扫清制度障碍,而并未将集体建设用地的有偿使用问题纳入其中。此后的法律发展则更是支持了这一结论。比如,1994年《城市房地产管理法》第8条就明确规定,[③]城市规划区内的集体所有的土地,经依法征用转为国有土地

① 参见姜爱林:《当前我国土地政策法律化的几个重点》,载《政治与法律》2001年第2期;宋志红:《集体建设用地使用权流转法律制度研究》,中国人民大学出版社2009年版,第11页;徐远:《历史在这里倒退:1998年〈土地管理法〉修订》,载《东方早报》2014年7月29日,第13版;高富平:《农村土地制度创新论纲——农村建设用地使用权流转的制度思考》,载http://www.eclaw.com.cn/qikanInfo.aspx? ID=17,最后访问日期:2018年1月5日。

② 虽然国土资源部曾经起草了农村集体建设用地流转的管理办法,并预计在2008年年底出台。参见《农村集体建设用地流转管理办法可望年底出台》,载http://news.cctv.com/china/20081203/104843.shtml,最后访问日期:2018年6月5日。但事实上,这一办法却被国务院法制办公室驳回,并没有按计划颁布。参见余寒、刘晓宇:《上位法缺位农地流转 国土部研究地方"突破性试点"》,载http://www.eeo.com.cn/2014/0411/259006.shtml,最后访问日期:2018年6月5日。

③ 2007年修正后的《城市房地产管理法》将本条调整为第9条,但具体内容没有任何变化。

后，该幅国有土地的使用权方可有偿出让。[1] 1998年《土地管理法》的修订过程中，仍有人希望建立集体土地流转和有偿使用制度，[2]但最后通过的《土地管理法》却删除了"国有土地和集体所有的土地的使用权可以依法转让。土地使用权转让的具体办法，由国务院另行规定"的表述，只是规定"土地使用权可以依法转让"，并不再强调"集体所有的土地的使用权"也可以依法转让的问题，而且还在第43条和第63条明确规定："任何单位和个人进行建设，需要使用土地的，必须依法申请使用国有土地"，"农民集体所有的土地的使用权不得出让、转让或者出租用于非农业建设"。此外，1998年《土地管理法》第81条、《土地管理法实施条例》第39条还专门针对擅自将农民集体所有的土地使用权出让、转让或者出租用于非农业建设的行为设定了行政处罚。2007年，备受期待的《物权法》仍然没有采纳一些学者所提出的"同地同权"理论主张。[3]《物权法》第151条规定："集体所有的土地作为建设用地的，应当依照土地管理法等法律规定办理。"这说明《物权法》第十二章关于建设用地使用权的规定仍然主要调整的是国有

---

① 1994年，在审议《城市房地产管理法（草案）》的过程中，有一些全国人大常委会委员曾经提出"集体所有的土地，应当允许由所有权人出让"的建议。但是，全国人大法律委员会在研究了各方面的意见之后却认为，"在这个问题上，必须认真贯彻党的十四届三中全会的精神，我国地少人多，必须十分珍惜和合理利用土地资源，加强土地管理，切实保护耕地，严格控制农业用地转为非农业用地。国家垄断城镇土地一级市场。同时本法应当与《宪法》和《土地管理法》相衔接，建议将《城市房地产管理法（草案）》第9条修改为'城市规划区内的集体所有的土地，经依法征用转为国有土地后，该幅国有土地的使用权方可有偿出让'"。八届全国人大常委会第八次会议同意上述建议，最终将《城市房地产管理法（草案）》的规定纳入正式法律文本。参见房维廉主编：《中华人民共和国城市房地产管理法释义》，人民法院出版社1994年版，第233页；程雪阳：《土地发展权与土地增值收益的分配》，载《法学研究》2014年第5期。

② 参见卞耀武主编：《中华人民共和国土地管理法释义》，法律出版社1998年版，第318页。

③ 梁慧星主编：《中国物权法草案建议稿条文、说明、理由与参考立法例》，社会科学出版社2000年版，第449页。

建设用地使用权，而并不涉及农村集体建设用地使用权问题。换言之，以《土地管理法》为代表的现行法对于农村集体建设用地使用权的限制性规定仍然是有效的。而如前所述，在《土地管理法》的框架下，农村集体建设用地使用权的市场化流转基本上是被禁锢的。[①]

概括而言，我国现行法在两个层面上禁锢了农村集体建设用地的市场化流转：一方面，国家（地方政府）垄断建设用地一级市场，农村集体建设用地原则上不具有进入一级市场的资格；另一方面，即便集体建设用地例外地进入一级市场，其在建设用地二级市场上的流转也近乎窒息。一个极端的例子就是，曾被寄予希望的《广州市集体建设用地使用权流转管理试行办法》自 2011 年实施以来，至今都没有任何一宗成功入市的集体土地流转案例。[②]

就建设用地一级市场而言，《土地管理法》在强调任何单位和个人进行建设应依法申请使用国有土地的同时，虽然也例外地规定兴办乡镇企业、村民住宅建设、乡（镇）村公共设施和公益事业建设可依法使用农民集体土地，但这些例外情形却并不能形成真正的农村集体建设用地一级市场。首先，乡村公共设施、公益事业建设主要是指乡村行政办公、文化科学、医疗卫生、教育设施、生产服务和公用事业等，[③]这些建设用地因目的特定化于公共利益，因而不能流转、不能市场化，否则就会有碍其目的的实现。[④] 可见，乡（镇）村公共设施和公益事业建设用地基本上可以等同于国有建设用地的划拨取得制度，并且在现

---

① 参见高富平：《重启集体建设用地市场化改革的意义和制度需求》，载《东方法学》2014 年第 6 期。

② 参见罗苑尹、张艳芬：《集体建设用地流转办法试行 3 年无一成功入市》，载《南方都市报》2015 年 1 月 27 日，第 A05 版。

③ 王卫国、王广华主编：《中国土地权利指南》，中国政法大学出版社 2001 年版，第 203 页。

④ 高富平：《重启集体建设用地市场化改革的意义和制度需求》，载《东方法学》2014 年第 6 期。

实中乡(镇)村公共设施、公益事业建设用地的权利主体与农村集体本身又多属重合,故并不发生土地权利主体的移转,因此乡(镇)村公共设施和公益事业建设用地其实是一种“非市场化”自给自足的用地方式。其次,按照现行法,村民住宅建设用地即宅基地是以村民身份为基础而无偿取得的,[①]旨在保障农户“居者有其屋”,具有永续性和鲜明的福利性、社会保障性。[②] 因此,宅基地使用权的取得是无偿的,也非市场行为。最后,乡镇企业建设用地包括两种情形:一是农村集体经济组织单独兴办乡镇企业;二是集体经济组织以土地使用权入股、联营等形式与其他单位、个人共同举办乡镇企业。[③] 无论是何种情形,只要乡镇企业具有法人资格,本质上均为集体对乡镇企业设立了建设用地使用权,由于集体将从乡镇企业获取利润,故乡镇企业建设用地使用权的取得具有市场属性,确实构成了国家垄断建设用地一级市场的例外。可见,就我国现行的建设用地一级市场而言,只有国有土地和乡镇企业用地两种市场化的供地路径。与国有建设用地相比,集体建设用地的一级市场局限在乡镇企业这一个领域,渠道较为单一。

还需要特别指出的是,虽然在现行法上,农民集体可以通过乡镇

---

① 1990年1月3日国务院批转了《国家土地管理局关于加强农村宅基地管理工作请示的通知》,进行农村宅基地有偿使用试点工作。据统计,到1991年底,全国有28个省(直辖市、自治区),1400多个县(市),一万多个乡镇实行宅基地有偿使用。但在1993年7月,为了减轻农民负担,中办中央办公厅、国务院办公厅发布的《关于涉及农民负担项目审核处理意见的通知》则取消了农村宅基地有偿使用费、农村宅基地超占费和土地登记费在农村收取的部分。从此,农村村民申请宅基地使用权不需要交纳费用,只需交纳相应的工本费即可。

② 参见茆荣华:《我国农村集体土地流转制度研究》,北京大学出版社2010年版,第157页;韩松:《论对农村宅基地的管理与〈土地管理法〉的修改》,载《国家行政学院学报》2011年第1期。

③ 在实践中,乡镇企业使用土地主要有两种方式;一是通过“征用”方式取得国有土地使用权;二是通过租赁、入股、联营等方式取得集体土地使用权。参见鲁春阳、杨庆媛、袁伟、王兆林、邓志远:《乡镇企业用地问题研究——以重庆市沙坪坝区为例》,载《乡镇经济》2007年第8期。

企业对其集体建设用地进行市场化的利用,但与国有建设用地不同,乡镇企业用地存在多方面的限制,市场化的程度和范围完全不能与国有建设用地相媲美。根据《乡镇企业法》的规定,乡镇企业必须是以农村集体经济组织或者农民投资为主,在乡镇(包括所辖村)举办的承担支援农业义务的企业。这一规定一方面限制了乡镇企业的投资主体——须以农村集体经济组织或农民为主,另一方面还限制了乡镇企业的经营范围——须以承担支援农业义务为主,从而严重影响了乡镇企业用地的价值实现。2007 年国务院办公厅发布的《关于严格执行有关农村集体建设用地法律和政策的通知》(国办发〔2007〕71 号)还特别指出,要严禁以兴办"乡镇企业"为名,非法占用(租用)农民集体所有土地进行非农业建设。可见,乡镇企业在具体的建设项目上不能超越支援农业义务的目的,尤其是不能用于经营性房地产开发。《广东省高级人民法院关于审理农村集体土地出让、转让、出租用于非农业建设纠纷案件若干问题的指导意见》(粤高法发〔2001〕42 号)第 10 条第 3 款就明确规定:"当事人与他人合作在集体土地上建成房屋出售的,应认定合作合同无效。"由此导致农村集体经由乡镇企业路径所获得的土地收益与国家通过国有建设用地出让获得的收益存在重大差别,其市场化的程度明显不敌国有建设用地。更为严重的是,近年来随着国家对土地供应的控制,一些地方甚至直接取消了"乡镇企业用地"这一方式。一份对重庆申请使用乡镇企业用地的企业主体的调查就显示,只有 15.2% 的企业主体认为申请乡镇企业用地难度不大,而 21.7% 的企业主体感觉有些困难,甚至有 63.1% 的企业主体表示很困难。① 有调查还显示,乡镇企业用地只占 16.5 万平

① 参见鲁春阳、杨庆媛、王兆林:《不同利益主体对乡镇企业用地的影响分析》,载《创新》2009 年第 6 期。

方公里的农村集体建设用地的10%。[1] 由此可见,在我国现行的建设用地一级市场上,国有建设用地一直占据绝对主导地位,集体建设用地进入市场的空间极为狭隘,价值实现甚是困难。

在建设用地的二级市场上,集体建设用地的流转更是备受限制。首先,乡(镇)村公共设施和公益事业建设用地因其公益性质决定了其不可能在不改变用途的前提下通过市场途径再次直接流转。在土地用途管制的背景下,改变用途要受到诸多行政审批的控制,极其困难。其次,虽然宅基地和乡镇企业建设用地一直具有很强的市场化需求,但现行法却并未赋予二者与国有建设用地使用权同等的进入二级市场自发流转的权利。

就宅基地使用权而言,《担保法》第37条、《物权法》第184条均明确将其归入不得抵押的财产范围,杜绝了其作为融资担保物的可能性。而且按照《土地管理法》第62条、第63条的规定,宅基地使用权不仅不能抵押,而且也不能单独转让、出租,而只能与宅基地上的房屋一并出卖、出租。[2] 可见,现行法只允许在"房地一体"主义下的宅基地跟随农民住宅一并交易。这一结论虽然在理论上给了宅基地使用权与农民住宅一并进入市场的空间,但需要特别注意的是,由于《物权法》第153条赋予了"国家有关规定"调整宅基地使用权的取得、行使和转让的效力,因此,宅基地使用权与农民住宅一并流转的实效其实也很有限。因为"国家有关规定"一直以来都是禁止城镇居民购买农民住宅的。比如,1999年国务院办公厅《关于加强土地转让管理严禁炒卖土地的通知》(国办发〔1999〕39号)就规定:"农民的住宅不得

---

① 参见上海财经大学高等研究院:《关于全面落实中共十八届三中全会精神切实推进土地资源配置市场化改革的建议》,载《政策研究报告》2014年第5期。

② 至于宅基地使用权能否与地上房屋一并抵押,在理论界和实物界均争议不断。参见徐洁:《抵押权论》,法律出版社2003年版,第70~72页。

向城市居民出售,也不得批准城市居民占用农民集体土地建住宅,有关部门不得为违法建造和购买的住宅发放土地使用证和房产证。”《国土资源部关于进一步加快宅基地使用权登记发证工作的通知》(国土资发〔2008〕146号)规定:“严格执行城镇居民不能在农村购买和违法建造住宅的规定。对城镇居民在农村购买和违法建造住宅申请宅基地使用权登记的,不予受理。”①这些限制宅基地流转的政策虽然没有上升为法律,但因为《物权法》第153条的态度使法院在处理相关案件时多予遵守。比如,最高人民法院在《〈关于为推进农村改革发展提供司法保障和法律服务的若干意见〉的通知》(法发〔2008〕36号)中就明确指出:“对违反法律、行政法规以及相关国家政策的宅基地转让行为,以及其他变相导致农民丧失宅基地使用权的行为,应当依法确认无效。”上述政策和司法相互作用的直接结果就是宅基地使用权虽然在理论上可以与农民住宅一并进入二级市场,但其购买方却被限定为本集体成员。按照《土地管理法》的规定,本集体成员也拥有从本集体无偿获得宅基地使用权的权利,因此宅基地在本集体成员内部的市场需求是非常有限的,根本不能与国有建设用地使用权的二级市场相提并论。

就乡镇企业建设用地使用权而言,现行法律明确禁止其主动流转,而只是承认了两条被动流转的途径:一是土地使用权因乡镇企业破产、兼并等情形而转移;二是因乡镇企业厂房抵押而导致其占用范围内的土地使用权被一并抵押。对此,有学者深刻地指出,承认被动

---

① 2013年12月6日,农业部长韩长赋指出,“不可以误以为农民的宅基地可以自由买卖”。2014年1月10日,国土部长姜大明也强调,“决不允许城里人到农村买地建房的所谓‘逆城镇化’行为”。参见丁栋:《中国农业部部长:农民宅基地不可自由买卖》,载http://www.chinanews.com/gn/2013/12-06/5591560.shtml,最后访问日期:2018年1月5日;王立彬:《姜大明:决不允许城里人下乡买地建房“逆城镇化”》,载http://politics.people.com.cn/n/2014/0110/c1001-24086097.html,最后访问日期:2018年1月5日。

流转而否定主动流转不仅自相矛盾，也使被动流转难以实现甚至被严重扭曲。由于主动流转的欠缺，被动流转的价格缺乏参照，往往只能依据黑市价格确定，因此一些乡镇企业为实现转让建设用地的目的，不惜故意创造条件使企业破产或被兼并。另外，《土地管理法》第63条中的“等”字也被一些地方解释为包括企业分立、改制、股权转让、法定代表人变更、企业名称变更等情形，致使该条在实践中的宽严尺度很难把握，①有损法律权威。此外，由于对乡镇企业经营范围的限制，其在二级市场上的被动流转价格也相应受到限制，甚至无法找到合适的买家。正是由于乡镇企业建设用地使用权在二级市场上没有直接变现的途径，以至于在司法实务上就不得不借助征收，然后通过国有土地市场上的转让来实现抵押权。②

通过上述分析可以发现，《宪法》第10条有关“土地的使用权可以依照法律的规定转让”的规定其实并未得到完全的落实。相比于国有建设用地使用权的市场化改革进程而言，无论是集体建设用地使用权的一级市场，抑或是二级市场都未真正有效形成。我国的土地使用权市场存在明显的城乡差别待遇：城市国有建设用地市场发展成熟，而农村集体建设用地市场却备受限制。城乡土地的二元结构及其在市场化程度上的巨大鸿沟不仅严重制约了农民土地财产权益的实现，不利于乡村的振兴，而且还诱导国有土地对集体土地的不断蚕食，异化了征收的范围，有损宪法和法律的权威，亟待改革的深化。

---

① 王卫国、王广华主编：《中国土地权利的法制建设》，中国政法大学出版社2002年版，第136页。

② 参见最高人民法院、国土资源部、建设部《关于依法规范人民法院执行和国土资源房地产管理部门协助执行若干问题的通知》（法发〔2004〕5号）第24条。

（二）国家政策层面对农村集体建设用地使用权流转的承认[①]

考察新中国土地制度发展的历史，不难发现，我国的土地制度总是采取政策先行的路径。发端于安徽小岗村的土地家庭联产承包责任制和深圳的城镇国有建设用地使用权市场化改革均是如此。对于农村集体建设用地使用权的流转而言，虽然现行法的禁锢较多，但其实早在1993年，国家土地管理局就已经开始了相关的研究，并在广东、湖南等地的县市进行了一些试点。1999年，国土资源部专门批准了安徽省芜湖市开展相关的试点工作。此后，国土资源部又批准在苏州、安阳、湖州、古田、深圳等地开展农民集体所有建设用地使用权的流转试点工作。为此，中央还先后出台了一系列的规范性文件，用于指导试点工作的开展，并在政策层面上形成了对农村集体建设用地使用权流转的承认。

2003年《中共中央国务院关于做好农业和农村工作的意见》（中发〔2003〕3号）提到了农村集体建设用地流转的问题，要求“各地要制定鼓励乡镇企业向小城镇集中的政策，通过集体建设用地流转、土地置换、分期缴纳土地出让金等形式，合理解决企业进镇的用地问题，降低企业搬迁的成本”。并提出应当“进一步完善农村土地征用办法，逐步建立符合社会主义市场经济要求、有利于经济社会协调发展、有利于保护耕地、保护农民利益的土地征用制度”。

2004年10月21日国务院发布的《关于深化改革严格土地管理的决定》（国发〔2004〕28号）在重申“禁止农村集体经济组织非法出让、出租集体土地用于非农业建设”“禁止城镇居民在农村购置宅基

① 政策是指“国家或政党为实现一定历史时期的政治、经济、文化等任务而制定的统一的行动准则和依据”。参见张光博主编：《简明法学大辞典》，吉林人民出版社1991年版，第1192页。这里采用的是广义的国家政策含义，即不仅包括了狭义的国家政策，而且还包含了“党的政策”。

地"的同时,还指出"在符合规划的前提下,村庄、集镇、建制镇中的农民集体所有建设用地使用权可以依法流转"。并且在关于妥善安置被征地农民的问题上还提出,"对有稳定收益的项目,农民可以经依法批准的建设用地土地使用权入股"。为全面落实该决定的精神,2004 年 10 月 31 日国土资源部发出《关于贯彻落实〈国务院关于深化改革严格土地管理的决定〉的通知》(国土资发〔2004〕229 号)指出,"《决定》按照深化改革的要求,对土地利用规划计划管理、征地补偿安置制度、新增建设用地土地有偿使用费收缴、土地执法监察、案件移送、土地整理、农村宅基地管理、农村集体建设用地使用权流转等方面的改革,作出了明确的规定,部将制定相关配套政策陆续下发。各地要严格按照《决定》和相关配套政策的要求,采取切实有效措施保证各项改革措施落实到位"。

2005 年 10 月 11 日国土资源部印发了《关于规范城镇建设用地增加与农村建设用地减少相挂钩试点工作的意见》(国土资发〔2005〕207 号),指出增减挂钩试点要与农村建设用地流转相互促进。虽然该意见仍然强调挂钩项目区内建新地块用于商品房开发必须办理征地手续,但同时鼓励通过开展土地评估、界定土地权属、按照同类土地等价交换的原则,合理进行土地调整、互换和补偿。根据"依法、自愿、有偿、规范"的要求,创新激励机制,探索农村集体建设用地流转制度。2008 年 6 月 27 日国土资源部《城乡建设用地增减挂钩试点管理办法》(国土资发〔2008〕138 号)再次重申了这一精神。

2006 年 3 月 27 日国土资源部发出《关于坚持依法依规管理节约集约用地支持社会主义新农村建设的通知》(国土资发〔2006〕52 号),指出"要适应新农村建设的要求,经部批准,稳步推进城镇建设用地增加和农村建设用地减少相挂钩试点、集体非农建设用地使用权流转试点,不断总结试点经验,及时加以规范完善。坚持建新拆旧,积极推进废弃地和宅基地复垦整理。村庄复垦整理节省出来的土地，按照因地制宜的原则，宜耕则耕、宜建则建，优先用于农村经济社会发展”。并要求“进一步探索集体土地所有权的具体实现方式”“按照缩小征地范围、完善补偿办法、拓展安置途径、规范征地程序的要求，稳步推进征地制度改革。认真总结试点经验，不断深化试点内容，探索完善征地制度”。

2006 年 8 月 31 日国务院《关于加强土地调控有关问题的通知》(国发〔2006〕31 号)要求，“农用地转为建设用地，必须符合土地利用总体规划、城市总体规划、村庄和集镇规划，纳入年度土地利用计划，并依法办理农用地转用审批手续。禁止通过‘以租代征’等方式使用农民集体所有农用地进行非农业建设，擅自扩大建设用地规模。农民集体所有建设用地使用权流转，必须符合规划并严格限定在依法取得的建设用地范围内。未依法办理农用地转用审批，国家机关工作人员批准通过‘以租代征’等方式占地建设的，属非法批地行为；单位和个人擅自通过‘以租代征’等方式占地建设的，属非法占地行为，要依法追究有关人员的法律责任”。该通知的核心虽是对农村集体建设用地使用权流转之控制，但也从反面说明国务院政策上对农村集体建设用地使用权流转本身的承认。① 为严格执行有关农村集体建设用地法律和政策，坚决遏制并依法纠正乱占农用地进行非农业建设，经国务院同意，2007 年 12 月 30 日国务院办公厅发出了《关于严格执行有关农村集体建设用地法律和政策的通知》(国办发〔2007〕71 号)。该通知一方面强调要严格查处和严肃禁止“以租代征”转用农用地的违法违规行为；严禁以兴办乡镇村企业、乡镇村公益事业和公共设施建设为名，非法占用集体土地进行非农建设；严格坚持法律关于宅基地

---

① 孙鹏、徐银波:《我国集体建设用地流转态势与走向判断》，载《重庆社会科学》2011 年第 10 期。

使用权取得和转让的规定，禁止城镇居民到农村购买宅基地、农民住宅和小产权房。另一方面也特别指出“国土资源部要会同有关部门，根据农村经济社会发展变化的新情况，深入研究在依照土地利用总体规划、加强用途管制的前提下，完善对乡镇企业、农民住宅等农村集体建设用地管理和流转的政策措施”。

在农村集体建设用地流转的政策导向上，最具有改革意义的是2008年10月12日十七届三中全会作出的《中共中央关于推进农村改革发展若干重大问题的决定》。该决定在关于健全严格规范的农村土地管理制度问题上，提出要“实行最严格的节约用地制度，从严控制城乡建设用地总规模。完善农村宅基地制度，严格宅基地管理，依法保障农户宅基地用益物权。农村宅基地和村庄整理所节约的土地，首先要复垦为耕地，调剂为建设用地的必须符合土地利用规划、纳入年度建设用地计划，并优先满足集体建设用地。改革征地制度，严格界定公益性和经营性建设用地，逐步缩小征地范围，完善征地补偿机制。依法征收农村集体土地，按照同地同价原则及时足额给农村集体组织和农民合理补偿，解决好被征地农民就业、住房、社会保障。在土地利用规划确定的城镇建设用地范围外，经批准占用农村集体土地建设非公益性项目，允许农民依法通过多种方式参与开发经营并保障农民合法权益。逐步建立城乡统一的建设用地市场，对依法取得的农村集体经营性建设用地，必须通过统一有形的土地市场、以公开规范的方式转让土地使用权，在符合规划的前提下与国有土地享有平等权益。抓紧完善相关法律法规和配套政策，规范推进农村土地管理制度改革”。该决定第一次提出“逐步建立城乡统一的建设用地市场”的目标，为我国农村集体建设用地制度的改革确定了方向。

受十七届三中全会决定精神之鼓舞，2009年3月6日国土资源部发布《关于促进农业稳定发展农民持续增收推动城乡统筹发展的若干意见》(国土资发〔2009〕27 号),从四个方面推动并规范农村集体建设用地流转。一是明确土地市场准入条件。指出在城镇工矿建设规模范围外,除宅基地、集体公益事业建设用地,凡符合土地利用总体规划、依法取得并已经确权为经营性的农村集体建设用地,都可采用出让、转让等多种方式有偿使用和流转。二是完善土地资源配置机制,构建城乡统一建设用地市场。要求各地充分依托已有的国有土地市场,加快城乡统一的土地市场建设,促进农村集体建设用地进场交易,规范流转。三是制定集体土地收益分配办法,增加农民财产性收入。指出在农村集体建设用地出让转让等流转活动中,应按照“初次分配基于产权,二次分配政府参与”的原则,对农村集体建设用地有偿使用的收益进行分配。四是对需要流转的农村集体建设用地,要重点开展集体所有权和使用权确权登记,特别要开展集体经营性用地的认定和确权,为农村集体建设用地流转提供条件。此外,国土资源部还在该意见中明确承诺会下发农村集体建设用地使用权出让和转让的具体办法。

2010 年 3 月 2 日国土资源部又专门针对宅基地问题,发布了《关于进一步完善农村宅基地管理制度切实维护农民权益的通知》(国土资发〔2010〕28 号)。通知要求“经济条件较好、土地资源供求矛盾突出的地方,允许村自治组织对新申请宅基地的住户开展宅基地有偿使用试点”。并提出要因地制宜推进“空心村”治理和旧村改造,“在留足村民必需的居住用地(宅基地)前提下,其他土地可依法用于发展二、三产业,但不得用于商品住宅开发”。

2013 年 11 月 12 日十八届三中全会通过的《中共中央关于全面深化改革若干重大问题的决定》再一次明确提出“建立城乡统一的建设用地市场”的要求。该决定指出,“在符合规划和用途管制前提下,允许农村集体经营性建设用地出让、租赁、入股,实行与国有土地同等入市、同权同价。缩小征地范围，规范征地程序，完善对被征地农民合理、规范、多元保障机制。扩大国有土地有偿使用范围，减少非公益性用地划拨。建立兼顾国家、集体、个人的土地增值收益分配机制，合理提高个人收益。完善土地租赁、转让、抵押二级市场"。同时还提出，要"赋予农民更多财产权利。保障农民集体经济组织成员权利，积极发展农民股份合作，赋予农民对集体资产股份占有、收益、有偿退出及抵押、担保、继承权。保障农户宅基地用益物权，改革完善农村宅基地制度，选择若干试点，慎重稳妥推进农民住房财产权抵押、担保、转让，探索农民增加财产性收入渠道。建立农村产权流转交易市场，推动农村产权流转交易公开、公正、规范运行"。"推进城乡要素平等交换和公共资源均衡配置。维护农民生产要素权益，保障农民工同工同酬，保障农民公平分享土地增值收益"。

为全面落实十八届三中全会的要求，2014 年中央一号文件《关于全面深化农村改革加快推进农业现代化的若干意见》明确指出要"加快建立农村集体经营性建设用地产权流转和增值收益分配制度。有关部门要尽快提出具体指导意见，并推动修订相关法律法规"。2014 年 12 月 31 日中共中央办公厅、国务院办公厅印发的《关于农村土地征收、集体经营性建设用地入市、宅基地制度改革试点工作的意见》(中办发〔2014〕71 号)也指出，"要探索健全程序规范、补偿合理、保障多元的土地征收制度；同权同价、流转顺畅、收益共享的农村集体经营性建设用地入市制度；依法公平取得、节约集约使用、自愿有偿退出的宅基地制度，探索形成可复制、可推广的改革成果，为科学立法、修改完善相关法律法规提供支撑"。2015 年 2 月 6 日召开的国务院常务会议还专门讨论通过报请全国人大授权在土地制度改革试点地区暂时调整实施有关法律规定的决定草案。草案提出，要在坚守土地公有制性质不改变、耕地红线不突破、农民利益不受损底线的前提下，选择一些地区开展试点,允许符合条件的存量农村集体经营性建设用地使用权出让、租赁、入股,与国有建设用地使用权同等入市、同权同价;下放宅基地审批权,使用存量建设用地的由乡镇审批,使用新增建设用地的由县级审批;明确土地征收要综合考虑土地用途和区位、经济发展水平、人均收入等,合理确定补偿标准,妥善安排被征地农民住房和社会保障。2015 年 2 月 27 日,全国人民代表大会常务委员会通过决定,授权国务院在北京市大兴区等三十三个试点县(市、区)行政区域暂时调整实施《中华人民共和国土地管理法》《中华人民共和国城市房地产管理法》关于农村土地征收、集体经营性建设用地入市、宅基地管理制度的有关规定。按照这一决定,在 2017 年 12 月 31 日之前上述试点地区可以暂时调整实施集体建设用地使用权不得出让等规定。在符合规划、用途管制和依法取得的前提下,允许存量农村集体经营性建设用地使用权出让、租赁、入股,实行与国有建设用地使用权同等入市、同权同价。这一决定在试点地区的一定期限内突破了农村集体建设用地入市的法律限制,为存量农村集体经营性建设用地使用权的流转提供了机遇。2017 年 1 月,中共中央、国务院下发的《关于加强耕地保护和改进占补平衡的意见》中提出要开始探索国家层面跨区域的占补平衡补充机制。为了进一步深入推进农村土地征收、集体经营性建设用地入市、宅基地管理制度改革试点,更好地总结试点经验,为完善土地管理法律制度打好基础,2017 年 11 月 4 日全国人大常委会决定:2015 年 2 月 27 日第十二届全国人民代表大会常务委员会第十三次会议授权国务院在北京市大兴区等三十三个试点县(市、区)行政区域暂时调整实施有关法律规定的决定施行期限届满后,试点期限延长一年至 2018 年 12 月 31 日。

从 2003 年第一次提及“集体建设用地流转”,到 2008 年 10 月 12 日十七届三中全会首次提出“逐步建立城乡统一的建设用地市场”的目标，再到2015年为落实十八届三中全会要求，中央印发《关于农村土地征收、集体经营性建设用地入市、宅基地制度改革试点工作的意见》，全国人民代表大会常务委员会通过决定暂时调整实施相关法律的发展历程中不难看出，在中央政策层面，对农村集体建设用地流转的重视程度越来越高。农村集体建设用地流转，乃至"建立城乡统一的建设用地市场"政策法律化的趋势已经越发明显。当然，建立城乡统一的建设用地市场是一项长期艰巨的任务，需要深入研究、系统设计，区分轻重缓急，分步实施、配套推进，不断把改革引向深入。①

在地方层面，伴随着各地集体建设用地流转试点的展开，相应的地方性的规范性文件也不断出台：1996年苏州市出台了《苏州市农村集体存量建设用地使用权流转管理暂行办法》。2000年国土资源部批准了《芜湖市农民集体所有建设用地使用权流转管理办法》。2001年上海市出台了《关于上海市农村集体土地使用权流转的试点意见》。2003年北京市颁布了《北京市农民集体建设用地使用权流转试点办法》。2005年广东省发布了《广东省政府集体建设用地使用权流转管理办法》。2006年湖北省颁布了《湖北省农民集体所有建设用地使用权流转管理试行办法》。2008年河北省颁布了《河北省集体建设用地使用权流转管理办法（试行）》。2008年，重庆市和成都市也分别颁布了《重庆农村土地交易所管理暂行办法》和《成都市集体建设用地使用权流转管理办法》。2009年佳木斯市颁布了《佳木斯市集体建设用地使用权流转管理暂行规定》。2010年昆明市和盐城市分别颁布了《昆明市集体建设用地使用权流转管理办法》和《盐城市集体建设用地使用权流转办法》。2013年海南省和临沂市分别颁布了《海南省集体建设用地管理办法（试行）》和《临沂市集体建设用地使用权流

① 姜大明：《建立城乡统一的建设用地市场》，载《中国国土资源报》2013年11月22日。

转管理办法》。2015 年 7 月 23 日，广州市人民政府办公厅在 2011 年的《广州市集体建设用地使用权流转管理试行办法》(穗府办〔2011〕37 号)有效期届满后，再次制定了《广州市集体建设用地使用权流转管理办法》(穗府办〔2015〕39 号)。截至 2017 年 9 月，全国已有 577 宗集体经营性建设用地入市，总面积 1.03 万亩，总价款约 83 亿元。

二、城乡统一建设用地市场的两种类型：实物交易与指标交易

十八届三中全会首次提出了“建立城乡统一的建设用地市场”的要求，十九大报告还明确提出要“建立健全城乡融合发展体制机制和政策体系”。推动集体建设用地的流转，构建城乡统一建设用地市场是打破城乡二元体制、激活土地价值、发展农村要素市场的重要环节。然而，由于各地的经济发展阶段、市场发育程度不同，以及土地自身固有的不可移动性特征决定了集体建设用地流转必然表现为实物交易和指标(地票)交易两种模式。

必须看到，土地因其固有的不可移动性决定了其在价值实现上是存在差异的。比如，城市及其郊区的土地价格可以高达千万元每亩，并且市场需求量很大，[①]但偏远农村的建设用地不仅价格偏低，甚至根本就没有市场需求。[②] 正如有研究发现的那样，区位因素是农村建设用地流转的主要动力之一，离城市距离越近流转活动越活跃，反之亦然。[③] 就此而言，如果我们只是简单地放开集体建设用地的流转，

---

① 黄贻芳：《农村宅基地退出中农民权益保护问题研究——以城乡建设用地增减挂钩政策为背景》，华中农业大学 2014 年博士学位论文，第 19 页。

② 参见万江：《土地用途管制下的开发权交易——基于指标流转实践的分析》，载《现代法学》2012 年第 5 期；凌斌：《土地流转的中国模式：组织基础与运行机制》，载《法学研究》2014 年第 6 期。

③ 参见章波、唐健、黄贤金、姚丽：《经济发达地区农村宅基地流转问题研究——以北京市郊区为例》，载《中国土地科学》2006 年第 1 期；中国土地勘测规划院地政研究中心：《我国城市郊区宅基地问题研究》，载《中国土地》2007 年第 1 期。

其实只能加剧马太效应的形成——城市郊区的土地价值激增,而偏远农村的土地价值仍然无法获得有效实现。[①] 可见,增值空间较大的土地大都位于城乡结合部,而拥有这部分地的农民其实并不是劳动力跨地区流动的主体,而作为流动主体的那些劳动力所拥有的土地实际上却是比较偏远的,根本没有转为非农业用地和增值的空间。[②] 因此,未来的土地制度改革如果仅仅是允许集体建设用地自由流转,那就只会使少数具备区位优势的农民获得或者分享到土地的增值收益,而绝大多数的农民并无这样的机会,因此就必然导致新的社会分配上的不均,这种新的分配不均还可能会导致更多的社会矛盾,从而影响社会稳定。[③] 当然,土地固有的不可移动性、区域间经济发展程度的不同及其对建设用地需求上的差异只是说明以实物形式表现的集体建设用地流转模式存在其适用条件,但并不意味着偏远地区的集体建设用地就没有市场化价值实现的空间。在土地用途管制的背景下,远郊地区和中西部地区农村的集体建设用地"有地无市"的困局完全可以通过用地指标机制的合理运用获得破解。[④] 也就是说,在符合规划和用途管制的前提下,远郊地区和中西部地区农村集体可以对其建设用地实施复垦,进而将复垦取得的用地指标在指标市场上进行交易,从而实现其土地价值。

另外,在人多地少的国情下,一旦允许集体建设用地自由流转,尤

---

① 参见吴秋菊:《论集体建设用地流转解禁之谬误》,载《南京师范大学学报》2013 年第 4 期;桂华、贺雪峰:《宅基地管理与物权法的适用限度》,载《法学研究》2014 年第 4 期;桂华:《城乡建设用地二元制度合法性辨析——兼论我国土地宪法秩序》,载《法学评论》2016 年第 1 期;黄珂、张安录:《城乡建设用地的市场化整合机制》,载《改革》2016 年第 2 期。

② 陆铭、陈钊:《为什么土地和户籍制度需要联动改革?——基于中国城市和区域发展的理论和实证研究》,载《学术月刊》2009 年第 9 期。

③ 参见吴秋菊:《论集体建设用地流转解禁之谬误》,载《南京师范大学学报》2013 年第 4 期。

④ 石小石、白中科:《集体经营性建设用地入市收益分配研究》,载《中国土地》2016 年第 1 期。

其是允许增量集体建设用地自由流转时，就难免会因利益诱惑而对耕地红线带来冲击，从而威胁粮食安全与生态安全。而传统的农用地保护行政管制措施忽视了农地农用的市场价值，[①]并不足以形成对农地农用政策目标的有效激励。所以未来集体建设用地制度改革的方向应当是集体建设用地的实物与建设用地指标（地票）交易的双轮驱动：前一种模式用来解决城市近郊或某些具有特殊区位优势农村的土地市场化问题，侧重于区位租的实现；后一种模式则用于管控建设用地的总量，并解决偏远农村建设用地的市场流转问题，侧重于管制租（指标费用）的分配。[②] 引入指标交易后，对于任何的新增建设用地而言，都必须先行通过指标市场购得土地开发权后才能进行具体的开发建设。这样一来，偏远或中西部地区的集体建设用地也可以通过出售其开发权来缩小其与城市郊区和东部地区农村土地的收益差距。而且，一旦集体建设用地指标的市场价值被充分挖掘出来以后，还可以激励村民进行土地整理、盘活存量建设用地，解决我国城乡建设用地双增长的问题。[③] 所以，城乡统一建设用地市场的构建必须同时包含实物交易和指标交易两种模式。

（一）农村集体建设用地实物交易模式

所谓的实物交易是指实体的集体建设用地使用权的流转。基于市场的供求原理，将实体的集体建设用地进行流转，须有一定的用地需求作为前提条件。从地域来讲，实物交易模式主要集中在城市近郊。在远郊农村，由于建设用地的需求有限，因此除非有特殊的旅游

① 参见吴萍：《集体经营性建设用地入市与农用地的生态补偿》，载《华南农业大学学报》（社会科学版）2016 年第 3 期。

② 周立群、张红星：《农村土地制度变迁的经验研究：从“宅基地换房”到“地票”交易所》，载《南京社会科学》2011 年第 8 期。

③ 万江：《土地用途管制下的开发权交易——基于指标流转实践的分析》，载《现代法学》2012 年第 5 期。

或环境优势，那么其实物交易的发生概率就比较低。从交易主体角度来看，现有的实物交易主要表现为以农户进行的流转和以集体经济组织主导的流转两种情形。

1. 农户自发进行的流转。以农户为主体的集体建设用地的流转主要针对的是宅基地使用权。在我国，农户可以无偿获得宅基地使用权。由于城市房地产价格普遍偏高，且农村的居住环境存在某些优势，因此在城乡居民之间就出现了以宅基地及其房屋为标的的交易。从现有的交易实践来看，这样的交易又主要表现为两种方式：一种是出售或联建房屋，即农户将其所建的房屋出售给非本集体的民事主体，或者直接与非本集体的民事主体共同出资建造房屋，比如北京市昌平区兴寿镇的上苑村（"画家村"）就是这一流转方式的典型。另一种方式就是出租房屋，即农户将其多余的房屋直接出租给非本集体的民事主体，①或者以农村房屋为基础开办乡村旅馆或"农家乐"项目。一般来讲，此种交易主要集中在城市郊区以及部分具有特殊环境优势的农村地区。

2. 集体组织主导的流转。即集体组织在土地上建造房屋，然后出售给非本集体的民事主体，或在土地上建造厂房、商铺，并对外出售或出租，或将土地出租给非本集体的民事主体进行开发建设。在后两种情形下，集体土地所有权人通常会以乡镇企业的名义申请审批土地，先获得该块建设用地的使用权，然后再以合作、合资、承包等名义进行流转。广为人知的南海模式就是这样的典型。② 据统计，珠三角地区

---

① 章波、唐健、黄贤金、姚丽：《经济发达地区农村宅基地流转问题研究——以北京市郊区为例》，载《中国土地科学》2006 年第 1 期。

② 据报道，广东南海市从 1992 年开始试行土地股份制，以行政村或村民小组为单位，将集体土地折成股份集中起来组建股份合作组织，然后由股份合作组织将土地出租给企业或修建厂房再出租给企业，村民凭土地及出资的股份分享土地非农化的增值收益。

通过自发流转方式使用集体建设用地已超过集体建设用地存量的50%。[①]

(二)农村集体建设用地指标(地票)交易模式

农村集体建设用地指标交易指权利人将其所拥有的农村集体建设用地复垦为耕地而获得等额的新增建设用地指标,并将该指标进行转让,以使受让主体取得相应的用地指标。在城乡建设用地增减平衡的思路下,各地进行了很多有益的探索,形成了一条从"宅基地换房""挂钩"项目到地票交易的演进路径。[②]

天津的"宅基地换房"是农村集体建设用地指标交易的初期探索。2005 年开始,按照国土资源部的要求,天津进行了以"迁村并点"为主要形式的挂钩试点工作,形成了独具特色的"宅基地换房"模式。2009 年 5 月 31 日天津市还颁布了《天津市以宅基地换房建设示范小城镇管理办法》。截至 2010 年 11 月底,天津市先后共建设了四批宅基地换房示范区,累计使用挂钩周转指标 52075 亩,涉及全市范围内 61.5 万农村人口。[③] "宅基地换房"的基本操作流程是:农民按照规定的置换标准,以其宅基地换取小城镇内一套住宅,迁入小城镇居住。原村庄建设用地进行复耕,节约下来的土地整合后再"招""拍""挂"出售,所得土地收益用于弥补小城镇建设资金缺口。[④] 就其积极意义而言,"宅基地换房"项目的实施至少具有三重价值:首先,对于农民

① 王权典:《农村集体建设用地使用权流转法律问题研析——结合广东相关立法及实践的述评》,载《华南农业大学学报》(社会科学版)2006 年第 1 期。

② 周立群、张红星:《农村土地制度变迁的经验研究:从"宅基地换房"到"地票"交易所》,载《南京社会科学》2011 年第 8 期。

③ 国家发改委城市和小城镇改革发展中心调研组:《天津市以宅基地换房建设示范小城镇的调研报告》,载 http://www.qstheory.cn/dd/dd2013/xyhdzl/201302/t20130218_211650.html,最后访问日期:2018 年 1 月 5 日。

④ 秋风:《宅基地换房仍是政府利用权力征地》,载 http://www.022net.com/2008/10/15/173715253170672.html,最后访问日期:2018 年 1 月 5 日。

而言,经过置换之后,农民的财产性收入可以获得一定程度的提高。因为置换前,农民房产只能在集体组织内部交易,不能进入城市房产市场;而置换后,农民的土地资产转变为城市房产和货币资产,这些资产具有完整的产权,可以进入城市房产市场上交易。其次,对于政府而言,农村的建设用地转变为城市建设用地,政府可以获得计划外的建设用地指标,从而缓解城市建设用地指标短缺的压力。最后,“宅基地换房”还能提高土地的集约化程度。以华明镇为例,该镇初期拥有集体建设用地1.2万亩,实施宅基地换房后,新建用于安置农民的房屋所占土地0.4万亩,结余0.8万亩建设用地可用于商业、住宅和工业用地。①

但是“宅基地换房”也存在重大的制度缺陷。一方面,“宅基地换房”项目的实施以政府为主导,农民获得收益比较有限。② 因为从宅基地退出的补偿标准是依据户籍人口数和农民住房建筑面积进行补偿,而并未就宅基地使用权进行补偿。③ 并且,宅基地整理复垦后的建设用地直接归投资公司,投资公司以节约的耕地换取相应的建设用地指标。由此,地方政府及其组成的投资公司成为了制度变迁中的利益最大者。④ 因此,虽然从理论上讲,“宅基地换房”不以征收集体土地为目的,而只是盘活农村存量建设用地,通过农村宅基地节约集约利用,获得城镇建设用地指标,但仍然有学者批评宅基地换房其实是

---

① 参见崔宝敏:《天津市“以宅基地换房”的农村集体建设用地流转新模式》,载《中国土地科学》2010年第5期;周立群、张红星:《农村土地制度变迁的经验研究:从“宅基地换房”到“地票”交易所》,载《南京社会科学》2011年第8期。

② 参见王婧、方创琳、王振波:《我国当前城乡建设用地置换的实践探索及问题剖析》,载《自然资源学报》2011年第9期。

③ 黄贻芳:《农村宅基地退出中农民权益保护问题研究——以城乡建设用地增减挂钩政策为背景》,华中农业大学2014年博士学位论文,第40页。

④ 黄贻芳:《农村宅基地退出中农民权益保护问题研究——以城乡建设用地增减挂钩政策为背景》,华中农业大学2014年博士学位论文,第41页。

一种新型征收关系。[①] 另一方面,"宅基地换房"项目中城乡建设用地置换的范围比较窄,被置换出来的建设用地指标与具体的地块相捆绑,仅仅适用于城市周边地区。尽管远郊农村也存在大量未集约利用的建设用地,可以通过土地整理获得用于城市发展的建设用地指标,但是,由于这些地区远离城市,整理出来的建设用地并不处于城市发展的区域,因此这些建设用地并不能直接用于城市化的需要,也就无法获取相应的区位租了。[②]

与"宅基地换房"项目不同,2004 年,成都市郫县进行的城镇建设用地增加和农村建设用地减少指标挂钩做法则不仅突破了具体地块的限制,而且还实现了指标的独立交易。2005 年,国土资源部开始对城乡建设用地增减挂钩进行了制度规范,并选择四川、浙江、天津等地进行了试点。在城乡建设用地增减挂钩制度下,城市建设用地增加和农村建设用地减少的项目不再同时局限在城市近郊周边实施,指标配置突破了具体地块的限制,交易半径也得到了延长;而且城乡建设用地增减挂钩模式还允许指标独立交易,并不依附于实施土地整理的远郊农村。这样一来,交易剩余的空间就会变大,从而使投资于土地整理以获得建设用地指标的项目获得更大的收益。[③] 但是由于相关政策要求指标捆绑挂钩项目的实施必须经过国土资源部的审核和批准,且挂钩的建设用地指标只能在项目区内封闭流转和使用,即按项目捆绑式的点对点的指标交易。[④] 这样一来,对于建设用地指标的需求方和供给方来讲,参与"指标挂钩"置换的当事人其实都没有自由选择

---

① 万国华:《宅基地换房中的若干法律问题》,载《中国房地产》2009 年第 3 期。

② 周立群、张红星:《农村土地制度变迁的经验研究:从"宅基地换房"到"地票"交易所》,载《南京社会科学》2011 年第 8 期。

③ 周立群、张红星:《农村土地制度变迁的经验研究:从"宅基地换房"到"地票"交易所》,载《南京社会科学》2011 年第 8 期。

④ 张梦琳:《农村宅基地流转模式比较分析》,载《现代经济探讨》2014 年第 4 期。

权。此时的交易就类似于双边垄断的市场结构,市场缺乏竞争性,定价也缺乏效率,往往成为买卖双方谈判力的结果。[①]

市场的发展需要进一步打破项目区的限制,并强化市场对指标价格形成的作用,为此,成渝两地的地票交易就应运而生了。就此而言,地票交易可以说是农村集体建设用地指标交易的高级阶段。当然,就目前而言,成渝两地地票交易制度的市场化程度仍然有限,需要进一步深化相关的制度改革。

三、农村集体建设用地实物交易试点面临的问题及其分析

无论是农户自发的流转,抑或是集体经济组织主导的流转,其均突破了国家对建设用地一级市场的垄断,使农民和集体在参与工业化和城市化的进程中从被动转向主动,为避免政府通过征收独占土地级差收益提供了空间。然而,现有的实物交易试点本身也存在一些制度上的障碍,应予检讨。

(一)是否允许城镇规划区内的集体建设用地流转?[②]

在建立城乡统一建设用地市场的大背景下,集体建设用地的流转试点不断被推开。但在集体建设用地流转的试点中,关于城镇规划区内的集体建设用地能否纳入流转范围的问题却存在重大分歧。[③] 我们的调查发现,只有苏州、无锡允许城镇规划区内的存量集体建设用地参与流转,而包括重庆、盐城、新野、洛阳、株洲、河北、临沂等在内的

---

① 周立群、张红星:《农村土地制度变迁的经验研究:从"宅基地换房"到"地票"交易所》,载《南京社会科学》2011 年第 8 期。

② 参见黄忠:《城镇规划区内集体建设用地可否流转》,载《中国土地》2014 年第 7 期。

③ 参见李建建、黎元生:《统筹城乡视野下的征地制度改革》,经济科学出版社 2010 年版;李建建、戴双兴:《加快构建城乡统一的建设用地市场》,载《经济研究参考》2014 年第 23 期;房绍坤:《农村集体经营性建设用地入市的几个法律问题》,载《烟台大学学报》(哲学社会科学版)2015 年第 3 期;宋志红:《集体经营性建设用地入市改革的三个难点》,载《行政管理改革》2015 年第 5 期。

大部分试点地区则明确排除城镇规划区内集体建设用地的流转,或者明确将流转范围限定为城镇规划区外的集体建设用地。[①] 并且,虽然无锡认可城镇规划区内集体建设用地的流转,但却同时规定存量集体建设用地用于商业等经营性用途时仍然必须先征为国有。[②] 可见,在现有的流转试点中,大部分地区仍然将流转范围限制在城镇规划区外,或者说,现有的集体建设用地流转试点仍然主要集中在城镇规划区外。

实际上,《城市房地产管理法》第9条已经规定:"城市规划区内的集体所有的土地,仅依法征收转为国有土地后,该幅国有土地的使用权方可有偿出让。"而被社会高度评价的《中共中央关于推进农村改革发展若干重大问题的决定》也只是提出"在土地利用规划确定的城镇建设用地范围外,经批准占用农村集体土地建设非公益性项目,允许农民依法通过多种方式参与开发经营并保障农民合法权益"。就文义而言,十七届三中全会作出的这一决定仍然排除了城镇规划区内集体建设用地流转的可能性。[③] 为何要在集体建设用地流转的问题上区分城镇规划区内和城镇规划区外而差别对待?这样的差异化处理是否正当?由于我国"城镇规划区"的范围存在不断扩张的诟病,因此若不能对此问题予以正视,那就容易导致集体建设用地流转的规模被极大压缩,流于形式,从而无法真正实现城乡建设用地的

---

① 辽宁、中山、无锡以及浙江建德、衢州、温州等省市规定,对城市用地规模范围内的集体建设用地先实行"转权让利";山东省德州市也规定城市(镇)规划区内的集体建设用地使用权转让的,其土地一律由市、县政府统一征为国有。

② 禁止规划区内集体建设用地流转的原因在于规划区内集体建设用地流转会对国有建设用地之冲击,使国有建设用地价格下降,并会加大政府以后征地的难度。因此,规划区内的建设用地禁止流转,或者必须先征为国有,这为实践普遍采用。参见万江:《政府主导下的集体建设用地流转:从理想回归现实》,载《现代法学》2010年第2期。

③ 参见刘守英:《中共十八届三中全会后的土地制度改革及其实施》,载《法商研究》2014年第2期。

"同地、同权、同价",并最终损及城乡统一建设用地市场的构建。

如果限制或禁止城镇规划区内集体建设用地的流转,加之我国《土地管理法》第43条对集体建设用地适用范围的限制,城镇规划区内集体建设用地就仅能满足兴办乡镇企业、村民住宅建设、乡(镇)村公共设施和公益事业建设这四种需要,而其他更具经济利益的工业化、城镇化建设需求就只能依照《城市房地产管理法》第9条的规定,通过先征后用的方式予以满足。但必须指出的是,将城镇规划区与征收的启动相互关联,或者说以城镇规划区的确定作为启动征收的原因是与征收制度的本质相悖的。

众所周知,征收权始于公共利益并止于公共利益不仅是理论上的通说,更是各国实践中的普遍做法,因此在现代征收法理论中,征收又被称为"公益征收"。就我国而言,目前立法与理论上所形成的共识也是征收只得基于公共利益的需要而启动。[①]《宪法》第10条第3款明确规定:"国家为了公共利益的需要,可以依照法律规定对土地实行征收或者征用并给予补偿。"《物权法》第42条对此再次予以强调,指出"为了公共利益的需要,依照法律规定的权限和程序可以征收集体所有的土地和单位、个人的房屋及其他不动产"。就公共利益的具体界定而言,虽然学说上存在争议,存在广义、狭义等理论争议,但直接地将城镇规划区与公共利益相等同却是闻所未闻。

就理论而言,公共利益所强调的是其服务于不特定之多数人,而城镇规划区的概念却与服务于何人没有必然关联。我们不能认为城镇规划区内的建设用地均为公共利益之目的,也不能认为城镇规划区外的建设用地就均为私人利益。一个典型的例证就是,在城镇规划区可以拥有大量的工商企业,此类商服用地显然属于私人利益之需求,

① 参见王利明:《论征收制度中的公共利益》,载《政法论坛》2009年第2期。

而与公共利益无涉;相反,在广袤的城镇规划区外亦有建设学校、医院等公共利益的需求。因此将城镇规划区与公共利益等同,进而排除城镇建设用地范围内集体建设用地的直接流转,只允许通过先征后用方式进行利用显然是对公共利益的误解,势必会不当地扩大征收的范围。

就现行法而论,虽然《宪法》《物权法》确实并未就公共利益的概念进行具体界定,但2011年1月21日国务院颁布的《国有土地上房屋征收与补偿条例》(国务院令第590号)不仅将公共利益的范围限定在"保障国家安全、促进国民经济和社会发展"的范围中,而且还具体列举了启动征收的具体情形。就解释论而言,《国有土地上房屋征收与补偿条例》虽并不能直接适用于集体建设用地的流转问题,但基于我国土地征收法律制度滞后的现实,《国有土地上房屋征收与补偿条例》对公共利益及征收的限定应当也可以在处理集体建设用地流转问题上参照适用。2011年1月30日,陈锡文同志就指出《征收条例》中的一些重要原则,对于下一步修改土地管理法中涉及征收农村集体土地的问题有很强的指导意义。[①] 2011年4月中央纪委、监察部还专门发出通知,明确要求,在《土地管理法》等法律法规作出修订之前,集体土地上房屋拆迁,要"参照"新颁布的《国有土地上房屋征收与补偿条例》的精神执行。显然,如果武断将城镇规划区与公共利益等同,那么就会出现与《国有土地上房屋征收与补偿条例》第8条精神相违背的结果。按照《国有土地上房屋征收与补偿条例》第8条的规定,旧城区的改造并不必然构成公共利益,但旧城区显然是在城镇规划区内,因此如果在处理集体建设用地流转问题上以城镇规划区内均成立公共利益进而限制或禁止其直接流转,只允许征收,那么当然的推论就是城镇规划区内的一切需要(包括旧城区改造)均属于公共利

① 陈锡文:《集体土地征收要保障失地农民长远生计》,载 http://www.chinanews.com/estate/2011/01-30/2821794.shtml,最后访问日期:2018年1月5日。

益,进而得出均可启动征收的结论。显然,如此之推论已与《国有土地上房屋征收与补偿条例》第 8 条相违背,不宜采信。实际上,划定城市规划区的主要目的是从城市远景发展的需要出发,控制城市建设用地的使用,从而保证城市总体规划目标的逐步实现,而与具体地块的权属问题并没有关联。也就是说,城市规划区的土地究竟是集体所有抑或是国家所有与城市规划区的目的无涉,因此我们若强行将"城镇规划区"包裹于"公共利益"之内,就无疑会使土地征收制度异化为地方政府无序扩张城市边界的法律捷径,从而在根本上溢出征收的公共利益之限定。

就实际操作而言,要将集体建设用地的流转范围限定为城镇规划区外,而限制或禁止城镇规划区内集体建设用地的流转,就需要首先对城镇规划区的划定予以明确。而目前就此的限定却并不统一。试点地区主要采取了"城镇规划区"的概念,而 2009 年 3 月 6 日国土资源部发布《关于促进农业稳定发展农民持续增收推动城乡统筹发展的若干意见》(国土资发〔2009〕27 号)则采取了"城镇工矿建设规模范围"的概念。但 2012 年 6 月 25 日国家发展和改革委员会在《关于印发全国农村经济发展"十二五"规划的通知》(发改农经〔2012〕1851 号)却又采取了"城镇建设用地范围"的表述。就法制统一性而言,如此前后不一致的表述,无疑会损害市场主体的预期,破坏集体建设用地市场的稳定。

即使我们采取试点地区所谓"城镇规划区"的概念来限制集体建设用地的流转范围,我们仍然需要注意这一限制对城乡统一建设用地市场构建的影响问题。参照《城乡规划法》第 2 条的规定,城镇规划区是指城市、镇的建成区以及因城乡建设和发展需要,必须实行规划控制的区域。城镇规划区的具体范围通常要由有关人民政府在组织编制的城市总体规划、镇总体规划中,根据城乡经济社会发展水平和统筹城乡发展的需要划定。按照《城乡规划法》的规定，城镇规划区的确定虽然需要依法进行，并进行公开，但却并未涉及权属变动，进而引发补偿的问题，因此如果将集体建设用地的流转范围限定为城镇规划区外，无异于是以城镇规划区的方式限制，甚至剥夺了集体建设用地的部分权利。既无公共利益之前提，又无任何补偿就对集体建设用地的权利进行限制明显不公。

而且，从我国城镇发展的历史和现实来看，我国的城镇规划区还有不断扩大的倾向。比如报道显示，到2020年洛阳市城市规划区面积将扩大50%，而到2020年长沙规划区面积则将要扩大近一倍。[①]在城镇规划区不断扩张的大背景下，如果限制或禁止城镇规划区内的集体建设用地的流转，那么随着城镇规划区的不断扩大，集体建设用地流转的空间就会被日益压缩，进而所谓的构建城乡统一的建设用地市场的目标就极有可能沦为空谈，无法真正实现。

更为严重的是，就现实而言，我国在城镇规划区的确定上也缺少对公众参与程序的细致规定和有效保障。以城市规划为例，按照《城乡规划法》的规定，城市规划的主要制定程序是：组织编制——草案公告，并采取论证会、听证会或其他方式征求专家和公众的意见——审批或批准、备案。很明显，这一过程过于强调编制和审批的行政色彩，而忽视与公众的交流互动。如何开展听证会并无具体规定，而且城市规划的组织编制机关同时负责着听证，职权的未彻底分离也不利于听证的民主展开与意见的有效采纳。[②] 因此在“城镇规划区”的划定由地方政府主导的背景下，限制或禁止城镇规划区内的集体建设用

① 参见王新昌、詹吉伟、王亚鸽：《洛阳城市规划区面积扩大一半儿》，载《大河报》2012年9月19日，第A07版；章盛莉：《到2020年长沙规划区面积扩大近一倍》，载《长沙晚报》2012年12月11日，第A3版。

② 参见朱芒：《论我国目前公众参与的制度空间——以城市规划听证会为对象的粗略分析》，载《中国法学》2004年第3期。

地的流转无疑会给地方政府以征收名义来蚕食集体建设用地提供空间，最终会损害城乡统一建设用地市场的构建。

其实，基于平等原则，农村集体建设用地与城镇国有建设用地均为独立的用益物权。并且我国《物权法》还将农村集体建设用地与城镇国有建设用地统一到了"建设用地使用权"这一概念之下，更加凸显了二者的平等属性。依据《物权法》第3条和第4条所明定的平等保护原则，在处理建设用地的流转问题上就不宜再有厚此薄彼的差异化态度，否则就违背了《物权法》所肯认的物权平等原则，有歧视集体土地之嫌。

实际上，2012年6月25日国家发展和改革委员会在《关于印发全国农村经济发展"十二五"规划的通知》(发改农经〔2012〕1851号)就特别指出要将农村集体经营性建设用地使用权转让纳入现行的城市国有土地市场统一管理，对依法取得的农村经营性集体建设用地，必须通过统一有形的土地市场、以公开规范的方式转让土地使用权，在符合规划的前提下与国有土地享有平等权益。十八届三中全会通过的《中共中央关于全面深化改革若干重大问题的决定》更是明确指出，在符合规划和用途管制的前提下，允许农村集体经营性建设用地出让、租赁、入股，实行与国有土地同等入市、同权同价。既然集体建设用地与国有建设用地具有平等性，那就应当赋予集体建设用地与国有建设用地同等的占有、使用、收益和处分权，对两种类型的建设用地所享有的权利予以平等保护，而不能在其流转问题上再以是否落入"城镇规划区"为由进行区别对待了。而且，在符合规划的前提下，开放城镇规划区集体建设用地市场也并不会对国有建设用地市场和城市布局造成不良冲击。相反，仅仅放开规划区范围外集体建设用地的流转市场，其现实意义其实并不太大，因为城镇建设用地范围外的建设用地，由于经济发展程度不高、区位不佳、交通不便等一系列因素的制约，致使其作为建设用地的经济价值还没有彰显出来，大规模地用于非公益性的项目建设并不现实。[①] 可见,价值高的集体建设用地主要是在规划区范围内,规划区外的集体建设用地普遍价值要低,[②]因此我们没有正当理由禁止城镇规划区内的集体建设用地的流转。[③]

(二)是否允许宅基地使用权的直接流转?

宅基地是农村集体建设用地使用权中的一个大项。据统计,在1996~2006年这10年间全国农村新增加的100万亩建设用地中,新增的农民住宅用地就占了约80万亩。[④] 因此推动农村集体建设用地的流转不能无视宅基地使用权的流转问题。而综观现有的实物交易模式,不难发现,现有的试点在关于宅基地使用权是否可以直接进行流转问题上的态度却存在分歧:上海、重庆、成都允许宅基地使用权流转,[⑤]但与此相反,以烟台、昆明等为代表的试点文件则明确禁止宅基地使用权流转。[⑥] 而湖北、广东、宿迁等地的文件则允许宅基地使用权与其所承载的地上建筑物一并进行流转,仅禁止宅基地使用权单独流转。[⑦] 即使是在十八届三中全会以后,主流观点还是认为农村建设用地不能全部进入市场,进入市场的只能是所谓"经营性建设

---

① 白佳飞:《地票交易制度基础理论浅析》,载郑财贵主编:《重庆统筹城乡土地管理制度改革研究文集——地票制度篇》,西南师范大学出版社2013年版,第11页。

② 唐健:《部分地方集体建设用地流转政策分析》,载 http://www.zgxcfx.com/Article/53977.html,最后访问日期:2018年1月5日。

③ 当然,一旦允许城镇规划区内的集体建设用地自主流转,那么随着工业化、城市化的发展,在城市中也可能会出现集体土地的问题。这是否会与《宪法》第10条第1款关于城市的土地属于国家所有之规定相冲突呢?对此问题,我们将在后一章中专门讨论。

④ 张德元:《试析农村宅基地的功能变迁》,载《调研世界》2011年第11期。

⑤ 《重庆农村土地交易所管理暂行办法》第9条;《成都市集体建设用地使用权流转管理办法》第2条,第31~34条;《关于上海市农村集体土地使用权流转的试点意见》之二、五。

⑥ 《昆明市集体建设用地使用权流转管理办法》第8条;《烟台市集体建设用地使用权流转管理试行办法》第7条。

⑦ 《广东省集体建设用地使用权流转管理办法》第4条;《湖北省农民集体所有建设用地使用权流转管理试行办法》第19条;《东莞市集体建设用地使用权流转管理实施办法》第7条;《宿迁市农村集体建设用地使用权流转管理办法(试行)》第6条。

用地”,[①]而宅基地使用权并不能直接进入市场。[②]

与此类似,在现有的司法审判中,当房屋和宅基地使用权一并转让时,法院一般也会依据《土地管理法实施条例》第6条[③]的规定判决认定该转让有效,但在单一宅基地使用权的买卖中,由于此时的交易并不涉及房屋,因此法院的裁判就出现了较大的分歧。部分法院认为法律没有禁止农村宅基地使用权的流转,从而认定转让行为有效;部分法院则回避是否可以流转这一棘手问题,而直接按合同关系进行解决;但大部分的法院则认为因为我国现行法律没有明文规定农村宅基地使用权可以转让,因此该转让合同无效。[④]

---

① 2015年2月27日,全国人民代表大会常务委员会通过决定,授权国务院在北京市大兴区等三十三个试点县(市、区)行政区域暂时调整实施《中华人民共和国土地管理法》《中华人民共和国城市房地产管理法》关于农村土地征收、集体经营性建设用地入市、宅基地管理制度的有关规定。按照决定,在2017年12月31日之前上述试点地区可以暂时调整实施集体建设用地使用权不得出让等的规定。在符合规划、用途管制和依法取得的前提下,允许存量农村集体经营性建设用地使用权出让、租赁、入股,实行与国有建设用地使用权同等入市、同权同价。可见,这一决定所允许的试点仍然局限在存量农村集体经营性建设用地使用权范围。

② 参见陈锡文:《并非所有农村土地都可以入市》,载http://www.kuaiyilicai.com/201312/1b652eae-5e0f-11e3-962f-0b21105ff760.html,最后访问日期:2018年1月5日;高富平:《重启集体建设用地市场化改革的意义和制度需求》,载《东方法学》2014年第6期;文贯中:《用途管制要过滤的是市场失灵还是非国有土地的入市权?——与陈锡文先生商榷如何破除城乡二元结构》,载《学术月刊》2014年第8期。

③ 《土地管理法实施条例》第6条:依法改变土地所有权、使用权的,因依法转让地上建筑物、构筑物等附着物导致土地使用权转移的,必须向土地所在地的县级以上人民政府土地行政主管部门提出土地变更登记申请,由原土地登记机关依法进行土地所有权、使用权变更登记。土地所有权、使用权的变更,自变更登记之日起生效。依法改变土地用途的,必须持批准文件,向土地所在地的县级以上人民政府土地行政主管部门提出土地变更登记申请,由原土地登记机关依法进行变更登记。

④ 参见《北京市高级人民法院关于印发农村私有房屋买卖纠纷合同效力认定及处理原则研讨会会议纪要的通知》(京高法发〔2004〕391号);秦弓、娅琳:《法院不支持城镇居民农村购房》,载《人民法院报》2007年8月10日;许瑜华:《论物权法出台后农村房屋买卖纠纷的司法抉择——以宅基地使用权之保障功能和效率功能的博弈为中心》,载《上海审判实践》2008年第1期;王崇敏、孙静:《农村宅基地使用权流转析论》,载《海南大学学报》(人文社会科学版)2006年第2期;王崇敏、张丽华:《我国农村宅基地使用权流转的现状考察》,载《河南省政法管理干部学院学报》2010年第1期。

在我国民法学界,多数学者主张应当赋予农村宅基地使用权自由转让的权利。比如梁慧星教授认为,宅基地使用权可以转让,但因农村宅基地使用权属于无偿划拨的基地使用权,故有偿转让时土地使用权人应当交纳出让金。[①] 陈小君教授指出,应当依法确立农村建设用地使用权流转制度,肯定农村建设用地使用权,包括农村宅基地使用权通过转让、抵押、出租、入股等方式流转的合法性,赋予其法律效力。[②] 高富平教授提出应当向农民开放其宅基地商业化利用途径和规则,禁止农民宅基地使用权抵押、出资以及其他商业化利用将严重限制农村经济发展和农村城市化进程,并不符合市场经济的基本原则。[③] 但也有部分学者反对上述观点,比如孟勤国教授就认为农村宅基地不得交易是农村宅基地分配制度的有机组成部分。在孟勤国教授看来,农村宅基地分配制度有两个基本含义:一是农民有权基于生存的理由无偿取得定量的宅基地。确保每户农民都能得到一块栖身之地,体现了强烈的社会公平,实现了基本的社会保障。二是宅基地必须真正起到使农民安居乐业的作用。宅基地使用权不得抵押、转让或被强制执行,确保了每户农民不因贫穷而流离失所。这两个基本含义是不可分离的。[④]

我们认为,从现行法来看认定宅基地使用权买卖合同无效并不正确。相反,从解释论层面来分析,现行法对于宅基地使用权买卖合同

① 参见梁慧星:《中国物权法研究》(下),法律出版社 2003 年版,第 661 页。

② 参见陈小君:《农村土地法律制度研究》,法律出版社 2003 年版,第 256 页。

③ 参见高富平:《土地使用权和用益物权——我国不动产物权体系研究》,法律出版社 2001 年版,第 450 页。

④ 参见孟勤国:《物权法开禁农村宅基地交易之辩》,载《法学评论》2005 年第 4 期;另见陈柏峰:《农村宅基地限制交易的正当性》,载《中国土地科学》2007 年第 4 期;韩俊:《土地制度改革要先立法后改革》,载《中国党政干部论坛》2011 年第 9 期。

的效力问题应当是以有效为原则，无效为例外的。[①] 换言之，应当在立法上明确采取上海、重庆、成都等的做法，允许宅基地使用权流转。

不难发现，主张禁止宅基地使用权流转主要是从宅基地自身的特殊性出发进行论证的。基于城乡土地所有权的二元结构，现有的宅基地使用权确实具有无偿性与身份性，社会福利与社会保障色彩极为浓厚。[②] 所谓无偿性、身份性是指农民基于其集体经济组织成员身份即可取得宅基地使用权，而无须支付相应的对价。但能否仅仅依据宅基地使用权的社会福利性就可以证立其不得自由流转呢？换言之，作为农户独享之福利品的宅基地使用权是否没有进入市场进行自由交易的资格呢？在我们看来，反对论者其实是误将宅基地使用权取得的身份限制与宅基地使用权本身的物权属性予以混淆。换言之，按照我国的现行法，宅基地使用权的取得的确是需要其主体具备一定的身份条件，但当某一农户依据其村民身份在本集体内部获得了一份宅基地使用权以后，则该宅基地使用权就具备了一般的物权属性。正如某单位向其所属职工发放福利产品并不意味着该职工不能将其单位所发放的福利产品进行交易。现实生活的基本逻辑是，此时在权利的取得层面具有身份属性丝毫不会影响到该福利品的后续流转，相反，一概禁止流转无疑将会造成资源的浪费。

至于有论者提出，因为农户获得宅基地使用权是以无偿方式获得的，因此不能进行流转，否则就会不公平。我们认为农户无偿获得宅基地使用权这是有特殊的历史和社会背景的。如前所述，我国立法之所以在宅基地使用权的初始分配上作如此“厚此薄彼”的对待，这其实是由新中国经济与社会的特殊发展历程决定的。新中国成立后，在

---

① 参见黄忠、章献彪：《宅基地买卖合同何以有效》，载刘云生主编：《中国不动产法研究》（第3卷），法律出版社2009年版，第414～421页。

② 王利明：《物权法研究》，中国人民大学出版社2002年版，第473页。

资金稀缺的条件下，优先发展重化工业的赶超战略的确立使政策偏向于城市。[①] 而国家为了保证城市工业的快速发展，则通过严格的户籍管理体制、严重扭曲的产品和生产要素价格的宏观政策、高度集中的资源计划配置制度以及没有自主权的微观经营机制等手段，建立了城乡分割的二元经济结构和二元管理体制，并通过财政税收体制和统购统销政策把农村的财富转移到城市。[②] 在此政策背景下，国家长期以来就不仅难以为农民提供均等化的有效社会保障和就业机会，反而要通过计划的方式，借助农产品与工业品的价格剪刀差，不断从农村转移财富，以便为国家的工业化和城市化发展积累资金。[③] 这样的倾斜性政策安排必然使相较于农村，城市在整体上占据了经济和社会上的各项优势，并可以通过国家行为为城市居民的生产、生活提供保障，而农民因被排除在国家就业和社会保障范围之外，故而只得通过为其提供无偿的土地来解决其生产（农业用地）和生活（宅基地）的基本需要。由此可见，从我国现行法的表面上看来，农户获得宅基地是无偿的，但是作为一个整理的农民其实是为此付出了对价的，并且代价重大。据学者估算，新中国成立后农民为国家建设积累的资金至少就有1713 万亿元。[④] 而且，权利取得的无偿性与市场化其实也并不矛盾，因为在国有土地市场上，无偿获得的划拨用地也是可以进行流转的。因此简单地以宅基地取得的无偿属性来反驳宅基地的流转理由也不成立。

---

① 参见林毅夫、蔡昉、李周：《中国的奇迹发展战略与经济改革》，上海人民出版社 1999 年版，第 29～33 页。

② 张合林、都寿义：《城乡统一土地市场制度创新及政策建议》，载《中国软科学》2007 年第 2 期。

③ 有论者形象地将其比喻为“抽水机”，参见国家土地督察成都局编：《农村土地管理制度改革探索》，中国大地出版社 2009 年版，第 59～60 页。

④ 孔祥智、何安华：《新中国成立 60 年来农民对国家建设的贡献分析》，载《教学与研究》2009 年第 9 期。

另外,有论者则以宅基地使用权的社会保障属性来反对其自由流转。认为宅基地使用权不得抵押、转让或被强制执行的做法确保了每户农民不因贫穷而流离失所,[①]有助于社会稳定。在我们看来,我国的宅基地使用权制度确实为我国的农民提供了最基本的居住权利的保障,起到了防范农民可能面对的不确定性风险的作用,进而让农村剩余劳动力没有后顾之忧,可以按照个人意愿自由流动,参与城市化、工业化的进程,并在就业发生困难时返乡居住而不至于生活无着。就此而言,我国现行的农村宅基地使用权制度确实是防范城市化和工业化不确定风险的一个稳定机制,有利于缓解金融危机、经济萧条对经济体的冲击。[②] 但是需要指出的是所谓社会保障权应当是指国家立法强制规定的,由国家和社会出面举办,对公民在年老、疾病、伤残、死亡、遭遇灾难、面临生活困难时给予物质帮助,其在本质上属于国家与社会的一项公法义务。[③] 也就是说,社会保障权的义务主体是国家,而非公民或者公民组织自身。作为农民(集体)自有财产权的组成部分,集体土地对集体成员确实有保障功能,但这其实是属于农民(集体)的"自我保障",而非"社会保障"。[④] 只是由于国家和社会没有尽到对农民的社会保障义务,才使得这种自我保障有一种社会保障的替代功能。[⑤] 因此,以社会保障为由限制宅基地的流转其实是非常荒谬的,有推卸政府负担之嫌。

---

① 参见孟勤国:《物权法开禁农村宅基地交易之辩》,载《法学评论》2005 年第 4 期。

② 王旭东:《中国农村宅基地制度研究》,中国建筑工业出版社 2011 年版,第 3 页、第 44~46 页。

③ 林嘉:《社会保障法的理念、实践与创新》,中国人民大学出版社 2002 年版,第 8 页。

④ 程雪阳:《土地发展权与土地增值收益的分配》,载《法学研究》2014 年第 5 期。正因如此,有经济学家才把中国的集体土地所有制称为"由国家控制但由集体来承受其控制结果的一种农村社会主义制度安排"。参见周其仁:《中国农村改革:国家与土地所有权关系的变化——一个经济制度变迁史的回顾》,载《中国社会科学季刊》1994 年夏季卷。

⑤ 高圣平:《农地金融化的法律困境及出路》,载《中国社会科学》2014 年第 8 期。

另外,即使承认宅基地具有一定的风险化解功能,但风险的预防与抵抗问题应当由农户自身来判断,立法不能越俎代庖,代替其进行风险判断,否则就极易出现道德上的诸多悖论。比如,当某一农户因为疾病或子女入学等经济情况而缺少资金时,我们基于风险预防和社会稳定的考虑而禁止其通过转让宅基地使用权来获得资金,那就容易诱发其去卖血、卖器官等更为不道德的结果。其实,以社会保障论来禁止宅基地流转的论点大多是基于将农民视为"弱者"的判断而提出的,这里可能存在一个"致命的自负"。应予强调的是,所谓的"弱者"并非"弱智",而严格限制农民处分宅基地的做法无异于是将所有的农民都视为准"禁治产人",不符合现代法律之基本价值判断。换言之,虽然我们不能否认放开宅基地使用权流转市场确实可能会造成一些农民采取"短视行为",进而沦落到居无定所的境地。但在一个农民本身不断社会化的大背景下,我们首先要相信大多数农民的判断力——他们会利弊权衡,最终做出理性的判断。① 实际上,跟我国国情比较接近的越南在允许土地买卖后,并没有出现农业土地过度集中现象,而因经济困难而被迫卖掉土地的农户比例几乎可以忽略不计。即使出现少数经济困难而被迫卖地的农民,一方面卖地可能对其是一个更有利选择,另一方面政府也完全可以通过农村社保系统来负责兜底,而后者本来就是政府未来工作的题中应有之义。②

而且,如果一概禁止流转,则无疑会导致宅基地的闲置和浪费。有调查显示,目前全国2.4亿亩村庄建设用地中,"空心村"内老宅基

---

① 在私法融入过多的父爱并不恰当。参见孙笑侠、郭春镇:《法律父爱主义在中国的适用》,载《中国社会科学》2006年第1期。

② 陶然、汪晖:《中国农村土地改革的误区与进路》,载 http://www.ftchinese.com/story/001059786?full=y,最后访问日期:2018年1月5日。

地闲置面积约占10% ~15%。[①] 随着农村居民不断地向城市涌进,在城市和农村均有房屋和土地使用权的情况会更加普遍。据浙江大学房地产研究中心统计,早在2005年东部地区就有5% ~10%的农民在城市里购房,大约有1500万户宅基地处于闲置、空巢的状态,浪费十分严重。[②] 很明显,如果不允许宅基地流转,那么农户是不会主动退出的,这就无疑会给我国下一阶段的城市化进程增加人地矛盾。基于上述考虑,我们认为,不能仅仅为了保护少数人的利益,而置大多数人的利益和土地资源的大量闲置这一重大公共利益于不顾,[③]因此我们认为应当允许在农户完全自愿的基础上进行宅基地的自由流转。[④] 事实上,如果将占农村80%的农村宅基地排除在可以合法流转的范围外,[⑤]那么剩下可供流转的集体建设用地其实是十分有限的。

需要强调的是,十八届三中全会提出,在符合规划和用途管制前提下,允许农村集体经营性建设用地出让、租赁、入股。2015年2月27日发布的《全国人民代表大会常务委员会关于授权国务院在北京市大兴区等33个试点县(市、区)行政区域暂时调整实施有关法律规定的决定》甚至将“集体经营性建设用地入市”进一步限缩到了存量

---

① 倪明胜:《“以宅基地换房”:天津新农村建设的创新选择》,载《中国乡村发现》2009年第1期。

② 参见《东部地区1500万户宅基地闲置》,载 http://news.sina.com.cn/c/2008-10-09/101216423327.shtml,最后访问日期:2018年1月5日。

③ 认定合同无效将会增加宅基地交易的风险,所以就会人为降低宅基地的交易价格,损害出卖人的利益。参见[德]柯武刚、史漫飞:《制度经济学》,商务印书馆2000年版,第230页。

④ 退一万步讲,即使基于社会稳定的考虑而不允许农户随意转让宅基地,那么也应当采取和农村土地承包经营权流转相似的政策安排,即在农户有稳定居所时,应当允许其进行宅基地的转让,而不是一概的予以禁止。参见《农村土地承包法》第41条。

⑤ 冯双生:《我国农村宅基地置换中农民权益保护问题研究》,辽宁大学2013年博士学位论文,第1页。也有统计认为,农村的宅基地占整个集体建设用地的70%。参见上海财经大学高等研究院:《关于全面落实中共十八届三中全会精神切实推进土地资源配置市场化改革的建议》,载《政策研究报告》2014年第5期。

集体经营性建设用地。虽然目前缺乏对集体经营性建设用地具体范围的官方界定,[①]但通说认为,集体经营性建设用地仅指乡镇企业用地,而不包括宅基地使用权。[②] 然而,如前所述,如果我们将集体建设用地的入市范围限缩为经营性用地,甚至是存量经营性用地,[③]那么不仅在理论上并不妥当,而且也会使此次试点失去对壮大农村集体经济、增加农民财产性收入的积极意义。[④] 正如有论者所言,将集体建设用地的入市范围限定为存量的农村集体经营性建设用地,而不包括宅基地使用权,那么根据现行法律规定,则仅指乡镇企业用地,但其占比十分有限,尤其是在中西部等乡村企业和个体经济比较落后的地区,数量更是少得可怜,[⑤]这就必然使集体建设用地入市改革的意义大打折扣,[⑥]甚至也很难说有真正的集体建设用地流转市场的建立和发展。

此外,还有论者担心认为,如果允许宅基地对集体外流转,会造成

① 参见杨遂全、孙阿凡:《农村集体经营性建设用地流转范围探讨》,载《西北农林科技大学学报》(社会科学版)2015 年第 6 期。

② 参见刘守英:《中共十八届三中全会后的土地制度改革及其实施》,载《法商研究》2014 年第 2 期;伍振军、林倩茹:《农村集体经营性建设用地的政策演进与学术论争》,载《改革》2014 年第 2 期;于建嵘:《集体经营性建设用地入市的思考》,载《探索与争鸣》2015 年第 4 期;温世扬:《集体经营性建设用地"同等入市"的法制革新》,载《中国法学》2015 年第 4 期。

③ 参见侯银萍:《产权性质视角下的"农地入市"困境破解》,载《法学》2014 年第 5 期;房绍坤:《农村集体经营性建设用地入市的几个法律问题》,载《烟台大学学报》(哲学社会科学版)2015 年第 3 期。

④ 陆剑:《集体经营性建设用地入市的实证解析与立法回应》,载《法商研究》2015 年第 3 期。

⑤ 有调查显示,乡镇企业用地只占 16.5 万平方公里的农村集体建设用地的 10%。参见上海财经大学高等研究院:《关于全面落实中共十八届三中全会精神切实推进土地资源配置市场化改革的建议》,载《政策研究报告》2014 年第 5 期。另有研究显示,我国存量集体经营性建设用地,即乡镇企业建设用地总量仅约 0.3 亿亩。参见蒋省三、刘守英、李青:《中国土地政策改革:政策演进与地方实施》,上海三联书店 2010 年版,第 245 页。

⑥ 参见宋志红:《集体经营性建设用地入市改革的三个难点》,载《行政管理改革》2015 年第 5 期;蒲玲媛、胡传景:《缩小征地范围合理分配收益——关于建立城乡统一的建设用地市场的构想》,载《国土资源》2016 年第 1 期。

“宅基地就不再与农村集体的成员权联系在一起”,[①]从而改变集体所有的性质。[②] 但是从发展的眼光来看,绝对禁止集体成员转让其宅基地使用权的做法不仅在经济上有损效率,更是对农民自由权的限制,有碍农民市民化的进程。因此,可以考虑的方案是,在集体成员权股份化的前提下,对农民转让宅基地使用权设定一个期限,比如,当甲集体的农民成员 A、B、C、D 将其宅基地转让给 E、F、G、H 后。A、B、C、D 仍然保有甲集体的成员权,只是其权利不再具体对应于具体的地块,而折合为集体资产的股份。如果在期限结束后,A 已经完全成为市民,那么其成员权自动消失,此时虽然 A 转让给 E 的宅基地使用权到期,但基于房屋所有权的无期限性,因此仍由甲集体作为转让方,继续将该宅基地使用权转让给 E。待甲集体的全体成员均变为市民,则该集体土地所有权也自动转变为国家所有权,由国家概括承受该集体的权利和义务,这样一来,就不会出现有论者批评的改变集体所有性质的问题了。

(三)是否允许在集体建设用地上进行商业开发?

从需求角度来讲,集体建设用地的流转显然是为了满足工业化和城市化的用地用途。但考察现有的试点做法却可以发现,与城市国有建设用地不同,各地基本上都禁止以集体建设用地从事商品房开发和建设。[③] 也就是说现有的政策要求,集体建设用地基本只能用于工业,而用于城市商、住用地的可能性基本上都被排除了。[④] 不过,需要

---

① 王利明:《物权法论》,中国政法大学出版社 2003 年版,第 475 页。

② 桂华、贺雪峰:《宅基地管理与物权法的适用限度》,载《法学研究》2014 年第 4 期。

③ 参见《中山市农村集体建设用地使用权流转管理暂行办法》第 25 条;《广东省集体所有建设用地使用权流转管理办法》第 5 条;《湖北农民集体所有建设用地使用权流转管理试行办法》第 5 条;《广州市集体建设用地使用权流转管理办法》第 28 条。

④ 参见陶然、汪晖:《中国新城镇化应走出当前改革误区》,载 http://www.ftchinese.com/story/001059638,最后访问日期:2018 年 1 月 5 日;温世扬:《集体经营性建设用地“同等入市”的法制革新》,载《中国法学》2015 年第 4 期。

指出的是，作为例外情形，北京、广州、深圳、佛山等地允许在集体建设用地上建设保障性住房，[①]烟台市有限地允许进行房地产开发，[②]成都还规定可以建设农民住房以及农村集体经济组织租赁性经营用房。[③]而且，从一些地方的实践来看，实际上也有少数地方存在利用集体建设用地搞房地产开发的现象。比如 1999 年，江苏省查出农村集体转让给开发商用于房地产开发的土地就有 478 宗，1594 亩。[④]

然而，2011 年 5 月 12 日，国土资源部却针对一些地方政府有借农村集体土地补给保障性住房用地不足的倾向专门下发了《关于加强保障性安居工程用地管理有关问题的通知》（国土资电发〔2011〕53 号）。该通知明确指出要防范和杜绝擅自利用农村集体土地兴建公租房，对于商品房价格较高、建设用地紧缺的个别直辖市，须按照控制规模、优化布局、集体自建、只租不售、土地所有权和使用权不得流转的原则，制定试点方案，由省级人民政府审核同意，并报国土资源部批准后方能试点。上述近乎苛刻的限制条件无疑为集体建设用地上建公租房模式套上了“紧箍咒”，使在法律强行规定外稍开的宽松政策

---

① 参见袁业飞：《小产权房变相转正？——审视集体土地建公租房》，载《中华建设》2012 年第 2 期；陈小君、戴威：《对“集体土地上建公租房”政策的法律思考》，载《法律科学》2012 年第 3 期；赵莹：《集体建设用地上建公租房问题研究》，载《湖北警官学院学报》2012 年第 8 期。

② 烟台市人民政府 2005 年 2 月颁布的《关于严格土地管理推进节约和集约用地的意见》规定，“旧村占用的土地经整理后用于农业生产、安排工业项目或在统一规划的前提下进行商业性房地产开发的，必须以‘招、拍、挂’方式公开出让”。但此文件同时规定“禁止城镇居民到农村购置宅基地和在集体土地上建设的住宅”。

③ 《成都市集体建设用地使用权流转管理办法》第 23 条。根据成都市人民政府《关于加快灾后城乡住房重建工作的实施意见》的规定，企业取得集体土地使用权必须有一个前提：“集体建设用地必须依照规划用于举办工业、商业、公益事业、旅游和服务业。”如果实行商品住宅的建设，则必须征收为国有土地之后进行。参见张炼：《农村宅基地使用权流转的民法规制研究——以成渝两地改革实践为例》，西南财经大学 2011 年硕士学位论文，第 10 ~ 11 页。

④ 周建春：《关于农村集体非农建设用地流转的思考》，载 http://www.mlr.gov.cn/zt/2002tudiri/zuotanhui/zhoujianchun.html，最后访问日期：2018 年 1 月 5 日。

之门又收缩回到了法律禁止性规定之内。[①] 其实,《中共中央、国务院关于进一步加强土地管理切实保护耕地的通知》(〔1997〕11 号)和《国务院办公厅关于严格执行有关农村集体建设用地法律和政策的通知》(国办发〔2007〕71 号)也都强调农民集体所有建设用地使用权流转不得用于商品住宅开发。由此可见,无论国家层面的政策如何推动集体建设用地流转,也无论各地的规范性文件怎样突破法律的限制性规定,但在不得将集体建设用地流转用于商品房开发和建设这一点上各地的做法均高度一致。

同为建设用地,为什么还要区分三六九等?这里显然不是所谓耕地保护的要求,因为既然已经是建设用地了,那么究竟流转之后做何种具体的用途——是工业用地,还是住宅用地,还是商业用地或娱乐用地等,其实都已经与耕地保护的目标没有关联了。因此现有试点的限制性做法主要涉及的是利益的分配问题,或者说现有试点限制在集体建设用地上开发建设商品房的唯一目的就在于要维护国家(主要是地方政府)在商品房、娱乐用地等高收益行业的垄断供地资格,以便攫取高额的土地出让收益。[②] 因为相比于工业用地,地方政府经由商品房、娱乐用地的出让而获得的收益会更高。由《2016 中国国土资源公报》中的数据可知,2016 年第四季度末,全国 105 个主要监测城市综合地价、商服地价、住宅地价和工业地价分别为 3826 元/平方米、6937 元/平方米、5918 元/平方米和 782 元/平方米。据此测算,商业和住宅用地的价格分别是工业用地的 8.9 倍和 7.6 倍。其实,一些地方的政策也已经很明显地表现出试图垄断和独享这一巨额增值利益

---

① 陈小君、戴威:《对"集体土地上建公租房"政策的法律思考》,载《法律科学》2012 年第 3 期。

② 参见马俊驹、王彦:《解决小产权房问题的理论突破和法律路径——结合经营性建设用地平等入市进行研究》,载《法学评论》2014 年第 2 期。

空间的目的。比如,盐城就明确规定,对投资额在3000万以下的项目推荐使用集体建设用地,超过该投资额的原则上仍然直接使用国有土地或通过征收集体土地的方式实现供地。[①]

尤其值得关注的是,地方政府基于土地收益最大化的考虑,而在国有建设用地出让时对工业用地和商业、住宅用地采取了截然不同的两种模式,即在工业用地上采取协议或定向挂牌方式低价出让,宽松供地,但对商业和住宅用地却采取招、拍、挂方式进行出让,从紧供地。这种差异化供地策略的直接结果就是:商业、住宅价格快速上升,而工业用地却可以仅以名义价格,甚至是所谓的"零低价"出让给投资者,由此导致城市的国有土地利用结构极不合理——工业用地比重过高,住宅、交通、环境绿化和第三产业用地比重偏低。[②] 在此背景下,如果禁止集体建设用地进入商业、住宅用途,而仅限定于工业用途,则不仅不利于集体土地财产价值的实现,而且还会进一步诱发农民集体与地方政府竞相以廉价出售工业用地,农村大量崛起"花园式工厂"的问题,导致原本就利用效率偏低的工业用地陷入更为粗放的地步,影响土地的集约利用,浪费宝贵的土地资源。因此,从推动土地集约利用的角度而言,也应当允许在集体建设用地上进行商业开发。

如上所述,现有试点一方面限制了在数量上占据农村集体建设用地总量半数以上宅基地的流转,从而限缩了农村集体建设用地的供应数量;[③]另一方面还严格限制在集体建设用地上进行商品房等高收益

---

① 参见《盐城市集体建设用地使用权流转办法及盐城市集体建设用地使用权流转实施细则解读》之六。

② 参见汪晖、陶然:《中国土地制度改革:难点、突破与政策组合》,商务印书馆2013年版,第11~42页。

③ 数据显示,小产权房已达到现存全国实有村镇房屋建筑面积330亿平方米的20%以上,其中仅涉及村镇住宅的,大约50多亿平方米。参见武建东:《小产权房是改革的历史欠账》,载《中国改革》2008年第3期。

的商业开发项目，从而挤压了农村集体建设用地的获益空间。从上述两点综合来看，无疑都是在严格限制农村集体建设用地的流转，尤其是地方政府通过征收方式获得高额土地级差收益的做法，并没有从根本上对现有的城乡二元土地市场进行变革，因此其成效必然有限。土地是农民集体的一项重要财产，在发展和壮大农村集体经济的过程中发挥着举足轻重的作用。[①] 而现有试点的不当管制给农村集体土地直接入市设置了重重障碍，与“同等入市、同地同权”的要求相距甚远，[②]严重阻碍了农村集体土地价值的实现，不利于农民集体所有者地位的实现，同时也与十八届三中全会提出的“赋予农民更多财产权利”和十九大报告中提出的“建立健全城乡融合发展体制机制和政策体系”的要求不相符合，理应改变。

四、农村集体建设用地指标（地票）交易面临的问题及其分析[③]

从地票交易制度创设的初衷来看，其旨在现行法框架下将市场的因素引入农村集体建设用地使用权的配置当中。但是，如前文所述，无论是从地票交易制度的运行来看，抑或是从地票落地的情况来看，目前地票交易的市场化程度仍然有限，[④]因此完善地票交易制度应当在地票交易制度的设计上进一步强化市场的作用，尽量削弱不当和不必要的行政干预。

---

① 陈小君、戴威：《对“集体土地上建公租房”政策的法律思考》，载《法律科学》2012 年第 3 期。

② 温世扬：《集体经营性建设用地“同等入市”的法制革新》，载《中国法学》2015 年第 4 期。

③ 参见黄忠：《让市场发挥更大能量——地票制度再创新的思考》，载《中国土地》2013 年第 2 期。

④ 参见谢新：《指标控制下城乡土地流转微观机制分析——以成渝地票实践为例》，载《中国农村经济》2012 年第 12 期。

（一）进一步扩大指标（地票）交易的标的

按照国土资源部要求，地票交易规模限于国家给重庆用地指标的10%，即1万~1.5万亩。但如前所述，只要严格执行规划，控制好地票的生产过程，规范地票价款的分配，那么这一限制就并无实际价值。而且，从重庆目前的地票交易现实来看，这样的限制事实上已经被突破了。所以，我们认为不应限制地票交易的数量，而应允许地票申让方自由进行地票交易。

除了取消地票交易的数量限制，还应当将地票交易制度与城乡建设用地增减挂钩制度合二为一，扩大地票的供应渠道。前文的研究已证实，地票交易制度无论从运行原理、运行机制，还是从耕地保护和发展潜力来看，均优于城乡建设用地增减挂钩制度。因此，完全可以将城乡建设用地增减挂钩指标纳入地票系统进行统一管理、统一配置。而且，如果允许地票交易制度与城乡建设用地增减挂钩制度并存，那么就会出现一些地方政府基于自身利益的考虑而不愿意支持地票交易的问题。以重庆为例，就已经出现部分区县政府不愿意提供新的建设用地指标用于地票交易，转而进行对区县更为有利的城乡建设用地增减挂钩项目的做法。[①] 因此，为避免双轨制所导致的弊端，有必要将城乡建设用地增减挂钩指标并入地票交易模式，采取市场化方式进行配置。

此外，还可以考虑设立耕地保护发展权交易。耕地保护是我国的一项国策。但现有的耕地保护制度完全将耕地保护的成本强加给耕地持有人，耕地被滥开发的现象时有发生，尽管一些地方尝试颁发耕

---

① 参见钟杨：《重庆地票交易制度风险防控研究》，西南大学2012年硕士学位论文，第41页；李鹏程：《重庆武隆县地票交易现状与对策研究》，中国地质大学2012年硕士学位论文，第46页；田茫茫：《地票交易政策实施中的问题研究——来自重庆市彭水县靛水乡新田坡村的案例》，西南大学2013年硕士学位论文，第37~38页。

地保护基金，但其效果似乎并不理想。[①] 事实上，我们完全可以在地票现有内涵的基础上，将耕地保护目标指标化后以票据形式体现和交易，即将耕地保护目标指标化并以地票形式显化，耕地保有量不足的地方可通过地票形式在土地交易所向耕地保有量富余的地方购买。[②]这种交易的对象就是耕地保护发展权。

必须看到，耕地不仅为我国农业生产和农村经济的发展提供了物质基础和生产资料，满足了社会日益增长的农产品需求，而且还以其基础性作用促进了国民经济的增长和发展，并具有生态保育、清洁空气、涵养水源、美化景观等外部收益，因此耕地具有正的外部收益。[③]据学者测算，以年价格为基准，台湾地区农地环境效益的总价值为每年 2230 亿元新台币，每公顷每年可产生 26 万元的环境效益。[④] 但是，我国目前的农地价值却并未获得充分承认，一个典型的例证就是从事耕地的收益明显偏低。很明显，在市场经济条件下，较低的农业比较利益以及较高的土地非农化回报必然使土地利用私人决策倾向于土地资源配置的非农化。[⑤] 因此有必要通过制度设计赋予耕地本身以价格，从而可以使耕地的权利人通过市场方式获得其应有的收益。而耕地保护发展权就是一种明晰耕地价值的制度安排，有助于在市场经济条件下对耕地的保护形成正面激励。[⑥]

其实，由于经济发展基础和自然条件的差异，各地利用耕地的效

---

① 万江：《土地用途管制下的开发权交易——基于指标流转实践的分析》，载《现代法学》2012 年第 5 期。

② 黄美均、诸培新：《完善重庆地票制度的思考——基于地票性质及功能的视角》，载《中国土地科学》2013 年第 6 期。

③ 钱忠好：《中国农地保护：理论与政策分析》，载《管理世界》2003 年第 10 期。

④ 萧景楷：《农地环境保育效益之评价》，载《水土保持研究》1999 年第 3 期。

⑤ 钱忠好：《中国农地保护：理论与政策分析》，载《管理世界》2003 年第 10 期。

⑥ 为耕地确定价格需要先明晰耕地的正外部价值内涵，就此问题尚值进一步的研究。一个初步研究可参见吴萍：《集体经营性建设用地入市与农用地的生态补偿》，载《华南农业大学学报》（社会科学版）2016 年第 3 期。

益必然是存在差异的，因此就会大体形成耕地保护区和耕地发展区的区分。基于比较优势理论，耕地保护区就可以向耕地发展区转让发展权，通过承担更多的耕地保护义务来获得增值收益；而耕地发展区则可以在建设用地指标总量不增加，耕地及基本农田总面积不减少、质量不降低的前提下获得更多的发展权，这样的交易还可以有效解决耕地保护的外部性问题，并促进二、三产业和人口的适当集中，引导和推动产业有序转移和合理布局，产生集聚经济效益。事实上，四川成都、巴中和安徽宣城等地试点开展的"耕地占补平衡指标交易"，尤其是发端于江浙的基本农田易地有偿代保可以说就是耕地保护发展权交易的雏形。以浙江为例，其于 2000 年开始在全省范围内实行基本农田易地有偿代保。在市场机制有效调节下，1996 年至 2003 年，浙江省累计净增耕地 3.2 万公顷，连续 8 年实现耕地占补平衡，有效地解决了耕地保护与经济发展的两难选择问题。近年来，浙江有些县市甚至还开始探索"跨省有偿代保"，尝试与安徽、江西等省协商，甚至与西部地区联合，通过提供资金帮助西部地区治理生态环境来换取易地代保指标，形成跨区域土地资源的有偿调剂利用。① 因此，在未来有必要总结已有的试点经验，正式开展耕地保护发展权的交易。

（二）进一步扩大指标（地票）交易的范围

国务院曾要求重庆地票交易制度"封闭运行、暂不推广"。② 短期来看，考虑到地票交易制度的不完善，因此在试点初期采取"封闭运行、暂不推广"的做法是可以理解的。但是在地票交易制度不断完善以后，仍然将其局限于重庆地区显然是与地票交易制度所内含的市场

① 王成艳、靳相木：《土地用途管制实施机制市场取向改革初探》，载《国土资源情报》2009 年第 2 期。

② 崔之元：《重庆模式进行时》，载 http://www.cui-zy.cn/，最后访问日期：2018 年 1 月 5 日。

化导向相违背的。市场的发展和深化势必会要求突破地区的限制，进而形成全国统一的市场。[①]

如前所述，地票交易制度能够出现的前提就是我国城乡建设用地资源配置上的严重失衡：城市建设用地紧张，但农村建设用地却浪费严重。显然，地票交易制度产生的这一前提并非独为重庆才有。调查显示：目前我国农村居民点用地为2.48亿亩，占全国建设用地的51%，而且，农村建设用地利用效率低，人均居民点用地高达229平方米，“散、乱、空”现象比较普遍。[②] 因此通过土地整治来获得用地指标，并在全国范围内进行配置有其现实可能性。另外，从长远来看，通过占用耕地来满足我国工业化、城市化建设的需要也必定是无法持续的。研究显示：如果按照国家建设部规定的城镇人口人均最高使用土地标准120平方米计算，到2020年我国城市化率达到55%的时候，需要新增城镇建设用地3800多万亩。而目前全国耕地只有18.27亿亩，中央又要求必要确保18亿亩耕地。据此可知，我们实际上只有2700万亩可以作为调整余地，再扣除“十一五”已经确定的退耕还林2000万亩，最后就只剩下700万亩。[③] 显然，这离城市化需要的3000多万亩差了一大截，因此未来城市建设用地的需求只能依靠农村建设用地来弥补了。换言之，通过以农村建设用地，而不是耕地来满足我国未来工业化、城市化的需求有其迫切性。

而且，将地票交易的范围局限于重庆也会影响地票市场的活跃程度，进而不利于地票价值的充分实现。我们知道，“地票”交易在本质

---

① 参见马晓妍、叶剑平、郧文聚：《建设用地指标跨区域市场化配置可行性分析》，载《中国土地》2017年第10期。

② 周怀龙：《坚持正确方向 严格规范管理——国土资源部有关部门负责人就国务院〈通知〉答记者问》，载《中国国土资源报》2011年4月6日，第1版。

③ 参见李倩、张晏、唐敏：《斥资上百亿再探土地“家底”》，载http://www.ycwb.com/ycwb/2007-06/30/content_1533708.html，最后访问日期：2018年1月5日。

上就是一种跨区域的建设用地指标买卖,其经济机理在于将重庆近郊的农业用地转化为建设用地以充分实现近郊土地的增值,由此占用的农业用地则由远郊的宅基地或其他形式的建设用地复耕予以补充,并以此来实现耕地"占补平衡"的政策目标。然而,一个明显的事实就是,当前我国土地增值的空间主要不是在一个市域范围之内的农村和城市之间,更在于内地和沿海之间、小城镇和大城市之间。换言之,我国目前不仅存在城乡差距,更有东西差距。有研究表明,我国各省建设用地边际产出存在显著的差异,广东省最高,宁夏回族自治区最低,相差达 8.9 倍,从东中西部地区来看,边际产出超过 1000 万元/公顷的省份有 12 个,其中东部地区占 7 个,东部地区的新增建设用地边际产出最高,平均值为 1452.05 万元/公顷,是西部地区的 2 倍多。① 但目前的地票交易制度只能实现重庆市内部的城市反哺农村,而无力企及重庆市外。这不仅对其他地区的农村和农民不公平,因为他们无法借由地票交易获得增值收益;而且对于重庆本地的农村和农民也有不公,因为地域限制实际上也制约了地票的增值空间。比如,浙江省嘉善县天凝镇的 100 亩城乡建设用地增减挂钩节余指标的交易单价甚至达到了 100 万元/亩,②明显高于重庆的价格水平。可见,允许跨省的地票交易,建立一个全国性的指标交易中心,可以通过市场机制来最大限度地发现这个指标的真实价值,进而让中西部地区可以通过向东部地区提供更多的建设用地指标来获取资金,这些资金既可以用来大规模的耕地整理和开发,也可以用来参股或投资东部地区的各类产业,这其实是中西部地区通过土地的级差收益来分享东部地区经济发

① 参见孟娜:《地方政府建设用地指标管理创新实践研究》,南京农业大学 2012 年硕士学位论文,第 25 ~ 29 页。

② 参见陈新、严津津:《嘉兴市首例城乡建设用地增减挂钩节余指标成功交易 有效破解农村土地整治资金瓶颈》,载《嘉兴日报》2015 年 1 月 3 日,第 3 版。

展的成果,[①]其结果对东西部地区均有益处。

在目前,中央政府仍然强调不允许跨省(自治区、直辖市)的土地“占补平衡”。[②] 换句话说,在保持18亿亩耕地的目标下,各个省(自治区、直辖市)都有自己的保护耕地指标,不能被突破。这就会人为导致沿海地区的一些城市建设用地指标非常稀缺的问题。政策制定者之所以如此可能是试图通过建设用地指标的平衡配置,让中国的中西部地区有更大的发展空间。[③] 但相关的研究表明:限制土地的跨地区再配置虽然有利于保持不同地区在规模意义上的平衡,但却可能造成巨大的效率损失。[④] 研究还发现,中西部城市的建成区面积扩张速度要远远大于非农业人口的增长速度,与之相伴随的则是土地的大量浪费。特别是在西部城市,每年非农业人口增长速度要低于城市建成区面积扩张速度近6个百分点。而在东部,土地的集约利用程度更高,两个速度的差别仅仅约1.8个百分点。[⑤] 事实上,限制土地的跨地区配置并没有改变经济集聚的客观要求,城市间经济规模的差距仍有明显的扩大趋势,而由于人口和土地的跨地区配置均受限制,城市

---

① 邵挺、崔凡、范英、许庆:《土地利用效率、省际差异与异地占补平衡》,载《经济学季刊》2011年第4期。

② 不过,省内还是可以做相应的调整,如江苏、浙江的省内土地指标交易就是在省这个层次上的统筹。省内的分配和指标的交易相较于国家的政策变得更加灵活,但是其基础还是建立在行政分配的基础之上。当然,相对中央而言,省政府对省内的土地价值信息比中央更了解,因此分配上也更有效率。因此是否由此就可以认为,中央实际上并不排斥通过市场的方式进行指标的配置?参见胡韵:《地票制度研究——以解构重庆地票制度为视角》,中国政法大学2011年硕士学位论文。

③ 同时,也还有管理的问题。如跨省交易则如何确保耕地的数量和质量?但由于地票交易采取的是先复垦后交易的模式,因此在严格地票生产,并规范地票验收和等级评定以后,这一管理的问题是可以破解的。

④ 邵挺、崔凡、范英、许庆:《土地利用效率、省际差异与异地占补平衡》,载《经济学季刊》2011年第4期。

⑤ 陆铭、陈钊:《为什么土地和户籍制度需要联动改革?——基于中国城市和区域发展的理论和实证研究》,载《学术月刊》2009年第9期。

间的人口规模差距、非农业人口规模差距和建成区面积差距却远远低于经济规模差距，变化速度也明显更慢。[①] 因此，建立地区间土地利用指标的交易机制才是一项可以兼顾效率和公平双重目标的举措。目前，中央政府向地方层层下达的农业用地保护指标相当于同时界定了非农业建设用地指标的产权，如果允许不同的地方政府之间进行建设用地指标（包括宅基地复耕和整理后新增的建设用地指标）的交易，那就会达成一个双赢的结果：沿海地区将通过获得更多的土地利用指标，取得进一步的经济发展的空间，土地价格上涨的趋势也能得到有效缓解，制造业发展的空间将会进一步扩大。经济增长蛋糕的做大将为沿海地区的地方政府带来更多的财政收入。与此同时，欠发达地区的政府可以由此获利——用地指标的跨地区交易可以使欠发达地区的地方政府分享指标交易的收益。同时，在蛋糕做大的前提下，欠发达地区还能获得更多的财政转移支付，而这些收益加起来可能大于欠发达地区自己发展工业的收益。如果农村劳动力能够更多地转移出去，欠发达地区就能够更好地推进农业的规模经营，使农民逐渐向农场主转变，农民增收变得容易。[②] 可见，这样的制度安排可以实现帕累托改进。一项基于三省两市的实证调查也显示，有 92.27% 的管理人员明确表示耕地和建设用地都需要异地交易。[③] 事实上，重庆市在未来 7 年内可提供地票的建设用地指标也大于土地需求量，所以重庆市的地票除了对重庆市区域提供建设用地指标，必然要考虑为其

---

① 参见陆铭、陈钊：《为什么土地和户籍制度需要联动改革？——基于中国城市和区域发展的理论和实证研究》，载《学术月刊》2009 年第 9 期；陆铭：《建设用地使用权跨区域再配置——中国经济增长的新动力》，载《世界经济》2011 年第 1 期。

② 陆铭：《建设用地指标可交易：城乡和区域统筹发展的突破口》，载《国际经济评论》2010 年第 2 期。

③ 李效顺、曲福田、张绍良：《基于管理者认知调查下的土地指标配置分析》，载《中国人口·资源与环境》2011 年第 11 期。

他省市提供建设用地指标，通过地票的跨区域流转使用为自身发展把握先机，谋取利益。[①] 可见，允许跨区域的地票交易在经济上是有其现实需求的。《中共中央、国务院关于实施乡村振兴战略的意见》（中发〔2018〕1 号）也明确提出，要建立高标准农田建设等新增耕地指标和城乡建设用地增减挂钩节余指标跨省域调剂机制。这意味着地票跨区域交易的大幕已经拉开。[②] 2018 年的《政府工作报告》还进一步指出，建立新增耕地指标、城乡建设用地增减挂钩节余指标跨省域调剂机制，所得收益全部用于脱贫攻坚和乡村振兴。

当然，通过扩大地票交易范围，进而逐渐形成全国统一的地票交易市场，虽然有利于实现土地资源的优化配置和地票价值的最大化，但也可能会出现危及耕地保护的风险，[③]对此就需要进一步完善地票的生产机制，制定科学的耕地等级标准，严格地票的验收程序。此外，全国统一地票交易市场的形成还需要以完善的农村土地权属登记制度和高效、便捷、公开、透明的地票交易平台的建立为基础。

（三）进一步扩大指标（地票）交易的层次

目前的重庆地票交易只有一级市场，而没有形成二级市场。按照目前的规定，如果地票承让方在指标落地时竞标失败，则地票应当按原价转给竞标成功者，并不能进行自由转让。

从增加流动性，推动地票交易市场繁荣的角度来看，地票二级市

---

① 参见马智利、宁盼盼、马敏达、汤达：《重庆市地票跨区域流转的制度设计与运行机制》，载《江苏农业科学》2014 年第 8 期；马智利、宁盼盼：《重庆市地票跨区域流转使用制度设计——以重庆市与上海市跨区域流转为例》，载《中国房地产》2014 年第 3 期。另见卓勇良：《小叶家的“死地”与“跨省地票”》，载《浙江日报》2016 年 3 月 3 日，第 15 版。

② 2017 年 12 月 28 日，四川省乐山市马边县与浙江省绍兴市越城区正式签订增减挂钩节余指标流转协议，签约流转节余指标共计 7000 亩，协议总金额 50.4 亿元，亩均价格 72 万元。

③ 参见白佳飞、郑财贵、牛德利、张孝成：《全国开展地票交易的经济学分析》，载郑财贵主编：《重庆统筹城乡土地管理制度改革研究文集——地票制度篇》，西南师范大学出版社 2013 年版，第 65～66 页。

场的建立是必要的。[1] 事实上,二级市场的缺位还会对一级市场产生负面影响,因为目前重庆的地票已经有被质押的案例。[2] 比如,2010年重庆岭尚农业发展有限公司分三期购买了4宗共计400亩地票,成交总金额5650万元。此后,岭尚公司与中信银行重庆分行协商,将300亩地票整体质押,获得质押金额3000万元。2010年7月14日,岭尚公司向重庆市国土房管局申请办理地票质押登记手续,2010年7月26日,重庆市国土房管局向出质人和质权人发放了《地票质押登记证明书》。截至2015年12月底,重庆已累计办理地票质押8354亩,金额达12.23亿元。2016年1月1日起施行的《重庆市地票管理办法》第38条第2款还明确规定"地票可以质押"。而一旦地票被作为质物,则当债务人不履行债务或发生当事人约定的实现质权的情形时,就必然要面临如何确定质物市场价格的问题。[3] 而如果不存在地票的二级交易市场,则地票的真实价值就难以被发现和实现,进而就会在根本上动摇以地票融资的可行性。因此有必要通过建立地票二级交易市场,为地票承让方的融资提供便利。

而且,由于从地票购买到地票落地并获得现实收益需要一个较长过程,在地票成交价格不断攀升的背景下,企业的资金供应就很有可能出现问题。一项对部分地票需求企业的调查显示,地票一级市场仍

---

① 刘朝旭、雷国平:《重庆地票制度施行中存在的问题与对策》,载《西部论坛》2011年第1期。

② 据了解,目前已有重庆农村商业银行、中国农业银行、中信银行、重庆三峡银行4家银行接受地票质押。

③ 按照目的操作流程,出质人可以将几宗地票一并质押,也可以将一宗地票分割质押。办理地票质押的,出质人与质权人应以书面形式订立地票质押合同,持地票质押合同、地票证书原件等材料向重庆农村土地交易所提出质押申请。重庆农村土地交易所对质押材料初核后,报市国土房管局审批。市国土房管局批准质押的,在地票证书上备注质押信息,向质权人出具地票质押证明文件。市国土资源主管部门确认质押之日为质押行为的生效时间。地票出质人到期无法归还贷款、质权人申请处置的,应当将地票交由重庆农村土地交易所组织转让,交易所得扣除相关税费后优先偿还质权人。

存在一些不足：一是地票出让交易时间具有不确定性和间隔期，每场地票交易的平均间隔为1.5个月，地票出让节奏不能较好地满足企业方便快捷获取地票的需求；二是地票打包方式缺乏灵活性，出让面积不能满足需求者的不同需求，在一定程度上限制了部分中小企业的用地需求；三是地票落地存在一定的困难，据统计，目前地票落地率为52.27%，这意味着还有近一半的地票因各种原因未能落地。[①] 可见，现有的地票一级市场及其落地均存在不足，因此有必要引入二级市场予以补充。而且开放二级市场，使更多有实力参与市场竞争的单位和个人成为持票人，从而达到持票准入的资格条件，还可以有效避免制度壁垒对参与竞买形成阻隔，解决持票人公平参与土地出让的招、拍、挂问题。[②]

此外，如果严格禁止地票的转让，还有可能会影响地票持有人的正常经营。因为在很多时候，地票持有人往往是一个地产集团的母公司。但由于各地政府出于财政收入的考虑往往会要求土地购买者在当地注册成立新公司，也就是说要在当地成立一个新公司进行项目的具体开发和建设。这就导致拥有地票的母公司和购买土地的子公司存在主体不一致的情况。如果地票的权利人没有变更为购买土地的子公司，地票的价值则不能进入子公司的土地成本，地票持有人的地票价值也无法转移。进一步出现的问题就是，虽然地票的实际使用人子公司为购置土地付出了代价，但是由于票据的瑕疵使地票成本不能抵扣对应的土地增值税和企业所得税，[③]影响地票持有人的正常经营。

① 覃琳、胡渝清、叶涛：《浅谈地票交易二级市场构建问题》，载《江西农业学报》2014年第11期。

② 覃莉、雷爱先：《重庆地票落地的关键环节及改进》，载《生产力研究》2012年第1期。

③ 刘红：《对房地产公司在地票交易中的几个税务问题思考》，载《经营管理者》2013年第13期。

另外,就地票的需求方而言,地票交易的二级市场也对其具有吸引力。这是因为一方面,地票一级市场交易过程相对比较复杂,很多地票需求者希望能在二级市场直接快速地获得地票;另一方面,在一级市场上地票采取打包拍卖的方式出售,打包面积偏大,只能满足一些大规模开发建设的企业,不能满足中小企业的需求,中小企业就希望通过二级市场的地票转让满足自身需求。①

当然,二级市场上的地票成交量与一级市场上的地票供应量是相互影响的。在没有理顺二者关系且缺少必要监管的前提下,盲目放开二级市场,可能会导致恶意炒作,甚至会引发地票泡沫。② 同时,二级市场带来的巨大利益以及由此引起的利益主体间博弈,有可能使新的地票交易模式违背地票制度设计初衷。因此,如何处理好地票一级市场、二级市场以及与整个土地市场之间的内在关系,如何调控二级市场上地票的流向、流量、流速、流势,如何健全地票交易运行的监控机制,如何选择一个恰当的开放时机等问题都值得进一步研究。③

对于地票而言,虽然其所指向的不是具体的土地,而仅仅是指标,但要实现其价值就必须落地。而土地绝不同于一般商品。土地的稀缺性、不可再生性、不可移动性和社会必须性,都决定在土地市场中不能允许过大的流动性,以防止出现投机和垄断地票供应的问题。但是,从目前的地票交易来看,由于参与地票一级交易市场的竞购方并无限制,一些自然人也参与了地票竞购,因此开放地票二级交易市场

---

① 马智利、陈锋、马敏达:《重庆地票二级市场的开放与交易机制研究》,载《西部论坛》2014 年第 3 期。

② 参见沈萍、李仲豪:《重庆“地票”再探析》,载刘云生主编:《中国不动产法研究》,法律出版社 2011 年版,第 168 页;胡韵:《地票制度研究——以解构重庆地票制度为视角》,中国政法大学 2011 年硕士学位论文,第 38 页。

③ 段力誌、傅鸿源:《地票模式与农村集体建设用地流转制度的案例研究》,载《公共管理学报》2011 年第 2 期。

其实并不会过多地增加地票的流动性和活跃性。

在自由开放地票二级市场后，还可能会出现“炒票”等投机问题。为防止“炒票”现象的出现，造成房地产开发商拿地成本的增加，推高房价，有学者建议应当实行地票转让最高限价，并规定地票的有效期——在有效期内，地票可以进行转让，超过有效期则由交易所回购。[①] 我们认为，基于二级市场与一级市场的相互影响关系，直接在二级市场上采取限价措施并不合理。限价的做法不仅背离了土地的资源属性，同时也会对地票一级市场的交易价格产生不良影响。就地票交易制度的目的而言，地票二级市场价格的上涨会带动地票一级市场的上扬，进而有利于实现农民土地权益的最大化。当然，与地票一级市场的获益主体主要是农户和集体不同，地票二级市场的收益主体是地票承让方，因此我们认为有必要对二级市场的交易征收增值税。[②]

此外，要求地票在规定时间内进行落地或转让的建议也不科学。从目前地票落地的情况来看，地票承让方在落地时并无优先权，其必须通过参与土地出让市场的竞购才能获得建设用地使用权，可见，地票承让方自身其实并无法确定地票的具体落地时间。在此背景下，若要强行规定超过期限的地票由土交所回购，则显然会挫伤地票竞购方的积极性，进而不利于地票交易的发展。当然，为防止地票承让方恶意闲置地票，可以通过税收方式进行相应的引导和调节。

---

① 刘朝旭、雷国平：《重庆地票制度施行中存在的问题与对策》，载《西部论坛》2011 年第 1 期。

② 也有论者提出，还应开辟农民参与二级市场地票流转增值收益的分享渠道，比如规定农民可以分享 20% 的地票流转增值收益。参见沈萍、李仲豪：《重庆“地票”再探析》，载刘云生主编：《中国不动产法研究》，法律出版社 2011 年版，第 173 页。

第九章　构建城乡统一建设用地市场中的《宪法》难题及其化解

法治是治国理政的基本方式，也是全面深化改革的基本遵循。故"凡属重大改革都要于法有据"。但法治与改革之间却存在天然的紧张关系。[①] 因此，为慎重稳妥推进农村土地制度改革试点，更好地维护和实现农民权益，2015 年 2 月 27 日全国人大常委会还决定拟授权国务院在北京市大兴区等 33 个试点县（市、区）行政区域，暂时调整实施《土地管理法》《城市房地产管理法》关于农村土地征收、集体经营性建设用地入市、宅基地管理制度的

---

① 关于法治与改革关系的一个分析可参见付子堂、胡夏枫：《立法与改革：以法律修改为重心的考察》，载《法学研究》2014 年第 6 期。

有关规定。[①] 2017 年 11 月 4 日全国人大常委会决定将上述试点期限延长一年至 2018 年 12 月 31 日。

十八届四中全会提出,坚持依法治国首先要坚持依宪治国。然而,在土地制度,尤其是集体建设用地流转,乃至构建城乡统一建设用地市场改革中,所面临的不仅仅是《土地管理法》《城市房地产管理法》的障碍,更有《宪法》上的障碍。因此,如何理解并化解构建城乡统一建设用地市场中的《宪法》难题就成为推进集体建设用地流转,乃至城乡统一建设用地市场构建的一个基础性问题。

一、构建城乡统一建设用地市场中的《宪法》疑问

《宪法》第 10 条第 1 款规定,城市的土地属于国家所有。然而,随着农村集体建设用地流转试点的不断推进,农民集体可以不再依赖于征收,而是以其所有的土地为载体,就地自主参与到工业化和城市化的建设当中了,进而也就必然会使该地区逐渐褪去农村的色彩,换上城市的"外衣",最终使建立于集体土地上的"城市",甚至是所谓的"村级市"不断出现。[②] 此时是否也应依据《宪法》第 10 条的规定宣布这些已经披上了城市"外衣"的"集体土地"归国家所有呢？就此问题的回答,关涉集体建设用地入市改革,农民就地自主城镇化试点,乃至

① 按照这一决定,在 2017 年 12 月 31 日之前,上述试点地区可以暂时调整实施集体建设用地使用权不得出让等规定。在符合规划、用途管制和依法取得的前提下,允许存量农村集体经营性建设用地使用权出让、租赁、入股,实行与国有建设用地使用权同等入市、同权同价。

② 比如深圳保安和龙岗两地的农民就自行进行了"城市化",而在河南省濮阳县甚至还出现了全国首个"村级市"——"西辛庄市"。其实,国土资源部自 1998 年开始已先后批准了全国近三十多个地区开展集体建设用地使用权的流转试点。参见刘愿:《深圳地区国有化与城市化的陷阱——以新安上合社区为例》,载《经济纵横》2008 年第 1 期;孙鹏、徐银波:《我国集体建设用地流转态势与走向判断》,载《重庆社会科学》2011 年第 10 期;郭洁:《集体建设用地使用权流转市场法律规制的实证研究》,法律出版社 2013 年版,第 9 ~ 11 页。

城乡统一建设用地市场的构建是否违宪,[①]甚为重要,以致全国人大常委会也不得不开始思考这一问题。[②]

在目前的实践中,为避免上述违宪质疑,一些地方要么基于《确定土地所有权和使用权的若干规定》第14条的规定而以特别法的方式将已经城市化的集体土地直接转为国有,[③]要么干脆直接排除城镇规划区内集体建设用地的流转。[④] 然而,上述做法却均有不当:前一方案虽然可以在表面上与《宪法》保持一致,但在"公共利益"目的范

---

① 参见孙宪忠等:《物权法的实施(第一卷):物权确定》,社会科学文献出版社2013年版,第536页;陈小君等:《田野、实证与法理:中国农村土地制度体系构建》,北京大学出版社2012年版,第273页;周其仁:《农地产权与征地制度——中国城市化面临的重大选择》,载《经济学》2004年第4期;李开国:《论我国城市建设用地的先征后用原则——以公平和效益为视角》,载《现代法学》2007年第4期;周建春主编:《中国土地勘测规划院地政研究中心开放课题研究项目选编》,中国大地出版社2007年版,第443页;韩松:《集体建设用地市场配置的法律问题研究》,载《中国法学》2008年第3期;蔡继明、惠江:《从中共十七届三中全会谈中国相关土地法规修改》,载中国社会科学院农村发展研究所宏观经济研究室编:《农村土地制度改革:国际比较研究》,社会科学文献出版社2009年版,第190~191页;汪进元:《论经营性建设用地的政府采购——城市化进程中集体土地流转之法理思考》,载《法商研究》2011年第3期;曲相霏:《消除农民土地开发权宪法障碍的路径选择》,载《法学》2012年第6期;冯奎:《中国城镇化转型研究》,中国发展出版社2013年版,第164~173页;刘守英:《农村土地法律制度改革再出发——聚焦〈中共中央关于全面深化改革若干重大问题的决定〉》,载《法商研究》2014年第2期;刘连泰:《集体土地征收制度变革的宪法空间》,载《法商研究》2014年第3期;杨俊锋:《中国土地配置基本制度的法律解读与改革》,载《学术月刊》2014年第8期。

② 参见张风玲:《人大拟解释"城市土地属于国有"》,载《中国房地产报》2013年10月21日,第A01版。

③ 参见《山西省"城中村"集体土地转为国有土地管理办法》第2条;《深圳市宝安龙岗两区城市化土地管理办法》第2条;常红晓等:《西溪湿地公园征地调查》,载《财经杂志》2008年第21期;马秀鹏:《中国农村集体建设用地流转法律制度创新研究》,南京农业大学2008年博士学位论文,第12页;宋志红:《城市化进程中集体土地的整体转权》,载《国家行政学院学报》2010年第4期;陶镕:《集体建设用地使用权流转的法律规制研究》,南京师范大学2013年博士学位论文,第17页。

④ 参见《重庆农村土地交易所管理暂行办法》第22条;《新野县农民集体所有建设用地使用权流转管理试行办法》第6条;《洛阳市集体建设用地使用权流转管理暂行办法》第2条;《株洲市集体建设用地有偿使用和使用权流转管理实施细则》第2条;《河北省集体建设用地使用权流转管理办法(试行)》第2条;《临沂市集体建设用地使用权流转管理暂行办法》第2条。

围之外，仅以地方政府规章，甚至是规范性文件的方式便将集体土地强行转为国有，不仅明显违背了《宪法》第10条第3款和《物权法》第42条的精神，[①]而且还在实践中引发了诸多弊病，比如一些地方就通过将农村集体组织成员转为城镇居民，不经征收程序，便将其原有的土地变为国有，严重侵犯了农民的利益。[②] 实际上，《确定土地所有权和使用权的若干规定》第14条是专门用来解决历史遗留问题的，适用的情形有限。2004年《国务院关于深化改革严格土地管理的决定》（国发〔2004〕28号）还明确禁止擅自通过"村改居"等方式将农民集体所有土地转为国有土地。后一种方案由于将集体建设用地的流转范围限定为城镇规划区外，因此在理论上似乎可以避免违宪的矛盾，但将集体建设用地的流转范围限定为城镇规划区外的做法，却从根本上违反了物权平等保护原则，在理论上并不正当，而且还容易导致征收范围的扩大化，有损城乡统一建设用地市场的构建，在实践上甚为有害，故亦不值采。[③] 此外，将《宪法》第10条的"城市"限缩解释为"城镇规划区"也非定论。[④] 换言之，如果《宪法》第10条第1款上的"城市"并不以"城镇规划区"为限，那么仅仅将集体建设用地的流转

---

① 参见崔艺红：《城中村改造中集体土地国有化的法律途径及其补偿问题的思考》，载《中国物价》2007年第8期；魏联辉、罗惠兰：《关于"村改居"转制过程中的有关问题和建议》，载《南方农村》2004年第1期；程雪阳：《中国土地管理制度的反思与变革》，载《中国土地科学》2013年第7期。

② 参见陈甦：《城市化过程中集体土地的概括国有化》，载《法学研究》2000年第3期；陈战杰等：《集体土地不能未经征收转国有土地》，载 http://www.nj.gjtddc.gov.cn/dcgj/201009/t20100909_763058.html，最后访问日期：2018年1月5日。

③ 参见黄忠：《城镇规划区内集体建设用地可否流转》，载《中国土地》2014年第7期。

④ 关于《宪法》第10条上"城市"外延的讨论，参见荆月新：《城市土地立法研究》，中国检察出版社2006年版，第5页；周其仁：《农地产权与征地制度——中国城市化面临的重大选择》，载《经济学》2004年第4期；宋志红：《集体建设用地使用权流转法律制度研究》，中国人民大学社2009年版，第131～136页；陈晓芳：《我国土地储备制度正当性考辨——以收储范围为视角》，载《北京大学学报》（哲学社会科学版）2011年第5期；曲相霏：《消除农民土地开发权宪法障碍的路径选择》，载《法学》2012年第6期。

范围限定为城镇规划区外的做法仍然无法避免出现前述违宪的疑问，尤其是随着农民自主城镇化政策的实施，“城镇规划区”以外农民自主建设的城市依然会不断出现。

城市化是国家现代化的重要标志，协调推进城镇化是实现现代化的重大战略选择。[①] 随着城市化的发展，无论是“城中村”这类被动“入城土地”，抑或是因限制征收范围后集体土地直接入市和农民自主城镇化而导致的主动“入城土地”，均会出现如何对待这些“入城”后集体土地之归属的《宪法》难题。由于这一难题的化解不仅涉及“城中村”问题的解决，而且还关涉集体建设用地制度改革的范围，为此，理论上开始出现了主张修改宪法的立场，提出应当废除《宪法》第10条第1款的规定，允许集体建设用地直接入市，维持入市后土地的集体所有制，改变城市土地只能国有的现状。[②] 但是，宪法乃一国之根本大法，宪法修改，兹事体大，不但程序复杂，启动不易，同时“轻言修宪”也不利于维护宪法应有的权威。尤其是对于当下的中国来说，《宪法》不仅是国家的根本法，而且还是社会基本共识的载体，是人们

---

① 李克强：《协调推进城镇化是实现现代化的重大战略选择》，载《行政管理改革》2012年第11期。

② 参见刘守英：《农村土地法律制度改革再出发——聚焦〈中共中央关于全面深化改革若干重大问题的决定〉》，载《法商研究》2014年第2期；曲相霏：《消除农民土地开发权宪法障碍的路径选择》，载《法学》2012年第6期；张善斌：《集体土地使用权流转的障碍排除与制度完善》，载《法学评论》2014年第2期；傅鼎生：《“入城”集体土地之归属——“城中村”进程中不可回避的宪法问题》，载《政治与法律》2010年第12期；蔡继明：《我国土地制度改革的顶层和系统设计》，载《经济纵横》2013年第7期；张春雨：《关于“城市土地国有”法律规定的几点思考》，载《中国土地科学》2009年第2期；张宏东：《论“村改居”不能自然改变集体土地所有权的性质》，载《农村经济》2008年第10期；党国英、吴文媛：《土地规划管理改革：权利调整与法治构建》，载《法学研究》2014年第5期；高富平：《重启集体建设用地市场化改革的意义和制度需求》，载《东方法学》2014年第6期；国务院发展研究中心农村部课题组：《从城乡二元到城乡一体——我国城乡二元体制的突出矛盾与未来走向》，载《管理世界》2014年第9期；温世扬：《集体经营性建设用地“同等入市”的法制革新》，载《中国法学》2015年第4期。

讨论任何重大制度改革的前提和基础,因而不宜"轻言修宪"。[①] 更为重要的是,作为我国基本经济制度规范的《宪法》第10条第1款是否真的已经与当下的改革实践完全不能相融,必须废除?还是说,我们只需通过对《宪法》第10条第1款进行重新解释即可化解前述矛盾?

"法者,治之端也。"基于对作为根本大法的《宪法》权威的尊重,以及我国的法治工作重心已经从立法论向解释论转变的基本态势,[②] 我们尝试从人与地的关系入手,以"释宪型观念"对前述矛盾展开分析,即在尊重宪法稳定性的基础上,努力通过法律解释来最大限度地弥合《宪法》第10条第1款与社会现实之间的裂缝,最终为这些"入城"集体土地之归属问题提供《宪法》文义内的答案。实际上,回应宪法规定与社会现实之间所出现的不一致问题,最重要的手段也莫过于宪法解释。[③]

二、城乡二元地权格局与地权平等

法权的背后是利益。"入城"集体土地之归属背后所隐藏的其实是土地增值收益的分配问题。以农民集体建设用地的流转为例,允许集体建设用地直接入市,参与工业化和城市化建设,便可以使农民及其集体获得相应的土地增值收益。但值得注意的是,让某一地区的农民及其集体永久地获得其土地增值收益是否妥当?

在回答这一问题之前,我们必须注意到我国农民集体土地所有权

---

① 参见韩大元:《论宪法规范与社会现实的冲突》,载《中国法学》2000年第5期。

② 参见陈甦:《体系前研究到体系后研究的范式转型》,载《法学研究》2011年第5期。

③ 李忠夏:《作为社会整合的宪法解释——以宪法变迁为切入点》,载《法制与社会发展》2013年第2期。梁慧星教授还指出,解释宪法与修改宪法相比,更为灵活,更有利于节约立法成本,更有利于维护宪法的稳定性和权威性。参见梁慧星:《应制定〈宪法解释程序法〉》,载 http://economy.caixin.com/2012-03-11/100366677.html,最后访问日期:2018年1月5日。

的特殊性。很明显,我国的农民集体土地所有权是一个深具"中国色彩"的独特制度安排。按照现行法,城市居民是不能单独或以其集体(社区)的名义享有土地所有权的,①大部分的城市居民只能通过国有土地市场以有偿方式获得有期限的建设用地使用权。与此不同,我国的农民却可以经由集体的名义享有土地所有权,并无偿获得一份无期限的土地使用权(主要包括宅基地使用权和土地承包经营权)。可见,现行法将农民集体土地所有权制度与国有土地所有权制度予以并列,其实已经在地权的初始分配阶段就埋下了农民阶层与其他社会阶层在土地权利能力方面不平等的种子。正如有论者所观察到的那样:此时,在地权的初始分配层面,农村居民要比城市居民更高一等。②申言之,在城乡二元的土地所有权格局下,除国家外,唯有农民阶层才能以其集体(乡、村或村民小组)的名义取得土地所有权,而其他任何社会阶层,如工人阶层、国家公务员、城镇自由职业者等一切非农业人口,对其生活和工作的土地却都不能单独或以其集体(社区)的名义享有所有权。③

---

① 自理论而言,城市居民作为全体公民的一部分还是拥有土地所有权的。但需注意的是,此时城市居民是以全民的身份拥有土地所有权,而农村居民作为全民的一部分,当然也可以依全民的身份拥有所有权。然而,这里的差别在于,农民除此以外,还可以以集体的名义拥有土地所有权。

② 参见程雪阳:《中国土地产权制度——基于宪法第十条的分析》,载《法律和社会科学》(第七卷),法律出版社2010年版;程雪阳:《公法视角下的当代中国土地产权制度——基于宪法第十条的分析》,载邓正来主编:《重新认识中国:中国社会科学辑刊》(2010年冬季卷),复旦大学出版社2011年版。其实,不仅是地权初始分配(所有权)层面城乡居民存在差异,在使用权层面也是如此。因为我国的城市居民没有土地承包经营权,且需要有偿获得国有建设用地使用权,但农民却可以无偿获得土地承包经营权和宅基地使用权。陈小君教授就曾对这一无偿的制度安排提出了批评,参见陈小君、高飞、耿卓、伦海波:《后农业税时代农地权利体系与运行机理研究论纲——以对我国十省农地问题立法调查为基础》,载《法律科学》2010年第1期。

③ 参见李开国:《论我国城市建设用地的先征后用原则——以公平和效益为视角》,载《现代法学》2007年第4期。

现行法在地权的初始分配上作如此“厚此薄彼”的对待，看似不公，但却是由新中国经济与社会的特殊发展历程决定的，具有历史的正当性。因为新中国成立后，在资金稀缺的条件下，优先发展重工业的战略使国家的政策偏向了城市。而国家为了保证城市、工业的快速发展，又通过严格的户籍管理体制、严重扭曲的产品和生产要素价格的宏观政策、高度集中的资源计划配置制度以及没有自主权的微观经营机制等手段，建立起了城乡分割的二元经济结构和二元管理体制，并通过财政税收体制和统购统销政策把农村的财富不断地转移到城市中来。[①] 在此二元体制背景下，国家长期以来不仅未能给农民提供均等化的有效社会保障和就业机会，反而还通过计划的方式，借助农产品与工业品的价格剪刀差，不断地从农村转移财富，以便为国家的工业化和城市化发展积累资金。学者计算，从 1952 年到 1986 年的剪刀差总额达 5823.74 亿元，改革开放以来，我国的剪刀差仍未消失，反呈不断扩大的态势。[②] 有统计显示，仅 1979～1994 年的 16 年间，国家通过工农产品价格剪刀差这一项就从农民那里掠夺了大约 15000 亿元的收入。[③] 这样的制度安排导致了长期严重剥夺农民权益的后果，以至于让学者得出了集体土地所有权的本质便在于有利于国家从农村进行资源摄取的结论。[④] 也正是因为这样的倾斜性政策安排，所以相较于农村，我国的城市一直在整体上占据了经济和社会的优势，并通过国家行为为城市居民的生产、生活提供保障，而农民则因被排除

---

① 张合林、都寿义：《城乡统一土地市场制度创新及政策建议》，载《中国软科学》2007 年第 2 期。

② 参见张英洪：《农民公民权研究》，九州出版社 2012 年版，第 150～151 页。

③ 参见徐冰：《城乡差距：世纪难题求解》，载《理论参考》2005 年第 4 期。

④ 李凤章：《通过“空权利”来“反权利”：集体土地所有权的本质及其变革》，载《法制与社会发展》2010 年第 5 期。有论者甚至指出，“中国的现代经济部门和城市看起来风景很亮丽，但背后始终插着一根通往农村的吸血管，几乎从来没有拔掉过”。参见秋风：《政府的本分》，江苏文艺出版社 2010 年版，第 131 页。

在国家就业和社会保障范围之外，只得通过为其提供无偿的土地来解决其生产和生活的基本需要。可见，现行法之所以在地权的初始分配上作“厚此薄彼”的安排其实是基于城乡二元体制下的一项选择。质言之，在城乡二元体制下，由于农民一般很难在土地之外获得持续稳定的就业机会，国家也缺乏足够财力构建起城乡一体化的社会保障体系，因此只能通过城乡二元的土地制度让农村人口拥有一定数量的土地，从而实现对“现金型”社会保障的一种有效替代。①

也正是因为我国农民集体土地所有权的首要功能在于为集体成员提供最基本的社会保障，因此集体土地的财产属性就一直被严重压抑，②其经济价值也就长期无法得到有效释放。尤其是《城市房地产管理法》第9条和《土地管理法》第43条、第63条所确立的“先征后用”原则还从根本上阻断了农民及其集体试图利用其特有的土地所有权来谋取土地增值收益的可能，进而也消除了经典作家担忧的出现单纯土地食利阶层的可能。申言之，在新中国成立以来的很长时期内，甚至按照目前的法律规定，土地所能够提供给农民的，仅仅是低层次的生存保障，国家并未给予农民和农村经由土地发展工业经济，乃至获取土地增值收益的充分空间。③ 也就是说，在现行法下，集体土

① 参见姚洋：《中国农地制度与农村社会保障》，载《中国社会学季刊》2000年秋季号；朱冬亮：《土地调整：农村社会保障与农村社会控制》，载《农村社会观察》2002年第3期。

② 参见刘俊：《土地承包经营权性质探讨》，载《现代法学》2007年第2期；赵万一、汪青松：《土地承包经营权的功能转型及权能实现——基于农村社会管理创新的视角》，载《法学研究》2014年第1期。

③ 乡镇企业用地是一个例外。但随着市场竞争的加剧，乡镇企业的竞争力开始下降。特别是1990年以后，随着买方市场代替卖方市场，乡镇企业“船小好调头”的优势变成了“船小不能抗风浪”的劣势，很多乡镇企业倒闭破产。参见贺雪峰：《中国城镇化战略规划需要思考的几个问题》，载《社会科学》2013年第10期。同时，农民集体经由乡镇企业获得的土地发展权仍然是有限的，其权利内容上与国有建设用地使用权存在很大差异——对乡镇企业建设用地使用权，法律仍然是禁止其主动流转的。参见王卫国、王广华主编：《中国土地权利的法制建设》，中国政法大学出版社2002年版，第136页；曹笑辉、曹克奇：《告别“权利的贫困”——农村集体建设用地流转法律问题研究》，法律出版社2012年版，第46~47页。

地所有权的内容是不完整的，它的处分权能和收益权能备受限制：法律不仅没有许可集体建设用地使用权进入市场，而且哪怕是一般的对于该项权利的民事处分也都不被许可。[①] 正是由于农民集体土地的发展权一直被牢牢地掌握在国家手中，[②]并且国家又主导了工业化和城市化进程，因此农民始终只是政府自上而下的城市化政策的贡献者，而非受益者，所以上述城乡居民之间在地权初始分配上的不平等并不会遭受质疑，尤其是考虑到农民在政治、经济、社会等权利方面受到的种种歧视，城市居民甚至根本就不会在意农民在地权初始分配上的特殊待遇问题。[③]

可见，城乡二元体制使农村相对于城市，农民相较于市民，在政治、经济、社会等各项制度安排和权利配置上均处于弱势地位，再加上国家长期主导着建设用地一级市场，并且国家的经济建设（如国有企业、公共设施）又主要集中在城市，因此城乡居民之间在土地所有权层面上的“厚此薄彼”虽然看似不公，但这种不公仅仅是形式意义上的，事实上却并没有给农民和农村带来实质的利益。相反，这一制度安排反倒让城市可以源源不断地向农民、农村索取财富，并且经过几十年的发展，巨额的工农产品剪刀差、土地增值收益已经转化为工业投入、基础设施投入，进而固化成城市居民的一种公共福利，导致城乡居民间的分化。据国家统计局公布的数据，1997～2013 年农村居民人均年纯收入由 2090 元增加到 8896 元，而同期城镇居民人均年可支

---

① 参见孙宪忠等：《物权法的实施（第一卷）：物权确定》，社会科学文献出版社 2013 年版，第 482～485 页。

② 参见江平主编：《中国土地立法研究》，中国政法大学出版社 1999 年版，第 387 页；陈柏峰：《土地发展权的理论基础与制度前景》，载《法学研究》2012 年第 4 期。

③ 一个典型的例子就是，我国在很长一段时间都有农转非的指标控制，并且农民要获得这一指标需要满足诸多条件，或者支付高额费用。所以跳出“农门”便成为了许多农民的梦想。参见刘云生：《集体土地所有权身份歧向与价值悖离》，载《社会科学研究》2007 年第 2 期。

配收入则由5160元增加到26955元。[①] 据此测算,农村居民和城镇居民的收入差距不仅绝对值由3070元扩大到18059元,而且收入之比也由0.4:1缩减到0.3:1。

然而,一旦严格限定了征地的范围,开始允许农民集体直接出让建设用地使用权,自主进行工业化、城市化建设,那么前述被"掩盖"的城乡居民之间在地权初始分配上的不平等问题就必然会开始显现,甚至激化。由于土地资源的稀缺性,随着工业化和城市化进程的加快,农村土地特别是城市郊区农民集体土地的价值必定会日益显化。由此,前述农民在地权初始分配上的特权在经济上就会逐渐表现为农民,尤其是城市郊区的农民可以单纯凭借其土地,而不是劳动获得巨额的土地增值收益。很明显,如果此时仍然允许该农民集体可以永久地拥有土地所有权,并以有偿方式长期出让其使用权,那不仅会在城市化发展到一定阶段时出现与城市土地归国家所有的《宪法》规定相违反的问题,而且还会在城市,尤其是城市郊区滋生出一个单纯的土地食利阶层——他们无须劳动,却可以凭借土地所有权向社会其他各阶层收取建设用地的高额级差地租。[②] 按照经典作家的说法,这种级差收益其实就是"社会一部分人在这里向另一部分人要求一种贡物,作为在地球上居住的权利的代价",是"地主剥削地体,剥削地中心,剥削空气,并从而剥削生命维持和发展的权利"。[③] 这一结果不仅危害社会公平,而且也损害了人类通过鼓励劳动来推动社会发展的基础性动力机制,[④]存在重大社会风险。

---

① 参见《2013年国民经济和社会发展统计公报》,载http://www.gov.cn/gzdt/2014-02/24/content_2619733.html,最后访问日期:2018年1月5日。

② 参见华生:《土地制度改革的六大认识误区》,载《上海证券报》2013年11月7日,第A01版。

③ 马克思:《资本论》(第3卷),人民出版社2004年版,第875页。

④ 刘俊:《土地权利沉思录》,法律出版社2009年版,第38页。

当然,考虑到城乡二元结构导致的对农民权益的长期严重剥夺这一事实,那么前述结果在农民整体上仍处于弱势的历史阶段还是具有相当正当性的。但随着工业化、城市化的发展和我国城乡一体化政策的不断完善,在入城的农民也完全获得了与城市居民相同的政治、经济、社会等权利时,仍然继续让这部分农民及其集体可以源源不断地获得巨额的土地增值收益,那无疑将会成就一批不劳而获的“剥削者”,进而引发种种社会问题,许多“城中村”中已经出现的一部分单纯食利于土地地租的阶层就是一个危险信号。[①]

上述担忧绝非杞人忧天。它实际上已经在一些发达地区的城乡结合部真实地出现,并诱发了诸多矛盾。媒体报道,上海、北京、杭州、广州等地的城郊农民要远比城市居民富裕,一些城郊农民因为无须劳动便可以获得高额的土地收益,因此就“好逸恶劳”“游手好闲”“食利寄生”,[②]甚至染上了赌博、吸毒等恶习。[③] 一名在杭州城郊长大的大学生还向《人民日报》反映说:自家所在的小村,村民们原本种菜为生,虽谈不上富裕,但小村宁静祥和。但在前几年,村民们因拆迁补偿而富起来后,村里的祥和被打破了,不少人终日无所事事,有的靠打麻将度日,有的甚至染上了毒瘾,村里的各种矛盾也多了。而《人民日报》的后续报道甚至称:在杭州城郊一所小学的家庭情况调查表上,

---

① 参见汪进元:《论经营性建设用地的政府采购——城市化进程中集体土地流转之法理思考》,载《法商研究》2011 年第 3 期;郑尚元:《宅基地使用权性质及农民居住权利之保障》,载《法商研究》2014 年第 2 期。

② 周乾松教授对杭州某郊区的调查显示:3000 村民中具有劳动能力的有 2200 人,但就业人口仅为 500 ~ 600 人,就业率仅为 22% ~ 27%。参见周乾松:《城市郊区农民市民化的思考与对策——以杭州某郊区为例》,载《杭州研究》2008 年第 4 期。

③ 参见耿羽:《从征地看当前农民的土地变现观念——基于广东崖口村“卖地”事件的考察》,载《南京农业大学学报》2011 年第 4 期;李妍:《拆迁暴富能几时 挥霍返贫为哪般》,载《重庆时报》2012 年 7 月 18 日;严友良、房雅倩:《多地村民因拆迁暴富 部分沉迷赌博吸毒等返贫》,载《时代周报》2012 年 8 月 9 日。

父母职业一栏,有的孩子竟写“打麻将”。[1]

依据《宪法》所确立的社会主义国家的性质,我们显然是不能允许这样的土地新贵族伴随中国工业化、城市化的历史进程不断地在城市中冒出来的。实际上,土地的归属及其增值收益的分配是与人的发展,尤其是整个社会的发展相互关联的。换言之,农民集体享有的土地所有权与其成员的农民身份是共存亡的,集体土地所有权的存在必须要以农民集体本身的存在,尤其是在经济、社会上对农民的“区别对待”这一“二元体制”为前提。相反,当农民,尤其是城市郊区的农民集体通过出让等直接流转方式在经济和社会上获得了充分的发展条件,并完全享有了与城市居民同等的一切经济与社会权利时,则其在土地所有权层面享有特殊对待的“城乡二元”地权初始分配制度的基础便丧失了,因而国家理当宣布其土地为全民所有,否则在农民转变为城镇居民并基于其新的身份享有了城镇居民所享有的同等社会公共福利后,仍然继续享有基于农民特殊身份而享有的土地权利,那么无论是对其他城市居民,还是对农民而言都是不公平的。[2] 实际上,《农村土地承包法》也已蕴含了将农民地权与农民身份相关联的认识。按照《农村土地承包法》第 26 条的规定,承包期内,承包方全家迁入设区的市,转为非农业户口的,应当将承包的耕地和草地交回发包方,承包方不交回的,发包方可以收回承包的耕地和草地。之所以规定在承包方全家迁入设区的市转为非农业户口时,要收回其承包

---

① 参见王慧敏、冯益华:《拆迁后“一夜暴富”是福是祸乡村观察——杭州城郊村农民生存状况调查》,载《人民日报》2012 年 7 月 15 日,第 5 版。

② 参见宋志红:《城市化进程中集体土地的整体转权》,载《国家行政学院学报》2010 年第 4 期。

的耕地和草地,其目的是避免双重获益,出现地权分配的不公。[①]

三、土地的不可移动性与乡乡公平

现行的农民集体土地所有权都是依照地域进行设定的。但是由于土地的不可移动性,以及区位和规划的限制,不同区位的土地价值显然是不一样的。尤其是对那些远离城市的偏远农村的农民来说,他们虽然在法律上的土地权利能力与城市郊区的农民是平等的,但是由于土地固有的不可移动性决定了两者在土地利益实现上存在巨大的不均衡。实证研究证实,农民集体建设用地的利用效率和地租收益具有围绕中心城区递减的趋势。[②] 也就是说,工业化和城市化的平面推进会使处在工业化和城市化推进面上的城郊土地要比偏远农村土地具有更高的价值。从理论上看,不同区位集体土地的地租差异主要是源于级差地租的差异,而级差地租的收取显然要受到道路、交通以及水、电、气等诸多基础设施和社会环境的影响。一般来讲,城市郊区所享有的基础设施和社会环境要优于偏远农村,由此城市郊区的农民集体通过土地的流转必然要获取相较偏远农民集体更多的收益,所以如果完全由城郊农民集体组织及其村民永久独享级差地租收益,不仅对城市居民不公平,而且对于远离城市的其他农民及其集体也是不公平的。

---

① 在我们看来《农村土地承包法》第 26 条在承包方全家迁入设区的市转为非农业户口时就立即将其承包的耕地和草地收回,其实对入城的农户而言是不公平的,因为它没有充分考虑到长期的城乡二元体制对农民损害的补偿问题。当然,《农村土地承包法》之所以如此规定,也可能是基于我国人多地少的矛盾,其侧重是解决农村集体内部的公平问题,故而对因城乡二元分治而给农民带来的损害就未有充分考虑。但无论如何,这里所体现出的不得双重获益的思想与本文的结论是一致的。参见韩松:《集体建设用地市场配置的法律问题研究》,载《中国法学》2008 年第 3 期。

② 参见张洪:《云南省农村集体建设用地流转与管理制度创新研究》,载中国土地学会等编:《农村集体建设用地管理制度创新与城乡一体化发展》,中国大地出版社 2010 年版,第 254 ~ 258 页。

其实,不仅仅是城市近郊农民与偏远农村地区的农民在地权的实施能力上存在差异,而且从全国层面来看,由于我国地域辽阔,区域发展不平衡,因此不同地区的土地增值收益能力也是有很大差别的。正如有论者所指出的,在我国南方农村的地权实施能力就要强于北方农村。[①] 这种由于土地区位不同而导致的土地收益上的差异早已在国有土地出让收益的地区差别上表现得非常明显了。调查显示,由于区域发展的不平衡,东、中、西部国有土地出让收入差异很大:2009 年,全国土地出让收入 17179.53 亿元。其中,东部 11 个省份土地出让收入高达 12583.55 亿元,占全国土地出让收入的 73.25%;而中部和西部 20 个省份的土地出让收入总计才 4595.98 亿元,仅占全国土地出让收入的 26.75%。[②] 可见,各地在经济发展阶段、市场发育程度上的差异必将导致不同地区在地权实施能力上的重大差异。这一差异对于集体建设用地而言亦是如此。因为在中国,由于区域差异,发达地区与落后地区的城镇化并非处在同一阶段,发达地区如北京、上海、广州等已进入了城镇化的第二阶段(分散阶段),集体建设用地流转的市场很大,而绝大多数中西部地区尚处在第一阶段(集中阶段),其建设用地流转的需求就要少。[③] 以地处西部的重庆璧山为例,该县农村宅基地的流转就不成规模,只有 20% 的村庄实际存在着房屋出租情况。与此不同,北京郊区的大部分村镇却都存在宅基地的流转,其流

---

① 参见张曙光:《博弈:地权的细分、实施和保护》,社会科学文献出版社 2011 年版,第 128 页。

② 参见刘守英、周飞舟、邵挺:《土地制度改革与转变发展方式》,中国发展出版社 2012 年版,第 148 ~ 149 页;兰宜生、郭利平:《我国东中西部大城市土地出让金体现的级差地租问题研究——以上海、郑州、西安为例》,载《中国经济问题》2012 年第 1 期。

③ 参见李强、陈宇琳、刘精明:《中国城镇化"推进模式"研究》,载《中国社会科学》2012 午第 7 期。

转量占宅基地总数的10%左右,有的甚至高达40%以上。[①] 而且,在建设用地的利用效益上,东西部也存在明显差异。有论者测算,土地利用效益最高的上海市是利用效益最低的甘肃省的19.8倍。[②] 可见,东西部工业化、城市化阶段的分化必然会对东西部农村集体建设用地的流转潜力和利用效益产生影响,进而导致东西部农村土地价值实现上的分化。

必须看到,与城郊和发达地区农村完全不同的是,中国95%以上的农村由于并不处在城市扩展的"位置"之内,[③]因而在事实上是无法经由土地的直接流转来分享城市的巨额土地级差收益的。[④] 所以如果一味地只是允许农民及其集体永久地获得这一土地增值收益,就难免会在法律上产生这样的疑问:同是集体所有权为什么只是城市郊区的土地可以被不断地推入建设用地市场?或者为什么东部地区集体建设用地的收益要高于中西部地区?因此,我们要清醒地认识到,由于我国地域辽阔,区域间经济发展很不平衡,所以允许农民及其集体永久地获得土地增值收益做法的结果很可能是使少部分的农村和农民,尤其是东部城市郊区的农民获益,而对于更为广大的、身处偏远和贫困山区的农民而言,其根本就无法分享到丝毫的土地增值收益。与

---

① 参见赵亚萍、邱道持、石永明、冯玲玲、黄岩:《农村宅基地流转驱动力分析——以重庆市璧山县为例》,载《经济研究导刊》2008年第7期;姚丽、魏西云、章波:《北京市郊区宅基地流转问题研究》,载《中国土地》2007年第2期。

② 曲福田等:《中国工业化、城镇化进程中的农村土地问题研究》,经济科学出版社2010年版,第17页。

③ 全国经国家有关部门确定的贫困县有592个,其中有440个在贫困地区。如六盘山区、秦巴山区、乌蒙山区、滇桂黔山区、燕山—太行山区等。这些地区自然条件恶劣,大多在大山区、大戈壁、大沙漠,人烟稀少,居住分散,交通不便,经济不发达,一时无法通过大规模的工业化,推进城镇化建设。参见陶友之:《新型城镇化:目标、步骤、措施》,载《社会科学》2013年第9期。

④ 参见贺雪峰:《地权的逻辑:中国农村土地制度向何处去》,中国政法大学出版社2010年版,第44页;桂华、贺雪峰:《宅基地管理与物权法的适用限度》,载《法学研究》2014年第4期。

中西部或偏远、贫困山区的农民相比，东部或城市郊区的农民在经济、社会权利的享有上原本就占据优势，因此如果一概放任集体土地永久流转，独占收益，则无疑会导致“马太效应”，扩大农村内部的差距，诱发乡乡之间更大的不公。

此外，由于人多地少，我国农民集体土地所有权并不是依据农民的人数平均分配确定的。换言之，不同省市，或者即使是在同一省市中的不同农民集体所拥有的土地面积也是不同的。各个农民集体所拥有土地面积的差异当然会使其在利用土地获得收益上存在差异。而这种差异仅仅是由于历史原因形成的，与该土地上所承载的人口数量并没有必然关系。也就是说，极有可能的情形是：某一集体农民数量不多，但其土地面积却较大，或者某一集体农民众多，但其土地面积却有限。在各个农民集体所拥有的土地面积不均的前提下，放任农民集体土地的流转将会导致不同农民集体之间土地增值收益的失衡，不利于农民内部的均衡。

总之，由于每块土地的区位、自然禀赋和历史如此不同，因此很难找到可以相互替代的两块土地，每块土地总是具有天然的比较优势和很强的用途专用性，当它用作特定用途时的价值明显高于用作其他用途时的价值，并且难以通过市场交易找到另一块土地来替代它的这种价值。[①] 也就是说，城市郊区与偏远农村、东部农村与中西部农村以及各个农村集体所有的土地面积等方面的种种差异，都会导致同为农民集体，但各个农民集体建设用地的经济价值却会有重大差别，因此如果没有相应的制度安排，而任其自由流转，永久独占收益，那无疑将会造成农村内部的贫富差距和社会不公，值得警惕。

---

① 张舟、谭荣、吴次芳：《土地资源的一级配置研究：规划还是市场?》，载《华中农业大学学报》（社会科学版）2015 年第 1 期。

四、地权配置与国家属性

要辨明“入城”集体土地的归属问题，我们还需回到集体土地所有权制度设计的初衷上来展开分析。集体土地所有权是指劳动群众集体在法律规定的范围内占有、使用、收益、处分自己土地的权利，是土地集体所有制在法律上的表现。[①] 可见，集体土地所有权其实是集体所有的一种类型。一般认为，集体所有制是近代出现的合作制经济的产物。而合作制无论从实践上还是理论上的共同特点都是批判资本主义，反对剥削。尤其是在生产型的合作社中，劳动者与合作社成员身份高度统一，人人平等，共同劳动，利用集体管理的生产资料进行生产，创造价值。[②] 我国《宪法》第6条规定：“中华人民共和国的社会主义经济制度的基础是生产资料的社会主义公有制，即全民所有制和劳动群众集体所有制。社会主义公有制消灭人剥削人的制度，实行各尽所能、按劳分配的原则。”也就是说，从历史来看，到目前为止，集体土地所有权是与社会主义连在一起，具有社会主义潜在内涵和意识形态考量的一个所有权形态，负载着集体主义和社会主义的价值观念和伦理道德。[③] 从集体土地所有权所承载的经济功能来看，这一制度的建立主要是为了扬弃土地归属于不同的农民个体所可能造成的弊端，实现土地共同支配，利益共享，共同富裕。[④] 由此可见，集体所有权建立的前提条件是共同劳动、共同分配。反之，若失去了共同劳动这个

---

① 王家福、黄明川：《土地法的理论与实践》，人民日报出版社1991年版，第36页。

② 马俊驹、宋刚：《合作制与集体所有权》，载《法学研究》2001年第6期。

③ 孙宪忠：《中国物权法总论》，法律出版社2009年版，第122页。

④ 孙宪忠等：《物权法的实施（第一卷）：物权确定》，社会科学文献出版社2013年版，第333页。

前提,那么集体所有权的存在就颇为可疑。① 质言之,农民集体所有权的出现是以耕者有其田为目标的,它以实行共同劳动、按劳分配为基本特征。而一旦允许农民集体单纯通过出让集体建设用地便可源源不断地获得巨额土地增值收益,那显然就背离了集体所有权所承载的共同劳动,尤其是按劳分配的历史使命,使集体所有沦为了农民阶层的"特权",让农民阶层可以仅仅依靠对土地的垄断地位就能不劳而获取得巨额的土地增值收益,完全背离劳动群众集体所有制所内含的"劳动群众"之本意,与集体所有权的设立初衷也相去甚远。

其实,《宪法》确立公有制条款的基本思想立场是源自马克思对于公有制与反对剥削的思考。马克思曾在《论土地国有化》一文中指出:"1868 年,在国际布鲁塞尔代表大会上,我们的一位朋友曾说:'科学已判决小土地私有制必定灭亡,正义则判决大土地所有制必定灭亡。因此,二者必居其一:土地要么必须成为农业联合体的财产,要么必须成为整个国家的财产。未来将决定这个问题。'相反,我却认为,社会运动将作出决定:土地只能是国家的财产。把土地交给联合起来的农业劳动者,就等于使整个社会只听从一个生产者阶级摆布。"而"社会的经济发展、人口的增长和集中……将使土地国有化越来越成为一种'社会必然',这是关于所有权的任何言论都阻挡不了的"。② 不难发现,在经典作家看来,土地是不能成为某一个阶级的世袭财产的。像土地这样的重要自然资源一旦成为某一个阶级的世袭财产,这个阶级就会利用其对土地的垄断地位来支配整个社会。相反,"土地国有化将彻底改变劳动和资本的关系,并最终消灭工业和农业中的资

① 参见孙宪忠:《争议与思考——物权立法笔记》,中国人民大学出版社 2006 年版,第 245 页。

② 《马克思恩格斯选集》(第 3 卷),人民出版社 2012 年版,第 173 ~ 178 页。

本主义生产方式”。[①] 列宁不仅高度认同马克思的土地国有化理论，并且还将其视为是无产阶级的理论基础。[②] 回到我国，如果允许农民集体永久获得土地增值收益，则无异于让我们的“整个社会听从一个生产者阶级摆布”，不仅极为不公，而且也不道德。1982 年 3 月 12 日，我国宪法修改委员会第二次全体会议的分组讨论中，有人就曾提出过这样的担忧：“国家企业、事业要发展，要用地，而土地有限，郊区和农村土地归集体所有，变成了他们向国家敲竹杠、发洋财的手段。一亩地索要上万元，靠卖地生产队可以安排社员一辈子、三辈子都过好日子，不需劳动了……郊区农民自盖旅馆的很多，有的大队不种地，单靠出租旅馆赚大钱。这样下去，富了农民，穷了全民，矛盾越来越尖锐。”[③]

实际上，土地作为自然存在物而非人工劳动的创造物，原本就不应当沦为私有。[④] 比如，在矿产资源的所有权归属问题上，多数国家就没有采取集体所有或私人所有的做法。就土地而言，即使是在私人所有观念盛行的美国，到目前为止，联邦政府还是最大的土地所有者。美国政府拥有占 50 个州总面积 33% 的土地。如果加上州和地方政府拥有的土地，美国公共所有的土地占到了美国总面积的 42% 。[⑤] 而中国共产党则更是始终将包括土地在内的生产资料乃至生活资料的全民所有视为是社会主义的理想和前进方向。早在 1921 年通过的

---

① 《马克思恩格斯选集》（第 3 卷），人民出版社 2012 年版，第 178 页。

② 参见《列宁全集》（第 16 卷），人民出版社 1988 年版，第 322 页；邵彦敏：《农村土地制度：马克思主义的解释与运用》，吉林大学出版社 2012 年版，第 15 页。

③ 许崇德：《中华人民共和国宪法史》，福建人民出版社 2003 年版，第 644 页。

④ 孙宪忠：《根据民法原理来思考自然资源所有权的制度建设问题》，载《法学研究》2013 年第 4 期。关于土地国家所有权的详细理论梳理和阐释可参见沈守愚：《土地法学通论》，中国大地出版社 2002 年版，第 48 ~ 61 页；刘俊：《土地所有权国家独占研究》，法律出版社 2008 年版，第 194 ~ 242 页。

⑤ ［美］丹尼尔 · H. 科尔：《污染与财产权：环境保护的所有权制度比较研究》，严厚福、王社坤译，北京大学出版社 2009 年版，第 22 页。

《中国共产党纲领》第2条就将“废除资本私有制，没收一切生产资料，如机器、土地、厂房、半成品等，归社会所有”作为我党的纲领予以明确。1931年的《中华苏维埃共和国宪法大纲》更是“主张没收一切地主阶级的土地，分配给贫农、中农，并以实现土地国有为目的”。1958年8月29日中共中央通过的《关于在农村建立人民公社的决议》则表达的更为明确：“人民公社建成以后，不要忙于改集体所有制为全民所有制，在目前还是采用集体所有制为好，这可以避免在改变所有制的过程中发生不必要的麻烦。实际上，人民公社的集体所有制中，就已经包含有若干全民所有制的成分了。这种全民所有制，将在不断发展中继续增长，逐步地代替集体所有制，由集体所有制向全民所有制过渡，是一个过程，有些地方可能较快，三、四年内就可完成，有些地方可能较慢，需要五、六年或者更长一些的时间。”[①]1982年4月15日的《宪法修改委员会全体会议记录》则显示，当年有人认为对土地这样重要的生产资料应一律规定为国有，因为这些人认为“如果不把土地收归国有，国家征地时，土地所有者漫天要价，妨碍经济建设和国防建设。如果将土地收归国有，就可解决上述问题”。但考虑到农民所获得的土地是在中国共产党“分田地”的号召下为夺取和巩固政权付出了巨大的牺牲才换来的，一下子宣布国有难以为农民所接受，而且没有实际意义，所以才采取了彭真等主张的折中办法，先规定城市土地归国家所有，况且征地的障碍可以通过征地立法解决，其他事情以后慢慢来。[②] 可见，从历史的角度来看，集体所有制不过是在生产资料和生活资料无法迅速实现全民所有的情况下，不得不采取的过

① 参见《中共中央关于在农村建立人民公社问题的决议》(1958年8月29日)，载《政法研究》1958年第5期。

② 主张土地全部收归国有的既有民主党派人士钱昌照、胡子婴等人，也有共产党的领导干部王震、耿飚等人。参见蔡定剑：《宪法精释》，法律出版社1996年版，第170页；肖蔚云：《我国现行宪法的诞生》，北京大学出版社1986年版，第42页。

渡步骤和权宜之计。[①] 就中国总体而言，新中国成立以来，在自然资源的归属方面，大家接受的还是尽可能扩大国家所有权这种传统的社会主义立法观念。[②] 而目前的集体所有权其实并不符合建立社会主义农村地权的初衷，它只是 1958 ~ 1960 年人民公社跃进到农村土地国家所有权遭到失败后，退回到“集体”的。[③] 易言之，在新中国的历史进程中原本一直就有将集体土地改造为国有土地的趋势和动力，因此《宪法》第 10 条第 1 款关于城市土地归国家所有的规定，也就不能作静态的理解，将其界定为仅仅是对 1982 年《宪法》颁布当时土地权属状况的描述，[④]而更应理解为是一种建设目标——它既是对 1982 年土地权属基本现状的确认，也表述了国家土地权属制度和土地政策的未来走向，是对未来土地归属的目标设定。[⑤] 实际上，虽然 1982 年《宪法》明确安排了自然资源所有权的二元结构，但仍然还是突出了国有资源所有权为主的精神。[⑥]

不过，需要补充的是，基于国家的社会主义性质，我们应当反对土

---

① 正如有论者所言，对于坚持“共产主义—社会主义”意识形态的中国共产党来说，“土地农有”只能是一种暂时迫不得已的妥协措施，只有“土地公有制”才能彻底解决中国的土地问题。参见程雪阳：《公法视角下的中国农村土地产权制度：1921—2010》，载《甘肃行政学院学报》2010 年第 1 期。

② 孙宪忠：《根据民法原理来思考自然资源所有权的制度建设问题》，载《法学研究》2013 年第 4 期。

③ 孙宪忠：《中国社会向民法社会的转型以及民法学术的转型》，载《法学研究》2011 年第 6 期。

④ 参见司艳丽：《论集体建设用地使用权流转的法律规制》，中国政法大学 2006 年博士学位论文，第 74 页；陈沉：《正确运用“城市的土地属于国家所有”》，载《资源导刊》2012 年第 3 期；袁震：《论集体土地所有权客体范围的确定》，载《河北法学》2012 年第 11 期；程雪阳：《论“城市土地属于国家所有”的宪法解释》，载《法制与社会发展》2014 年第 1 期。

⑤ 参见宋志红：《集体建设用地使用权流转法律制度研究》，中国人民大学社 2009 年版，第 133 ~ 135 页；徐祥民：《自然资源国家所有权之国家所有制说》，载《法学研究》2013 年第 4 期；宋志红：《“动静结合”理解〈宪法〉第十条——国有土地与集体土地地域范围的探讨》，载《中国土地》2010 年第 2 期；温世扬：《集体经营性建设用地“同等入市”的法制革新》，载《中国法学》2015 年第 4 期。

⑥ 参见桂宇石主编：《中国宪法经济制度》，武汉大学出版社 2005 年版，第 215 页。

地私有化,或是假借集体所有之名的事实私有化,但却不能由此武断推导出在我国现阶段就应当否定土地集体所有权的结论,进而采取抽象的"涨价归公"观点,继续实行"先征后用"制度,禁止集体建设用地的流转。这一方面是因为从新中国成立的历史来看,农民集体对土地的所有权是基于一项严肃政治契约的结果,[①]在政治上具有相当的合理性,不能随意废弃。并且,基于"一体承认,平等保护"的理念,我们理应承认农民集体可以通过建设用地的流转获得增值收益。另一方面,从土地增值收益的产生原理来看,土地增值收益应当是由多个因素产生的,其中既有城乡规划与用途管制因素,也有基础设施投资因素,又有城市化过程中产业人口聚集因素,当然也包含了土地所有权的因素。[②] 据此,只要我们承认农民集体土地所有权是一项独立的物权,那么就不能否定其权利人通过流转分享增值收益的合法性。尤其是基于城乡二元体制长期对农民、农村利益严重剥夺的事实,在现阶段我们更应当肯定农民集体可以经由建设用地的流转获得增值收益,进而实现其由农民向市民的转变。这样的认识其实也完全合乎社会主义国家设计土地制度的宗旨,毕竟土地制度终究还是服务于人的。就我国现阶段而言,集体建设用地制度改革主要是服务于农民的市民化转变,实现城乡一体化战略的。换言之,集体所有权是本集体全体成员共同意志和利益的体现,应当同集体成员的个人意志和利益有密切联系,而不可能脱离集体成员的个人利益而抽象地存在。[③] 而且,

---

① 参见孙宪忠:《争议与思考——物权立法笔记》,中国人民大学出版社 2006 年版,第 448 页。

② 参见周诚:《关于我国农地转非自然增值分配理论的新思考》,载《农业经济问题》2006 年第 12 期;陈柏峰:《土地发展权的理论基础与制度前景》,载《法学研究》2012 年第 4 期;刘守英:《农村土地法律制度改革再出发——聚焦〈中共中央关于全面深化改革若干重大问题的决定〉》,载《法商研究》2014 年第 2 期。

③ 韩松:《农民集体土地所有权的权能》,载《法学研究》2014 年第 6 期。

虽说本集体的成员并不能代表全民，但其至少也是全体公民的一部分，并且还是与该集体土地联系最为密切的那一部分，理当优先参与分享土地的增值收益。正所谓一方水土养一方人，所以单纯以“涨价归公”为由去否定本集体成员对该集体土地增值收益的分享显然也是不合情理法义和发展逻辑的。质言之，从长远来看，基于我国的社会主义性质，应当以土地国有为追求，但就我国“城乡二元”的现实而言，为创造农民市民化的物质条件，作为一项独立物权的农民集体土地所有权仍需继续维持和充分尊重。

五、市民化与《宪法》疑问之化解

改革难以一蹴而就。集体建设用地制度的改革更是不可能毕其功于一役，而应坚持土地制度的发展与生产力的发展，尤其是与人的发展协同共进的原则，采取分步推进的方案。

首先，需要强调的是，长期以来，我国实行的城乡二元体制已经使城乡居民在政治、经济和社会权利的初始分配中出现了明显的身份差异，这种差异还极大地影响了农村人口的城市化，使农民一直处于国家工业化、城市化的边缘。官方统计显示，目前我国居住在城镇的人口已经超过6.91亿，城镇化率已经超过51%，但是拥有城镇户籍并享有相关公共福利的人口仅占34%，三分之一居住在城镇的人口由于没有当地户籍，不能享有户籍人口的医疗卫生、教育、养老金及其他社会公共福利。[①] 由此可见，我国的工业化、城市化的高速发展在很大程度上是凭借“以农补工”、牺牲农民利益的方式积累发展起来的。所以为了避免出现类似西方国家通过剥夺农民土地，将农村人口强制驱逐到城市，进而实现工业化、城市化的做法，我们应当将“地”和

---

① 林采宜：《“新型城镇化”需要多少钱》，载《第一财经日报》2013年3月27日，第A08版。

“人”挂钩，允许农民集体通过土地使用权的流转获得土地增值收益，积累其发展的必要物质条件，从而消除新中国成立以来因为采取“以农补工”“城市优先”“工业优先”的政策而导致的城乡之间的发展鸿沟和对农民权益的严重剥夺。

其次，就现实而言，实现人的城镇化和市民化，尤其是落实基本公共服务均等化均需要大量的资源投入。2013 年 7 月 30 日中国社科院城市发展与环境研究所发布的《中国城市发展报告》显示，目前我国农业转移人口市民化的人均公共成本约 13 万元，预计在 2030 年前我国有 3.9 亿农民需要市民化。以此粗略计算，市民化所需公共成本约 51 万亿元。[①] 显然，要合理消化这一巨额的改革成本，单纯依靠政府是不可行的，为此需要建立由政府、企业、社会等共同参与的多元化成本分担机制。由于土地是进行生产、生活最重要的物质基础和前提，也是现阶段我国绝大多数农民拥有的唯一自然资源，因此在国家无法全部承担农民市民化成本的前提下，依靠集体土地的流转让该地区的农民积累市民化的经济基础，进而让其逐步市民化应当是一个可行的路径。事实上，很多地方的实践也证明集体建设用地使用权的流转是推动农民现代化、市民化的一条重要路径。[②]

最后，当农民通过土地流转获得了足够的发展条件，并且国家又在政治、经济、社会等权利上实现了城乡的一体化覆盖，那么此时农民集体土地所有权的正当性也就不存在了。相反，为了实现全体公民在土地权利能力上的平等，避免土地食利阶层、新的城乡二元以及农村内部分化等问题的出现，国家理应适时宣布将此部分的集体土地转为

---

① 参见郭少峰：《农民转为市民人均成本约 13 万》，载《新京报》2013 年 7 月 31 日，第 A22 版。

② 参见孙宪忠等：《物权法的实施（第一卷）：物权确定》，社会科学文献出版社 2013 年版，第 495～496 页；冯奎：《中国城镇化转型研究》，中国发展出版社 2013 年版，第 274 页。

国家所有。也就是说，在城乡居民的政治、经济、社会等权利完全实现一体化时，我们要及时将已经淹没在城市当中的原有集体土地转为国家（全民）所有，从而有效防止单纯土地食利阶层的出现，以免产生与我们的社会性质背道而驰的不公结果。就此而言，《宪法》第10条第1款关于"城市的土地属于国家所有"的规定从长远来看无疑具有正当性，不宜废止。

基于上述考虑，我们认为农民集体建设用地的改革应当通盘考虑、分步进行。所谓通盘考虑是要求我们应当将集体建设用地的改革与户籍、就业、社保、教育、医疗、文化等配套制度的改革一并推进，因为土地制度的改革终究是服务于人的。换言之，单纯地缩小征地范围，开放集体建设用地直接流转的市场都只是为农民的市民化积累财富，创造物质基础，而要实现农民真正的市民化，那就必须要同时对现有的户籍、就业、社保、教育、医疗、文化等二元体制进行配套改革，打破城乡分割分治的二元体制，逐渐消除城乡居民间的不公平待遇，实现城乡居民在政治、经济与社会权利上的均等化，促进农民的真正市民化，防止"土地城镇化快于人口城镇化"现象的继续。所谓分步进行是指集体建设用地改革应当要围绕农民逐步市民化的实际进程来进行制度设计。具体而言，在当前，由于农村和农民在整体上相对于城市及其居民仍处于劣势，因此需要通过缩小征地范围，开放集体建设用地直接流转的市场来为农村的城市化和农民的市民化创造物质条件，否则农村的城镇化和农民的市民化就成为了无本之木。但随着工业化、城市化的不断推进，从长远来看，让农民，尤其是东部和城市郊区的农民永久地独享高额的土地级差收益，那也是不公平的，因此我们不仅需要通过税收制度对此予以调节，而且还要在某一地区城乡居民的政治、经济、社会等权利完全一体化时,适时宣布其土地为国有。①

如果按照上述方案来推进集体建设用地制度的改革,那么我们就无须修改宪法,因为从长远来看,《宪法》第10条第1款仍有维持之必要。另外,就现阶段而言,我们只需要对《宪法》第10条第1款的含义采取一个新的理解,即可弥合其与现实的“裂缝”。申言之,我们不宜再将《宪法》第10条第1款中所谓的“城市”理解为一个物理、建筑或者是规划意义上的城市概念,而是将“城市”理解为一个经济、社会和文化的概念,或者说是一个以“人的城市化”为皈依的概念。

民之所欲,法之所系。其实,人文关怀原本就是城市缔造者的应有之义,因为城市原本就是人类聚居、生产、繁衍生息的地方,城市发展应当是源于人、发展人、服务于人和促进人类进步的共同事业。②就此而言,城市化绝不仅是一个物理层面的城市建设过程,也不仅仅是人口向城市聚集的过程,而更应当是一个农民市民化的过程。③从理论上讲,城市化是一个涉及诸多方面内容的社会经济演进过程,不同学科有着不同的解读,但综合而言,城市化的核心内容还是实现人的生产方式、生活方式城市化,是人的生存空间、发展空间城市化。④正如创立都市社会学的芝加哥学派大师帕克所强调的那样:“城市绝非简单的物质现象,绝非简单的人工构筑物。城市已同其居民们的各种重要活动密切地联系在一起,它是自然的产物,而尤其是人类属性

① 依此来看,现在一些地方所谓的以“社保换土地”的做法就是不公正的,因为这样的置换安排并没有充分考虑到长期以来的城乡二元体制对农民群体利益的严重剥夺以及由此导致城乡居民在发展机会、发展能力上的巨大差异。所以“社保换土地”的做法不仅难以得到群众支持,而且在理论上亦不正当。

② 曾哲:《中国城市化研究的宪政之维》,武汉大学出版社2007年版,第56页。

③ 参见陆铭:《人的城市化与外来人口的市民化》,载《四川劳动保障》2013年第5期。

④ 方辉振、黄科:《新型城镇化的核心要求是实现人的城镇化》,载《中共天津市委党校学报》2013年第4期。

的产物。”[①]可见,人本身才是城市的灵魂和主体,脱离人的主体性来理解城市,只能导致城市的异化,引发“土地”城镇化而非“人口”城镇化这种反城市化本质的结果。质言之,城镇化的本质应当是为了实现人的全面发展,而不是为了城镇化而城镇化。[②]

事实上,新一届政府提出的新型城镇化首先也是人的城镇化,它将人放在城市化的核心地位,[③]秉承“以人为本,公平共享”为首要指导原则,[④]使城市发展的最终目的由政府绩效回归到人的需求。它追求的不仅是城市在“物”的层面的提升,更重要的是要实现进入城市的“人”由“乡”到“城”的彻底转变以及城市自身结构的升级。正是由于新型城镇化的本质是人的城镇化,即农村转移人口市民化,与城镇居民共享城市发展的成果,完成农民到市民的转变,[⑤]因此,依据人的城市化,或者更为直接的就是以农民的真正市民化来理解《宪法》第 10 条第 1 款中的“城市”概念是完全正当的。质言之,《宪法》第 10 条第 1 款“城市的土地属于国家所有”的含义应当被理解为:当某一个城市的公民(包括原来的农民,如城中村的居民)均得享有平等的政治、经济和社会等各项权利时,其城市的土地才属于国家所有。

以城市土地所承载的人为基础来理解城市的概念,不仅还原了城市的应有之义,符合我国新型城市化发展的目标,有利于增强城市化中的农民主体意识,改变地方政府“要地不要人”的错误思想,最大限

---

① [美]R. E. 帕克等:《城市社会学》,宋俊岭、郑也夫译,华夏出版社 1987 年版,第 1 页。

② 张占斌:《新型城镇化的战略意义和改革难题》,载《国家行政学院学报》2013 年第 1 期。

③ 肖金成:《人的城镇化:新型城镇化的本质》,载《探索与争鸣》2013 年第 11 期。

④ 参见《国家新型城镇化规划(2014—2020 年)》,载 http://www.gov.cn/xinwen/2014-03/16/content_2639841.html,最后访问日期:2018 年 1 月 5 日。

⑤ 中国金融 40 人论坛课题组:《加快推进新型城镇化:对若干重大体制改革问题的认识与政策建议》,载《中国社会科学》2013 年第 7 期。

度地限制城市的无序外扩,实现土地城市化与人口城市化的协同发展,同时以人的市民化,尤其是农民的市民化来认识城市的概念,理解《宪法》第10条第1款的含义,也符合《宪法》的要求,尤其是社会主义国家宪法上关于国有土地所有权的本旨。要知道,《宪法》上国家对自然资源的"所有权"并不能与民法上的私人所有权予以等同。《宪法》规定的自然资源国家所有权虽然包含了民法上所有权的内涵,但却是一个比民法上所有权更为广阔的概念。它所包含的权能要比民法上所有权的权能更为丰富,它所包含的义务也比民法上所有权的义务更为重要。① 从服务于国家财产制创设目的的角度来看,《宪法》上国家所有权肩负了实现公共福利、人类生存、国计民生、消灭剥削、社会之进化的重大使命。② 因此,对于土地,《宪法》上的"国家所有"原本就不能单纯理解为国家通过占有土地而直接获取其中的利益,毋宁首先应理解为国家必须在充分发挥市场决定作用的基础上,通过使用相关规制手段,确保社会成员持续性共享土地资源,防止私人独占,避免剥削,实现地权平等。③ 也就是说,《宪法》上的国有土地所有权是一项负担义务的权利,因此在国家尚未能给集体成员提供平等的政治、经济和社会等各项权利时即宣布该集体土地为国有,那就违背了"国家所有"的公共性观念,有悖《宪法》上"国家所有"的本质要求。《宪法》第14条第3款也规定:"国家合理安排积累和消费,兼顾国家、集体和个人的利益,在发展生产的基础上,逐步改善人民的物质生活和文化生活。"因此要求国家取得集体土地的所有权之前应当承担一项为该集体成员提供均等化权利的义务也是合乎《宪法》,尤

① 王涌:《自然资源国家所有权三层结构说》,载《法学研究》2013年第4期。

② 徐祥民:《自然资源国家所有权之国家所有制说》,载《法学研究》2013年第4期。

③ 参见王旭:《论自然资源国家所有权的宪法规制功能》,载《中国法学》2013年第6期。

其是社会主义国家宪法上国家所有权之内在要求的。

具体到物权变动规则而言，如果国家无法为“入城”农民提供与城市居民相同的政治、经济、社会等权利，那么该集体土地上的农民其实并没有真正转换为市民，因而即使在其土地上建立了“物理上的城市”，仍然不能依据《宪法》第10条第1款直接将该集体土地转为国家所有。相反，一旦集体土地上的全体农民已经完全城市化，成为真正的城市居民，那么原有的农民集体这一土地所有权的主体也就当然消灭，因而原有的农民集体土地便自然成为“无主物”，而无主的土地归国家所有则是多数国家的共同做法，[①]我国亦不例外。[②] 比如1998年颁布的《土地管理法实施条例》第2条第5项就明确规定：农村集体经济组织全部成员转为城镇居民的，原属于其成员集体所有的土地，属于国家所有。也就是说，一旦某一农村社区全部成员的身份从农民转变为城镇居民，就必将导致该农民集体组织的解散，相应地该农民集体的土地所有权也会因为所有权人的消亡而相对消灭。在我国土地公有制的背景下，该集体土地就只能转变为国家所有。

此外，从物权归属上看，如果我们仍然允许在城市中保留该集体土地所有权，那就必须存在一个对应的物权主体。但农民集体土地所有权主体的现行组织形态和运行机制本身不仅存在“缺位”“虚化”的诟病，而且也不可能在城市的社会经济环境中长期存续，尤其是不能作为土地所有者而长期存续。农民集体经济组织作为一种社区经济组织，具有成员居住于社区居民成分单一的特定地域、成员职业为农民、成员流动性小、成员在其经济组织中的权利没有量化等特点。很

① 参见《法国民法典》第539条、《德国民法典》第928条第2款、《瑞士民法典》第659条第1款、《日本民法典》第239条第2款。

② 参见国土资源部地籍管理司、中国土地勘测规划院编：《全国农村集体土地确权与争议调处法律、政策、案例汇编》，地质出版社2012年版，第456页。

明显,这种组织结构在城市中将很快解体,无法存续。[①] 既然进入城市后的农民集体并不适合继续作为物权的主体存在,"入城"后的集体土地所有权也就会因失去依托的权利主体而归于消灭。自解释论立场,既然该"入城"土地的原农民集体已不复存在,那么就只能宣布该土地为国家所有了。

不过,必须强调的是,单纯的农民身份的转变并不能说明农民已经真正完成市民化的转变,进而就可以宣布其土地为国有。要知道我们目前很多地方在"农转非"的过程中仍然存在大量的社会歧视、生活方式转变困难等问题。[②] 实地调查也发现,许多农业转移人口在城镇化过程中并没有实现真正城镇化,仅表现为农业转移人口获得了市民身份,但他们所获得的社会福利却远少于现有的城市居民,并没有与城市实现真正的社会融合。[③] 而且,在当今社会制度环境下的身份转换,与计划经济时代的"农转非"相比,也有很大的不同。原先户籍身份上附带的许多功能在市场转型之后都已不复存在,户籍属性的改变不再可能使农民从粮油票证制度或单位用工制度中获利,[④]因此"农转非"作为身份属性的变迁,仅仅是农民市民化的起点,要真正完成农民市民化的转变则需要综合配套制度的协调推进。其实,农业转移人口市民化应当是指农业转移人口在实现职业转变的基础上,获得了与城镇户籍居民均等一致的社会身份和权利,能公平公正地享受城

① 参见陈甦:《城市化过程中集体土地的概括国有化》,载《法学研究》2000 年第 3 期;华生:《土地制度改革六大认识误区》,载《上海证券报》2013 年 11 月 7 日,第 A01 版。

② 李强:《影响中国城乡流动人口的推力和拉力因素分析》,载《中国社会科学》2003 年第 1 期。

③ 参见孙频捷:《市民化,还是属地化——上海城郊某地失地农民身份认同研究》,上海大学 2010 年博士学位论文,第 162 页;刘玉侠:《农业转移人口亟须"再城镇化"》,载《中国社会科学报》2014 年 2 月 12 日;陈华威:《"土地换社保"掩盖下失地农民的利益受损分析》,载《经济视角》2011 年第 6 期。

④ 孙频捷:《市民化,还是属地化——上海城郊某地失地农民身份认同研究》,上海大学 2010 年博士学位论文,第 110 页。

镇公共资源和社会福利，全面参与政治、经济、社会和文化生活，实现经济立足、社会接纳、身份认同和文化交融。[①] 也就是说，新型城镇化，不光是将户口本上的“农民”二字变为“居民”，更重要的是解决好后续的就业、医疗、教育以及社会保障等问题。而且，集体的成员不仅仅是具体的现实的个人，同时也包括了潜在的、未来的成员。[②] 就法律而言，就是要求只有真正使该集体的全体农民入城后完全获得与城市居民相同的全部权利时，才能将该集体土地视为无主物，进而依据《宪法》第 10 条第 1 款将其自动转为“国家所有”。

六、《宪法》第 10 条与集体建设用地市场化改革

地者，政之本也。自然资源及其产权安排是一国经济增长与发展的决定性因素，[③]而任何一个国家的土地制度无疑又都要与其历史及现实充分关联。我国现行的农民集体土地所有权制度是基于中国特殊国情而产生和发展的，因而就此的改革理当充分考虑我国的现实国情，朝最有利于实现城乡一体化的方向进行设计。“人民的福祉是最高的法律”。很明显，以人口的城市化，尤其是农民的市民化来理解《宪法》第 10 条第 1 款，不仅在文义上没有超越其应有内涵，无须修改宪法即可化解宪法与现实可能存在的矛盾，有利于维持宪法权威和我国社会主义的基本属性，而且在目的上也切合宪法上国家所有的本旨，符合《物权法》的要求，有助于增强城镇化中农民的主体意识，切

---

① 参见金三林：《推进农业转移人口市民化的总体思路和战略路径》，载《经济要参》2013 年第 43 期；黎智洪：《农业转移人口市民化：制度困局与策略选择》，载《人民论坛》2013 年第 20 期；彭小文、兰东、胡仁群：《城镇化进程中我国农业转移人口市民化问题研究》，载《理论导报》2013 年第 11 期。

② 韩松：《农民集体土地所有权的权能》，载《法学研究》2014 年第 6 期。

③ [美] W. 阿瑟·刘易斯：《经济增长理论》，梁小民译，上海三联书店 1990 年版，第 7～8 页。

实维护农民的正当权益，扫除新型城镇化尤其是农民市民化道路上的诸多障碍，实现城乡的一体化发展。就此而言，《宪法》第 10 条第 1 款并不构成我们推动农民集体建设用地市场化改革和农民自主城镇化试点的障碍。而且，从《宪法》第 10 条的上下文背景来看，"土地的使用权可以依照法律的规定转让"也是包括集体土地的，或者说至少并没有明确禁止农村土地使用权的转让。[①] 因此，任何以《宪法》第 10 条第 1 款为由拒绝改革，甚至反对改革的认识其实都是错误的。

当然，这样的认识也说明集体建设用地制度的改革绝非是一劳永逸的，而要有一个长期的规划。就目前而言，考虑到农民为我国工业化、城市化所作的巨大贡献以及城乡二元结构对农民、农村利益重大剥夺的背景，尤其是在现有农民的社会保障制度存在制度碎片化、体系不健全、覆盖面过窄、缴费率过高、公平性不足和发展不均衡等诸多问题，[②]以及在保障内容、保障范围、保障质量等方面距离作为公民的社会保障权都有很大差距的前提下，[③]我们有必要暂时摒弃"涨价归公"的抽象观念，承认农民集体建设用地的独立物权地位，坚持以人为本、一方水土养一方人的理念，着眼于促进农民市民化转变的目标进行制度设计。我国正处于城镇化深入发展的关键时期，为避免新一轮"圈地运动"的重演，切实维护农民的合法权益，现阶段我们更应强调的是，在符合规划和用途管制的前提下，允许农民集体建设用地流转，允许农民就地自主发展工业、建设城镇，从而使土地增值收益能更充分地反哺农民和农村，进而有效促进农民的真正市民化和农村的新

---

① 高富平:《重启集体建设用地市场化改革的意义和制度需求》，载《东方法学》2014 年第 6 期。

② 李迎生、袁小平:《新型城镇化进程中社会保障制度的因应》，载《社会科学》2013 年第 11 期。

③ 易承志:《城市化、国家建设与当代中国农民公民权问题研究》，中央编译出版社 2013 年版，第 249 页。

型城镇化。毕竟人才是城市化的起点,也是城市化的终极目标,而土地只是促进人口城市化的一项工具。[①] 或者说,城镇化的最终出路在于人而不在于地,人的城镇化才是解决土地问题的根本。[②] 事实上,在中国,如果没有农民的市民化,那就不可能有真正的城市化,也不可能有真正的现代化。[③]

① 参见刘守英、周飞舟、邵挺:《土地制度改革与转变发展方式》,中国发展出版社 2012 年版,第 144 页。

② 周飞舟、王绍琛:《农民上楼与资本下乡:城镇化的社会学研究》,载《中国社会科学》2015 年第 1 期。

③ 浙江省人民政府研究室课题组:《城市化进程中失地农民市民化问题的调查与思考》,载《浙江社会科学》2003 年第 4 期。

主要参考文献

一、期刊论文

Charles A. Reich, "The New Property", *Yale Law Journal*, 1964, Vol. 73.

Edward H. Ziegler, "Transfer Development Rights and Land Use Planning in the United States", *Liverpool Law Review*, 1996, Vol. 18.

Mark R. Riclly, "Evaluating Farmland Preservation through Suffolk County, New York's Purchase of Development Rights Program", *Pace Environmental Law Review*, 2000, Vol. 18.

Matthew J. Richardson, "Conservation Easements as Charitable Trusts in Kansas: Striking the Appropriate Balance Among Grantor's Intent, the Public's Interest, and the Need for Flexibility", *Washburn Law Journal*, 2009, Vol. 49.

Thomas L. Daniels, "The Purchase of Development Rights: Preserving Agricultural Land and Open

Space", *Journal of the American Planning Association*, 1991, Vol. 57.

Van Houweling, Molly Shaffer, "The New Servitudes", *Georgetown Law Journal*, 2008, Vol. 9.

安体富、窦欣:《我国土地出让金:现状、问题及政策建议》,载《南京大学学报》2011 年第 1 期。

蔡继明:《农村集体建设用地流转的主体和利益分配——重庆市和成都市农村集体建设用地流转的政治经济学分析》,载《学习论坛》2010 年第 7 期。

曹亚鹏:《"指标漂移"的社会过程——一个基于重庆"地票"制度的实证研究》,载《社会发展研究》2014 年第 2 期。

曹笑辉:《集体建设用地入市模式及其立法选择》,载《理论探索》2016 年第 2 期。

陈柏峰:《土地发展权的理论基础与制度前景》,载《法学研究》2012 年第 4 期。

陈柏峰:《农村宅基地限制交易的正当性》,载《中国土地科学》2007 年第 4 期。

陈江龙、曲福田、陈雯:《农地非农化效率的空间差异及其对土地利用政策调整的启示》,载《管理世界》2004 年第 8 期。

陈锡文:《关于我国农村的村民自治制度和土地制度的几个问题》,载《经济社会体制比较》2001 年第 5 期。

陈小君、高飞、耿卓、伦海波:《后农业税时代农地权利体系与运行机理研究论纲——以对我国十省农地问题立法调查为基础》,载《法律科学》2010 年第 1 期。

陈小君:《农村集体土地征收的法理反思与制度重构》,载《中国法学》2012 年第 1 期。

陈小君、戴威:《对"集体土地上建公租房"政策的法律思考》,载

《法律科学》2012 年第 3 期。

陈小君:《我国〈土地管理法〉修订:历史、原则与制度——以该法第四次修订中的土地权利制度为重点》,载《政治与法律》2012 年第 5 期。

陈小君:《构筑土地制度改革中集体建设用地的新规则体系》,载《法学家》2014 年第 2 期。

陈小君:《我国农村土地法律制度变革的思路与框架——十八届三中全会〈决定〉相关内容解读》,载《法学研究》2014 年第 4 期。

陈春、冯长春、孙阳:《城乡建设用地置换运行机理研究——以重庆地票制度为例》,载《农村经济》2013 年第 3 期。

陈甦:《城市化过程中集体土地的概括国有化》,载《法学研究》2000 年第 3 期。

陈甦:《体系前研究到体系后研究的范式转型》,载《法学研究》2011 年第 5 期。

陈晓芳:《我国土地储备制度正当性考辨——以收储范围为视角》,载《北京大学学报》(哲学社会科学版)2011 年第 5 期。

陈婉玲:《国土地资源立法的重大发展——1998 年〈土地管理法〉评析》,载《华侨大学学报》(哲学社会科学版)1999 年第 1 期。

陈治、李瑞雪:《地票交易中农民利益的法律保障机制研究——以重庆市地票交易为例》,载李昌麒、岳彩申主编:《经济法论坛》(第 9 卷),群众出版社 2012 年版。

程雪阳:《中国土地管理制度的反思与变革》,载《中国土地科学》2013 年第 7 期。

程雪阳:《土地发展权与土地增值收益的分配》,载《法学研究》2014 年第 5 期。

程雪阳:《中国宪法上国家所有的规范含义》,载《法学研究》2015

年第 4 期。

程雪阳:《论“城市的土地属于国家所有”的宪法解释》,载《法制与社会发展》2014 年第 1 期。

程世勇:《地票交易:体制内土地和产业的优化组合模式》,载《当代财经》2010 年第 5 期。

成协中:《城市土地国家所有的实际效果与规范意义》,载《交大法学》2015 年第 2 期。

重庆市人大农业与农村委员会:《关于我市地票交易成交价款分配及农民受益情况的调查报告》,载《重庆人大调研》2010 年第 7 期。

崔之元:《重庆地票交易的本质是“开发权转移制”的创新》,载《重庆时报》2011 年 2 月 10 日。

崔艺红:《城中村改造中集体土地国有化的法律途径及其补偿问题的思考》,载《中国物价》2007 年第 8 期。

党国英、吴文媛:《土地规划管理改革:权利调整与法治构建》,载《法学研究》2014 年第 5 期。

党国英:《农村产权改革:认知冲突与操作难题》,载《学术月刊》2014 年第 8 期。

戴威、陈小君:《论农村集体经济组织成员权利的实现——基于法律的角度》,载《人民论坛》2012 年第 2 期。

董建国:《农村土地制度改革的实践与思考——以重庆为例》,载《中国党政干部论坛》2012 年第 12 期。

段力誌、傅鸿源:《地票模式与农村集体建设用地流转制度的案例研究》,载《公共管理学报》2011 年第 2 期。

樊纲、陈瑜:《“过渡性杂种”:中国乡镇企业的发展及制度转型》,载《经济学》2005 年第 4 期。

房绍坤:《农村集体经营性建设用地入市的几个法律问题》,载

《烟台大学学报》(哲学社会科学版)2015 年第 3 期。

冯应斌、郭西南、杨庆媛、李晓刚:《城乡建设用地优化配置视角下地票供需平衡分析》,载《西南大学学报》(自然科学版)2014 年第 4 期。

冯果、陈国进:《集体建设用地使用权流转之客体研究》,载《武汉大学学报》(哲学社会科学版)2013 年第 6 期。

冯桂:《重庆地票制度的价值及其对城乡一体化改革的启示》,载《国家行政学院学报》2014 年第 1 期。

冯蓉晔:《我国典型宅基地置换模式比较》,载《江西农业学报》2015 年第 1 期。

冯雨峰、陈玮:《关于"非城市建设用地"强制性管理的思考》,载《城市规划》2003 年第 8 期。

付子堂、胡夏枫:《立法与改革:以法律修改为重心的考察》,载《法学研究》2014 年第 6 期。

付子堂、张善根:《地方法治建设及其评估机制探析》,载《中国社会科学》2014 年第 11 期。

傅鼎生:《"入城"集体土地之归属——"城中村"进程中不可回避的宪法问题》,载《政治与法律》2010 年第 12 期。

高飞:《论集体土地所有权主体之民法构造》,载《法商研究》2000 年第 4 期。

高飞:《论集体土地所有权主体立法的价值目标与功能定位》,载《中外法学》2000 年第 5 期。

高富平:《浅论行政许可的财产属性》,载《法学》2000 年第 9 期。

高富平:《重启集体建设用地市场化改革的意义和制度需求》,载《东方法学》2014 年第 6 期。

高圣平:《农地金融化的法律困境及出路》,载《中国社会科学》

2014 年第 8 期。

高圣平:《不动产权利的登记能力——评〈不动产登记暂行条例(征求意见稿)〉第 4 条》,载《政治与法律》2014 年第 12 期。

高圣平、刘守英:《宅基地使用权初始取得制度研究》,载《中国土地科学》2007 年第 2 期。

高圣平、刘守英:《农村集体建设用地进入市场:现实与法律困境》,载《管理世界》2007 年第 2 期。

郭洁:《土地用途管制模式的立法转变》,载《法学研究》2013 年第 2 期。

顾汉龙、冯淑怡、曲福田:《重庆市两类城乡建设用地增减挂钩模式的比较》,载《中国土地科学》2014 年第 9 期。

顾汉龙、冯淑怡、张志林、曲福田:《我国城乡建设用地增减挂钩政策与美国土地发展权转移政策的比较研究》,载《经济地理》2015 年第 6 期。

国土资源部土地利用司调研组:《创新制度规范流转——农村集体建设用地流转调研报告》,载《国土资源通讯》2002 年第 3 期。

国务院发展研究中心农村部课题组:《从城乡二元到城乡一体——我国城乡二元体制的突出矛盾与未来走向》,载《管理世界》2014 年第 9 期。

耿卓:《体系视角:地役权研究的一个文献综述》,载《南京大学法律评论》2011 年秋季卷。

耿卓:《乡村地役权及其在当代中国的发展》,载《法商研究》2011 年第 4 期。

耿卓:《论美国法上的役权:以〈美国财产法第三次重述:役权〉为中心》,载《求是学刊》2013 年第 2 期。

耿卓:《我国地役权现代发展的体系解读》,载《中国法学》2013

年第3期。

耿卓:《英美法上的役权研究》,载刘云生主编:《中国不动产法研究》,法律出版社2012年版。

桂华、贺雪峰:《宅基地管理与物权法的适用限度》,载《法学研究》2014年第4期。

桂华:《城乡建设用地二元制度合法性辨析——兼论我国土地宪法秩序》,载《法学评论》2016年第1期。

韩长赋:《以新的发展理念引领现代农业发展》,载《求是》2016年第1期。

韩大元:《论宪法规范与社会现实的冲突》,载《中国法学》2000年第5期。

韩俊:《土地制度改革要先立法后改革》,载《中国党政干部论坛》2014年第9期。

韩松:《我国农民集体所有权的享有形式》,载《法律科学》1993年第3期。

韩松:《农村集体建设用地市场配置的法律问题研究》,载《中国法学》2008年第3期。

韩松:《论对农村宅基地的管理与〈土地管理法〉的修改》,载《国家行政学院学报》2011年第1期。

韩松:《论农村集体经营性建设用地使用权》,载《苏州大学学报》(哲学社会科学版)2014年第3期。

韩松:《农民集体土地所有权的权能》,载《法学研究》2014年第6期。

韩纪江:《征地过程中利益主体的矛盾演变分析》,载《经济体制改革》2008年第4期。

韩纪江、任柏强:《借鉴开发权交易TDR推行用地指标交易的理论评述与展望》,载《湖北社会科学》2011 年第 7 期。

韩纪江、任柏强:《非农建设用地指标的市场交易初探》,载《广东土地科学》2011 年第 6 期。

韩立达、谢鑫:《变“权”为“利”突破农业转移人口市民化私人成本障碍》,载《理论与改革》2015 年第 1 期。

何格、别梦瑶、陈文宽:《集体经营性建设用地入市存在问题及其对策——以成都市为例》,载《中州学刊》2016 年第 2 期。

何艳玲:《中国土地执法摇摆现象及其解释》,载《法学研究》2013 年第 6 期。

何艳玲、汪广龙、陈时国:《中国城市政府支出政治分析》,载《中国社会科学》2014 年第 7 期。

何一鸣、罗必良、高少慧:《产权管制研究范式及其现实意义——兼对国家理论的进一步思考》,载《社会科学》2014 年第 10 期。

贺雪峰:《退出权、合作社与集体行动的逻辑》,载《甘肃社会科学》2006 年第 1 期。

黄珂、张安录:《城乡建设用地的市场化整合机制》,载《改革》2016 年第 2 期。

黄奇帆:《农地交易的重庆实验》,载《瞭望》2010 年第 45 期。

黄奇帆:《地票制度实验与效果——重庆土地交易制度创新之思考》,载《学习时报》2015 年 5 月 4 日,第 8 版。

黄美均、诸培新:《完善重庆地票制度的思考——基于地票性质及功能的视角》,载《中国土地科学》2013 年第 6 期。

黄泷一:《美国可转让土地开发权的历史发展及相关法律问题》,载《环球法律评论》2013 年第 1 期。

黄忠:《浅议“地票”风险》,载《中国土地》2009 年第 9 期。

黄忠:《借鉴地票交易,推进统一土地市场》,载《新产经》2011 年第9期。

黄忠:《地票交易的发展亟需顶层制度支持》,载《中国土地》2011年第12期。

黄忠:《地票交易的正当性辩》,载刘云生主编:《中国不动产法研究》(第7卷),法律出版社2012年版。

黄忠:《让市场发挥更大能量——地票制度再创新的思考》,载《中国土地》2013年第2期。

黄忠:《地票交易的地役权属性论》,载《法学》2013年第6期。

黄忠:《城镇规划区内集体建设用地可否流转》,载《中国土地》2014年第7期。

黄忠:《创新农民集体所有权行使机制》,载《中国社会科学报》2013年5月8日。

黄忠:《城市化与"入城"集体土地的归属》,载《法学研究》2014年第4期。

黄忠:《违法建筑的私法地位之辨识——〈物权法〉第30条的解释论》,载《当代法学》2017年第5期。

黄忠:《城乡统一建设用地市场的构建:现状、模式与障碍》,载《社会科学研究》2018年第2期。

黄晶晶、张坤、魏朝富:《重庆市农村建设用地流转模式比较》,载《中国人口·资源与环境》2013年第11期。

侯银萍:《产权性质视角下的"农地入市"困境破解》,载《法学》2014年第5期。

侯东明:《土地管理改革现存问题及政策建议》,载《改革》2003年第2期。

侯光辉:《基于土地竞争力评价的新增建设用地配置》,载《安徽农业科学》2011年第2期。

侯培、杨庆媛、宁涛、邓永旺、王雪:《地票收益分配满意度影响因素——基于重庆市7区县的实证调研》,载《国土资源科技管理》2013年第5期。

靳相木:《新增建设用地指令性配额管理的市场取向改进》,载《中国土地科学》2009年第3期。

靳相木、沈子龙:《新增建设用地管理的“配额—交易”模型——与排污权交易制度的对比研究》,载《中国人口·资源与环境》2010年第7期。

姜大明:《建立城乡统一的建设用地市场》,载《中国国土资源报》2013年11月22日。

姜楠、蔡立东:《土地发展利益的物权法调整模式》,载《河南财经政法大学学报》2015年第3期。

雷潇雨、龚六堂:《基于土地出让的工业化与城镇化》,载《管理世界》2014年第9期。

李昌麒、范水兰:《正确处理收入分配改革中的十大关系——基于经济与法律的思考》,载《现代法学》2011年第1期。

李开国:《我国城市建设用地使用权制度的完善》,载《现代法学》2006年第2期。

李开国:《论我国城市建设用地的先征后用原则——以公平和效益为视角》,载《现代法学》2007年第4期。

李克强:《协调推进城镇化是实现现代化的重大战略选择》,载《行政管理改革》2012年第11期。

李强:《影响中国城乡流动人口的推力和拉力因素分析》,载《中国社会科学》2003年第1期。

李强、陈宇琳、刘精明:《中国城镇化“推进模式”研究》,载《中国社会科学》2012年第7期。

李凤章:《通过“空权利”来“反权利”:集体土地所有权的本质及其变革》,载《法制与社会发展》2010 年第 5 期。

李凤章:《土地开发权:保护模式与权利归属》,载《社会科学》2015 年第 4 期。

李忠夏:《作为社会整合的宪法解释——以宪法变迁为切入点》,载《法制与社会发展》2013 年第 2 期。

李效顺、曲福田、张绍良:《基于管理者认知调查下的土地指标配置分析》,载《中国人口 · 资源与环境》2011 年第 11 期。

李延荣:《集体建设用地流转要分清主客体》,载《中国土地》2006 年第 2 期。

李元珍:《政策网络视角下的府际联动——基于重庆地票政策执行的案例分析》,载《中国行政管理》2014 年第 10 期。

李永军、肖思婷:《我国〈物权法〉登记对抗与登记生效模式并存思考》,载《北方法学》2010 年第 3 期。

李增刚:《前提、标准和程序:中国土地征收补偿制度完善的方向》,载《学术月刊》2015 年第 1 期。

李新仓、阎其华:《建设用地指标市场配置法律制度正当性研究》,载《西南民族大学学报》(人文社会科学版)2018 年第 2 期。

楼继伟:《中国经济最大潜力在于改革》,载《求是》2016 年第 1 期。

凌斌:《土地流转的中国模式:组织基础与运行机制》,载《法学研究》2014 年第 6 期。

林坚:《土地用途管制:从“二维”迈向“四维”——来自国际经验的启示》,载《中国土地》2014 年第 3 期。

刘守英:《农村土地法律制度改革再出发——聚焦〈中共中央关于全面深化改革若干重大问题的决定〉,载《法商研究》2014 年第 2 期。

刘连泰:《集体土地征收制度变革的宪法空间》,载《法商研究》2014 年第 3 期。

刘俊:《农村宅基地使用权制度研究》,载《西南民族大学学报》(人文社科版)2007 年第 3 期。

刘云生:《农村土地使用权抵押制度刍论》,载《经济体制改革》2006 年第 1 期。

刘云生:《集体土地所有权身份歧向与价值悖离》,载《社会科学研究》2007 年第 2 期。

刘云生:《农村土地征收三大命题证伪》,载《甘肃社会科学》2010 年第 6 期。

刘云生、黄忠:《重庆地票交易制度创新面临的几个问题》,载《决策导刊》2010 年第 8 期。

刘云生、吴昭军:《偏倚性理论与"城中村"股份制改造》,载《社会科学研究》2018 年第 1 期。

刘广明:《农村宅基地的法理思考与制度完善》,载李昌麒主编:《经济法论坛》(第 2 卷),群众出版社 2005 年版。

刘凯、马智宇:《建设用地指标管理"失灵"分析》,载《科技致富向导》2011 年第 5 期。

刘朝旭、雷国平:《重庆地票制度施行中存在的问题与对策》,载《西部论坛》2011 年第 1 期。

郑振源:《土地利用总体规划的改革》,载《中国土地科学》2004 年第 4 期。

刘峨林:《重庆市地票交易制度之再思考》,载刘云生主编:《中国不动产法研究》,法律出版社 2011 年版。

刘国臻:《论美国的土地发展权制度及其对我国的启示》,载《法学评论》2007 年第 3 期。

刘国臻:《论土地发展权在我国土地权利体系中的法律地位》,载《学术研究》2007 年第 4 期。

刘国臻:《论我国土地权利制度发展之动向》,载《甘肃政法学院学报》2008 年第 7 期。

刘琼、欧名豪、盛业旭、郭杰:《建设用地总量的区域差别化配置研究——以江苏省为例》,载《中国人口 · 资源与环境》2013 年第 12 期。

刘愿:《政府垄断、双轨制与土地过度征用:基于协议征地到公告征地的理论与实证研究》,载《当代中国研究》2013 年第 2 期。

刘瑞娇:《巴南区晓春村地票制度对农民权益的保障探究》,载《南方农业》2016 年第 6 期。

刘明明:《英美土地开发权制度比较研究及借鉴》,载《河北法学》2009 年第 2 期。

卢代富:《中国农村经济法治研究的回顾与前瞻》,载《重庆大学学报》(社会科学版)2008 年第 5 期。

卢代富、肖顺武:《改革发展成果分享的目标诉求与利益均衡》,载《重庆社会科学》2011 年第 8 期。

鲁春阳、文枫、杨庆媛、倪静、戴佩淇、王成:《农村集体建设用地流转潜力估算》,载《农业工程学报》2011 年第 5 期。

鲁春阳、文枫、杨庆媛:《地票收益如何分配》,载《中国土地》2010 年第 7 期。

陆铭、陈钊:《为什么土地和户籍制度需要联动改革?——基于中国城市和区域发展的理论和实证研究》,载《学术月刊》2009 年第 9 期。

陆铭:《建设用地使用权跨区域再配置——中国经济增长的新动力》,载《世界经济》2011 年第 1 期。

陆铭:《建设用地指标可交易:城乡和区域统筹发展的突破口》,载《国际经济评论》2010年第2期。

陆剑:《集体经营性建设用地入市的实证解析与立法回应》,载《法商研究》2015年第3期。

陆益龙:《农村土地征用问题:现状及成因分析》,载《学习与探索》2009年第1期。

龙俊:《中国物权法上的登记对抗主义》,载《法学研究》2012年第5期。

龙开胜:《集体建设用地指标交易能否增加农民——一个整体性框架及初步经验证据》,载《南京农业大学学报》(社会科学版)2015年第5期。

马俊驹、宋刚:《合作制与集体所有权》,载《法学研究》2001年第6期。

马俊驹、王彦:《解决小产权房问题的理论突破和法律路径——结合经营性建设用地平等入市进行研究》,载《法学评论》2014年第2期。

马新彦:《论地役权的时代性展开》,载《国家检察官学院学报》2012年第4期。

马智利、李军、段大玲:《基于地票制度下的成渝宅基地流转模式对比分析》,载《兰州商学院学报》2012年第2期。

马智利、李军峰:《基于博弈论视角下的成都地票交易制度分析研究》,载《世界科技研究与发展》2013年第2期。

马晓妍、叶剑平、郧文聚:《建设用地指标跨区域市场化配置可行性分析》,载《中国土地》2017年第10期。

马文君:《基于土地价值的城乡建设用地增减挂钩收益分配研究——以福建省为例》,载《现代农业科技》2012年第12期。

孟卫东、熊欢:《基于博弈论的重庆地票价格与收益分配问题研究》,载《生态经济》2015 年第 4 期。

孟勤国:《物权法开禁农村宅基地交易之辩》,载《法学评论》2005 年第 4 期。

孟明毅:《安徽许庄的"地票"试验》,载《中国经济报告》2015 年第 9 期。

穆向丽、巩前文:《城乡建设用地增减挂钩中农民宅基地增值收益形成及估算》,载《华中农业大学学报》(社会科学版)2014 年第 3 期。

欧名豪:《土地利用规划体系研究》,载《中国土地科学》2003 年第 5 期。

卜国琴:《排污权交易市场机制设计的实验研究》,载《中国工业经济》2010 年第 3 期。

彭錞:《土地发展权与土地增值收益分配:中国问题与英国经验》,载《中外法学》2016 年第 6 期。

彭錞:《八二宪法土地条款:一个原旨主义的解释》,载《法学研究》2016 年第 3 期。

彭錞:《"征地悖论"成立吗? 八二宪法城市土地国有条款再解释》,载《法制与社会发展》2016 年第 2 期。

彭作军、段力誌:《农村集体建设用地权益资本化探析——基于重庆地票实践》,载《建筑经济》2011 年第 5 期。

彭美玉:《地票的秘密》,载《成都国土资源》2013 年第 6 期。

钱忠好:《中国农地保护:理论与政策分析》,载《管理世界》2003 年第 10 期。

邱继勤、邱道持、石永明:《城乡建设用地挂钩指标的市场配置》,载《城市问题》2010 年第 7 期。

邱继勤、邱道持:《重庆农村土地交易所地票定价机制探讨》,载《中国土地科学》2011 年第 10 期。

秦前红:《民法典编纂中的宪法学难题》,载《国家检察官学院学报》2016 年第 6 期。

覃莉、雷爱先:《重庆地票落地的关键环节及改进》,载《生产力研究》2012 年第 1 期。

覃琳、胡渝清、叶涛:《浅谈地票交易二级市场构建问题》,载《江西农业学报》2014 年第 11 期。

屈茂辉、周志芳:《中国土地征收补偿标准研究》,载《法学研究》2009 年第 3 期。

蒲玲媛、胡传景:《缩小征地范围合理分配收益——关于建立城乡统一的建设用地市场的构想》,载《国土资源》2016 年第 1 期。

桑士达:《重庆"地票"交易改革的经验和启示》,载《浙江经济》2015 年第 16 期。

邵挺、崔凡、范英、许庆:《土地利用效率、省际差异与异地占补平衡》,载《经济学季刊》2011 年第 4 期。

盛洪:《一个价格改革的故事及其引出的过渡经济学的一般理论》,载《管理世界》2003 年第 5 期。

沈冰、郭培媛、李婧:《完善地票交易制度的个案研究》,载《经济纵横》2010 年第 8 期。

沈萍:《地票交易制度的创新、困境及出路》,载李昌麒、岳彩申主编:《经济法论坛》(第 7 卷),群众出版社 2010 年版。

史京文、褚玉、江黄鹏:《农地转用如何走市场化之路》,载《国土资源》2005 年第 12 期。

石诗源、张小林:《江苏省农村居民点用地现状分析与整理潜力测算》,载《中国土地科学》2009 年第 9 期。

石小石、白中科:《集体经营性建设用地入市收益分配研究》,载《中国土地》2016 年第 1 期。

孙阿凡、杨遂全:《集体经营性建设用地入市与地方政府和村集体的博弈》,载《华南农业大学学报》(社会科学版)2016 年第 1 期。

孙建伟:《农村宅基地置换中的法律逻辑与实践逻辑——以安徽省为例》,载《社会主义研究》2010 年第 4 期。

孙建伟:《"增减挂钩制度"生成的"问题导向"和"路径依赖"》,载《南华大学学报》(社会科学版)2013 年第 3 期。

孙建伟:《城乡建设用地置换中的"自愿"原则及其悖论》,载《苏州大学学报》(哲学社会科学版)2013 年第 6 期。

孙建伟:《建设用地置换视域下土地发展权的法理基础与制度构造》,载《暨南学报》(哲学社会科学版)2017 年第 12 期。

孙建伟:《城乡建设用地置换中土地指标法律问题研究》,载《法学评论》2018 年第 1 期。

孙宪忠:《根据民法原理来思考自然资源所有权的制度建设问题》,载《法学研究》2013 年第 4 期。

孙宪忠:《中国社会向民法社会的转型以及民法学术的转型》,载《法学研究》2011 年第 6 期。

孙宪忠:《中国农民"带地入城"的理论思考和实践调查》,载《苏州大学学报》(哲学社会科学版)2014 年第 3 期。

孙宪忠:《推进我国农村土地权利制度改革若干问题的思考》,载《比较法研究》2018 年第 1 期。

孙鹏、徐银波:《我国农村集体建设用地流转态势与走向判断》,载《重庆社会科学》2011 年第 10 期。

孙鹏、徐银波:《社会变迁与地役权的现代化》,载《现代法学》2013 年第 3 期。

孙芬、郑财贵、吴涌泉、陈晓军、牛德利:《关于开放地票交易二级市场的思考》,载《江西农业学报》2013 年第 3 期。

宋志红:《城市化进程中集体土地的整体转权》,载《国家行政学院学报》2010 年第 4 期。

宋志红:《集体经营性建设用地入市改革的三个难点》,载《行政管理改革》2015 年第 5 期。

谭启平:《“小产权房”及其法律规制》,载《检察风云》2007 年第 20 期。

谭启平:《论房屋征收补偿争议的司法救济》,载《当代法学》2013 年第 5 期。

谭明智:《严控与激励并存:土地增减挂钩的政策脉络及地方实施》,载《中国社会科学》2014 年第 7 期。

谭峻:《重庆市地票交易制度评论》,载《公共管理与政策评论》2013 年第 2 期。

谭林丽、刘锐:《城乡建设用地增减挂钩:政策性质及实践逻辑》,载《南京农业大学学报》(社会科学版)2014 年第 5 期。

陶晓龙:《地票:城乡建设土地供给机制创新》,载《重庆国土资源》2015 年第 3 期。

田柏强:《土地用地指标不宜有偿转让》,载《民建安徽省委社情民意》2010 年第 74 期。

田孟:《城乡建设用地增减挂钩政策与实践模式的演进——基于成都市的考察》,载《湖南农业大学学报》(社会科学版)2014 年第 6 期。

童代志:《重庆地票制度改革实践》,载《经济研究参考》2013 年第 64 期。

汪莉、尤佳:《土地整治中宅基地的退出激励机制——以安徽省为例》,载《政法论坛》2015 年第 4 期。

汪莉、彭婷婷:《从静态模式到动态分析:建设用地指标法律属性探析》,载《江淮论坛》2017 年第 2 期。

汪莉、王珺:《建设用地指标交易监管机制的完善》,载《安徽工业大学学报》(社会科学版)2017 年第 2 期。

汪晖、陶然:《论土地发展权转移与交易的"浙江模式"——制度起源、操作模式及其重要含义》,载《管理世界》2009 年第 8 期。

汪进元:《论经营性建设用地的政府采购——城市化进程中集体土地流转之法理思考》,载《法商研究》2011 年第 3 期。

王成艳、靳相木:《土地用途管制实施机制市场取向改革初探》,载《国土资源情报》2009 年第 2 期。

王利明:《物权法定原则》,载《北方法学》2007 年第 1 期。

王利明:《〈物权法〉与环境保护》,载《河南省政法管理干部学院学报》2008 年第 4 期。

王利明:《论征收制度中的公共利益》,载《政法论坛》2009 年第 2 期。

王利明、周友军:《论我国农村土地权利制度的完善》,载《中国法学》2012 年第 1 期。

王林、赵恒婧:《地票复垦阶段风险及对策研究》,载《经济体制改革》2016 年第 1 期。

王崇敏、孙静:《农村宅基地使用权流转析论》,载《海南大学学报》(人文社会科学版)2006 年第 2 期。

王崇敏:《论我国宅基地使用权制度的现代化构造》,载《法商研究》2014 年第 2 期。

王权典、吴次芳:《城乡统筹视阈中建设用地增减挂钩"土地新政"之法治检讨》,载《社会科学战线》2013 年第 5 期。

王绍洪:《重庆地票交易问题研究》,载《西南民族大学学报》(人文社会科学版)2013 年第 2 期。

王先进:《当前我国土地资源的严峻形势及对策建议》,载《中国土地》1994 年第 8 期。

王先进:《全国土地统一管理决策回顾——兼忆国家土地管理局成立》,载《中国土地》1995 年第 6 期。

王小映:《推进集体建设用地市场化改革》,载《中国土地》2005 年第 12 期。

王小映、贺明玉、高永:《我国农地转用中的土地收益分配实证研究——基于昆山、桐城、新都三地的抽样调查分析》,载《管理世界》2006 年第 5 期。

王小映:《论农村集体经营性建设用地入市流转收益的分配》,载《农村经济》2014 年第 10 期。

王万茂:《中国土地管理制度:现状、问题及改革》,载《南京农业大学学报》(社会科学版)2013 年第 4 期。

王受文:《论纺织品被动配额的产权、交易及交易市场》,载《管理世界》2000 年第 6 期。

王旭:《论自然资源国家所有权的宪法规制功能》,载《中国法学》2013 年第 6 期。

王轶:《论物权法的规范配置》,载《中国法学》2007 年第 6 期。

王涌:《自然资源国家所有权三层结构说》,载《法学研究》2013 年第 4 期。

王秀莲:《农村土地产权改革的成都实践》,载《中国土地》2015 年第 3 期。

王燕霞:《城市化进程中宅基地使用权制度的改革与完善》,载《河北经贸大学学报》2016 年第 2 期。

万江:《政府主导下的集体建设用地流转:从理想回归现实》,载《现代法学》2010 年第 2 期。

万江:《土地用途管制下的开发权交易——基于指标流转实践的分析》,载《现代法学》2012 年第 5 期。

万江:《指标控制与依法行政:双重治理模式的实证研究》,载《法学家》2017 年第 1 期。

万国华:《宅基地换房中的若干法律问题》,载《中国房地产》2009 年第 3 期。

温世扬:《集体经营性建设用地"同等入市"的法制革新》,载《中国法学》2015 年第 4 期。

文贯中:《用途管制要过滤的是市场失灵还是非国有土地的入市权——与陈锡文先生商榷如何破除城乡二元结构》,载《学术月刊》2014 年第 8 期。

魏峰、郑义、刘孚文:《我国农村集体建设用地市场配置机制研究——以重庆地票制度为例》,载《现代农业科技》2010 年第 8 期。

魏西云、金晓斌:《地票运行绩效及改革路径》,载《中国土地》2012 年第 6 期。

伍振军、林倩茹:《农村集体经营性建设用地的政策演进与学术论争》,载《改革》2014 年第 2 期。

吴卫星:《美国环境保护地役权制度探析》,载《河海大学学报》(哲学社会科学版)2015 年第 3 期。

吴次芳、邵霞珍:《土地利用规划的非理性、不确定性和弹性理论研究》,载《浙江大学学报》(人文社会科学版)2005 年第 4 期。

吴胜利、蒲杰、张焱:《论建设用地指标交易的法律构造》,载《理论与改革》2012 年第 5 期。

吴秋菊:《论集体建设用地流转解禁之谬误》,载《南京师范大学学报》2013 年第 4 期。

夏方舟、严金明:《土地储备、入市影响与集体建设用地未来路径》,载《改革》2015 年第 3 期。

现行征地制度实施问题调研重庆课题组:《重庆市现行征地制度实施问题调研报告》,载刘云生主编:《中国不动产法研究》,法律出版社 2011 年版。

肖金成:《人的城镇化:新型城镇化的本质》,载《探索与争鸣》2013 年第 11 期。

肖顺武:《基于土地当量的耕地保护倾斜性金融支持机制》,载《西北农林科技大学学报》(社会科学版)2018 年第 1 期。

萧景楷:《农地环境保育效益之评价》,载《水土保持研究》1999 年第 3 期。

谢海定:《国家所有的法律表达及其解释》,载《中国法学》2016 年第 2 期。

谢海定:《中国法治经济建设的逻辑》,载《法学研究》2017 年第 6 期。

谢文阳、张远索、张占录:《成都地票模式及其政策变迁研究》,载《国土资源科技管理》2013 年第 3 期。

谢来位:《成渝地票交易制度及其价格形成机制比较》,载《价格理论与实践》2011 年第 8 期。

谢新:《指标控制下城乡土地流转微观机制分析——以成渝地票实践为例》,载《中国农村经济》2012 年第 12 期。

徐国弟:《关于建设用地计划的几个问题》,载《宏观经济研究》1988 年第 6 期。

徐绍史:《乘势而上攻坚克难把国土资源工作推向新高度——在全国国土资源工作会议上的讲话》,载《国土资源通讯》2012 年第 1 期。

徐祥民:《自然资源国家所有权之国家所有制说》,载《法学研究》2013 年第 4 期。

徐美银:《农民工市民化与农村土地流转的互动关系研究》,载《社会科学》2016 年第 1 期。

徐莉萍、张淑霞、李姣:《美国土地发展权转让定价主体、模型、制度的演进及启示》,载《华东经济管理》2016 年第 1 期。

杨遂全、孙阿凡:《农村集体经营性建设用地流转范围探讨》,载《西北农林科技大学学报》(社会科学版)2015 年第 6 期。

杨庆媛、鲁春阳:《重庆地票制度的功能及问题探析》,载《中国行政管理》2011 年第 12 期。

杨璐璐:《土地管理体制改革的制度安排与学术研究态势》,载《重庆社会科学》2014 年第 11 期。

杨惠、熊晖:《农地管制中的财产权保障——从外部效益分享看农地激励性管制》,载《现代法学》2008 年第 3 期。

杨惠、张燕萍:《成渝两地建设用地指标交易制度的对比研究》,载李昌麒、岳彩申主编:《经济法论坛》(第 11 卷),群众出版社 2014 年版。

杨珍惠:《成都市开展耕地占补平衡指标交易的做法与思考》,载《资源与人居环境》2012 年第 11 期。

杨俊锋:《中国土地配置基本制度的法律解读与改革》,载《学术月刊》2014 年第 8 期。

杨飞:《反思与改良:地票制度疑与探——以重庆地票制度运行实践为例》,载《中州学刊》2012 年第 6 期。

颜公平:《对 1984 年以前社队企业发展的历史考察与反思》,载《当代中国史研究》2007 年第 2 期。

杨青贵:《集体土地所有权实现的困境及其出路》,载《现代法学》

2015 年第 5 期。

杨青贵:《农村产权交易与国家土地制度改革工作衔接的困境与对策》,载《理论与改革》2017 年第 1 期。

闫海、孟娜:《我国地票交易法律制度探析》,载《武陵学刊》2012 年第 4 期。

严苏桐:《城乡建设用地增减挂钩政策利弊分析》,载《人民论坛》2014 年第 26 期。

尹珂、肖轶:《农村土地“地票”交易制度绩效分析——以重庆城乡统筹试验区为例》,载《农村经济》2011 年第 2 期。

易可君:《把地票制度作为湖南统筹城乡发展的重大战略》,载《国土资源导刊》2012 年第 2 期。

于建嵘:《集体经营性建设用地入市的思考》,载《探索与争鸣》2015 年第 4 期。

岳彩申、张晓东:《证券化视角的地票交易制度创新及立法路径》,载《重庆社会科学》2011 年第 9 期。

叶小丽、臧建建:《重庆地票制度的现状、问题及对策》,载《重庆科技学院学报》(社会科学版)2013 年第 11 期。

瞿忠琼、章明、周蕾:《集体建设用地指标市场化交易预警研究》,载《中国人口·资源与环境》2016 年第 3 期。

张谷:《土地制度改革的另一种出路——学习〈意见〉的心得体会》,载《战略与管理》2016 年第 6 期。

张建文:《现代俄罗斯法上的公共地役权制度》,载《武汉科技大学学报》(社会科学版)2011 年第 1 期。

张家源、张传华:《“地票—户改—农民财产性收入”内在经济关系研究——基于博弈论的分析》,载《江苏省社会主义学院学报》2013 年第 2 期。

张力:《地权变动视角下户籍制度改革的法律规制》,载《法学》2012 年第 9 期。

张梦俐:《持票用地对房地产业的影响探究——以重庆市为例》,载《中国房地产业》2015 年第 9 期。

张千帆:《宪法变通与地方试验》,载《法学研究》2007 年第 1 期。

张千帆:《宪法变革与地方试验——再论良性违法(宪)的界定及其超越》,载北京大学宪法与行政法研究中心、耶鲁大学法学院中国法律中心主办:《"中央与地方关系的法治化"国际学术研讨会论文集》,2007 年。

张千帆:《农村土地集体所有的困惑与消解》,载《法学研究》2012 年第 4 期。

张良悦:《美国的土地发展权与农地保护——城市化进程中农地保护的一种借鉴》,载《经济问题探索》2008 年第 7 期。

张鹏:《究竟什么是地役权?》,载《法律科学》2007 年第 1 期。

张鹏、刘春鑫:《基于土地发展权与制度变迁视角的城乡土地地票交易探索——重庆模式分析》,载《经济体制改革》2010 年第 5 期。

张鹏:《当前农村集体经营性建设用地制度改革若干构想》,载《苏州大学学报》2014 年第 3 期。

张鹏、王庆:《地票交易的内在价值与定价模式分析——以重庆市为例》,载《农村经济》2017 年第 5 期。

张占斌:《新型城镇化的战略意义和改革难题》,载《国家行政学院学报》2013 年第 1 期。

张泽梅:《成都地票交易价格分析》,载《经济与管理研究》2012 年第 7 期。

张泽梅:《重庆地票交易价格问题研究》,载《社会科学研究》2012 年第 6 期。

张舟、谭荣、吴次芳:《土地资源的一级配置研究:规划还是市场?》,载《华中农业大学学报》(社会科学版)2015 年第 1 期。

张孝德:《中国城市化的陷阱:政府主导下的城市规模扩大化》,载《改革》2001 年第 6 期。

张晓云、常军、杨俊:《反思与改良:安徽宣城市地票交易制度》,载《内蒙古农业大学学报》(社会科学版)2014 年第 5 期。

张梦琳:《农村宅基地流转模式比较分析》,载《现代经济探讨》2014 年第 4 期。

张英豪:《集体土地增值收益归属国有论的困境与扬弃》,载《湖南社会科学》2016 年第 1 期。

张先贵:《中国土地管理权行使模式的未来走向——立足于〈土地管理法〉修改背景下的思考》,载《北京理工大学学报》(社会科学版)2015 年第 4 期。

张先贵:《地票交易的法律性质及其规制》,载《南京农业大学学报》(社会科学版)2015 年第 4 期。

张先贵:《土地开发权与土地发展权的区分及其法律意义》,载《内蒙古社会科学》(汉文版)2015 年第 4 期。

张先贵:《中国法语境下土地开发权理论之展开》,载《东方法学》2015 年第 6 期。

张先贵:《土地开发权的用益物权属性论》,载《现代经济探讨》2015 年第 8 期。

张先贵:《容积率指标交易的法律性质及规制》,载《法商研究》2016 年第 1 期。

张先贵:《土地开发权与我国土地征收制度之改革》,载《安徽师范大学学报》(人文社会科学版)2016 年第 1 期。

张先贵:《中国法语境下土地开发权归属及类型的法理研判》,载

《烟台大学学报》(哲学社会科学版)2016 年第 1 期。

张先贵:《地票交易之地役权属性的理性检视》,载《社会科学研究》2016 年第 1 期。

张先贵:《土地开发权与我国土地管理权制度改革》,载《西北农林科技大学学报》(社会科学版)2016 年第 2 期。

钟非、孙芬、章明:《重庆地票制度对宅基地退出机制改革的启示》,载《农村经济与科技》2015 年第 12 期。

赵万一:《中国农民权利的制度重构及其实现途径》,载《中国法学》2012 年第 3 期。

赵万一、何嘉:《新型农村经济组织培育的法律思考——以产业发展为导向的有限公司(LLC)制度的引入》,载《法学》2013 年第 7 期。

赵万一、汪青松:《土地承包经营权的功能转型及权能实现——基于农村社会管理创新的视角》,载《法学研究》2014 年第 1 期。

赵谦:《我国土地整理权属设置的宪法依据论》,载《法商研究》2014 年第 2 期。

赵晨晨、罗海波、周慷慨:《城乡建设用地增减挂钩研究现状及发展对策》,载《南方农业学报》2013 年第 3 期。

赵宁:《土地利用规划激励性管制法律制度的实现》,载《社会科学辑刊》2015 年第 1 期。

郑风田:《成都"地票"交易被叫停引发的思考》,载《农民日报》2011 年 1 月 18 日,第 3 版。

郑振源:《土地利用总体规划的改革》,载《中国土地科学》2004 年第 4 期。

郑尚元:《宅基地使用权性质及农民居住权利之保障》,载《法商研究》2014 年第 2 期。

曾光建、陶军德、关国锋、刘杰:《新一轮土地利用总体规划中建设用地指标分解研究——以伊春市为例》,载《资源与产业》2010 年第 4 期。

曾野:《从指标权交易到发展权交易——美国 TDR 制度对地票制度的启示》,载《河北法学》2016 年第 3 期。

周诚:《关于我国农地转非自然增值分配理论的新思考》,载《农业经济问题》2006 年第 12 期。

周飞舟:《大兴土木:土地财政与地方政府行为》,载《经济社会体制比较》2010 年第 3 期。

周飞舟:《分税制十年:制度及其影响》,载《中国社会科学》2006 年第 6 期。

周飞舟、王绍琛:《农民上楼与资本下乡:城镇化的社会学研究》,载《中国社会科学》2015 年第 1 期。

周黎安、李宏彬、陈烨:《相对绩效考核:关于中国地方官员晋升机制的一项经验研究》,载《经济学报》2005 年第 1 期。

周立群、张红星:《农村土地制度变迁的经验研究:从"宅基地换房"到"地票"交易所》,载《南京社会科学》2011 年第 8 期。

周君:《美国式"土地增减挂钩"解析》,载《国土资源》2015 年第 5 期。

周其仁:《试办"土地交易所"的构想——对成都重庆城乡综合配套改革试验区的一个建议》,载《南方周末》,2007 年 10 月 11 日,第 C13 版。

周尚君:《地方法治试验的动力机制与制度前景》,载《中国法学》2014 年第 2 期。

周乾松:《城市郊区农民市民化的思考与对策——以杭州某郊区为例》,载《杭州研究》2008 年第 4 期。

周中举:《农村土地使用权实物交易和地票交易制度评析——以农村宅基地使用权为中心》,载《经济体制改革》2011 年第 1 期。

卓勇良:《小叶家的“死地”与“跨省地票”》,载《浙江日报》2016 年 3 月 3 日,第 15 版。

朱道林、林瑞瑞:《论土地增值的形成及其分配关系》,载《土地经济研究》2014 年第 1 期。

朱虎:《土地承包经营权流转中的发包方同意:治理的视角》,载《中国法学》2010 年第 2 期。

朱广新:《地役权概念的体系性解读》,载《法学研究》2007 年第 4 期。

朱嘉晔、黄朝明、詹丽华:《土地发展权转让制度的再思考》,载《安徽农业科学》2015 年第 6 期。

朱芒:《论我国目前公众参与的制度空间——以城市规划听证会为对象的粗略分析》,载《中国法学》2004 年第 3 期。

朱岩:《“宅基地使用权”评释——评〈物权法草案〉第十三章》,载《中外法学》2006 年第 1 期。

朱一中:《基于土地租税费的土地增值收益分配研究》,载《经济地理》2013 年第 11 期。

二、学位论文

白佳飞:《统筹城乡下农村土地流转创新模式研究——以重庆和成都为例》,重庆大学 2010 年硕士学位论文。

曹梅:《重庆市地票模式现状、问题及对策研究》,重庆理工大学 2013 年硕士学位论文。

陈利根:《土地用途管制制度研究》,南京农业大学 2000 年博士学位论文。

陈燕:《中国城乡建设用地市场一体化研究》,福建师范大学 2012 年博士学位论文。

陈银蓉:《我国政府土地管理行为的研究》,华中农业大学 2000 年博士学位论文。

陈进兵:《重庆市城市化进程中农村宅基地确权与流转机制设计研究》,重庆大学 2012 年硕士学位论文。

程皓:《城镇化进程中的城乡建设用地指标流转模式研究》,重庆大学 2010 年硕士学位论文。

褚刚:《重庆市地票交易制度研究》,中国人民大学 2011 年硕士学位论文。

杜茎深:《指标市场的引入及其对地价形成的影响》,浙江大学 2013 年博士学位论文。

段力誌:《农村土地流转问题研究——以重庆城乡统筹试验区为例》,重庆大学 2011 年博士学位论文。

樊帆:《集体经营性建设用地流转收益分配问题研究》,华中师范大学 2015 年博士学位论文。

冯双生:《我国农村宅基地置换中农民权益保护问题研究》,辽宁大学博士 2013 年学位论文。

耿立洁:《地票价格形成机制研究》,重庆大学 2014 年硕士学位论文。

郭川:《论经济转型中的土地用途管制》,南京农业大学 2001 年博士学位论文。

黄贻芳:《农村宅基地退出中农民权益保护问题研究——以城乡建设用地增减挂钩政策为背景》,华中农业大学 2014 年博士学位论文。

何良将:《现行建设用地配置模式真的管用吗?——基于浙江省

调研的反思》,浙江大学2010年硕士学位论文。

胡韵:《地票制度研究——以解构重庆地票制度为视角》,中国政法大学2011年硕士学位论文。

后雪峰:《农村建设用地复垦的经济学研究——以重庆市巫山县为例》,西南大学2014年硕士学位论文。

李朝忠:《地票对城乡收入差距的影响研究》,重庆工商大学2013年硕士学位论文。

李欣:《安徽郎溪县地票交易运行现状调研报告》,安徽大学2015年硕士学位论文。

李新仓:《建设用地指标市场配置法律制度研究》,辽宁大学2017年博士学位论文。

李学文:《土地指标市场化交易的经济学分析》,浙江大学2009年硕士学位论文。

李俊丽:《城市土地出让中的地方政府经济行为研究》,西南财经大学2005年博士学位论文。

李鹏程:《重庆武隆县地票交易现状与对策研究》,中国地质大学2012年硕士学位论文。

林瑞瑞:《土地增值收益分配问题研究》,中国农业大学2015年博士学位论文。

刘明皓:《土地储备经济分析》,西南大学2008年博士学位论文。

蒋萍:《重庆农村土地交易所地票交易风险及防范研究》,西南大学2012年博士学位论文。

孟娜:《地方政府建设用地指标管理创新实践研究》,南京农业大学2012年硕士学位论文。

沙文韬:《中国土地开发权制度研究》,华东政法大学2008年博士学位论文。

司艳丽:《论集体建设用地使用权流转的法律规制》,中国政法大学2006年博士学位论文。

孙频捷:《市民化,还是属地化——上海城郊某地失地农民身份认同研究》,上海大学2010年博士学位论文。

田茫茫:《地票交易政策实施中的问题研究——来自重庆市彭水县靛水乡新田坡村的案例》,西南大学2013年硕士学位论文。

王琼琼:《城乡统一建设用地市场的地票交易模式创新研究》,河南师范大学2015年硕士学位论文。

王慧玲:《耕地利用的计划管理制度:地方政府创新实践分析》,南京农业大学2010年硕士学位论文。

王婷:《城乡建设用地增减挂钩制度创新研究》,南京农业大学2012年博士学位论文。

王瑛:《土地利用总体规划中净增建设用地指标分配研究——以柳州市为例》,华中农业大学2008年硕士学位论文。

王兆林:《户籍制度改革中农户土地退出行为研究:重庆的实证》,西南大学2013年博士学位论文。

汪晗:《土地发展权定价与空间转移研究》,华中农业大学2012年博士学位论文。

姚昭杰:《土地发展权法律问题研究》,华南理工大学2015年博士学位论文。

杨柳:《行政许可转让初探》,苏州大学2009年硕士学位论文。

杨惠:《土地用途管制法律制度研究》,西南政法大学2010年博士学位论文。

杨永磊:《城乡建设用地增减挂钩机制研究》,中国地质大学(北京)2012年博士学位论文。

尤嫚:《基于农民权利保护的地票交易制度研究》,南京农业大学

2012 年硕士学位论文。

张力心:《“地票”交易中农民权益保障问题研究——以重庆市为例》,西南大学 2013 年硕士学位论文。

张志强:《农村集体建设用地“入市”研究》,中共中央党校 2010 年博士学位论文。

张亚静:《新增建设用地计划指标分配方法研究》,河北农业大学 2011 年硕士学位论文。

赵行平:《地票交易的法律问题研究》,华中科技大学 2012 年硕士学位论文。

周跃辉:《按权能分配农村集体建设土地增值收益论》,中共中央党校 2011 年博士学位论文。

朱玉碧:《农村建设用地整理运作及制度创新研究——以重庆市为例》,西南大学 2012 年博士学位论文。

钟杨:《重庆地票交易制度风险防控研究》,西南大学 2012 年硕士学位论文。

三、专著

[美]丹尼尔·H. 科尔:《污染与财产权:环境保护的所有权制度比较研究》,严厚福、王社坤译,北京大学出版社 2009 年版。

[美]盖多·卡拉布雷西、菲利普·伯比特:《悲剧性选择:对稀缺资源进行悲剧性分配时社会所遭遇的冲突》,徐品飞、张玉华、肖逸尔译,北京大学出版社 2005 年版。

[美]亨利·乔治:《进步与贫困》,吴良健、王翼龙译,商务印书馆 1995 年版。

[英]约翰·穆勒:《政治经济学原理及其在社会哲学上的若干应用》,胡企林、朱泱译,商务印书馆 1991 年版。

边泰明:《土地使用规划与财产权理论与实务》,台北,詹氏书局2011年版。

北京大学国家发展研究员综合课题组:《还权赋能:奠定长期发展的可靠基础》,北京大学出版社2010年版。

卞耀武主编:《中华人民共和国土地管理法释义》,法律出版社1998年版。

柴强:《各国(地区)土地制度与政策》,北京经济学院出版社1993年版。

陈春、冯长春:《中国建设用地变化驱动力研究》,北京大学出版社2014年版。

陈锡文、赵阳、陈剑波、罗丹:《中国农村制度变迁60年》,人民出版社2009年版。

陈小君:《农村土地法律制度研究》,法律出版社2003年版。

陈小君等:《后农业税时代农地法制运行实证研究》,中国政法大学出版社2009年版。

陈小君:《农村土地法律制度的现实考察与研究:中国十省调研报告书》,法律出版社2010年版。

陈小君等:《田野、实证与法理:中国农村土地制度体系构建》,北京大学出版社2012年版。

陈小君等:《我国农村集体经济有效实现的法律制度研究》,法律出版社2016年版。

陈华彬:《建筑物区分所有权》,中国法制出版社2011年版。

陈治、李瑞雪:《城乡一体化发展背景下的地票法律制度完善研究》,法律出版社2015年版。

程雪阳:《地权的秘密:土地改革深度观察》,上海三联书店2015年版。

程世勇:《城市化进程中的农村建设用地流转:城乡要素组合与财富分配结构的优化》,经济科学出版社 2012 年版。

崔建远:《准物权研究》,法律出版社 2003 年版。

崔建远:《物权法》,中国人民大学出版社 2009 年版。

崔建远:《物权:规范与学说——以中国物权法的解释论为中心》,清华大学出版社 2011 年版。

董黎明、林坚:《土地利用总体规划的思考与探索》,中国建筑工业出版社 2010 年版。

丁芸:《中国土地资源税制优化研究》,经济科学出版社 2010 年版。

房绍坤:《物权法·用益物权编》,中国人民大学出版社 2007 年版。

房绍坤、王洪平:《公益征收法研究》,中国人民大学出版社 2011 年版。

房维廉主编:《中华人民共和国城市房地产管理法释义》,人民法院出版社 1994 年版。

冯奎:《中国城镇化转型研究》,中国发展出版社 2013 年版。

高飞:《集体土地所有权主体制度研究》,法律出版社 2012 年版。

高富平:《物权法原论》,中国法制出版社 2001 年版。

高富平:《土地使用权与用益物权》,法律出版社 2001 年版。

高富平、吴一鸣:《英美不动产法:兼与大陆法比较》,清华大学出版社 2007 年版。

高圣平:《中国土地法制的现代化——以土地管理法的修改为中心》,法律出版社 2014 年版。

郜永昌:《土地用途管制法律制度研究:以土地用途管制权为中心》,厦门大学出版社 2010 年版。

甘藏春主编:《土地宏观调控创新理论与实践》,中国财政经济出版社 2009 年版。

甘藏春主编:《社会转型与中国土地管理制度改革》,中国发展出版社 2014 年版。

耿卓:《传承与革新:我国地役权的现代发展》,北京大学出版社 2017 年版。

国土资源部耕地保护司、国土资源部规划司、国土资源部土地整理中心编写:《〈国务院关于严格规范城乡建设用地增减挂钩试点切实做好农村土地整治工作的通知〉解读文章汇编》,中国经济出版社 2011 年版。

国土资源法律评价工程实验室:《国土资源法律评价报告:2011》,中国法制出版社 2011 年版。

国家土地督察成都局:《农村土地管理制度改革探索》,中国大地出版社 2009 年版。

郭洁:《集体建设用地使用权流转市场法律规制的实证研究》,法律出版社 2013 年版。

贺雪峰:《地权的逻辑:中国农村土地制度向何处去》,中国政法大学出版社 2010 年版。

华生:《城市化转型与土地陷阱》,东方出版社 2013 年版。

黄光明:《建设用地管理》,中国大地出版社 1999 年版。

黄河:《土地法理论与中国土地立法》,世界图书出版西安有限公司 1979 年版。

黄小虎主编:《中国土地管理研究》,当代中国出版社 2006 年版。

黄小虎:《土地与社会主义市场经济》,中国财政经济出版社 2008 年版。

侯东德主编:《我国西部地区农民职业教育城乡统筹发展创新机

制研究》,吉林大学出版社 2013 年版。

渠涛:《民法理论与制度比较研究》,中国政法大学出版社 2004 年版。

蒋省三、刘守英、李青:《中国土地政策改革:政策演进与地方实施》,上海三联书店 2010 年版。

江平主编:《中国土地立法研究》,中国政法大学出版社 1999 年版。

江华、杨秀琴:《农村集体建设用地流转——制度变迁与绩效评价》,中国经济出版社 2011 年版。

靳相木:《地根经济:一个研究范式及其对土地宏观调控的初步应用》,浙江大学出版社 2007 年版。

李昌麒主编:《中国改革发展成果分享法律机制研究》,人民出版社 2011 年版。

林坚:《中国城乡建设用地增长研究》,商务印书馆 2009 年版。

梁慧星主编:《中国物权法研究》,法律出版社 1996 年版。

刘俊:《中国土地法理论研究》,法律出版社 2006 年版。

刘俊:《土地权利沉思录》,法律出版社 2009 年版。

刘俊 、杨惠、白庆兰等:《地票的制度基础与法律性质》,法律出版社 2012 年版。

刘俊主编:《中国农村土地法律制度创新研究》,群众出版社 2012 年版。

刘国臻:《土地与房产法研究》,中国政法大学出版社 2013 年版。

刘守英、周飞舟、邵挺:《土地制度改革与转变发展方式》,中国发展出版社 2012 年版。

刘守英:《直面中国土地问题》,中国发展出版社 2014 年版。

刘云生:《制度变异与乡村贫困:中国农村土地利益分配法权研

究》，法律出版社 2012 年版。

刘云生：《农村土地股权制改革：现实表达与法律应对》，中国法制出版社 2016 年版。

刘云生：《中国农村土地银行法律问题研究》，法律出版社 2017 年版。

刘乃忠：《地役权法律制度研究》，中国法制出版社 2007 年版。

刘正山：《大国地权：中国五千年土地制度变革史》，华中科技大学出版社 2014 年版。

陆剑：《集体经营性建设用地入市的法律规则体系研究》，法律出版社 2015 年版。

孟勤国：《物权二元结构论——中国物权制度的理论重构》，人民法院出版社 2004 年版。

欧海若：《土地利用规划模式选择与模型应用研究》，中国大地出版社 2002 年版。

潘家华、李景国主编：《房地产蓝皮书：中国房地产发展报告》，社会科学文献出版社 2011 年版。

钱忠好：《中国农村土地制度变迁和创新研究》，中国发展出版社 2014 年版。

沈开举主编：《中国土地制度改革研究》，法律出版社 2014 年版。

孙建伟：《城乡统筹视野下的城乡建设用地置换法律问题研究：以我国宅基地置换中的新型权利为视角》，法律出版社 2017 年版。

孙宪忠：《德国当代物权》，法律出版社 1997 年版。

孙宪忠：《中国物权法原理》，法律出版社 2004 年版。

孙宪忠：《中国物权法总论》，法律出版社 2009 年版。

孙宪忠：《争议与思考——物权立法笔记》，中国人民大学出版社 2006 年版。

孙宪忠等:《物权法的实施(第一卷):物权确定》,社会科学文献出版社 2013 年版。

孙宪忠等:《国家所有权的行使与保护研究》,中国社会科学文献出版社 2015 年版。

孙鹏、王勤劳、范雪飞:《担保物权法原理》,中国人民大学出版社 2009 年版。

孙鹏等:《集体建设用地流转的风险控制与法律构造》,华中科技大学出版社 2016 年版。

孙宏:《中国土地发展权研究:土地开发与资源保护的新视角》,中国人民大学出版社 2004 年版。

宋志红:《农村集体建设用地使用权流转法律制度研究》,中国人民大学社 2009 年版。

宋志红:《农村土地改革调查》,经济科学出版社 2016 年版。

宋志红:《中国农村土地制度改革八讲》,国家行政学院出版社 2017 年版。

宋志红:《中国农村土地制度改革研究:思路、难点与制度建设》,中国人民大学出版社 2017 年版。

谭荣、曲福田:《土地非农化的治理效率》,科学出版社 2015 年版。

唐在富:《中国土地制度创新与土地财税体制重构》,经济科学出版社 2008 年版。

王家福、黄明川:《土地法的理论与实践》,人民日报出版社 1991 年版。

王利明:《物权法论》,中国政法大学出版社 2008 年版。

王利明:《法律解释学导论:以民法为视角》,法律出版社 2009 年版。

王利明:《法学方法论》,中国人民大学出版社 2012 年版。

王利明:《物权法研究》,中国人民大学出版社 2013 年版。

王利明:《人民的福祉是最高的法律》,北京大学出版社 2013 年版。

王利明:《民商法研究》,法律出版社 2014 年版。

王卫国:《中国土地权利研究》,中国政法大学出版社 1997 年版。

王卫国、王广华主编:《中国土地权利指南》,中国政法大学出版社 2001 年版。

王卫国、王广华主编:《中国土地权利的法制建设》,中国政法大学出版社 2002 年版。

王旭东:《中国农村宅基地制度研究》,中国建筑工业出版社 2011 年版。

王世元主编:《新型城镇化之土地制度改革路径》,中国大地出版社 2014 年版。

王文:《中国农村集体建设用地流转收益关系及分配政策研究》,经济科学出版社 2013 年版。

汪晖、陶然:《中国土地制度改革:难点、突破与政策组合》,商务印书馆 2013 年版。

汪利娜:《中国城市土地产权制度研究》,社会科学文献出版社 2006 年版。

汪青松主编:《农民权益保护法律问题研究》,华中科技大学出版社 2014 年版。

文贯中:《吾民无地:城市化、土地制度与户籍制度的内在逻辑》,东方出版社 2014 年版。

吴次芳、谭荣:《农地保护层次论》,地质出版社 2010 年版。

吴群等:《中国耕地保护的体制与政策研究》,科学出版社 2011

年版。

杨惠:《土地用途管制法律制度研究》,法律出版社 2010 年版。

杨璐璐:《新中国土地政策变迁的历史与逻辑》,国家行政学院出版社 2015 年版。

易承志:《城市化、国家建设与当代中国农民公民权问题研究》,中央编译出版社 2013 年版。

张合林:《中国城乡统一土地市场理论与制度创新研究》,经济科学出版社 2008 年版。

张建文:《转型时期的国家所有权问题研究:面向公共所有权的思考》,法律出版社 2008 年版。

张力:《法人独立财产制研究——从历史考察到功能解析》,法律出版社 2008 年版。

张立彦:《中国政府土地收益制度研究》,中国财政经济出版社 2010 年版。

张曙光:《博弈:地权的细分、实施和保护》,社会科学文献出版社 2011 年版。

张千帆主编:《土地管理制度比较研究》,中国民主法制出版社 2013 年版。

张全景、欧名豪:《中国土地用途管制制度的耕地保护绩效研究》,商务印书馆 2008 年版。

张英洪:《农民公民权研究》,九州出版社 2012 年版。

郑财贵主编:《重庆统筹城乡土地管理制度改革研究文集——地票制度篇》,西南师范大学出版社 2013 年版。

钟祥财:《中国土地思想史稿》,上海人民出版社 2014 年版。

周其仁:《产权与制度变迁:中国改革的经验研究》,北京大学出版社 2004 年版。

周其仁:《城乡中国》,中信出版社 2013 年版。

周其仁:《改革的逻辑》,中信出版社 2013 年版。

朱木斌:《集体非农建设用地流转制度变迁的动力机制》,国家行政学院出版社 2012 年版。

致　谢

写作虽说大体上是个人的事情,但对于法学的研究,尤其是像土地法学这样理论性与现实性并重的研究主题而言,绝非是单靠一人之力便能企及全部之真理的。这是我关于土地法律制度研究的第一部专著,它的问世其实是很多人指引和帮助的结果。

当完成本书时,我首先回想起了博士期间和恩师李开国老师的谈话。土地问题,尤其是农村土地问题曾经是我拟在博士期间进行研究的一个专题,但因为个人精力有限,我只能忍痛割爱,最终选择专就《无效法律行为制度研究》进行写作。本书的出版可以说是个人学术之路上的一次圆梦。

西南政法大学有从事土地法学研究的传统。长期以来,李开国老师一直带领我们进行土地法的研究。刘云生教授、孙鹏教授、张力教授、张建文教授和我都曾参与了恩师相关土地课题的研究。通过这些研究,我得到的锻炼和学到的经验尤为宝贵。如果没有恩师的带领以及诸位老师的帮助和提携,可能我就不会对土地法学有如此的专注。

金平教授、刘俊教授、赵万一教授、谭启平教授、卢代富教授、王洪教授等母校的老师们在教学科研,甚至日常生活中一直给予了我很多的帮助和关照,我必须在此对母校和诸位老师的培养和关心深表感谢。

中国人民大学王利明教授、王轶教授、高圣平教授,广东外语外贸大学土地法制研究院陈小君教授、高飞教授、耿卓教授,华东政法大学高富平教授,西北政法大学韩松教授等诸位老师也对本书的成就提供了指导和帮助。陈小君教授作为土地法学研究的前辈,还不辞辛劳为拙作写序,勉励后进,在此一并叩谢致敬。

本书的大部分内容已经在《法学研究》《法学》《社会科学研究》《中国土地》《中国社会科学报》《改革内参》《土地科学动态》等发表,感谢诸位编辑的抬爱和协助。有些编辑老师与我素昧平生,但他们的意见和建议不仅让本书增色不少,而且也为我的研究工作平添了动力。

法之理在法外。而土地问题千头万绪,异常复杂,更加需要多学科的共同参与。本书的相关内容曾应邀在中国法学会、中国土地学会等主办的多项学术会议上宣读。与海内外专家、学者的交流大大扩宽了我的学术视野和思维广度,启迪了本书的一些观点。

本项目的最后研究工作是在英国华威大学完成的。感谢华威大学法学院 Hugh Beale 教授将他的办公室与我“共享”,并容许我暂停有关合同法问题的研究计划。正是得益于 Hugh Beale 教授的协助,我才得以全心投入到本书初稿的修改、完善中。Hugh Beale 教授的敬业、勤奋和善良给了我很大的激励。回国后,我还常常回想到在华威法学院的情景。

最后,还必须要特别感谢的是我的家人。父母和岳父母的支持让我的研究无所牵绊，爱妻的理解和鼓励更让我倍感温暖。正是在家人的支持下，我才能在异国他乡利用羊年春节前后的一个多月时间专心对本书进行最后的修改和完善。

回国之后，我又继续参考新近的文献资料对全书的内容作了增删，并联系出版事宜。在签订本书的出版合同之际，爱女出生。我想将本书献给她，愿她健康成长，并且像妈妈一样乐观、开朗。

黄　忠

图书在版编目(CIP)数据

地票制度研究 / 黄忠著. -- 北京 : 法律出版社,
2019

ISBN 978-7-5197-3244-8

Ⅰ. ①地… Ⅱ. ①黄… Ⅲ. ①农村-土地所有权-土地法-研究-中国 Ⅳ. ①D922.304

中国版本图书馆 CIP 数据核字(2019)第 041109 号

地票制度研究
DIPIAO ZHIDU YANJIU

黄 忠 著

策划编辑 高 山
责任编辑 高 山 邓颖君
装帧设计 鲁 娟

编辑统筹 学术·对外出版分社
出版 法律出版社
总发行 中国法律图书有限公司
经销 新华书店
印刷 北京虎彩文化传播有限公司
责任印制 陶 松

开本 A5
印张 13
字数 306 千
版本 2019 年 4 月第 1 版
印次 2019 年 4 月第 1 次印刷

法律出版社/北京市丰台区莲花池西里 7 号(100073)
网址/www.lawpress.com.cn
投稿邮箱/info@lawpress.com.cn
举报维权邮箱/jbwq@lawpress.com.cn
销售热线/010-83938336
咨询电话/010-63939796

中国法律图书有限公司/北京市丰台区莲花池西里 7 号(100073)
全国各地中法图分、子公司销售电话:
统一销售客服/400-660-6393
第一法律书店/010-83938334/8335 西安分公司/029-85330678 重庆分公司/023-67453036
上海分公司/021-62071639/1636 深圳分公司/0755-83072995

书号:ISBN 978-7-5197-3244-8 **定价**:58.00 元